## 新形态教材网使用说明

**智能软件开发**
——基于 MindSpore 框架

1. 计算机访问 https://abooks.hep.com.cn/188716 或手机微信扫描下方二维码进入新形态教材网。
2. 注册并登录后,计算机端进入"个人中心",点击"绑定防伪码",输入图书封底防伪码(20位密码,刮开涂层可见),完成课程绑定;或手机端点击"扫码"按钮,使用"扫码绑图书"功能,完成课程绑定。
3. 在"个人中心"→"我的学习"或"我的图书"中选择本书,开始学习。

智能软件开发——基于 MindSpore 框架
张俊三 刘昕 董玉坤 宫文娟 编著
出版单位 高等教育出版社

开始学习    收藏

　　受硬件限制,部分内容可能无法在手机端显示,请按照提示通过计算机访问学习。如有使用问题,请直接在页面点击答疑图标进行咨询。

**https://abooks.hep.com.cn/188716**

示范性软件学院联盟软件工程系列教材

教育部 – 华为公司产学合作协同育人项目成果

# 智能软件开发

## ——基于 MindSpore 框架

○ 张俊三　刘　昕　董玉坤　宫文娟　编著

中国教育出版传媒集团

高等教育出版社·北京

内容简介

本书聚焦基于 MindSpore 智能计算框架的智能应用软件核心智能算法，按照"理论→案例→实践"的形式来进行组织，简要介绍了机器学习、深度学习相关算法的原理，讲解 MindSpore 框架的安装、部署、推理等使用流程，重点围绕基于 MindSpore 框架在图像分类、图像分割、目标检测、文本分类、情感分析、推荐系统等领域的典型应用，对模型原理、实例操作流程进行了详细的阐述。同时，本书案例除了使用通用数据集外，还提供并使用石油生产场景中数字岩心图像分割、储层物性参数分类、油田安全生产目标检测等案例的数据集和实例操作流程。

本书可作为高等学校计算机或人工智能相关课程教材，亦可作为 MindSpore 全场景 AI 框架学习者的参考读物。

## 图书在版编目（CIP）数据

智能软件开发：基于 MindSpore 框架／张俊三等编著． -- 北京：高等教育出版社，2025.9． -- ISBN 978-7-04-064404-3

Ⅰ．TP311.52

中国国家版本馆 CIP 数据核字第 2025KK8890 号

Zhineng Ruanjian Kaifa

| 策划编辑 | 张　曦 | 责任编辑 | 张　曦 | 封面设计 | 李小璐 | 版式设计 | 杨　树 |
| --- | --- | --- | --- | --- | --- | --- | --- |
| 责任绘图 | 于　博 | 责任校对 | 张　然 | 责任印制 | 耿　轩 | | |

| 出版发行 | 高等教育出版社 | 网　　址 | http://www.hep.edu.cn |
| --- | --- | --- | --- |
| 社　　址 | 北京市西城区德外大街 4 号 | | http://www.hep.com.cn |
| 邮政编码 | 100120 | 网上订购 | http://www.hepmall.com.cn |
| 印　　刷 | 北京市联华印刷厂 | | http://www.hepmall.com |
| 开　　本 | 787mm×1092mm　1/16 | | http://www.hepmall.cn |
| 印　　张 | 27.5 | | |
| 字　　数 | 560 千字 | 版　　次 | 2025 年 9 月第 1 版 |
| 购书热线 | 010-58581118 | 印　　次 | 2025 年 9 月第 1 次印刷 |
| 咨询电话 | 400-810-0598 | 定　　价 | 59.00 元 |

本书如有缺页、倒页、脱页等质量问题，请到所购图书销售部门联系调换
版权所有　侵权必究
物　料　号　64404-00

# 前 言

随着互联网、大数据、云计算、物联网等信息技术的发展,以泛在感知数据和图形处理器等计算平台推动的深度神经网络为代表的人工智能技术飞速发展,诸如图像分类、语音识别、知识问答、人机对弈、自动驾驶等人工智能技术实现了从理论到应用的技术突破。伴随人工智能技术的不断突破创新,新的应用场景呈现出百花齐放的局面,在数字经济、智慧城市、数字孪生、数字化转型、元宇宙、人工智能生成内容(artificial intelligence generated content, AIGC)等概念加持下,未来人工智能将更加快速地与千行百业融合创新,大量新的智能应用软件产品将会不断在市场出现。

智能应用软件的核心是机器学习算法,而 AI 平台则是实现这些算法的有效工具。目前比较流行的人工智能框架有 TensorFlow、PyTorch、MindSpore 等。近年来,作为国产化 AI 平台的杰出代表,华为开源深度学习框架昇思 MindSpore 受到了业界开发者的广泛关注。MindSpore 是由华为公司于 2019 年 8 月推出的新一代全场景 AI 计算框架。在 2020 年 3 月 28 日,华为公司宣布 MindSpore 正式开源。该框架可以应用在多种场景下,包括但不限于图像分类、语音识别、自然语言处理等。通过 MindSpore,用户可以更加便捷地进行 AI 应用开发和部署。

本书聚焦基于 MindSpore 智能计算框架的智能应用软件核心智能算法,按照"理论到案例实践"的形式来进行组织。在简要介绍机器学习、深度学习相关算法的原理,讲解 MindSpore 框架的安装、部署、推理等使用流程之后,重点围绕基于 MindSpore 框架在图像分类、图像分割、目标检测、文本分类、情感分析、推荐系统等领域的典型应用,对模型原理、实例操作流程进行详细的阐述。同时,本书除了提供部分通用数据集案例外,还提供石油生产场景的数字岩心图像分割、储层物性参数分类、油田安全生产目标检测等案例的数据集和实例操作流程。

本书的章节结构和内容安排为:第 1 章绪论,简要介绍智能软件的定义、类型和应用领域,MindSpore 框架的设计理念、执行流程、基本操作,本书用到的数据集;第 2 章机器学习简介,介绍有监督学习、无监督学习、半监督学习和强化学习等常用的机器学习模型和算法;第 3 章深度学习简介,介绍人工神经网络、卷积神经网络、循环神经网络、图神经网络的模型架构与原理,应用 MindSpore 框架定义卷积神经网络、循环神经网络、图神经网络；第 4 章图像分类，介绍图像分类算法中出现过的经典深度学习算法模型，并介绍使用 MindSpore 框架实现手写字体识别、储层物性参数分类两个应用案例；第 5 章图像分割，介绍图像分割常用的基本方法，包括基于聚类、边缘、区域、深度学习等的分割方法，并介绍基于 MindSpore 框架的 U-Net 语义分割、数字岩心图像分割两个应用案例；第 6 章目标检测，介绍深度学习中目标检测的概念，目标检测中单阶段目标检测和双阶段目标检测的基本思想，并介绍基于 MindSpore 框架的行人检测、油田安全生产两个应用案例；第 7 章文本分类，介绍 FastText、TextCNN 和 TextRCNN 等适用于文本分类的深度学习模型的网络架构，并介绍基于 MindSpore 框架实现电影观众评论分类案例；第 8 章情感分析，介绍情感分析中常用模型 LSTM 及 Transformer 的基本原理，并介绍基于 MindSpore 框架实现电影观众评论、用户对话情绪分析两个应用案例；第 9 章推荐系统，介绍推荐系统的原理及典型模型，并介绍基于 MindSpore 框架实现点击率预估、系统推荐两个应用案例。本书提供的学习资源包括案例数据集、案例源代码和配套电子课件。

本书由中国石油大学（华东）青岛软件学院、计算机科学与技术学院教师编写。其中，第 1、9 章由张俊三教授编写，第 2、6、8 章由刘昕副教授编写，第 3、7 章由董玉坤副教授编写，第 4、5 章由宫文娟副教授编写。

本书的编写过程得到了华为技术有限公司、高等教育出版社的大力支持与帮助，在此特别表示感谢。感谢中国石油大学（华东）研究生刘玉雪、肖森、高慧、张小东、孔令捷、唐叶尔等同学协助进行代码调试、校对等工作。书中不当之处在所难免，敬请广大读者批评指正。

编者
2024 年 7 月

# 目 录

## 第1章 绪论 ……………………… 1
### 1.1 引言 …………………………… 1
### 1.2 智能软件简介 ………………… 3
- 1.2.1 智能软件定义 …………… 3
- 1.2.2 智能软件与传统软件的区别 …………………… 3
- 1.2.3 智能软件的类型 ………… 4
- 1.2.4 智能软件应用领域 ……… 5

### 1.3 MindSpore 介绍 ……………… 7
- 1.3.1 智能软件与深度学习 …… 7
- 1.3.2 MindSpore 框架简介 …… 8
- 1.3.3 安装说明 ……………… 14
- 1.3.4 张量 …………………… 16
- 1.3.5 数据集 ………………… 23
- 1.3.6 数据变换 ……………… 29
- 1.3.7 网络构建 ……………… 34
- 1.3.8 模型训练 ……………… 43
- 1.3.9 保存与加载 …………… 50
- 1.3.10 操作演示示例 ………… 56

### 1.4 数据集简介 …………………… 65
- 1.4.1 通用数据集 …………… 66
- 1.4.2 石油领域数据集 ……… 67

本章小结 ……………………………… 68
思考题 1 ……………………………… 68

## 第2章 机器学习简介 ……………… 70
### 2.1 机器学习基础知识 …………… 70
- 2.1.1 基本概念 ……………… 70
- 2.1.2 机器学习的分类 ……… 72
- 2.1.3 机器学习模型的评价指标 ……………… 72

### 2.2 有监督学习 …………………… 75
- 2.2.1 贝叶斯分类 …………… 75
- 2.2.2 决策树与随机森林 …… 77
- 2.2.3 支持向量机 …………… 80
- 2.2.4 线性回归 ……………… 85

### 2.3 无监督学习 …………………… 87
- 2.3.1 聚类 …………………… 87
- 2.3.2 主成分分析 …………… 90

### 2.4 半监督学习 …………………… 91
- 2.4.1 生成式方法 …………… 91
- 2.4.2 半监督 SVM …………… 93
- 2.4.3 图半监督学习 ………… 95
- 2.4.4 基于分歧的方法 ……… 97

### 2.5 强化学习 ……………………… 100

本章小结 ……………………………… 104
思考题 2 ……………………………… 104
参考文献 ……………………………… 105

## 第3章 深度学习简介 ……………… 107
### 3.1 人工神经网络 ………………… 107
- 3.1.1 基础概念 ……………… 108
- 3.1.2 前馈型神经网络 ……… 109
- 3.1.3 反馈型神经网络 ……… 110

### 3.2 卷积神经网络 ………………… 112
- 3.2.1 模型原理 ……………… 112
- 3.2.2 模型实现 ……………… 117

### 3.3 循环神经网络 ………………… 122
- 3.3.1 模型原理 ……………… 122

## 目录

  3.3.2 模型实现 …………… 125
 3.4 图神经网络 …………… 127
  3.4.1 模型原理 …………… 128
  3.4.2 模型实现 …………… 133
 本章小结 …………………… 136
 思考题 3 …………………… 137
 参考文献 …………………… 138

### 第 4 章 图像分类 …………… 139

 4.1 概述 ………………… 139
 4.2 图像分类任务的种类 … 140
  4.2.1 单标签图像分类 …… 140
  4.2.2 多标签图像分类 …… 143
 4.3 图像分类的发展 …… 143
 4.4 图像分类算法 ……… 144
  4.4.1 基于词袋的图像分类方法 ………………… 145
  4.4.2 基于深度学习的图像分类方法 …………… 149
 4.5 应用案例：手写字体识别 ………………… 158
  4.5.1 场景描述 …………… 158
  4.5.2 基于 LeNet 的手写字体识别 ………………… 158
 4.6 应用案例：储层物性参数分类 …………… 163
  4.6.1 场景描述 …………… 163
  4.6.2 基于 GoogLeNet 的储层物性参数分类 …………… 164
  4.6.3 模型搭建 …………… 165
 思考题 4 …………………… 171

### 第 5 章 图像分割 …………… 172

 5.1 概述 ………………… 172
 5.2 常用图像分割方法 … 173
  5.2.1 基于聚类的分割方法 … 173
  5.2.2 基于边缘的分割方法 … 176
  5.2.3 基于区域的分割方法 … 177
  5.2.4 基于图论的分割方法 … 179
  5.2.5 基于深度学习的分割方法 ………………… 180
 5.3 应用案例：U-Net 语义分割 ………………… 188
  5.3.1 场景描述 …………… 188
  5.3.2 U-Net 语义分割实现 … 189
 5.4 应用案例：数字岩心图像分割 …………… 202
  5.4.1 场景描述 …………… 202
  5.4.2 基于 RefineNet 的数字岩心图像分割 …………… 203
 思考题 5 …………………… 217

### 第 6 章 目标检测 …………… 219

 6.1 概述 ………………… 219
 6.2 两阶段检测方法 …… 221
  6.2.1 Region-CNN ……… 222
  6.2.2 Faster-RCNN ……… 224
 6.3 单阶段检测方法 …… 229
  6.3.1 YOLO ……………… 230
  6.3.2 SSD ………………… 234
 6.4 应用案例：行人检测 … 238
  6.4.1 场景描述 …………… 238
  6.4.2 基于 Faster-RCNN 的行人检测 ………………… 238
 6.5 应用案例：油田安全生产 ………………… 258
  6.5.1 场景描述 …………… 258
  6.5.2 基于 YOLOv5 的油田安全生产目标检测 …… 259
 本章小结 …………………… 300
 思考题 6 …………………… 301
 参考文献 …………………… 302

### 第 7 章 文本分类 …………… 305

 7.1 概述 ………………… 305
  7.1.1 文本分类技术原理 …… 306

  7.1.2 自动文本分类方法 …… 308
  7.1.3 文本分类的应用场景 … 309
 7.2 词向量技术 …………… 310
  7.2.1 离散表示 …………… 310
  7.2.2 Word2Vec …………… 311
  7.2.3 GloVe ……………… 312
 7.3 常用模型 ……………… 312
  7.3.1 FastText …………… 313
  7.3.2 TextCNN …………… 319
  7.3.3 TextRCNN ………… 324
 7.4 应用案例：电影观众评论
    分类 ………………… 329
  7.4.1 场景描述 …………… 330
  7.4.2 基于 FastText 的电影评论
     分析 ………………… 330
  7.4.3 基于 TextCNN 的电影评论
     分析 ………………… 335
 本章小结 …………………… 343
 思考题 7 …………………… 343
 参考文献 …………………… 344

## 第 8 章　情感分析 …………… 347

 8.1 概述 …………………… 347
  8.1.1 情感分析简介 ……… 348
  8.1.2 情感分析方法 ……… 349
  8.1.3 情感分析应用 ……… 351
 8.2 常用模型 ……………… 352
  8.2.1 LSTM ……………… 352
  8.2.2 Transformer ……… 354
 8.3 应用案例：电影观众
    评论 ………………… 364
  8.3.1 场景描述 …………… 364

  8.3.2 基于 LSTM 的电影评论
     分析 ………………… 364
 8.4 应用案例：用户对话情绪
    分析 ………………… 368
  8.4.1 场景描述 …………… 368
  8.4.2 基于 Transformer 的用户
     对话情绪分析 ……… 369
 本章小结 …………………… 372
 思考题 8 …………………… 372
 参考文献 …………………… 373

## 第 9 章　推荐系统 …………… 375

 9.1 概述 …………………… 375
  9.1.1 推荐的发展 ………… 375
  9.1.2 推荐的种类 ………… 377
 9.2 常用模型 ……………… 385
  9.2.1 DeepFM …………… 385
  9.2.2 BGCF ……………… 388
  9.2.3 NCF ………………… 389
  9.2.4 Wide&Deep ………… 392
 9.3 应用案例：点击率
    预估 ………………… 394
  9.3.1 场景描述 …………… 394
  9.3.2 基于 DeepFM 的点击率
     预估 ………………… 394
 9.4 应用案例：推荐系统 … 413
  9.4.1 场景描述 …………… 413
  9.4.2 基于 NCF 的推荐系统 … 414
 本章小结 …………………… 422
 思考题 9 …………………… 422
 参考文献 …………………… 424

# 第1章 绪论

**本章要点**

理解人工智能、机器学习和深度学习的相关概念。了解智能软件的定义、类型和应用领域。了解 MindSpore 框架的设计理念、执行流程,掌握其基本操作,包括安装、张量操作、数据变换、数据集操作、网络构建、模型的保存与加载等。了解一些通用数据集与石油生产场景相关的数据集。

**本章导图**

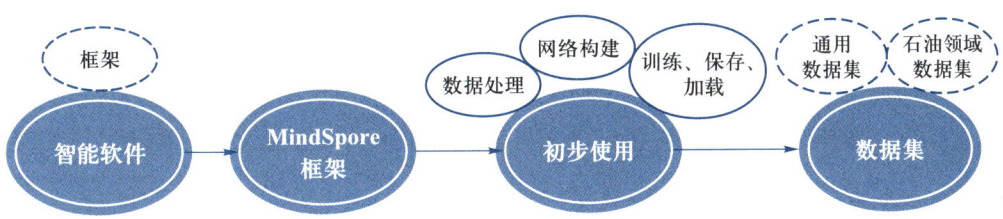

本章将讲解深度学习框架 MindSpore 的安装和使用方法,介绍相关的数据集,并结合图像分类实例说明其实际应用。

## 1.1 引言

1956 年夏,麦卡锡、明斯基等科学家在美国达特茅斯学院开会研讨"如何用机器模拟人的智能",首次提出"人工智能"(artificial intelligence,AI)这一概念,标志着人工智能学科的诞生。

人工智能自 1956 年以来已发展 60 多年,其发展历程可划分为以下 6 个阶段:

(1)起步发展期:1956 年至 20 世纪 60 年代初。人工智能概念提出后,相继取得了一批令人瞩目的研究成果,如机器定理证明、跳棋程序等,掀起人工智能发展的第一个高潮。

(2)反思发展期:20 世纪 60 年代至 20 世纪 70 年代初。人工智能发展初期的突破性进展大大提升了人们对人工智能的期望,人们开始尝试更具挑战性的任务,并提出了一些不切实际的研发目标。然而,接二连三的失败和预期目标的落空(例如,无法用机器证明两个连续函数之和还是连续函数,机器翻译闹出笑话等),使人工智能的发展走入低谷。

(3)应用发展期:20世纪70年代初至20世纪80年代中。1970年代出现的专家系统模拟人类专家的知识和经验解决特定领域的问题,实现了人工智能从理论研究走向实际应用、从一般推理策略探讨转向运用专门知识的重大突破。专家系统在医疗、化学、地质等领域取得成功,推动人工智能走入应用发展的新高潮。

(4)低迷发展期:20世纪80年代中至20世纪90年代中。随着人工智能的应用规模不断扩大,专家系统存在的应用领域狭窄、缺乏常识性知识、知识获取困难、推理方法单一、缺乏分布式功能、难以与现有数据库兼容等问题逐渐暴露出来。

(5)稳步发展期:20世纪90年代中至2010年。网络技术特别是互联网技术的发展,加速了人工智能的创新研究,促使人工智能技术进一步走向实用化。1997年国际商业机器公司(简称IBM)"深蓝"超级计算机战胜了国际象棋世界冠军卡斯帕罗夫,2008年IBM提出"智慧地球"的概念,是这一时期的标志性事件。

(6)蓬勃发展期:2011年至今。随着互联网、大数据、云计算、物联网等信息技术的发展,以泛在感知数据和图形处理器等计算平台推动的深度神经网络为代表的人工智能技术飞速发展,大幅跨越了科学与应用之间的"技术鸿沟",诸如图像分类、语音识别、知识问答、人机对弈、无人驾驶等人工智能技术实现了从"不能用、不好用"到"可以用"的技术突破,迎来爆发式增长的新高潮。在这一阶段人工智能技术在各个领域得到了广泛的应用,并涌现出了大量的代表性智能应用软件产品,比如科大讯飞语音识别平台、谷歌公司(Google)旗下DeepMind公司开发的AlphaGo、微软公司的Skype实时翻译软件、百度人脸识别平台等。

根据DC发布的2021年中国人工智能软件及应用市场研究报告,2021年全年中国人工智能软件及应用市场规模达52.8亿美元,相比2020年涨幅为43.1%。其中,计算机视觉市场2021下半年相比2020下半年增长47.0%,市场规模达13.5亿美元,全年实现23.4亿美元的市场规模。商汤、旷视、海康威视、创新奇智、云从科技作为市场前5的厂商,构成了45.6%的市场份额,阿里云、百度智能云、华为云、腾讯云也贡献了一定的市场份额。语音语义市场,2021下半年相比2020下半年增长37.0%,市场规模达12.3亿美元,全年实现21.7亿美元的市场规模。科大讯飞仍然位居第一,阿里云、百度智能云市场份额开始上升,华为云、京东云贡献了一定的市场份额。机器学习平台市场,2021下半年相比2020下半年增长37.0%,市场规模达3.2亿美元,2021全年实现5.7亿美元,其中,第四范式、华为云处于头部序列。

伴随人工智能技术的不断突破创新,新的应用场景呈现出百花齐放局面,在数字经济、智慧城市、数字孪生、数字化转型、元宇宙、AIGC等概念加持下，未来人工智能将更加快速地与千行百业融合创新，大量新的智能应用软件产品将会不断在市场出现。

智能应用软件的核心是机器学习算法，而 AI 平台则是实现这些算法的有效工具。大家熟知的人工智能框架有 TensorFlow、PyTorch 等。近年来，华为公司的开源深度学习框架昇思 MindSpore 受到了业界开发者的广泛关注，MindSpore 是华为公司一款开源的全场景 AI 框架，旨在提供友好设计、高效运行、简捷部署的开发体验，目前已经成功应用于医疗、金融、科研等多个领域，提供面向端边云多种场景的主流硬件支持，并针对昇腾硬件平台提供深度优化能力。昇思 MindSpore 着力构筑面向全球的人工智能开源社区，推动人工智能软硬件应用生态繁荣发展。

本书聚焦智能应用软件的核心智能算法，简要介绍机器学习、深度学习相关算法的原理，讲解 MindSpore 框架的安装、部署、推理等使用流程，重点围绕基于 MindSpore 框架在图像分类、图像分割、目标检测、文本分类、情感分析、推荐系统等领域的典型应用，按照理论到实践的流程，对模型原理、实例操作流程进行详细的阐述。同时，本书除了提供部分通用数据集案例外，还提供石油生产场景的数字岩心图像分割、储层物性参数分类、油田安全生产目标检测等案例的数据集和实例操作流程。

本书的章节结构为，第 1 章绪论，第 2 章机器学习简介，第 3 章深度学习简介，第 4 章图像分类原理简介及典型模型应用案例详细阐述，第 5 章图像分割原理简介及典型模型应用案例详细阐述，第 6 章目标检测原理简介及典型模型应用案例详细阐述，第 7 章文本分类原理简介及典型模型应用案例详细阐述，第 8 章情感分析原理简介及典型模型应用案例详细阐述，第 9 章推荐系统原理简介及典型模型应用案例详细阐述。

## 1.2　智能软件简介

### 1.2.1　智能软件定义

智能软件(intelligence software)是指能模拟人类智能行为的计算机软件，它至少应具备获取和应用知识的能力、思维与推理的能力、问题求解的能力和学习能力。智能软件不仅可在传统的冯·诺依曼结构的计算机系统上运行，而且也可在新一代的非冯·诺依曼结构的计算机系统上运行。

### 1.2.2　智能软件与传统软件的区别

从软件功能上划分，智能软件和传统软件的区别有以下几方面。

**1. 知识处理**

一个智能软件处理的对象，不仅有数据，而且还有知识。表示、获取、存取和处理知识的能力是智能软件与传统软件的主要区别之一。因此，一个智能软件也是一个基于知识处理的软件,它需要如下设施:知识表示语言,知识组织工具,建立、维护与查询知识库的方法与环境,支持现存知识的重用。

**2. 问题求解**

一个智能软件往往采用人工智能的问题求解模式来获得结果。它与传统的软件所采用的求解模式相比,有 3 个明显特征:其问题求解算法往往是非确定型的或称启发式的;其问题求解在很大程度上依赖知识;智能软件的问题往往具有指数级的计算复杂性。智能软件通常采用的问题求解方法大致分为搜索、推理和规划 3 类。

**3. 现场感应**

智能软件与传统软件的又一个重要区别在于:智能软件具有现场感应(环境适应)的能力。所谓现场感应指它可能与所处的现实世界的抽象——现场——进行交往,并适应这种现场。这种交往包括感知、学习、推理、判断并做出相应的动作。这也就是通常人们所说的自组织性与自适应性。

### 1.2.3 智能软件的类型

**1. 智能操作系统**

智能操作系统也称基于知识操作系统,是支持计算机特别是新一代计算机的一类新一代操作系统。它负责管理新一代计算机的资源,向用户提供友善接口,并有效地控制基于知识处理和并行处理的程序的运行。因此,它是实现新一代计算机并付诸应用的关键技术之一。

智能操作系统是对操作系统、人工智能和认知科学进行研究。其主要研究内容有操作系统结构、智能化资源调度、智能化人机接口、支持分布并行处理机制、支持知识处理机制、支持多介质处理机制。

**2. 人工智能程序设计语言系统**

为了开展人工智能和认知科学的研究,要求有一种程序设计语言,它允许在存储器中存储并处理一些复杂的、无规则的、经常变化的和无法预测的结构,这种语言后来被称为人工智能程序设计语言。人工智能程序设计语言及其相应的编译程序(解释程序)所组成的人工智能程序设计语言系统,将有效地支持智能软件的编写与开发。与传统程序设计支持数据处理采用的固定式算法所具有的明确计算步骤和精确求解知识相比,人工智能程序设计语言的特点是,支持符号处理,采用启发式搜索,包括不确定的计算步骤和不确定的求解知识。实用的人工智能程序设计语言包括函数式语言(如 Lisp)、逻辑式语言(如 Prolog)和知识工程语言(Ops5),其中最广泛采用的是 Lisp 和 Prolog 及其变形。

Lisp 语言适合于符号处理,它处理的唯一对象是符号表达式(又称 S-表达式)。所有的程序与数据均由 S-表达式构成,采用的主要控制结构是递归。Prolog 语言以一阶谓词演算为其理论基础。它的数据结构是项,所有的程序和数据均由项组成,也以递归作为主要控制结构。此外,Prolog 能自动实现模式匹配和回溯。

**3. 智能软件工程支撑环境**

智能软件工程支撑环境又称基于知识的软件工程辅助系统。它利用与软件工程领域密切相关的大量专门知识，对于一些困难、复杂的软件开发与维护活动能提供具有软件工程专家水平的意见和建议。智能软件工程支撑环境具有如下主要功能：支持软件系统的整个生命周期；支持软件产品生产的各项活动；作为软件工程代理；作为公共的环境知识库和信息库设施；从不同项目中总结和学习经验教训，并把它应用于其后的各项软件生产活动。

**4. 智能人机接口软件**

智能人机接口软件指能帮助计算机向用户提供更友好的自适应力强的人机交互的软件。在智能接口硬件的支持下，智能人机接口软件大致包含以下功能：采用自然语言进行人机直接对话；允许声、文、图形及图像能以多介质进行人机交往；自适应不同用户类型；自适应用户的不同需求；自适应不同计算机系统的支持。

**5. 智能专家系统**

专家系统是一类在有限但困难的现实世界领域帮助人类专家进行问题求解的计算机软件，其中具有智能的专家系统称为智能专家系统。它有如下基本特征：不仅在基于计算的任务，如数值计算或信息检索方面提供帮助，而且也可在要求推理的任务方面提供帮助，这种任务必须是属于人类专家才能解决问题的领域；其推理是在人类专家的推理之后模型化的；不仅有处理领域的表示，而且也保持自身的表示、内部结构和功能的表示；采用有限的自然语言交往的接口使得人类专家可直接使用；具有学习功能。

**6. 智能应用软件**

智能应用软件指利用人工智能技术或知识工程技术为某个应用领域而开发的应用软件。显然，随着人工智能或知识工程的发展，这类软件也不断增加。已有许多智能应用软件付诸实用，其中有的已成为商品软件，它是人工智能的主要进展之一。智能应用软件开发也是本书介绍的重点。

### 1.2.4 智能软件应用领域

人工智能从诞生以来，理论和技术日益成熟，应用领域也不断扩大。人工智能算法在机器翻译、语音识别、目标检测、推荐系统、自动驾驶以及石油、电力等特定行业领域都有了广泛的应用，形成了大量商业化的智能软件产品，下面介绍几个典型的智能软件领域应用。

（1）推荐系统

随着深度学习的发展，其应用从计算机视觉、自然语言处理迅速地影响到推荐系统（recommendation system）领域。相比于传统推荐算法，深度学习不但能捕捉到浅层的特征表示，更能学习到高阶交叉特征，增强模型的表达能力，更好地理解用户的需求，提升系统的泛化性能，解决一些传统模型无法解决的问题。在学术界与工业界都掀起了深度学习的研究浪潮。

YouTube 首次把深度神经网络应用到视频推荐领域,并在 YouTube 视频网站进行了实验,使其可以更精确地捕获到用户的潜在偏好,提高了用户的使用率和推荐效果。Google 公司提出了 Wide&Deep 模型,它结合了传统推荐记忆能力强与深度学习网络的泛化能力强两种优点,在 Google Play 上线使用,大大增加了 App 的下载量,达到了更加精确的推荐目的。

(2) 目标检测

目标检测(object detection),也称目标视觉检测,是计算机视觉领域的一个重要问题,在视频监控、自动驾驶、目标行为分析等方面具有重要的研究意义和应用价值。近年来,深度学习在图像分类研究中取得了突破性进展,也带动着目标视觉检测取得突飞猛进的发展。而实际生产环境对目标检测算法的精度、速度、体积等要求往往十分苛刻。在工业质检任务中,生产线上往往需要毫秒级别的图片检测速度,同时还需要尽量平衡硬件成本和性能。YOLO 系列模型因其快速精准的检测效果在工业领域迅速走红,百度飞桨 PaddlePaddle 的研发团队为了让 YOLO v3 模型在工业实际应用场景拥有更优异的精度与推理速度而开发出 PP-YOLO 模型,以尽量不增加模型计算量和推理开销为前提,探索出了一整套更具深度的算法优化秘籍,大幅提高了其精度和速度,且容量更小,PP-YOLO 也成为工业应用场景最实用的目标检测模型之一。

(3) 语音识别

语音识别(speech recognition)是以语音为研究对象,通过语音信号处理和模式识别让机器自动识别和理解人类口述的技术。语音识别技术就是通过让机器识别和理解语音过程把语音信号转变为相应的文本或命令的技术。

目前主流的语音识别方法大多基于深度神经网络。这些方法大体分为两类:一类是采用一定的神经网络取代传统语音识别方法中的个别模块,如特征提取、声学模型或语言模型等;另一类是基于神经网络实现端到端的语音识别。相比于传统的识别方法,基于深度神经网络的语音识别方法在性能上有了显著的提升。主要应用的模型包括 ASRT、Wenet、whisper 等模型。目前国内语音应用技术领先的是科大讯飞、百度等厂商。

(4) 自动驾驶

自动驾驶车辆(autonomous vehicles),是一种通过车载传感器(如激光雷达、摄像头、惯性导航单元等)收集车辆自身及车辆周边环境情况,利用内置的计算机系统做出智能决策,再通过线性底盘实现油门调节、转向和制动等各项自主操作的智能化车辆。近年来,汽车企业、互联网企业都争相进入自动驾驶领域。

谷歌(Google)公司于 2010 年开始测试谷歌自动驾驶车辆,定位是实现所有区域的无人驾驶,并已获得了合法试验车牌。其他公司如特斯拉、沃尔沃、宝马,以及中国的百度、滴滴等公司也对自动驾驶进行了大量的研究。百度公司已经建立起了世界领先的 L4 级自动驾驶差异化优势,以 3 477 件的自动驾驶专利族数申请量位居全球第一,测试总里程超过 4 000 万千米,旗下自动驾驶出行服务平台"萝卜快跑"的订单量已经超过了 140 万单，在北京、上海、广州三个一线城市，自动驾驶网约车日均订单量达到 15 次，与传统网约车的日均订单量相当。百度公司使用文心大模型中的图文弱监督预训练模型，使开放平台 Apollo 大幅扩充了自动驾驶语义识别数据，如特殊车辆（消防车、救护车）识别、塑料袋误检等，并通过大模型训练小模型，使自动驾驶感知泛化能力显著增强。百度 Apollo 发布了 Apollo 自动驾驶地图全景，提出知识增强、分层多维、为自动驾驶而生的新一代地图趋势。百度高精地图构建自动化率已达到 96%，大幅解决了应用成本高的问题。

目前，深度学习技术在自动驾驶领域取得了巨大成功，优点是精准性高，鲁棒性强以及成本低，深度学习技术的主要应用体现在行人检测、立体匹配与多传感器融合三个方面。

（5）石油勘探开发领域应用

目前机器学习算法在岩性识别、测井曲线重构、储集层参数预测等测井处理解释软件方面初步应用，并显现出巨大潜力；计算机视觉技术在初至波拾取、断层识别等地震处理解释软件方面应用已有成效；在油藏工程领域，深度学习和最优化技术已开始应用于水驱开发实时调控、产量预测软件等方面；数据挖掘在钻完井的地面工程等领域的应用初步形成了智能化、一体化装备软件。未来人工智能技术在石油勘探开发领域潜在的发展方向为智能生产装备、自动处理解释和专业软件平台，发展重点为数字盆地、快速智能成像测井仪器、智能化节点地震采集系统、智能旋转导向钻井、智能化压裂技术装备、分层注采实时监测与控制工程等技术。

## 1.3 MindSpore 介绍

### 1.3.1 智能软件与深度学习

软件的"智能"主要体现在核心算法的智能化，而智能化算法多数是通过深度学习来完成的，而为了快速实现深度学习算法并进行应用，不同公司或研究者推出了各种深度学习框架，目前主流的深度学习框架有如下几个。

**1. 昇思（MindSpore）**

MindSpore 是华为公司开发的深度学习框架。它于 2019 年 11 月首次推出，旨在成为一个全场景人工智能计算框架。它具有以下特点：① 易开发，MindSpore 提供了 Python 编程范式，用户使用 Python 原生控制逻辑即可构建复杂的神经网络模型，易于编程；② 高效执行，包括具有较高的计算效率、数据预处理效率和分布式训练效率；③ 全场景，支持端、边、云等不同场景下的灵活部署；④ 提供动态图和静态图统一的编码方式，用户无须开发多套代码，仅变更一行代码便可切换动态图/静态图模式；⑤ 采用函数式可微分编程架构，使用户聚焦于模型算法的数学原生表达；⑥ 统一单机和分布式训练的编码方式，提高神经网络训练效率，降低开发门槛。MindSpore 在 Gitee 中的各项指标都远超其他 AI 框架，是国内社区中最活跃、关注度最高、被应用最多的框架，处在我国开源生态的引领者地位。

### 2. 飞桨（PaddlePaddle）

飞桨（PaddlePaddle）是百度公司开发的开源深度学习框架，它于 2016 年 9 月在北京举行的百度人工智能开发者大会上首次亮相，它的主要特点：① 支持分布式训练和推理，能够实现并行计算、自动混合精度训练、异步训练等，适用于大型项目；② 自动超参数调优；③ 组件丰富，支持各种神经网络架构，同时提供一套简单易用的 API 和图形化界面，使得用户能够快速上手并构建深度学习模型。与国内其他深度学习开源框架相比，飞桨的使用率位居第二。

### 3. TensorFlow

TensorFlow 是 Google 公司在 2015 年底推出的开源深度学习框架，主要特点：① 支持多种编程语言，如 Python、JavaScript、C++、Java、Go、C#、Julia 和 R；② 拥有强大的计算集群，并可以在 iOS 和 Android 等移动平台上运行模型；③ 使用静态计算图进行操作，需要先定义图形，再运行计算，如需对架构进行更改，则必须重新训练模型。TensorFlow 目前在深度学习领域占据领先地位。

### 4. PyTorch

PyTorch 是 Facebook 公司在 2017 年开发的开源深度学习框架。它基于 Torch 库，设计目的是加快从研究原型设计到生产部署的整个过程。这一框架具有以下特点：① 简洁易懂，PyTorch 的 API 设计简洁，是 tensor、autograd、nn 三级封装，易于用户学习；② 便于调试，采用动态图，允许开发人员创建即时执行的计算图，使程序可以像普通 Python 代码一样进行调试，不同于 TensorFlow，PyTorch 的报错说明可读性较高；③ 模型组件丰富，提供丰富的工具和接口，使得用户可以轻松地构建、训练和调试深度学习模型。PyTorch 在深度学习领域的使用仅次于 TensorFlow。

### 5. Keras

Keras 是 François Chollet 于 2015 年在 Google 公司开发的一个开源深度学习框架，提供了一种高级别的神经网络构建和训练接口，主要特征：① API 简洁，方便用户以较少的代码量实现各种深度学习模型；② 提供一系列高度可定制的功能，如损失函数、优化器、初始化方法等，使得用户能够根据自己的需求和特定问题进行调整和优化；③ 支持多种后端，如 TensorFlow、Theano、Microsoft Cognitive Toolkit，同时也为用户提供了更好的扩展性和可移植性。Keras 的使用率位居第三。

## 1.3.2　MindSpore 框架简介

昇思 MindSpore 是一个全场景深度学习框架，旨在实现易开发、高效执行、全场景覆盖三大目标。

## 1.3 MindSpore 介绍

其中,易开发表现为 API 友好、调试难度低;高效执行包括计算效率、数据预处理效率和分布式训练效率高;全场景则指框架同时支持云、边缘以及端侧场景。

昇思 MindSpore 总体架构如图 1.1 所示。

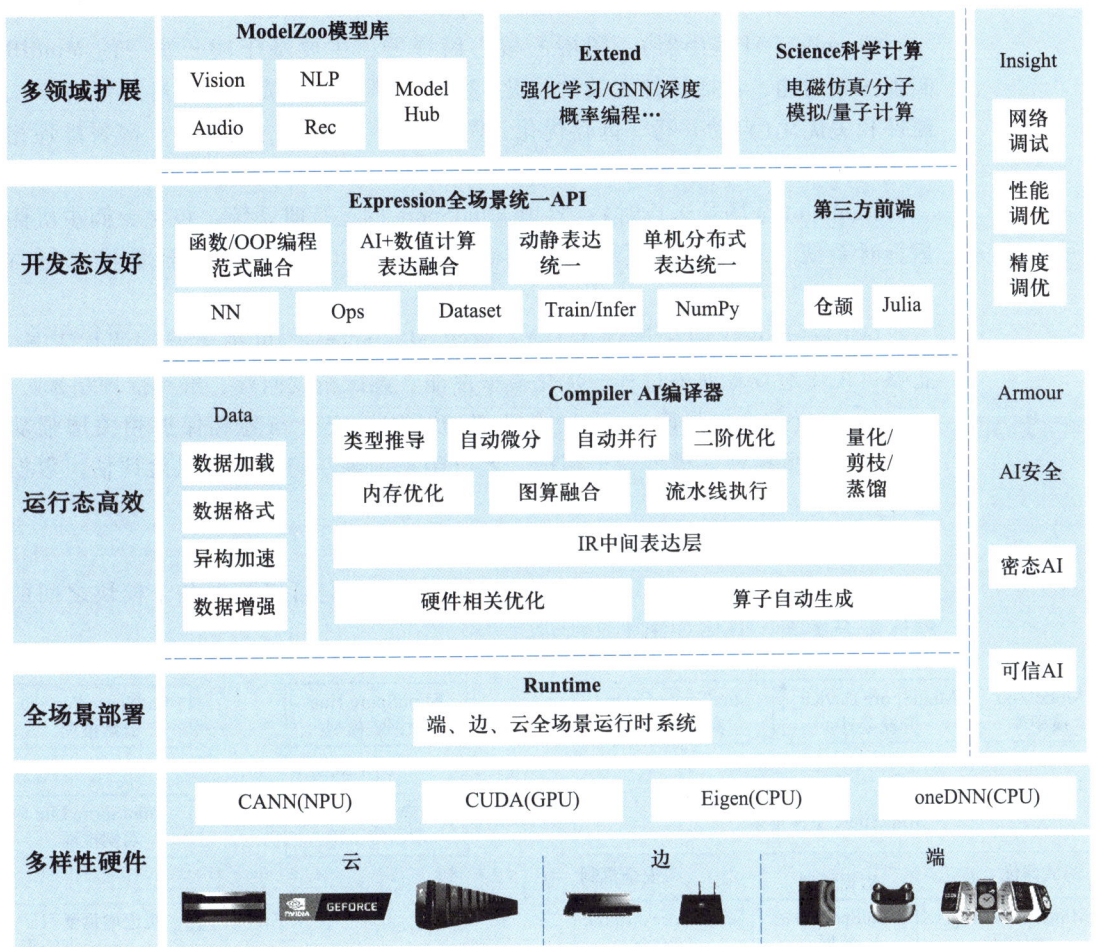

图 1.1 MindSpore 总体架构

ModelZoo(模型库):ModelZoo 提供可用的深度学习算法网络,也开放给开发者贡献新的网络(ModelZoo 地址)。

Extend(扩展库):昇思 MindSpore 的领域扩展库,支持拓展新领域场景,如 GNN、深度概率编程、强化学习等,也开放给开发者贡献和构建。

Science(科学计算):MindScience 是基于昇思 MindSpore 融合架构打造的科学计算行业套件,包含了业界领先的数据集、基础模型、预置高精度模型和前后处理工具,加速了科学计算行业应用开发。

Expression(全场景统一 API):基于 Python 的前端表达与编程接口,支持两个融合(函数/OOP 编程范式融合、AI+数值计算表达融合)以及两个统一(动静表达统一、单机分布式表达统一)。

第三方前端：支持第三方多语言前端表达，未来计划陆续提供 C/C++、华为自研编程语言前端——仓颉(目前还处于预研阶段)等第三方前端的对接工作，引入更多的第三方生态。

Data(数据处理层)：提供高效的数据处理、常用数据集加载等功能和编程接口，支持用户灵活地定义处理注册和 pipeline 并行优化。

Compiler(AI 编译器)：图层的核心编译器，主要基于端云统一的 MindIR 实现三大功能，包括硬件无关的优化(类型推导、自动微分、表达式化简等)、硬件相关优化(自动并行、内存优化、图算融合、流水线执行等)、部署推理相关的优化(量化、剪枝等)。

Runtime(全场景运行时)：昇思 MindSpore 的运行时系统，包含云侧主机侧运行时系统、端侧以及更小物联网(nternet of things，IoT)的轻量化运行时系统。

Insight(可视化调试调优工具)：昇思 MindSpore 的可视化调试调优工具，能够可视化地查看训练过程、优化模型性能、调试精度问题、解释推理结果。

Armour(安全增强库)：面向企业级应用时，安全与隐私保护相关增强功能，如对抗鲁棒性、模型安全测试、差分隐私训练、隐私泄露风险评估、数据漂移检测等技术。

1. 执行流程

有了对昇思 MindSpore 总体架构的了解后，我们可以看看各个模块之间的整体配合关系。具体如图 1.2 所示。

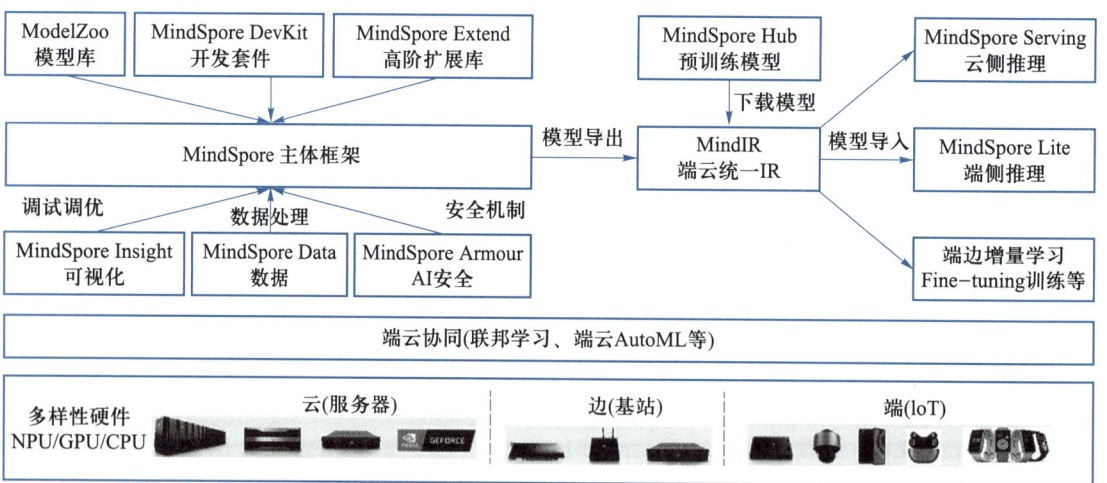

图 1.2 MindSpore 模块关系

昇思 MindSpore 作为全场景 AI 框架，支持端(手机与 IoT 设备)、边(基站与路由设备)、云(服务器)场景的不同系列硬件，包括昇腾系列产品、英伟达 NVIDIA 系列产品、ARM 系列的高通骁龙、华为麒麟的芯片等系列产品。

图 1.2 左边的 MindSpore 主体框架主要提供神经网络在训练、验证方面的基础 API 功能，另外还会默认提供自动微分、自动并行等功能。

MindSpore Data 模块可以进行数据预处理，包括数据采样、数据迭代、数据格式转换等不同的数据操作。在训练的过程中会遇到很多调试调优的问题，因此有 MindSpore Insight 模块对 loss 曲线、算子执行情况、权重参数变量等调试调优相关的数据进行可视化，方便用户在训练过程中进行调试调优。

AI 安全最简单的场景就是从攻防的视角来看，例如，攻击者在训练阶段掺入恶意数据，影响 AI 模型推理能力，于是 MindSpore 推出了 MindSpore Armour 模块，为 MindSpore 提供 AI 安全机制。

主体框架上方的部分与算法开发相关的用户更加贴近，包括存放大量的 AI 算法的模型库 ModelZoo，提供面向不同领域的开发工具套件 MindSpore DevKit，另外还有高阶拓展库 MindSpore Extend。这里面值得一提的就是 MindSpore Extend 中的科学计算套件 MindScience，MindSpore 首次探索将科学计算与深度学习结合，将数值计算与深度学习相结合，通过深度学习来支持电磁仿真、药物分子仿真等。

MindSpore DevKit 开发套件通过深度学习、智能搜索及智能推荐等技术，打造智能计算最佳体验，MindSpore DevKit 提供如下功能。

（1）MindSpore 运行管理

① 创建 conda 环境或选择已有 conda 环境，并安装 MindSpore 二进制包至 conda 环境。

② 部署最佳实践模板。其不仅可以测试环境是否安装成功，对新用户也提供了一个 MindSpore 的入门介绍。

③ 在网络状况良好时，10 分钟之内即可完成环境安装，开始体验 MindSpore。最长可节约新用户 80% 的环境配置时间。

（2）对接智能知识搜索

① 定向推荐，根据用户使用习惯，提供更精准的搜索结果。

② 沉浸式资料检索体检，避免在 IDE 和浏览器之间的互相切换。适配侧边栏，提供窄屏适配界面。

（3）智能代码补全

① 提供基于 MindSpore 项目的 AI 代码补全。

② 无须安装 MindSpore 环境，也可轻松开发 MindSpore。

（4）算子互搜

① 快速搜索 MindSpore 算子，在侧边栏直接展示算子详情。

② 为方便其他机器学习框架用户，通过搜索其他主流框架算子，联想匹配对应 MindSpore 算子。

MindSpore Extend 是基于 MindSpore 的领域库，用于构建多个领域框架，比如 GNN、深度概率编程、微分方程等。MindSpore Extend 中的 MindScience 的架构如图 1.3 所示，是基于 MindSpore 融合架构打造的科学计算行业套件，包含了业界领先的数据集、基础模型、预置高精度模型和前后处理工具，加速了科学计算行业应用开发。目前已推出面向电子信息领域的 MindElec 套件和面向生命科学领域的 MindSPONGE 套件，分别使电磁仿真性能提升 10 倍和生物制药化合物模拟效率提升 50%。

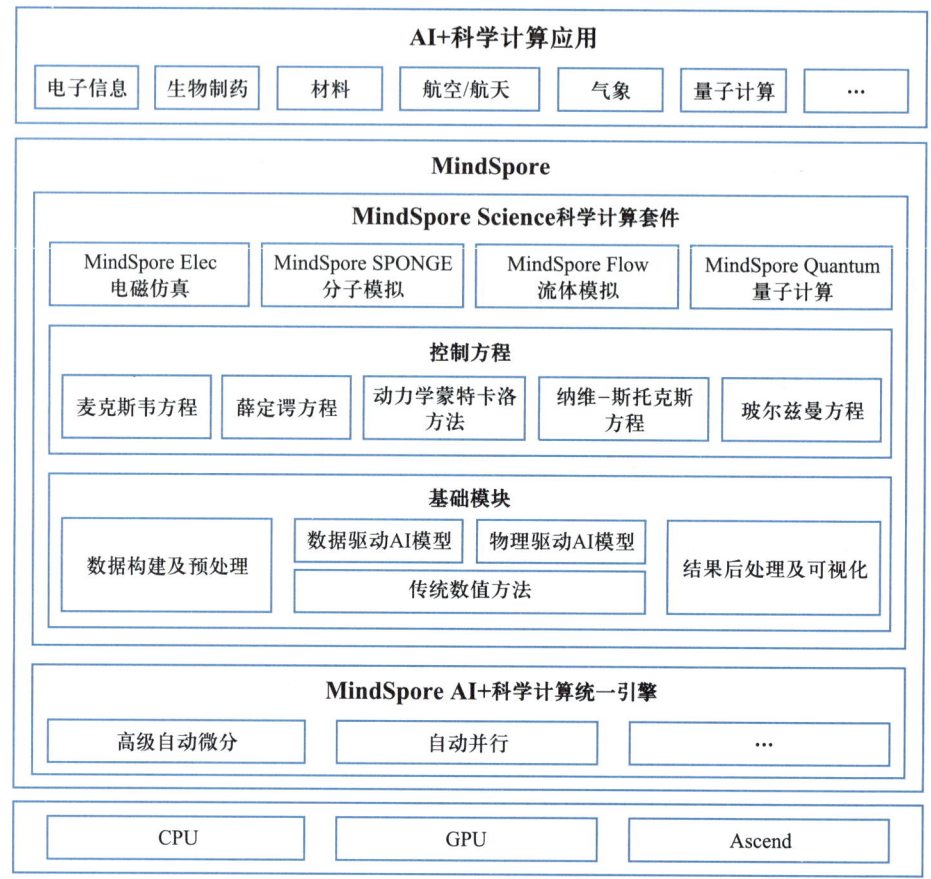

图 1.3　MindScience 架构

神经网络模型训练完后，可以导出模型或者加载存放在 MindSpore Hub 中已经训练好的模型。接着由 MindIR 提供端云统一的 IR 格式，通过统一 IR 定义了网络的逻辑结构和算子的属性，将 MindIR 格式的模型文件与硬件平台解耦，实现一次训练多次部署。如图 1.2 所示，通过 IR 把模型导出到不同的模块执行推理。

**2. 设计理念**

（1）支持全场景协同

昇思 MindSpore 源于全产业的最佳实践，向数据科学家和算法工程师提供了统一的模型训练、推理和导出等接口，支持端、边、云等不同场景下的灵活部署，推动深度学习和科学计算等领域繁荣发展。

（2）提供 Python 编程范式，简化 AI 编程

昇思 MindSpore 提供了 Python 编程范式，用户使用 Python 原生控制逻辑即可构建复杂的神经网络模型，AI 编程变得简单。

（3）提供动态图和静态图统一的编码方式

目前主流的深度学习框架的执行模式有两种，分别为静态图模式和动态图模式。静态图模式拥有较高的训练性能，但难以调试。动态图模式相较于静态图模式虽然易于调试，但难以高效执行。昇思 MindSpore 提供了动态图和静态图统一的编码方式，大大增加了静态图和动态图的可兼容性，用户无须开发多套代码，仅变更一行代码便可切换动态图/静态图模式，可拥有更轻松的开发调试及性能体验。例如：

设置 set_context(mode=PYNATIVE_MODE)可切换成动态图模式。

设置 set_context(mode=GRAPH_MODE)可切换成静态图模式。

（4）采用函数式可微分编程架构，使用户聚焦于模型算法的数学原生表达

神经网络模型通常基于梯度下降算法进行训练，但手动求导过程复杂，结果容易出错。昇思 MindSpore 的基于源码转换(source code transformation，SCT)的自动微分(automatic differentiation)机制采用函数式可微分编程架构，在接口层提供 Python 编程接口，包括控制流的表达。用户可聚焦于模型算法的数学原生表达，无须手动进行求导。

（5）统一单机和分布式训练的编码方式

随着神经网络模型和数据集的规模不断增大，分布式并行训练成为了神经网络训练的常见做法，但分布式并行训练的策略选择和编写十分复杂，这严重制约着深度学习模型的训练效率，阻碍深度学习的发展。MindSpore 统一了单机和分布式训练的编码方式，开发者无须编写复杂的分布式策略，在单机代码中添加少量代码即可实现分布式训练，提高神经网络训练效率，大大降低了 AI 开发门槛，使用户能够快速实现想要的模型。

例如，设置 set_auto_parallel_context(parallel_mode=ParallelMode.AUTO_PARALLEL)便可自动建立代价模型，为用户选择一种较优的并行模式。

**3. 层次结构**

昇思 MindSpore 向用户提供了 3 个不同层次的 API，支撑用户进行 AI 应用（算法/模型）开发，从高到低分别为高阶 API(High-Level Python API)、中阶 API(Medium-Level Python API)以及低阶 API(Low-Level Python API)，如图 1.4 所示。高阶 API 提供了更好的封装性，低阶 API 提供了更好的灵活性，中阶 API 兼顾灵活及封装，满足不同领域和层次的开发者需求。

（1）High-Level Python API

第一层为高阶 API，其在中阶 API 的基础上又提供了训练推理的管理、混合精度训练、调试调优等高级接口，方便用户控制整网的执行流程和实现神经网络的训练推理及调优。例如，用户使用 Model 接口，指定要训练的神经网络模型和相关的训练设置，对神经网络模型进行训练。

（2）Medium-Level Python API

第二层为中阶 API，其封装了低阶 API，提供网络层、优化器、损失函数等模块，用户可通过中阶 API 灵活构建神经网络和控制执行流程，快速实现模

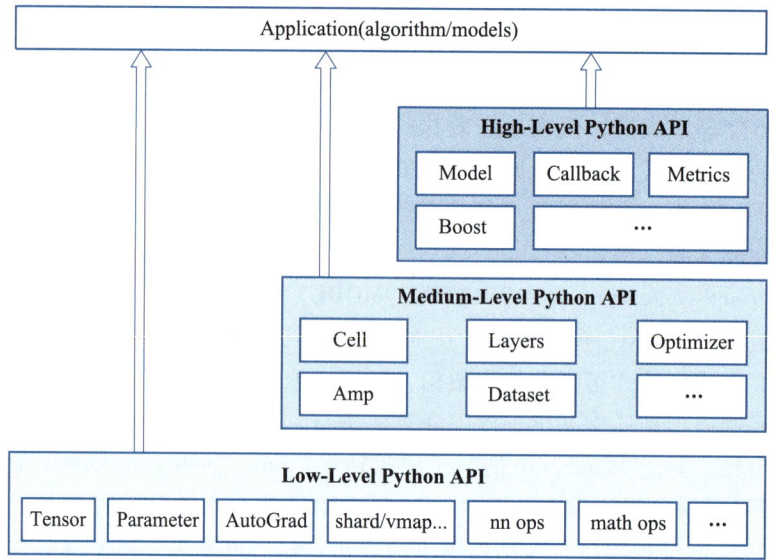

图 1.4 MindSpore 层次结构

型算法逻辑。例如，用户可调用 Cell 接口构建神经网络模型和计算逻辑，通过使用 Loss 模块和 Optimizer 接口为神经网络模型添加损失函数和优化方式，利用 Dataset 模块对数据进行处理以供模型的训练和推导使用。

（3）Low-Level Python API

第三层为低阶 API，主要包括张量定义、基础算子、自动微分等模块，用户可使用低阶 API 轻松实现张量定义和求导计算。例如，用户可通过 Tensor 接口自定义张量，使用 ops.composite 模块下的 GradOperation 算子计算函数在指定处的导数。

### 1.3.3 安装说明

本节介绍如何在 CPU 环境的 Windows 系统上，使用 pip 方式快速安装 MindSpore。

**1. 确认系统环境信息**

确认安装的 Windows 10 是 x86 架构 64 位操作系统。

确认安装 Python(3.7.5 版本及以上)。可以从 Python 官网或者华为云选择合适的版本进行安装。安装 Python 完毕后，将 Python 和 pip 添加到系统环境变量。

添加 Python：通过控制面板→系统→高级系统设置→环境变量，双击系统变量中的 Path，将 python.exe 的路径添加进去。

添加 pip：python.exe 同一级目录中的 Scripts 文件夹即为 Python 自带的 pip 文件，将其路径添加到系统环境变量中即可。

**2. 安装 MindSpore**

首先参考版本列表选择想要安装的 MindSpore 版本，并进行 SHA-256 完整性校验。以 2.0.0-alpha 版本为例，执行以下命令：

```
set MS_VERSION=2.0.0a0
```

然后根据 Python 版本执行如下命令安装 MindSpore：

```
# Python3.7
pip install https://ms-release.obs.cn-north-4.myhuaweicloud.com/%MS_VERSION%/MindSpore/cpu/x86_64/mindspore-%MS_VERSION:-=%-cp37-cp37m-win_amd64.whl --trusted-host ms-release.obs.cn-north-4.myhuaweicloud.com -i https://pypi.tuna.tsinghua.edu.cn/simple
# Python3.8
pip install https://ms-release.obs.cn-north-4.myhuaweicloud.com/%MS_VERSION%/MindSpore/cpu/x86_64/mindspore-%MS_VERSION:-=%-cp38-cp38-win_amd64.whl --trusted-host ms-release.obs.cn-north-4.myhuaweicloud.com -i https://pypi.tuna.tsinghua.edu.cn/simple
# Python3.9
pip install https://ms-release.obs.cn-north-4.myhuaweicloud.com/%MS_VERSION%/MindSpore/cpu/x86_64/mindspore-%MS_VERSION:-=%-cp39-cp39-win_amd64.whl --trusted-host ms-release.obs.cn-north-4.myhuaweicloud.com -i https://pypi.tuna.tsinghua.edu.cn/simple
```

在联网状态下，安装 whl 包时会自动下载 MindSpore 安装包的依赖项（依赖项详情参见 setup.py 中的 required_package），其余情况需自行安装。运行模型时，需要根据 ModelZoo 中不同模型指定的 requirements.txt 安装额外依赖，常见依赖可以参考 requirements.txt。

**3. 验证是否成功安装**

执行如下验证命令：

```
python -c "import mindspore;mindspore.run_check()"
```

如果输出：

```
MindSpore version：版本号
The result of multiplication calculation is correct, MindSpore has been installed successfully!
```

说明 MindSpore 安装成功了。

**4. 升级 MindSpore 版本**

当需要升级 MindSpore 版本时，可执行如下命令：

```
pip install --upgrade mindspore=={version}
```

其中：升级到 rc 版本时，需要手动指定{version}为 rc 版本号，例如，1.5.0rc1；如果升级到正式版本，=={version}字段可以省略。

### 1.3.4 张量

张量(Tensor)是一个可用来表示在一些矢量、标量和其他张量之间的线性关系的多线性函数,这些线性关系的基本例子有内积、外积、线性映射以及笛卡儿积。其坐标在 $n$ 维空间内,是有 $n^r$ 个分量的一种量,其中每个分量都是坐标的函数,而在坐标变换时,这些分量也依照某些规则做线性变换。$r$ 称为该张量的秩或阶(与矩阵的秩和阶均无关系)。

张量是一种特殊的数据结构,与数组和矩阵非常相似。张量是 MindSpore 网络运算中的基本数据结构,本节主要介绍张量和稀疏张量的属性及用法。

首先导入相关模块

```
import numpy as np
import mindspore
from mindspore import ops
from mindspore import Tensor, CSRTensor, COOTensor
```

**1. 创建张量**

张量的创建方式有多种,构造张量时,支持传入 Tensor、float、int、bool、tuple、list 和 numpy.ndarray 类型。

(1) 根据数据直接生成

可以根据数据创建张量,数据类型可以设置或者通过框架自动推断:

```
data=[1, 0, 1, 0]
x_data=Tensor(data)
```

(2) 从 NumPy 数组生成

可以从 NumPy 数组创建张量:

```
np_array=np.array(data)
x_np=Tensor(np_array)
```

(3) 使用 init 初始化器构造张量

当使用 init 初始化器对张量进行初始化时,支持传入的参数有 init、shape、dtype。

① init:支持传入 initializer 的子类。
② shape:支持传入 list、tuple、int。
③ dtype:支持传入 mindspore.dtype。

例如:

```
from mindspore.common.initializer import One, Normal

# Initialize a tensor with ones
```

## 1.3 MindSpore 介绍

```
    tensor1=mindspore.Tensor(shape=(2, 2), dtype=mindspore.float32,
init=One())
    # Initialize a tensor from normal distribution
    tensor2=mindspore.Tensor(shape=(2, 2), dtype=mindspore.float32,
init=Normal())
    print("tensor1: \n", tensor1)
    print("tensor2: \n", tensor2)
```

输出:

```
tensor1:
[[1. 1.]
 [1. 1.]]
tensor2:
[[-0.00063482 -0.00916224]
 [0.01324238 -0.0171206]]
```

init 主要用于并行模式下的延后初始化，在正常情况下不建议使用 init 对参数进行初始化。

（4）继承另一个张量的属性，形成新的张量

例如：

```
from mindspore import ops
x_ones=ops.ones_like(x_data)
print(f"Ones Tensor: \n {x_ones} \n")
x_zeros=ops.zeros_like(x_data)
print(f"Zeros Tensor: \n {x_zeros} \n")
```

输出：

```
Ones Tensor:
[1 1 1]
Zeros Tensor:
[0 0 0]
```

**2. 张量的属性**

张量的属性包括形状、数据类型、转置张量、单个元素大小、占用字节数、维数、元素个数和每一维步长。

① 形状（shape）：Tensor 的 shape，是一个 tuple。

② 数据类型（dtype）：Tensor 的 dtype，是 MindSpore 的一个数据类型。

③ 单个元素大小（itemsize）：Tensor 中每一个元素占用的字节数，是一个整数。

④ 占用字节数(nbytes)：Tensor 占用的总字节数，是一个整数。
⑤ 维数(ndim)：Tensor 的秩，也就是 len(tensor.shape)，是一个整数。
⑥ 元素个数(size)：Tensor 中所有元素的个数，是一个整数。
⑦ 每一维步长(strides)：Tensor 每一维所需要的字节数以及每个元素占用的字节数，是一个 tuple。

例如：

```
x=Tensor(np.array([[1, 2], [3, 4]]), mindspore.int32)

print("x_shape:", x.shape)
print("x_dtype:", x.dtype)
print("x_itemsize:", x.itemsize)
print("x_nbytes:", x.nbytes)
print("x_ndim:", x.ndim)
print("x_size:", x.size)
print("x_strides:", x.strides)
```

输出：

```
x_shape:(2, 2)
x_dtype: Int32
x_itemsize: 4
x_nbytes: 16
x_ndim: 2
x_size: 4
x_strides:(8, 4)
```

**3. 张量索引**

Tensor 索引与 NumPy 索引类似，索引从 0 开始编制，负索引表示按倒序编制，":"和"..."用于对数据进行切片。例如：

```
tensor=Tensor(np.array([[0, 1], [2, 3]]).astype(np.float32))

print("First row: {}".format(tensor[0]))
print("value of bottom right corner: {}".format(tensor[1, 1]))
print("Last column: {}".format(tensor[:, -1]))
print("First column: {}".format(tensor[..., 0]))
```

输出：

```
First row: [0. 1.]
value of bottom right corner: 3.0
Last column: [1. 3.]
First column: [0. 2.]
```

**4. 张量运算**

张量之间有很多运算，包括算术、线性代数、矩阵处理（转置、标引、切片）、采样等，张量运算和 NumPy 的使用方式类似，下面介绍其中几种操作。

说明：普通算术运算有加(+)、减(-)、乘(*)、除(/)、取模(%)、整除(//)。例如：

```
x=Tensor(np.array([1, 2, 3]), mindspore.float32)
y=Tensor(np.array([4, 5, 6]), mindspore.float32)

output_add=x+y
output_sub=x-y
output_mul=x*y
output_div=y/x
output_mod=y%x
output_floordiv=y//x

print("add:", output_add)
print("sub:", output_sub)
print("mul:", output_mul)
print("div:", output_div)
print("mod:", output_mod)
print("floordiv:", output_floordiv)
```

输出：

```
add: [5. 7. 9.]
sub: [-3. -3. -3.]
mul: [ 4. 10. 18.]
div: [4. 2.5 2.]
mod: [0. 1. 0.]
floordiv: [4. 2. 2.]
```

concat 将给定维度上的一系列张量连接起来：

```
data1=Tensor(np.array([[0, 1], [2, 3]]).astype(np.float32))
data2=Tensor(np.array([[4, 5], [6, 7]]).astype(np.float32))
output=ops.concat((data1, data2), axis=0)
print(output)
print("shape: \n", output.shape)
```

输出：

```
[[0. 1.]
 [2. 3.]
 [4. 5.]
 [6. 7.]]
shape:
(4, 2)
```

stack 则是从另一个维度上将两个张量合并起来：

```
data1 = Tensor(np.array([[0, 1], [2, 3]]).astype(np.float32))
data2 = Tensor(np.array([[4, 5], [6, 7]]).astype(np.float32))
output = ops.stack([data1, data2])

print(output)
print("shape: \ n", output.shape)
```

输出：

```
[[[0. 1.]
  [2. 3.]]

 [[4. 5.]
  [6. 7.]]]
shape:
(2, 2, 2)
```

### 5. Tensor 与 NumPy 的相互转换

Tensor 可以和 NumPy 进行互相转换。

（1）Tensor 转换为 NumPy

与张量创建相同，使用 asnumpy( ) 将 Tensor 变量转换为 NumPy 变量。例如：

```
t = ops.ones(5, mindspore.float32)
print(f"t: {t}")
n = t.asnumpy()
print(f"n: {n}")
```

输出：

```
t: [1. 1. 1. 1. 1.]
n: [1. 1. 1. 1. 1.]
```

（2）NumPy 转换为 Tensor

使用 Tensor( ) 将 NumPy 变量转换为 Tensor 变量：

```
n = np.ones(5)
t = Tensor.from_numpy(n)

np.add(n, 1, out=n)
print(f"t: {t}")
print(f"n: {n}")
```

输出：

```
t: [2. 2. 2. 2. 2.]
n: [2. 2. 2. 2. 2.]
```

#### 6. 稀疏张量

稀疏张量是一种特殊张量，其中绝大部分元素的值为零。

在某些应用场景中（比如，推荐系统、分子动力学、图神经网络等），数据的特征是稀疏的，若使用普通张量表征这些数据会引入大量不必要的计算、存储和通信开销。这时就可以使用稀疏张量来表征这些数据。

MindSpore 现在已经支持最常用的行压缩（compressed sparse row，CSR）存储和坐标格式（coordinate format，COO）存储两种稀疏数据存储格式。

常用稀疏张量的表达形式是<indices：Tensor，values：Tensor，shape：Tensor>。其中，indices 表示非零下标元素，values 表示非零元素的值，shape 表示的是被压缩的稀疏张量的形状。在这个结构下，我们定义了三种稀疏张量结构：CSRTensor、COOTensor 和 RowTensor。

（1）CSRTensor

行压缩存储（CSR）稀疏张量格式有着高效的存储与计算的优势。其中，非零元素的值存储在 values 中，非零元素的位置存储在 indptr（行）和 indices（列）中。各参数含义如下：

indptr：一维整数张量，表示稀疏数据每一行的非零元素在 values 中的起始位置和终止位置，索引数据类型仅支持 int32。

indices：一维整数张量，表示稀疏张量非零元素在列中的位置，与 values 长度相等，索引数据类型仅支持 int32。

values：一维张量，表示与 CSRTensor 相对应的非零元素的值，与 indices 长度相等。

shape：表示被压缩的稀疏张量的形状，数据类型为 Tuple，目前仅支持二维 CSRTensor。

说明：CSRTensor 的详细文档请参考 mindspore.CSRTensor。

下面给出一些 CSRTensor 的使用示例：

```
indptr = Tensor([0, 1, 2])
indices = Tensor([0, 1])
```

```
values=Tensor([1, 2], dtype=mindspore.float32)
shape=(2, 4)

# Make a CSRTensor
csr_tensor=CSRTensor(indptr, indices, values, shape)

print(csr_tensor.astype(mindspore.float64).dtype)
```

输出：

```
Float64
```

上述代码会生成如下所示的 CSRTensor：

$$\begin{bmatrix} 1 & 0 & 0 & 0 \\ 0 & 2 & 0 & 0 \end{bmatrix}$$

（2）COOTensor

坐标格式存储(COO)的稀疏张量格式用来表示某一张量在给定索引上非零元素的集合，若非零元素的个数为 N，被压缩的张量的维数为 ndims，各参数含义如下：

indices：二维整数张量，每行代表非零元素下标，形状为[N, ndims]，索引数据类型支持 int16、int32、int64。

values：一维张量，表示相对应的非零元素的值，形状为[N]。

shape：表示被压缩的稀疏张量的形状，目前仅支持二维 COOTensor。

说明：COOTensor 的详细文档请参考 mindspore.COOTensor。

下面给出一些 COOTensor 的使用示例：

```
indices=Tensor([[0, 1], [1, 2]], dtype=mindspore.int32)
values=Tensor([1, 2], dtype=mindspore.float32)
shape=(3, 4)

# Make a COOTensor
coo_tensor=COOTensor(indices, values, shape)

print(coo_tensor.values)
print(coo_tensor.indices)
print(coo_tensor.shape)
print(coo_tensor.astype(mindspore.float64).dtype)   #COOTensor to float64
```

输出：

```
[1. 2.]
[[0 1]
 [1 2]]
(3, 4)
Float64
```

上述代码会生成如下所示的 COOTensor：

$$\begin{bmatrix} 0 & 1 & 0 & 0 \\ 0 & 0 & 2 & 0 \\ 0 & 0 & 0 & 0 \end{bmatrix}$$

### 1.3.5 数据集

数据是深度学习的基础，高质量的数据输入将在整个深度神经网络中起到非常积极的作用。MindSpore 提供基于 Pipeline 的数据引擎，通过数据集（Dataset）和数据变换（Transforms）实现高效的数据预处理。其中，Dataset 是 Pipeline 的起始，用于加载原始数据。mindspore.dataset 提供了内置的文本、图像、音频等数据集加载接口，并提供了自定义数据集加载接口。

此外，MindSpore 的领域开发库也提供了大量的预加载数据集，可以使用 API 一键下载使用。本节将分别对不同的数据集加载方式、数据集常见操作和自定义数据集方法进行详细阐述。

首先导入相关模块：

```
import numpy as np
from mindspore.dataset import vision
from mindspore.dataset import MnistDataset, GeneratorDataset
import matplotlib.pyplot as plt
```

**1. 数据集加载**

我们使用 Mnist 数据集作为样例，介绍使用 mindspore.dataset 进行加载的方法。

mindspore.dataset 提供的接口仅支持解压后的数据文件，因此我们使用 download 库下载数据集并解压。例如：

```
# Download data from open datasets
from download import download
url="https://mindspore-website.obs.cn-north-4.myhuaweicloud.com/" \ "notebook/datasets/MNIST_Data.zip"
path=download(url, "./", kind="zip", replace=True)
```

输出：

```
Downloading data from https: //mindspore-website.obs.cn-north-
4myhuaweicloud.com/notebook/
   datasets/MNIST_Data.zip (10.3 MB)
   file_sizes: 100% |████████| 10.8M/10.8M[00: 02<00: 00, 3.96MB/s]
   Extracting zip file...
   Successfully downloaded / unzipped to. /
```

压缩文件删除后，直接加载，可以看到其数据类型为 MnistDataset：

```
train_dataset=MnistDataset("MNIST_Data/train", shuffle=False)
print(type(train_dataset))
```

输出：

```
<class 'mindspore.dataset.engine.datasets_vision.MnistDataset'>
```

**2. 数据集迭代**

数据集加载后，一般以迭代方式获取数据，然后送入神经网络中进行训练。我们可以用 create_tuple_iterator 或 create_dict_iterator 接口创建数据迭代器，迭代访问数据。

访问的数据类型默认为 Tensor；若设置 output_numpy=True，访问的数据类型为 NumPy。

下面定义一个可视化函数，迭代 9 张图片进行展示：

```
def visualize(dataset):
    figure=plt.figure(figsize=(4, 4))
    cols, rows=3, 3

    for idx, (image, label) in enumerate(dataset.create_tuple_iter-
ator()):
        figure.add_subplot(rows, cols, idx+1)
        plt.title(int(label))
        plt.axis("off")
        plt.imshow(image.asnumpy().squeeze(), cmap="gray")
        if idx==cols * rows-1:
            break
    plt.show()

visualize(train_dataset)
```

输出：

1.3 MindSpore 介绍

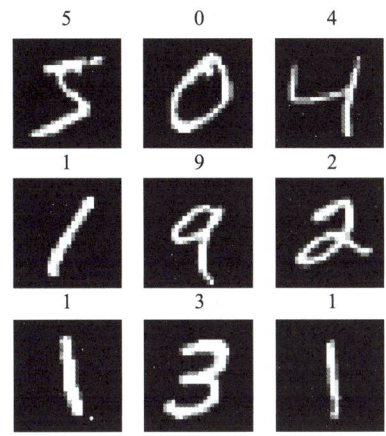

**3. 数据集常用操作**

Pipeline 的设计理念使得数据集的常用操作采用 dataset=dataset.operation() 的异步执行方式，执行操作返回新的 Dataset，此时不执行具体操作，而是在 Pipeline 中加入节点，最终进行迭代时，并行执行整个 Pipeline。

下面分别介绍几种常见的数据集操作。

(1) shuffle

数据集随机 shuffle 可以消除数据排列造成的分布不均问题。mindspore.dataset 提供的数据集在加载时可配置 shuffle=True，或使用如下操作：

```
train_dataset=train_dataset.shuffle(buffer_size=64)
visualize(train_dataset)
```

输出：

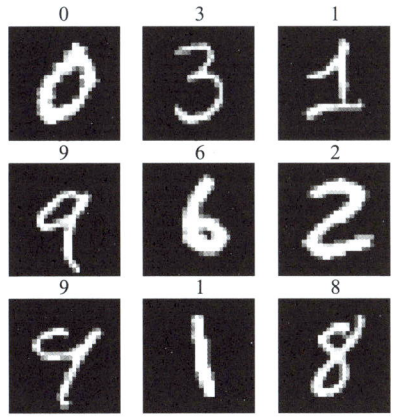

(2) map

map 操作是数据预处理的关键操作，可以针对数据集指定列(column)添加数据变换(Transforms)，将数据变换应用于该列数据的每个元素，并返回包含变换后元素的新数据集。这里我们对 Mnist 数据集做数据缩放处理，将图像统一除 255，数据类型由 Uint8 转换为 Float32。

25

说明：Dataset 支持的不同变换类型详见数据变换 Transforms。例如：

```
image, label=next(train_dataset.create_tuple_iterator())
print(image.shape, image.dtype)
```

输出：

```
(28, 28, 1) UInt8
```

对比 map 前后的数据，可以看到数据类型变化：

```
train_dataset=train_dataset.map(vision.Rescale(1.0/255.0, 0),
input_columns='image')
image, label=next(train_dataset.create_tuple_iterator())
print(image.shape, image.dtype)
```

输出：

```
(28, 28, 1) Float32
```

（3）batch

将数据集打包为固定大小的 batch 是在有限硬件资源下使用梯度下降进行模型优化的折中方法，可以保证梯度下降的随机性和优化计算量。一般我们会设置一个固定的 batch size，将连续的数据分为若干批（batch）：

```
train_dataset=train_dataset.batch(batch_size=32)
```

batch 后的数据增加一维，大小为 batch_size：

```
image, label=next(train_dataset.create_tuple_iterator())
print(image.shape, image.dtype)
```

输出：

```
(32, 28, 28, 1) Float32
```

数据处理 Pipeline 的一个示例如下：

```
import numpy as np
import mindspore as ms
import mindspore.dataset as ds
import mindspore.dataset.vision as vision
import mindspore.dataset.transforms as transforms

# 构造图像和标签
data1 = np.array(np.random.sample(size=(300, 300, 3))*255,
dtype=np.uint8)
```

```python
    data2 = np.array(np.random.sample(size=(300, 300, 3)) * 255, dtype=np.uint8)
    data3 = np.array(np.random.sample(size=(300, 300, 3)) * 255, dtype=np.uint8)
    data4 = np.array(np.random.sample(size=(300, 300, 3)) * 255, dtype=np.uint8)

    label = [1, 2, 3, 4]

    # 加载数据集
    dataset = ds.NumpySlicesDataset(([data1, data2, data3, data4], label), ["data", "label"])

    # 对 data 数据增强
    dataset = dataset.map(operations=vision.RandomCrop(size=(250, 250)), input_columns="data")
    dataset = dataset.map(operations=vision.Resize(size=(224, 224)), input_columns="data")
    dataset = dataset.map(operations=vision.Normalize(mean=[0.485 * 255, 0.456 * 255, 0.406 * 255],
                            std=[0.229 * 255, 0.224 * 255, 0.225 * 255]),
            input_columns="data")
    dataset = dataset.map(operations=vision.HWC2CHW(), input_columns="data")

    # 对 label 变换类型
    dataset = dataset.map(operations=transforms.TypeCast(ms.int32), input_columns="label")

    # batch 操作
    dataset = dataset.batch(batch_size=2)

    # 创建迭代器
    epochs = 2
    ds_iter = dataset.create_dict_iterator(output_numpy=True, num_epochs=epochs)
    for _ in range(epochs):
        for item in ds_iter:
            print("item: {}".format(item), flush=True)
```

**4. 自定义数据集**

mindspore.dataset 提供了部分常用数据集和标准格式数据集的加载接口。对于 MindSpore 暂不支持直接加载的数据集，可以通过构造自定义数据集类或自定义数据集生成函数的方式来生成数据集，然后通过 GeneratorDataset 接口实现自定义方式的数据集加载。

GeneratorDataset 支持通过可迭代对象、迭代器和生成函数构造自定义数据集，下面分别对其进行详解。

（1）可迭代对象

Python 中可以使用 for 循环遍历出所有的元素，其中的每个元素都可以称为可迭代对象（Iterable），我们可以通过实现_getitem_方法来构造可迭代对象，并将其加载至 GeneratorDataset。例如：

```
# Iterable object as input source
class Iterable:
    def _init_(self):
        self._data=np.random.sample((5,2))
        self._label=np.random.sample((5,1))

    def _getitem_(self,index):
        return self._data[index], self._label[index]

    def _len_(self):
        return len(self._data)

data=Iterable()
dataset=GeneratorDataset(source=data, column_names=["data",
"label"])

# list, dict, tuple are also iterable object.
dataset=GeneratorDataset(source=[(np.array(0),), (np.array
(1),), (np.array(2),)], column_names=["col"])
```

（2）迭代器

Python 中内置有__iter__和__next__方法的对象，称为迭代器（Iterator）。下面构造一个简单迭代器，并将其加载至 GeneratorDataset：

```
# Iterator as input source
class Iterator:
    def __init__(self):
        self._index=0
```

```
            self._data=np.random.sample((5, 2))
            self._label=np.random.sample((5, 1))

    def __next__(self):
        if self._index>=len(self._data):
            raise StopIteration
        else:
            item=(self._data[self._index], self._label[self._index])
            self._index+=1
            return item

    def __iter__(self):
        self._index=0
        return self

    def __len__(self):
        return len(self._data)

data=Iterator()
dataset=GeneratorDataset(source=data, column_names=["data", "label"])
```

### 1.3.6 数据变换

**1. 数据变换 Transforms**

通常情况下，直接加载的原始数据并不能直接送入神经网络进行训练，此时我们需要对其进行数据预处理。MindSpore 提供不同种类的数据变换，配合数据处理 Pipeline 来实现数据预处理。所有的 Transforms 均可通过 map 方法传入，实现对指定数据列的处理。

mindspore.dataset 提供了面向图像、文本、音频等不同数据类型的 Transforms，同时也支持使用 Lambda 函数。下面分别对其进行介绍。

首先导入相关模块：

```
import numpy as np
from PIL import Image
from download import download
from mindspore.dataset import transforms, vision, text
from mindspore.dataset import GeneratorDataset, MnistDataset
```

**2. Common Transforms**

mindspore.dataset.transforms 模块支持一系列通用 Transforms。这里我们以

Compose 为例,介绍其使用方式。

Compose 接收一个数据增强操作序列,然后将其组合成单个数据增强操作。我们仍基于 Mnist 数据集呈现 Transforms 的应用效果:

```
# Download data from open datasets
url="https: //mindspore-website.obs.cn-north-4.myhuaweicloud.com/"
"notebook/datasets/MNIST_Data.zip"
path=download(url, "./", kind="zip", replace=True)
train_dataset=MnistDataset('MNIST_Data/train')
```

输出:

```
Downloading data from https: //mindspore-website.obs.cn-north-4.myhuaweicloud.com/notebook/datasets/MNIST_Data.zip (10.3 MB)
file_sizes: 100% |         | 10.8M/10.8M[00: 01<00: 00, 5.57MB/s]
Extracting zip file...
Successfully downloaded / unzipped to. /

image, label=next(train_dataset.create_tuple_iterator())
print(image.shape)
```

输出:

```
(28, 28, 1)

composed=transforms.Compose(
    [
        vision.Rescale(1.0 / 255.0, 0),
        vision.Normalize(mean=(0.1307,), std=(0.3081,)),
        vision.HWC2CHW()
    ]
)

train_dataset=train_dataset.map(composed, 'image')
image, label=next(train_dataset.create_tuple_iterator())
print(image.shape)
```

输出:

```
(1, 28, 28)
```

说明:更多通用 Transforms 详见 mindspore.dataset.transforms。

**3. Vision Transforms**

mindspore.dataset.vision 模块提供一系列针对图像数据的 Transforms。在

Mnist 数据处理过程中，使用了 Rescale、Normalize 和 HWC2CHW 变换。下面对其进行详述。

（1）Rescale

Rescale 变换用于调整图像像素值的大小，包括两个参数：

① rescale：缩放因子。

② shift：平移因子。

图像的每个像素将根据这两个参数进行调整，输出的像素值为 $output_i = input_i \times rescale + shift$。

这里我们先使用 numpy 随机生成一个像素值在 [0,255] 的图像，将其像素值进行缩放：

```
random_np=np.random.randint(0, 255, (48, 48), np.uint8)
random_image=Image.fromarray(random_np)
print(random_np)
```

输出：

```
[[ 59  38 206 ... 126 244 226]
 [ 27 113 135 ... 248   3   0]
 [106  13 154 ... 149   7 126]
 ...
 [142 135 222 ... 253  58 228]
 [110 239 114 ...  75 142  65]
 [  0 108 141 ... 145 159  11]]
```

为了更直观地呈现 Transform 前后的数据对比，我们使用 Transforms 的 Eager 模式进行演示。首先实例化 Transform 对象，然后调用对象进行数据处理：

```
rescale=vision.Rescale(1.0/255.0, 0)
rescaled_image=rescale(random_image)
print(rescaled_image)
```

输出：

```
[[0.23137257 0.14901961 0.8078432  ... 0.49411768 0.9568628  0.8862746 ]
 [0.10588236 0.4431373  0.5294118  ... 0.9725491  0.01176471 0.        ]
 [0.4156863  0.0509804  0.6039216  ... 0.58431375 0.02745098 0.49411768]
 ...
 [0.5568628  0.5294118  0.8705883  ... 0.9921569  0.227451   0.8941177 ]
 [0.43137258 0.93725497 0.44705886 ... 0.29411766 0.5568628  0.25490198]
 [0.         0.42352945 0.5529412  ... 0.5686275  0.62352943 0.04313726]]
```

可以看到，使用 Rescale 后的每个像素值都进行了缩放。

（2）Normalize

Normalize 变换用于对输入图像的归一化，包括三个参数：

① mean：图像每个通道的均值。

② std：图像每个通道的标准差。

③ is_hwc：输入图像格式为(height, width, channel)还是(channel, height, width)。

图像的每个通道将根据 mean 和 std 进行调整，计算公式为 $output_c = \frac{input_c - mean_c}{std_c}$，其中，c 代表通道索引。例如：

```
normalize=vision.Normalize(mean=(0.1307,), std=(0.3081,))
normalized_image=normalize(rescaled_image)
print(normalized_image)
```

输出：

```
[[ 0.32675287  0.05945994  2.1978035  ...  1.1795447   2.6814764  2.452368  ]
 [-0.08055063  1.0140777   1.2940987  ...  2.7323892  -0.38602826 -0.42421296]
 [ 0.92498    -0.2587459   1.5359352  ...  1.472294   -0.33511534  1.1795447 ]
 ...
 [ 1.3831964   1.2940987   2.4014552  ...  2.7960305   0.31402466  2.4778247 ]
 [ 0.9758929   2.617835    1.0268059  ...  0.5304046   1.3831964   0.40312228]
 [-0.42421296  0.9504364   1.3704681  ...  1.4213811   1.5995764  -0.2842024 ]]
```

（3）HWC2CHW

HWC2CHW 变换用于转换图像格式。在不同的硬件设备中可能会对(height, width, channel)或(channel, height, width)两种不同格式有针对性地优化。MindSpore 设置 HWC 为默认图像格式，在有 CWH 格式需求时，可使用该变换进行处理。

这里我们先将前文中 normalized_image 处理为 HWC 格式，然后进行转换。可以看到转换前后的 shape 发生了变化：

```
hwc_image=np.expand_dims(normalized_image, -1)
hwc2cwh=vision.HWC2CHW()
chw_image=hwc2cwh(hwc_image)
print(hwc_image.shape, chw_image.shape)
```

输出：

```
(48, 48, 1) (1, 48, 48)
```

更多 Vision Transforms 详见 mindspore.dataset.vision。

**4. Text Transforms**

mindspore.dataset.text 模块提供一系列针对文本数据的 Transforms。与图像

数据不同，文本数据需要有分词（Tokenize）、构建词表、Token 转 Index 等操作。这里简单介绍其使用方法。

首先我们定义三段文本，作为待处理的数据，并使用 GeneratorDataset 进行加载。

```
texts=[
    'Welcome to Beijing',
    '北京欢迎您！',
    '我喜欢 China！',
]

test_dataset=GeneratorDataset(texts, 'text')
```

（1）BasicTokenizer

分词操作是文本数据的基础处理，MindSpore 提供多种不同的 Tokenizer。这里我们选择基础的 BasicTokenizer 举例。配合 map，将三段文本进行分词，可以看到处理后的数据成功分词：

```
test_dataset=test_dataset.map(text.BasicTokenizer())
print(next(test_dataset.create_tuple_iterator()))
```

输出：

```
[Tensor(shape=[5], dtype=String, value=['我', '喜', '欢', 'China', '！'])]
```

（2）Lookup

Lookup 为词表映射变换，用来将 Token 转换为 Index。在使用 Lookup 前，需要构造词表，一般可以加载已有的词表，或使用 Vocab 生成词表。这里我们选择使用 Vocab.from_dataset 方法从数据集中生成词表：

```
vocab=text.Vocab.from_dataset(test_dataset)
```

获得词表后我们可以使用 vocab 方法查看词表：

```
print(vocab.vocab())
```

输出：

```
{'迎': 11, '我': 10, '您': 9, '京': 6, 'to': 5, '！': 12, '喜': 8, 'Welcome': 4, 'China': 3, '北': 7, 'Beijing': 2, '！': 1, '欢': 0}
```

生成词表后，可以配合 map 方法进行词表映射变换，将 Token 转变为 Index：

```
test_dataset=test_dataset.map(text.Lookup(vocab))
print(next(test_dataset.create_tuple_iterator()))
```

输出：

```
[Tensor(shape=[3], dtype=Int32, value=[4, 5, 2])]
```

更多 Text Transforms 详见 mindspore.dataset.text。

5. Lambda Transforms

Lambda 函数是一种不需要名字、由一个单独表达式组成的匿名函数，表达式会在调用时被求值。Lambda Transforms 可以加载任意定义的 Lambda 函数，提供足够的灵活度。在这里，我们首先使用一个简单的 Lambda 函数，对输入数据乘 2：

```
test_dataset=GeneratorDataset([1, 2, 3], 'data', shuffle=False)
test_dataset=test_dataset.map(lambda x: x * 2)
print(list(test_dataset.create_tuple_iterator()))
```

输出：

```
[[Tensor(shape=[], dtype=Int64, value= 2)], [Tensor(shape=[], dtype=Int64, value= 4)], [Tensor(shape=[], dtype=Int64, value= 6)]]
```

可以看到 map 传入 Lambda 函数后，迭代获得数据进行了乘 2 操作。

我们也可以定义较复杂的函数，配合 Lambda 函数实现复杂数据处理：

```
def func(x):
    return x * x + 2

test_dataset=test_dataset.map(lambda x: func(x))
print(list(test_dataset.create_tuple_iterator()))
```

输出：

```
[[Tensor(shape=[], dtype=Int64, value= 6)], [Tensor(shape=[], dtype=Int64, value= 18)], [Tensor(shape=[], dtype=Int64, value= 38)]]
```

### 1.3.7 网络构建

神经网络模型是由神经网络层和 Tensor 操作构成的，mindspore.nn 提供了常见神经网络层的实现，在 MindSpore 中，Cell 类是构建所有网络的基类，也是网络的基本单元。一个神经网络模型表示为一个 Cell，它由不同的子 Cell 构成。使用这样的嵌套结构，可以简单地使用面向对象编程的思维，对神经网络结构进行构建和管理。

## 1.3 MindSpore 介绍

下面我们将构建一个用于 Mnist 数据集分类的神经网络模型。

首先导入相关模块：

```
import mindspore
from mindspore import nn, ops
```

**1. 定义模型类**

当我们定义神经网络时，可以继承 nn.Cell 类，在 __init__ 方法中进行子 Cell 的实例化和状态管理，在 construct 方法中实现 Tensor 操作（construct 意为神经网络（计算图）构建）：

```python
class Network(nn.Cell):
    def __init__(self):
        super().__init__()
        self.flatten = nn.Flatten()
        self.dense_relu_sequential = nn.SequentialCell(
            nn.Dense(28*28, 512),
            nn.ReLU(),
            nn.Dense(512, 512),
            nn.ReLU(),
            nn.Dense(512, 10)
        )

    def construct(self, x):
        x = self.flatten(x)
        logits = self.dense_relu_sequential(x)
        return logits
```

构建完成后，实例化 Network 对象，并查看其结构：

```
model = Network()
print(model)
```

输出：

```
Network<
  (flatten): Flatten<>
  (dense_relu_sequential): SequentialCell<
    (0): Dense<input_channels=784, output_channels=512, has_bias=True>
    (1): ReLU<>
    (2): Dense<input_channels=512, output_channels=512, has_bias=True>
```

```
      (3): ReLU<>
      (4): Dense<input_channels=512, output_channels=10, has_bias=True>
    >
  >
```

我们构造一个输入数据，直接调用模型，可以获得一个 10 维的 Tensor 输出，其包含每个类别的原始预测值(model.construct()方法不可直接调用)：

```
X=ops.ones((1, 28, 28), mindspore.float32)
logits=model(X)
print(logits)
```

输出：

```
Tensor(shape=[1, 10], dtype=Float32, value=[[-5.08734025e-04, 3.39190010e-04, 4.62840870e-03 ... -1.20305456e-03, -5.05689112e-03, 3.99264274e-03]])
```

在此基础上，我们通过一个 nn.Softmax 层实例来获得预测概率：

```
pred_probab=nn.Softmax(axis=1)(logits)
y_pred=pred_probab.argmax(1)
print(f"Predicted class: {y_pred}")
```

输出：

```
Predicted class: [4]
```

**2. 模型层**

本节中我们分解上述构造的神经网络模型中的每一层。我们首先构造一个 shape 为(3,28,28)的随机数据(3 个 28×28 的图像)，并依次通过每一个神经网络层来观察其效果：

```
input_image=ops.ones((3, 28, 28), mindspore.float32)
print(input_image.shape)
```

输出：

```
(3, 28, 28)
```

**3. nn.Flatten**

nn.Flatten 的作用是对输入 Tensor 的第 0 维之外的维度进行展平操作。输入为 x(Tensor)，即要展平的输入 Tensor。数据类型为 number。shape 为 (N,*)，其中，*表示任意的附加维度。输出为一个 Tensor，shape 为(N,X)，其中，X 是输入 x 的 shape 除 N 之外的其余维度的乘积。源代码如下：

```
class Flatten(Cell):

    def __init__(self):
        """Initialize Flatten."""
        super(Flatten, self).__init__()

    def construct(self, x):
        return F.reshape(x, (F.shape(x)[0], -1))
```

实例化 nn.Flatten 层，将 28×28 的 2D 张量转换为 784 大小的连续数组：

```
flatten=nn.Flatten()
flat_image=flatten(input_image)
print(flat_image.shape)
```

输出：

```
(3, 784)
```

（1）nn.Dense

nn.Dense 为全连接层，其使用权重和偏差对输入进行线性变换。全连接层计算公式为

$$\text{outputs} = \text{activation}(X \times \text{kernel} + \text{bias}) \tag{1.1}$$

其中，X 是输入 Tensor，activation 是激活函数，kernel 是一个权重矩阵，bias 是一个偏置向量，两者数据类型均与 X 相同（仅当 has_bias 为 True 时）。

输入为 x(Tensor)，shape 为 (*, in_channels)，参数中的 in_channels 应等于输入中的 in_channelsin_channels；输出是一个 shape 为 (*, out_channels) 的 Tensor。

源代码如下：

```
class Dense(Cell):
@cell_attr_register(attrs=['has_bias', 'activation'])
def __init__(self,
    in_channels,
    out_channels,
    weight_init='normal',
    bias_init='zeros',
    has_bias=True,
    activation=None):
    """Initialize Dense."""
```

```python
        super(Dense, self).__init__()
        self.in_channels = Validator. \
            check_positive_int(in_channels, "in_channels", self.cls_name)
        self.out_channels = Validator. \
            check_positive_int(out_channels, "out_channels", self.cls_name)
        self.has_bias = Validator. \
            check_bool(has_bias, "has_bias", self.cls_name)
        self.reshape = P.Reshape()
        self.shape_op = P.Shape()

        if isinstance(weight_init, Tensor):
            if weight_init.ndim != 2 or weight_init.shape[0] != out_channels or \
                    weight_init.shape[1] != in_channels:
                raise ValueError(f"For '{self.cls_name}', weight init shape error. "
                    f"The ndim of 'weight_init' must "
                    f"be equal to 2, and the first dim must be "
                    f"equal to 'out_channels', and the "
                    f"second dim must be equal to 'in_channels'. "
                    f"But got 'weight_init': {weight_init},"
                    f"'out_channels': {out_channels},"
                    f"'in_channels'  : {in_channels}.")
        self.weight = Parameter \
            (initializer(weight_init, [out_channels, in_channels]), name="weight")

        self.bias = None
        if self.has_bias:
            if isinstance(bias_init, Tensor):
                if bias_init.ndim != 1 or bias_init.shape[0] != out_channels:
                    raise ValueError(f"For'{self.cls_name}',"
                        f" bias init shape error. "
                        f" The ndim of 'bias_init' must"
                        f"be equal to 1, and the first"
                        f" dim must be equal to 'out_channels'. But got "
                        f"'bias_init': {bias_init}, "
                        f"'out_channels': {out_channels}.")
            self.bias = Parameter(initializer(bias_init, [out_channels]), name="bias")
            self.bias_add = P.BiasAdd()
```

```python
        self.matmul=P.MatMul(transpose_b=True)
        self.activation=get_activation(activation) \
            if isinstance(activation, str) else activation
        if activation is not None and not isinstance \
                (self.activation, (Cell, Primitive)):
            raise TypeError(f"For '{self.cls_name}', the 'activation'"
                            f"must be str or Cell or Primitive, but got"
                            f"{type(activation).__name__}.")
        self.activation_flag=self.activation is not None

    def construct(self, x):
        x_shape=self.shape_op(x)
        check_dense_input_shape(x_shape, self.cls_name)
        if len(x_shape)!=2:
                x=self.reshape(x, (-1, x_shape[-1]))
        x=self.matmul(x, self.weight)
        if self.has_bias:
            x=self.bias_add(x, self.bias)
        if self.activation_flag:
            x=self.activation(x)
        if len(x_shape)!=2:
            out_shape=x_shape[:-1] + (-1,)
            x=self.reshape(x, out_shape)
        return x

    def extend_repr(self):
        s='input_channels={}, output_channels={}'. \
            format(self.in_channels, self.out_channels)
        if self.has_bias:
            s += ', has_bias={}'.format(self.has_bias)
        if self.activation_flag:
            s += ', activation={}'.format(self.activation)
        return s
```

调用 nn.Dense：

```
layer1=nn.Dense(in_channels=28*28, out_channels=20)
hidden1=layer1(flat_image)
print(hidden1.shape)
```

输出：

(3, 20)

**（2）nn.ReLU**

nn.ReLU 层给网络中加入非线性的激活函数，帮助神经网络学习各种复杂的特征：

```
print(f"Before ReLU: {hidden1}\n\n")
hidden1=nn.ReLU()(hidden1)
print(f"After ReLU: {hidden1}")
```

输出：

```
    Before ReLU: [[ - 0.04736331    0.2939465   - 0.02713677
-0.30988005  -0.11504349  -0.11661264   0.18007928   0.43213072
 0.12091967  -0.17465964   0.53133243   0.12605792   0.01825903
 0.01287796   0.17238477  - 0.1621131  - 0.0080034  - 0.24523425
-0.10083733   0.05171938]
 [-0.04736331   0.2939465  -0.02713677  -0.30988005  -0.11504349
 -0.11661264   0.18007928   0.43213072   0.12091967  -0.17465964
 0.53133243   0.12605792   0.01825903   0.01287796   0.17238477
-0.1621131   -0.0080034   -0.24523425  -0.10083733   0.05171938]
 [-0.04736331   0.2939465  -0.02713677  -0.30988005  -0.11504349
 -0.11661264   0.18007928   0.43213072   0.12091967  -0.17465964
 0.53133243   0.12605792   0.01825903   0.01287796   0.17238477
-0.1621131   -0.0080034   -0.24523425  -0.10083733   0.05171938]]
    After ReLU: [[0.    0.2939465   0.    0.    0.    0.    0.18007928
 0.43213072   0.12091967   0.    0.53133243   0.12605792   0.01825903
 0.01287796   0.17238477   0.    0.    0.    0.    0.05171938]
 [0.    0.2939465   0.    0.    0.    0.    0.18007928   0.43213072
 0.12091967   0.    0.53133243   0.12605792   0.01825903   0.01287796
 0.17238477   0.    0.    0.    0.    0.05171938]
 [0.    0.2939465   0.    0.    0.    0.    0.18007928   0.43213072
 0.12091967   0.    0.53133243   0.12605792   0.01825903   0.01287796
 0.17238477   0.    0.    0.    0.    0.05171938]]
```

**（3）nn.SequentialCell**

nn.SequentialCell 是一个有序的 Cell 容器。输入 Tensor 将按照定义的顺序通过所有 Cell。我们可以使用 SequentialCell 来快速组合构造一个神经网络模型：

```
seq_modules=nn.SequentialCell(
    flatten,
    layer1,
```

```
    nn.ReLU(),
    nn.Dense(20, 10)
)
logits=seq_modules(input_image)
print(logits.shape)
```

输出:

```
(3, 10)
```

(4) nn.Softmax

最后使用 nn.Softmax 将神经网络最后一个全连接层返回的 logits 的值缩放为[0,1]，表示每个类别的预测概率。axis 指定的维度数值和为 1。代码为:

```
softmax=nn.Softmax(axis=1)
pred_probab=softmax(logits)
```

**4. 模型参数**

网络内部神经网络层具有权重参数和偏置参数（如 nn.Dense），这些参数会在训练过程中不断进行优化，可通过 model.parameters_and_names() 来获取参数名及对应的参数详情。源代码为:

```
def parameters_and_names(self, name_prefix='', expand=True):
    cells=[]
    if expand:
        cells=self.cells_and_names(name_prefix=name_prefix)
    else:
        cells.append((name_prefix, self))

    params_set=set()
    for cell_name, cell in cells:
        params=cell._params.items()
        for par_name, par in params:
            if par.inited_param is not None:
                par=par.inited_param
            if par is not None and id(par) not in params_set:
                params_set.add(id(par))
                par_new_name=par_name
                if cell_name:
                    par_new_name=cell_name + '.'+par_new_name

                yield par_new_name, par
```

通过 model.parameters_and_names() 获取模型的参数：

```
print(f"Model structure: {model} \n \n")
for name, param in model.parameters_and_names():
    print(f"Layer: {name} \nSize: {param.shape} \nValues : {param[:2]} \n")
```

输出：

```
Model structure: Network<
  (flatten): Flatten<>
  (dense_relu_sequential): SequentialCell<
    (0): Dense<input_channels=784, output_channels=512, has_bias=True>
    (1): ReLU<>
    (2): Dense<input_channels=512, output_channels=512, has_bias=True>
    (3): ReLU<>
    (4): Dense<input_channels=512, output_channels=10, has_bias=True>
    >
  >

Layer: dense_relu_sequential.0.weight
Size: (512, 784)
Values : [[-0.01491369  0.00353318 -0.00694948 ...  0.01226766 -0.00014423  0.00544263]
 [ 0.00212971  0.0019974  -0.00624789 ... -0.01214037  0.00118004 -0.01594325]]

Layer: dense_relu_sequential.0.bias
Size: (512,)
Values : [0. 0.]

Layer: dense_relu_sequential.2.weight
Size: (512, 512)
Values : [[ 0.00565423  0.00354313  0.00637383 ... -0.00352688  0.00262949  0.01157355]
 [-0.01284141  0.00657666 -0.01217057 ...  0.00318963  0.00319115 -0.00186801]]

Layer: dense_relu_sequential.2.bias
```

```
    Size: (512,)
    Values: [0. 0.]

    Layer: dense_relu_sequential.4.weight
    Size: (10, 512)
    Values: [[ 0.0087168  -0.00381866 -0.00865665 ... -0.00273731
-0.00391623  0.00612853]
    [- 0.00593031   0.0008721  - 0.0060081   ... - 0.00271535
-0.00850481  -0.00820513]]

    Layer: dense_relu_sequential.4.bias
    Size:(10,)
    Values: [0. 0.]
```

说明：更多内置神经网络层详见 mindspore.nn API。

### 1.3.8 模型训练

模型训练一般分为 4 个步骤。
① 构建数据集。
② 定义神经网络模型。
③ 定义超参、损失函数及优化器。
④ 输入数据集进行训练与评估。
有了数据集和模型后，就可以进行模型的训练与评估了。

**1. 必要前提**

首先从数据集 Dataset 和网络构建中加载先前代码：

```
import mindspore
from mindspore import nn
from mindspore import ops
from mindspore.dataset import vision, transforms
from mindspore.dataset import MnistDataset

# Download data from open datasets
from download import import download

url="https://mindspore-website.obs.cn-north-4.myhuaweicloud.com/" \
    "notebook/datasets/MNIST_Data.zip"
path=download(url,"./", kind="zip", replace=True)

def datapipe(path, batch_size):
    image_transforms=[
```

```python
        vision.Rescale(1.0/255.0, 0),
        vision.Normalize(mean=(0.1307,), std=(0.3081,)),
        vision.HWC2CHW()
    ]
    label_transform = transforms.TypeCast(mindspore.int32)

    dataset = MnistDataset(path)
    dataset = dataset.map(image_transforms, 'image')
    dataset = dataset.map(label_transform, 'label')
    dataset = dataset.batch(batch_size)
    return dataset

train_dataset = datapipe('MNIST_Data/train', 64)
test_dataset = datapipe('MNIST_Data/test', 64)

class Network(nn.Cell):
    def __init__(self):
        super().__init__()
        self.flatten = nn.Flatten()
        self.dense_relu_sequential = nn.SequentialCell(
            nn.Dense(28*28, 512),
            nn.ReLU(),
            nn.Dense(512, 512),
            nn.ReLU(),
            nn.Dense(512, 10)
        )

    def construct(self, x):
        x = self.flatten(x)
        logits = self.dense_relu_sequential(x)
        return logits

model = Network()
```

输出:

```
Downloading data from https://mindspore-website.obs.cn-north-4.myhuaweicloud.com/notebook/datasets/MNIST_Data.zip (10.3 MB)

file_sizes: 100%|████████| 10.8M/10.8M[00:05<00:00, 2.07MB/s]
```

```
Extracting zip file...
Successfully downloaded / unzipped to ./
```

**2. 超参**

超参(Hyperparameters)是可以调整的参数,可以控制模型训练优化的过程,不同的超参数值可能会影响模型训练和收敛速度。目前深度学习模型多采用批量随机梯度下降算法进行优化,随机梯度下降算法的原理如下:

$$w_{t+1} = w_t - \eta \frac{1}{n} \sum_{x \in B} \nabla l(x, w_t) \qquad (1.2)$$

式(1.2)中,$n$ 是批量大小(batch size),$\eta$ 是学习率(learning rate),$w_t$ 为训练轮次 $t$ 中的权重参数,$\nabla l$ 为损失函数的导数,$B$ 是采样的数据集。除了梯度本身,$w_t$ 和 $\nabla l$ 直接决定了模型的权重更新,从优化本身来看,它们是影响模型性能收敛最重要的参数。一般会定义以下超参用于训练。

训练轮次(epoch):训练时遍历数据集的次数。

批次大小(batch size):数据集进行分批读取训练,设定每个批次数据的大小。batch size 过小,花费时间多,同时梯度振荡严重,不利于收敛;batch size 过大,不同 batch 的梯度方向没有任何变化,容易陷入局部极小值振因此需要选择合适的 batch size,可以有效提高模型精度、全局收敛。

学习率(learning rate):如果学习率偏小,会导致收敛的速度变慢,如果学习率偏大,则可能会导致训练不收敛等不可预测的结果。梯度下降法被广泛应用在最小化模型误差的参数优化算法上。梯度下降法通过多次迭代,并在每一步中通过最小化损失函数来预估模型的参数。在迭代过程中,学习率会控制模型的学习进度。

例如,上述超参可定义如下:

```
epochs=10
batch_size=32
learning_rate=1e-2
```

**3. 训练流程**

设置了超参后,我们就可以循环输入数据来训练模型。一次数据集的完整迭代循环称为一轮(epoch)。每轮执行训练包括两个步骤:

① 训练:迭代训练数据集,并尝试收敛到最佳参数。

② 验证/测试:迭代测试数据集,以检查模型性能是否提升。

接下来我们来逐步实现完整的训练流程。

(1)损失函数

损失函数(loss function)用于评估模型的预测值(logits)和目标值(targets)之间的误差。训练模型时,随机初始化的神经网络模型开始时会预测出错误的结果。损失函数会评估预测结果与目标值的相异程度,模型训练的目标即为降低损失函数求得的误差。

常见的损失函数包括用于回归任务的 nn.MSELoss（均方误差）和用于分类的 nn.NLLLoss（负对数似然）等。nn.CrossEntropyLoss 结合了 nn.LogSoftmax 和 nn.NLLLoss，可以对 logits 进行归一化并计算预测误差，源代码如下：

```
class CrossEntropyLoss(LossBase):

    def __init__(self, weight=None, ignore_index=-100, reduction='mean',
                 label_smoothing=0.0):
        super().__init__(reduction)
        validator.check_value_type('ignore_index', ignore_index, int, self.cls_name)
        validator.check_value_type('label_smoothing', label_smoothing, float, self.cls_name)
        validator.check_float_range(label_smoothing, 0.0, 1.0,
                    Rel.INC_BOTH, 'label_smoothing', self.cls_name)

        if weight is not None:
            validator.check_value_type("weight", weight, [Tensor], self.cls_name)
            validator.check_type_name('weight', weight.dtype,
                    [mstype.float16, mstype.float32], self.cls_name)

        self.weight = weight
        self.ignore_index = ignore_index
        self.reduction = reduction
        self.label_smoothing = label_smoothing

    def construct(self, logits, labels):
        _check_is_tensor('logits', logits, self.cls_name)
        _check_is_tensor('labels', labels, self.cls_name)
        _check_cross_entropy_inputs(logits.shape, labels.shape, \
                        logits.ndim, labels.ndim, \
                        logits.dtype, labels.dtype, \
                        self.cls_name)
        if logits.ndim == labels.ndim and self.ignore_index>0:
            _cross_entropy_ignore_index_warning(self.cls_name)
        return F.cross_entropy(logits, labels, self.weight, self.ignore_index,
                        self.reduction, self.label_smoothing)
```

CrossEntropyLoss 的调用方法：

```
loss_fn = nn.CrossEntropyLoss()
```

## 1.3 MindSpore 介绍

（2）优化器

模型优化（optimization）是在每个训练步骤中调整模型参数以减少模型误差的过程。MindSpore 提供多种优化算法的实现，称之为优化器（Optimizer）。优化器内部定义了模型的参数优化过程（即梯度如何更新至模型参数），所有优化逻辑都封装在优化器对象中。在这里，我们使用 SGD（stochastic gradient descent）优化器。

我们通过 model.trainable_params() 方法获得模型的可训练参数，并传入学习率超参来初始化优化器：

```python
optimizer = nn.SGD(model.trainable_params(), learning_rate=learning_rate)
```

在训练过程中，通过微分函数可计算获得参数对应的梯度，将其传入优化器中即可实现参数优化。具体形态如下：

```python
grads = grad_fn(inputs)
optimizer(grads)
```

（3）训练与评估实现

接下来我们定义用于训练的 train_loop 函数和用于测试的 test_loop 函数。

使用函数式自动微分，需先定义正向函数 forward_fn，使用 ops.value_and_grad 获得微分函数 grad_fn。然后，我们将微分函数和优化器的执行封装为 train_step 函数，接下来循环迭代数据集进行训练即可。代码如下

```python
def train_loop(model, dataset, loss_fn, optimizer):
    # Define forward function
    def forward_fn(data, label):
        logits = model(data)
        loss = loss_fn(logits, label)
        return loss, logits

    # Get gradient function
    grad_fn = ops.value_and_grad(forward_fn, None, optimizer.parameters, has_aux=True)

    # Define function of one-step training
    def train_step(data, label):
        (loss, _), grads = grad_fn(data, label)
        loss = ops.depend(loss, optimizer(grads))
        return loss

    size = dataset.get_dataset_size()
    model.set_train()
```

```
    for batch, (data, label) in enumerate(dataset.create_tuple_
iterator()):
        loss=train_step(data, label)

        if batch % 100 == 0:
            loss, current=loss.asnumpy(), batch
            print(f"loss: {loss: >7f}  [{current: >3d}/{size: >3d}]")
```

test_loop 函数同样需循环遍历数据集，调用模型计算 loss 和 Accuracy 并返回最终结果：

```
def test_loop(model, dataset, loss_fn):
    num_batches=dataset.get_dataset_size()
    model.set_train(False)
    total, test_loss, correct=0, 0, 0
    for data, label in dataset.create_tuple_iterator():
        pred=model(data)
        total += len(data)
        test_loss += loss_fn(pred, label).asnumpy()
        correct += (pred.argmax(1) == label).asnumpy().sum()
    test_loss /= num_batches
    correct /= total
    print(f"Test: \n Accuracy: {(100* correct): >0.1f}% , Avg loss:
{test_loss: >8f} \n")
```

我们将实例化的损失函数和优化器传入 train_loop 和 test_loop 中。训练 3 轮输出 loss 和 Accuracy，并查看性能变化：

```
loss_fn=nn.CrossEntropyLoss()
optimizer = nn.SGD(model.trainable_params(), learning_rate =
learning_rate)
epochs=3
for t in range(epochs):
    print(f"Epoch {t+1} \n-------------------------------")
    train_loop(model, train_dataset, loss_fn, optimizer)
    test_loop(model, test_dataset, loss_fn)
print("Done!")
```

输出：

```
Epoch 1
-------------------------------
loss: 2.302806  [  0/938]
```

```
loss: 2.285086  [100/938]
loss: 2.264712  [200/938]
loss: 2.174010  [300/938]
loss: 1.931853  [400/938]
loss: 1.340721  [500/938]
loss: 0.953515  [600/938]
loss: 0.756860  [700/938]
loss: 0.756263  [800/938]
loss: 0.463846  [900/938]
Test:
Accuracy: 84.7% , Avg loss: 0.527155

Epoch 2
-------------------------------
loss: 0.479126  [  0/938]
loss: 0.437443  [100/938]
loss: 0.685504  [200/938]
loss: 0.395121  [300/938]
loss: 0.550566  [400/938]
loss: 0.459457  [500/938]
loss: 0.293049  [600/938]
loss: 0.422102  [700/938]
loss: 0.333153  [800/938]
loss: 0.412182  [900/938]
Test:
Accuracy: 90.5% , Avg loss: 0.335083

Epoch 3
-------------------------------
loss: 0.207366  [  0/938]
loss: 0.343559  [100/938]
loss: 0.391145  [200/938]
loss: 0.317566  [300/938]
loss: 0.200746  [400/938]
loss: 0.445798  [500/938]
loss: 0.603720  [600/938]
loss: 0.170811  [700/938]
loss: 0.411954  [800/938]
loss: 0.315902  [900/938]
```

```
Test:
Accuracy: 91.9% , Avg loss: 0.279034

Done!
```

### 1.3.9 保存与加载

上一节主要介绍了如何调整超参数，并进行网络模型训练。在训练网络模型的过程中，实际上我们希望保存中间和最后的结果，用于微调(fine-tune)和后续的模型推理与部署，本节将介绍如何保存与加载模型。

首先导入相关模块并定义初始参数：

```
import numpy as np
import mindspore
from mindspore import nn
from mindspore import Tensor

def network():
    model=nn.SequentialCell(
        nn.Flatten(),
        nn.Dense(28 * 28, 512),
        nn.ReLU(),
        nn.Dense(512, 512),
        nn.ReLU(),
        nn.Dense(512, 10))
    return model
```

**1. 保存和加载模型权重**

保存模型使用 save_checkpoint 接口，传入网络和指定的保存路径：

```
model=network()
mindspore.save_checkpoint(model, "model.ckpt")
```

load_checkpoint 和 load_param_into_net 方法可以用来加载参数。load_checkpoint 源代码如下：

```
def load_checkpoint(ckpt_file_name, net=None, strict_load=False, filter_prefix=None,
        dec_key=None, dec_mode="AES-GCM", specify_prefix=None):

    ckpt_file_name=_check_ckpt_file_name(ckpt_file_name)
    specify_prefix=_check_prefix(specify_prefix)
    filter_prefix=_check_prefix(filter_prefix)
```

```python
    dec_key = Validator. \
        check_isinstance('dec_key', dec_key, (type(None), bytes))
    dec_mode = Validator.check_isinstance('dec_mode', dec_mode, str)
    logger.info("Execute the process of loading checkpoint files.")
    checkpoint_list = _parse_ckpt_proto(ckpt_file_name, dec_key, dec_mode)

    parameter_dict = {}
    try:
        param_data_list = []
        for element_id, element in enumerate(checkpoint_list.value):
            if not _whether_load_param \
                    (specify_prefix, filter_prefix, element.tag):
                continue
            data = element.tensor.tensor_content
            data_type = element.tensor.tensor_type
            np_type = tensor_to_np_type.get(data_type)
            ms_type = tensor_to_ms_type[data_type]
            if data_type == 'str':
                str_length = int(len(data)/4)
                np_type = np_type + str(str_length)
            element_data = np.frombuffer(data, np_type)
            param_data_list.append(element_data)
            if (element_id == len(checkpoint_list.value) - 1) or \
                    (element.tag != checkpoint_list.value[element_id + 1].tag):
                param_data = np.concatenate((param_data_list), axis=0)
                param_data_list.clear()
                dims = element.tensor.dims
                if dims == [0] and data_type == 'str':
                    parameter_dict[element.tag] = str(element_data[0])
                else:
                    if dims == [0] and 'Float' in data_type:
                        param_data = float(param_data[0])
                    if dims == [0] and 'Int' in data_type:
                        param_data = int(param_data[0])
                    if dims not in ([0], [1]):
                        param_data = param_data.reshape(list(dims))
                    parameter_dict[element.tag] = \
                        Parameter(Tensor(param_data, ms_type), name=element.tag)
```

```
        logger.info("Loading checkpoint files process is finished.")

    except BaseException as e:
        logger.critical("Failed to load the checkpoint file '% s'.",
                ckpt_file_name)
        raise ValueError(e.__str__() + "\nFor 'load_checkpoint', "
                "failed to load the checkpoint file {}."
                .format(ckpt_file_name)) from e

    if not parameter_dict:
        raise ValueError(f"The loaded parameter dict"
                f"is empty after filter or specify, please check whether"
                f"'filter_prefix'or 'specify_prefix'are set correctly.")

    if net is not None:
        load_param_into_net(net, parameter_dict, strict_load)

    return parameter_dict
```

要加载模型权重,需要先创建相同模型的实例,然后使用 load_checkpoint 和 load_param_into_net 方法加载参数:

```
model=network()
param_dict=mindspore.load_checkpoint("model.ckpt")
param_not_load=mindspore.load_param_into_net(model, param_dict)
print(param_not_load)
```

输出:

```
[]
```

说明: param_not_load 是未被加载的参数列表,为空时代表所有参数均加载成功。

### 2. 保存和加载 MindIR

除 Checkpoint 外,MindSpore 提供了云侧(训练)和端侧(推理)统一的中间表示(intermediate representation,IR)。可使用 export 接口直接将模型保存为 MindIR。

## 1.3 MindSpore 介绍

```
model=network()
inputs=Tensor(np.ones([1, 1, 28, 28]).astype(np.float32))
mindspore.export(model, inputs, file_name="model", file_format
="MINDIR")
```

说明：MindIR 同时保存了 Checkpoint 和模型结构，因此需要定义输入 Tensor 来获取输入 shape。

已有的 MindIR 模型可以方便地通过 load 接口加载，传入 nn.GraphCell 即可进行推理。mindspore.load 源代码如下：

```
    def load(file_name, **kwargs):

    if not isinstance(file_name, str):
        raise ValueError("For 'load', the argument 'file_name'must be string, but "
                         "got {}.".format(type(file_name)))
    if not file_name.endswith(".mindir"):
        raise ValueError("For 'load', the argument 'file_name'(Mind-IR file) should end with'.mindir', "
                         "please input the correct 'file_name'.")
    if not os.path.exists(file_name):
        raise ValueError("For 'load', the argument 'file_name'(Mind-IR file) does not exist, "
                         "please check whether the 'file_name'is correct.")
    file_name=os.path.realpath(file_name)

    # set customized functions for dynamic obfuscation
    obfuscated=_check_load_obfuscate(**kwargs)

    logger.info("Execute the process of loading mindir.")
    if 'dec_key'in kwargs.keys():
        dec_key=Validator.check_isinstance('dec_key', kwargs.get('dec_key'), bytes)
        dec_mode="AES-GCM"
        dec_func=None
        if 'dec_mode'in kwargs.keys():
            if callable(kwargs.get('dec_mode')):
                dec_mode="Customized"
                dec_func=kwargs.get('dec_mode')
            else:
```

```
                dec_mode = Validator.check_isinstance('dec_mode',
kwargs.get('dec_mode'), str)
            graph = load_mindir(file_name, dec_key=dec_key, key_len=
len(dec_key), dec_mode=dec_mode,
                               decrypt=dec_func, obfuscated=obfuscated)
        else:
            graph = load_mindir(file_name, obfuscated=obfuscated)

        if graph is None:
            if _is_cipher_file(file_name):
                raise RuntimeError("Load MindIR failed. The file may be
encrypted and decrypt failed, you "
                                   "can check whether the values of the ar-
guments 'dec_key'and 'dec_mode'"
                                   "are the same as when exported MindIR
file, or check the file integrity.")
            raise RuntimeError("Load MindIR failed.")
        return graph
```

mindspore.load 的调用：

```
mindspore.set_context(mode=mindspore.GRAPH_MODE)
graph = mindspore.load("model.mindir")
model = nn.GraphCell(graph)
outputs = model(inputs)
print(outputs.shape)
```

输出：

```
(1, 10)
```

说明：nn.GraphCell(graph, params_init=None) 仅支持图模式。输入参数中，graph(FuncGraph)是从 MindIR 加载的编译图，params_init(dict)是需要在图中初始化的参数，其中，key 为参数名称，类型为字符串，value 为 Tensor 或 Parameter。如果参数名在图中已经存在则更新其值；如果不存在则忽略，默认值为 None。相关源代码如下：

```
class GraphCell(Cell):
    def __init__(self, graph, params_init=None, obf_password=None):
        super(GraphCell, self).__init__(auto_prefix=True)
        if not isinstance(graph, FuncGraph):
            raise TypeError(f"For 'GraphCell', the argument 'graph'
must be a FuncGraph loaded from MindIR, "
```

```python
                            f"but got type {type(graph)}.")
        self.graph=graph
        self.obf_password=obf_password
        if obf_password is not None:
            if not isinstance(obf_password, int):
                raise TypeError("'obf_password'must be int, but got {}.".format(type(obf_password)))
            int_64_max=9223372036854775807
            if obf_password <= 0 or obf_password > int_64_max:
                raise ValueError(
                    "'obf_password'must be larger than 0, and less or equal than int64 ({}),"
                    "but got {}.".format(int_64_max, obf_password))
        params_init={} if params_init is None else params_init
        if not isinstance(params_init, dict):
            raise TypeError(f"For 'GraphCell', the argument 'params_init'must be a dict, but got {type(params_init)}.")
        for name, value in params_init.items():
            if not isinstance(name, str) or not isinstance(value, Tensor):
                raise TypeError("For 'GraphCell', the key of the 'params_init'must be str, "
                                "and the value must be Tensor or Parameter, "
                                f"but got the key type: {type(name)}, and the value type: {type(value)}")

        params_dict=update_func_graph_hyper_params(self.graph, params_init)
        for name, param in params_dict.items():
            self._params[name]=param


    def construct(self, *inputs):
        return self.graph(*inputs)


    def __call__(self, *inputs):
        self.phase="graph_load_from_mindir"
        self._add_attr("graph_load_from_mindir", self.graph)
        if not self.obf_password:
            return self.compile_and_run(*inputs)
        append_input_1, append_input_2 = _obf_appended_inputs(self.obf_password)
```

```
        return self.compile_and_run(*inputs, append_input_1,
append_input_2)
```

### 1.3.10 操作演示示例

图像分类是最基础的计算机视觉应用，属于有监督学习类别，如给定一张图像（猫、狗、飞机、汽车等），判断图像所属的类别。本节将介绍使用 ResNet50 网络对 CIFAR-10 数据集进行分类。

**1. ResNet 网络介绍**

ResNet50 网络于 2015 年由微软实验室的何恺明提出，获得 ILSVRC2015 图像分类竞赛第一名。在 ResNet 网络提出之前，传统的卷积神经网络都是将一系列的卷积层和池化层堆叠得到的，但当网络堆叠到一定深度时，就会出现退化问题。图 1.5 是在 CIFAR-10 数据集上使用 56 层网络与 20 层网络训练误差和测试误差图，由图中数据可以看出，56 层网络比 20 层网络训练误差和测试误差更大，随着网络的加深，其误差并没有如预想的一样减小。

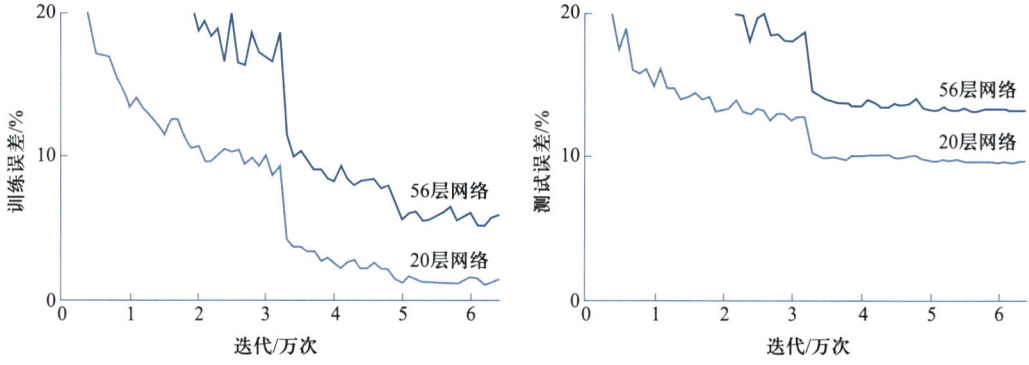

图 1.5　不同深度网络在 CIFAR-10 数据集上的训练误差和测试误差

ResNet 网络提出了残差网络结构(Residual Network)来减轻退化问题，使用 ResNet 网络可以实现搭建较深的网络结构(突破 1 000 层)。使用不同层数的 ResNet 网络在 CIFAR-10 数据集上的训练误差与测试误差图如图 1.6 所示，图中虚线表示训练误差，实线表示测试误差。由图中数据可以看出，ResNet 网络层数越深，其训练误差和测试误差越小。

**2. 数据集准备与加载**

CIFAR-10 数据集共有 60 000 张 32×32 像素(后文一般省略"像素")的彩色图像，分为 10 个类别，每类有 6 000 张。这 60 000 张图片分为 50 000 张训练图片和 10 000 张评估图片。首先，如下示例使用 download 接口下载并解压，目前仅支持解析二进制版本的 CIFAR-10 文件(CIFAR-10 binary version)：

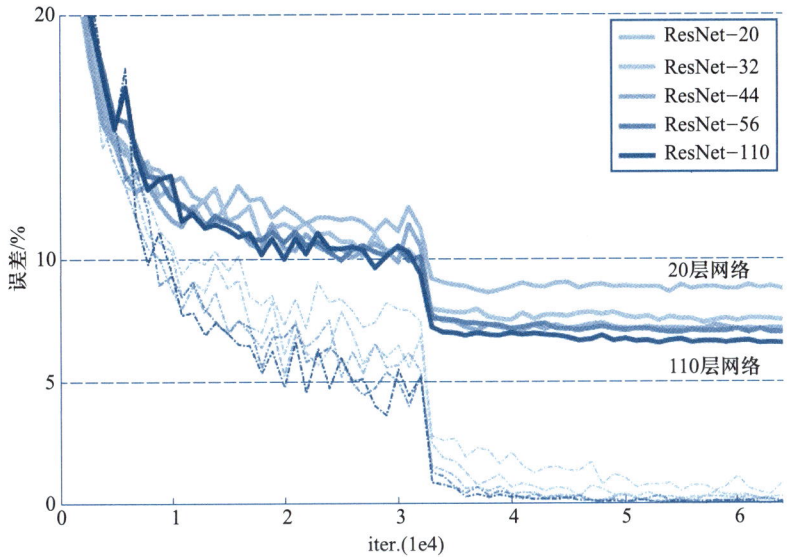

图 1.6 不同层数的 ResNet 网络在 CIFAR-10 数据集上的训练误差与测试误差

```
from download import download
url="https: //mindspore-website.obs.cn-north-4.myhuaweicloud.com/
notebook/datasets/cifar-10-binary.tar.gz"
download(url, "./datasets-cifar10-bin", kind="tar.gz")
```

输出:

```
Creating data folder...
Downloading data from https: //mindspore-website.obs.cn-north-
4.myhuaweicloud.com/notebook/datasets/cifar - 10 - binary.tar.gz
(162.2 MB)

file_sizes: 100% |██████| 170M/170M[00: 08<00: 00, 20.6MB/s]
Extracting tar.gz file...
Successfully downloaded / unzipped to ./datasets-cifar10-bin
```

下载后的数据集目录结构如下:

datasets-cifar10-bin/cifar-10-batches-bin
```
├── batches.meta.text
├── data_batch_1.bin
├── data_batch_2.bin
├── data_batch_3.bin
├── data_batch_4.bin
├── data_batch_5.bin
├── readme.html
└── test_batch.bin
```

然后，使用 mindspore.dataset.Cifar10Dataset 接口来加载数据集，并进行相关图像增强操作：

```python
import mindspore.dataset as ds
import mindspore.dataset.vision as vision
import mindspore.dataset.transforms as transforms
import mindspore as ms
import numpy as np

from mindspore import dtype as mstype
from mindspore import nn

data_dir = "./datasets-cifar10-bin/cifar-10-batches-bin"  # 数据集根目录
batch_size = 6  # 批量大小
image_size = 32  # 训练图像空间大小
workers = 4  # 并行线程个数
num_classes = 10  # 分类数量

def create_dataset_cifar10(dataset_dir, usage, resize, batch_size, workers):

    data_set = ds.Cifar10Dataset(dataset_dir=dataset_dir,
                                 usage=usage,
                                 num_parallel_workers=workers,
                                 shuffle=True)

    trans = []
    if usage == "train":
        trans += [
            vision.RandomCrop((32, 32), (4, 4, 4, 4)),
            vision.RandomHorizontalFlip(prob=0.5)
        ]

    trans += [
        vision.Resize(resize),
        vision.Rescale(1.0 / 255.0, 0.0),
        vision.Normalize([0.4914, 0.4822, 0.4465], [0.2023, 0.1994, 0.2010]),
        vision.HWC2CHW()
    ]
```

```python
    target_trans = transforms.TypeCast(mstype.int32)

    # 数据映射操作
    data_set = data_set.map(
        operations=trans,
        input_columns=' image',
        num_parallel_workers=workers)

    data_set = data_set.map(
        operations=target_trans,
        input_columns='label',
        num_parallel_workers=workers)

    # 批量操作
    data_set = data_set.batch(batch_size)

    return data_set

# 获取处理后的训练与测试数据集
dataset_train = create_dataset_cifar10(dataset_dir=data_dir,
                                        usage="train",
                                        resize=image_size,
                                        batch_size=batch_size,
                                        workers=workers)
step_size_train = dataset_train.get_dataset_size()
index_label_dict = dataset_train.get_class_indexing()

dataset_val = create_dataset_cifar10(dataset_dir=data_dir,
                                      usage="test",
                                      resize=image_size,
                                      batch_size=batch_size,
                                      workers=workers)
step_size_val = dataset_val.get_dataset_size()
```

对 CIFAR-10 训练数据集进行可视化：

```python
import matplotlib.pyplot as plt
import numpy as np

data_iter = next(dataset_train.create_dict_iterator())
```

```python
images=data_iter["image"].asnumpy()
labels=data_iter["label"].asnumpy()
print(f"Image shape: {images.shape}, Label: {labels}")

classes=[]

with open(data_dir+"/batches.meta.txt", "r") as f:
    for line in f:
        line=line.rstrip()
        if line! ='':
            classes.append(line)

plt.figure()
for i in range(6):
    plt.subplot(2, 3, i+1)
    image_trans=np.transpose(images[i], (1, 2, 0))
    mean=np.array([0.4914, 0.4822, 0.4465])
    std=np.array([0.2023, 0.1994, 0.2010])
    image_trans=std * image_trans + mean
    image_trans=np.clip(image_trans, 0, 1)
    plt.title(f"{classes[labels[i]]}")
    plt.imshow(image_trans)
    plt.axis("off")
plt.show()
```

输出:

```
Image shape: (6, 3, 32, 32), Label: [9 8 6 0 8 5]
```

## 1.3 MindSpore 介绍

**3. 模型训练与评估**

这里使用 ResNet50 预训练模型进行微调。调用 resnet50 构造 ResNet50 模型，并设置 pretrained 参数为 True，将会自动下载 ResNet50 预训练模型，并加载预训练模型中的参数到网络中。然后定义优化器和损失函数，逐个 epoch 打印训练的损失值和评估精度，并保存评估精度最高的 ckpt 文件（resnet50-best.ckpt）到当前路径的 ./BestCheckPoint 下。代码如下：

```python
import mindspore as ms
# 定义 ResNet50 网络
network=resnet50(pretrained=True)

# 全连接层输入层的大小
in_channel=network.fc.in_channels
fc=nn.Dense(in_channels=in_channel, out_channels=10)
# 重置全连接层
network.fc=fc

for param in network.get_parameters():
    param.requires_grad=True
```

输出：

```
Replace is False and data exists, so doing nothing. Use replace=True to re-download the data.
```

```python
# 设置学习率
num_epochs=40
lr=nn.cosine_decay_lr(min_lr=0.00001, max_lr=0.001, total_step=step_size_train * num_epochs,
            step_per_epoch=step_size_train, decay_epoch=num_epochs)
# 定义优化器和损失函数
opt=nn.Momentum(params=network.trainable_params(), learning_rate=lr, momentum=0.9)
loss_fn=nn.SoftmaxCrossEntropyWithLogits(sparse=True, reduction='mean')


def forward_fn(inputs, targets):
    logits=network(inputs)
    loss=loss_fn(logits, targets)
```

```
        return loss

    grad_fn = ms.value_and_grad(forward_fn, None, opt.parameters)

    def train_step(inputs, targets):
        loss, grads = grad_fn(inputs, targets)
        opt(grads)
        return loss

# 实例化模型
model = ms.Model(network, loss_fn, opt, metrics = {"Accuracy": train.Accuracy()})

# 创建迭代器
data_loader_train = dataset_train.create_tuple_iterator(num_epochs = num_epochs)
data_loader_val = dataset_val.create_tuple_iterator(num_epochs = num_epochs)

# 最佳模型存储路径
best_acc = 0
best_ckpt_dir = "./BestCheckpoint"
best_ckpt_path = "./BestCheckpoint/resnet50-best.ckpt"

import os

# 开始循环训练
print("Start Training Loop ...")

for epoch in range(num_epochs):
    losses = []
    network.set_train()

    # 为每轮训练读入数据
    for i, (images, labels) in enumerate(data_loader_train):
        loss = train_step(images, labels)
        if i % 100 == 0 or i == step_size_train -1:
            print('Epoch: [%3d/%3d], Steps: [%3d/%3d], Train Loss: [%5.3f]'% (
```

```
                    epoch+1, num_epochs, i+1, step_size_train, loss))
          losses.append(loss)

      # 每个 epoch 结束后,验证准确率
      acc=model.eval(dataset_val)['Accuracy']
      print("-" * 50)
      print("Epoch: [%3d/%3d], Average Train Loss: [%5.3f], Ac-
curacy: [%5.3f]" % (
          epoch+1, num_epochs, sum(losses)/len(losses), acc
      ))
      print("-" * 50)

      if acc > best_acc:
          best_acc=acc
          if not os.path.exists(best_ckpt_dir):
              os.mkdir(best_ckpt_dir)
          ms.save_checkpoint(network, best_ckpt_path)

print("=" * 44)
print(f"End of validation the best Accuracy is: {best_acc: 5.3f},"
      f"save the best ckpt file in {best_ckpt_path}", flush=True)
```

输出:

```
Epoch: [  1/ 40], Steps: [   1/8334], Train Loss: [2.541]
Epoch: [  1/ 40], Steps: [ 101/8334], Train Loss: [2.474]
……
Epoch: [  1/ 40], Steps: [8334/8334], Train Loss: [2.405]
--------------------------------------------------
Epoch: [  1/ 40], Average Train Loss: [2.185], Accuracy: [0.184]
--------------------------------------------------
……
Epoch: [ 40/ 40], Steps: [8334/8334], Train Loss: [1.463]
--------------------------------------------------
Epoch: [ 40/ 40], Average Train Loss: [1.177], Accuracy: [0.648]
--------------------------------------------------
============================================
End of validation the best Accuracy is:  0.660, save the best
ckpt file in ./BestCheckpoint/resnet50-best.ckpt
```

### 4. 可视化模型预测

定义 visualize_model 函数,使用上述验证精度最高的模型对 CIFAR-10 测试数据集进行预测,并将预测结果可视化。若预测字体颜色为蓝色,则表示预测正确;若预测字体颜色为红色,则表示预测错误。代码如下:

```python
import matplotlib.pyplot as plt

def visualize_model(best_ckpt_path, dataset_val):
    num_class=10    # 对狼和狗图像进行二分类
    net=resnet50(num_class)
    # 加载模型参数
    param_dict=ms.load_checkpoint(best_ckpt_path)
    ms.load_param_into_net(net, param_dict)
    model=ms.Model(net)
    # 加载验证集的数据进行验证
    data=next(dataset_val.create_dict_iterator())
    images=data["image"].asnumpy()
    labels=data["label"].asnumpy()
    # 预测图像类别
    output=model.predict(ms.Tensor(data['image']))
    pred=np.argmax(output.asnumpy(), axis=1)

    # 图像分类
    classes=[]

    with open(data_dir+"/batches.meta.txt", "r") as f:
        for line in f:
            line=line.rstrip()
            if line ! ='':
                classes.append(line)

    # 显示图像及图像的预测值
    plt.figure()
    for i in range(6):
        plt.subplot(2, 3, i+1)
        # 若预测正确,显示为蓝色;若预测错误,显示为红色
        color='blue'if pred[i] == labels[i] else 'red'
         plt.title ('predict: {}'.format (classes[pred[i]]), color=color)
        picture_show=np.transpose(images[i], (1, 2, 0))
        mean=np.array([0.4914, 0.4822, 0.4465])
```

```
            std=np.array([0.2023, 0.1994, 0.2010])
            picture_show=std * picture_show + mean
            picture_show=np.clip(picture_show, 0, 1)
            plt.imshow(picture_show)
            plt.axis('off')

    plt.show()

# 使用测试数据集进行验证
visualize_model(best_ckpt_path=best_ckpt_path, dataset_val=
dataset_val)
```

输出：

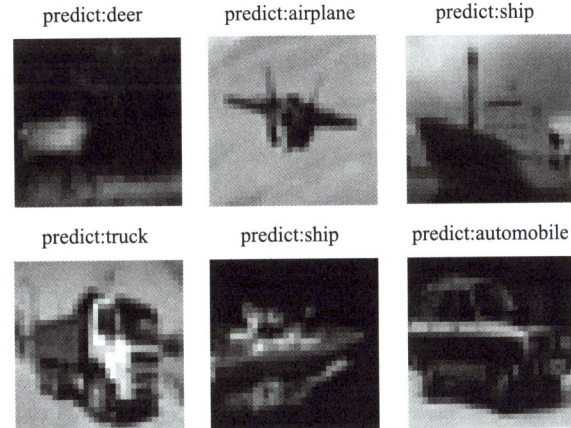

## 1.4 数据集简介

　　深度学习属于机器学习的一个领域，主要是模仿人脑的机制来解释数据，比如图像、声音、文本等。从宏观层面来看，深度学习整体原理都是建立在统计学的基础上，通过对大量数据的学习来拟合数据的实际分布情况，学习数据越多，学习结果越准确。从微观层面来看，深度学习模型本质上是层数很多的神经网络模型，简单来说就是参数很多。模型越大，参数越多，大量的参数都要学习到合适的值，必然需要大量的数据。因此在深度学习中数据集是必不可少的，并且通常情况下要训练得到一个好的学习模型，往往需要大量的数据集。

　　深度学习的数据集一般包括三部分：

　　训练集(train dataset)，主要用于刚刚构建的模型作为模拟拟合的数据样本，以获得具有表征能力的网络结构，往往数据量很大。

　　测试集(test dataset)，主要用来最后评估训练好的模型的最终泛化能力。但不能作为调参、选择特征等与算法相关的选择的依据；一般它与训练数据集是完全独立的,两个数据集之间不能有交集。

验证集(validation set),是模型训练过程中单独留出的样本集,它可以用于调整模型的超参数和用于对模型的能力进行初步评估。通常在模型迭代训练时,用以验证当前模型的泛化能力(准确率、召回率等),以决定是否停止训练。

### 1.4.1 通用数据集

#### 1. MNIST 数据集

MNIST 数据集是美国国家标准与技术研究院收集整理的大型手写数字数据库,训练集包含了 60 000 张图像和标签,而测试集一共包含了 10 000 张图像和标签。测试集中前 5 000 张来自最初 NIST 项目的训练集,后 5 000 张来自最初 NIST 项目的测试集。

#### 2. CIFAR-10 数据集

CIFAR-10 是由 Alex Krizhevsky 和 Ilya Sutskever 整理的一个用于识别普适物体的小型数据集。一共包含 10 个类别的 RGB 彩色图片:飞机(airplane)、汽车(automobile)、鸟(bird)、猫(cat)、鹿(deer)、狗(dog)、蛙(frog)、马(horse)、船(ship)和卡车(truck)。图片的尺寸为 32×32,数据集中一共有 50 000 张训练图片和 10 000 张测试图片。

#### 3. MovieLens

MovieLens 数据集是由 GroupLens 研究组在明尼苏达大学组织的。MovieLens 是电影评分的集合,有各种大小。数据集命名为 1 M、10 M 和 20 M,是因为它们分别包含一百万、一千万和两千万个评分。MovieLens 数据集中,用户对自己看过的电影进行评分,分值为 1~5。MovieLens 包括两个不同大小的库,适用于不同规模的算法。小规模的库是 943 个独立用户对 1 682 部电影进行的 10 000 次评分的数据;大规模的库是 6 040 个独立用户对 3 900 部电影进行的大约 100 万次评分。

#### 4. Pinterest

Pinterest 是一家基于图片的内容社交网站,用户(user)可以发表一张或多张图片(image)组成的图博,其他用户在信息流中看到图博后,可以把感兴趣(interest)的图片贴(pin)到自己的图片板中,这也是网站名字(pinterest)的由来。

#### 5. Amazon

该数据集包含 Amazon 平台的评论和元数据,包括自 1996 年 5 月至 2014 年 7 月的 1.428 亿条评论。此数据集包括评分数据(rating)、产品元数据(descriptions、category information、price、brand 和 image features),以及链接数据(共同查看/共同购买的关系图)。

其版本包括:

Amazon 2014:该数据集包含亚马逊平台上的产品评价和元数据,包括了自

1996 年 5 月至 2014 年 7 月的 24 个类别共 1.428 亿条评论。

Amazon 2018：该数据集是发布于 2014 年的 Amazon review dataset 的升级版本。共有 29 类，2.331 亿条评论数据的收集范围为 1996 年 5 月至 2018 年 10 月。

**6. Yelp**

该数据集由 Yelp 收集，整合了 businesses、reviews 和 user data 信息，可用于个人、教育、学术目的。从 Yelp Challenge 2018 开始总共有 4 个版本的 Yelp 数据集。Yelp 还把数据集发布在了 Kaggle 上，在这里用户可以下载到几个更早的版本。5 个数据集的详细信息如下。

其版本包括：

Yelp 2018：在 Yelp Challenge 2018 上发布的第 1 版 Yelp 数据集，包括 5 261 669 条评论。

Yelp 2020：发布于 2020 年的第 2 版 Yelp 数据集，包括 8 021 122 条评论。

Yelp 2021：发布于 2021 年的第 3 版 Yelp 数据集，包括 8 635 403 条评论。

Yelp 2022：最新版的 Yelp 数据集，包括 908 915 条评论。

Yelp-full：该数据集综合了上述 4 个 Yelp 数据集，去除了重复的数据，共有 28 908 240 条评论。

**7. Movie Review Data**

电影观众评论数据集（Movie Review Data）是一个用于二元分类的电影评论数据集，共有 rt-polarity.pos 与 rt-polarity.neg 两个文件，这两个文件中的每一行是一条评论，对应一个片段（通常包含一个句子）；所有片段都是小写的，这些片段被自动标记。

rt-polarity.pos 是一个有 5 331 条正面评论的文件，rt-polarity.neg 是一个有 5 331 条负面评论的文件。

**8. aclmdb**

针对电影评论情感分类任务，我们使用大型电影评论数据集 aclmdb，其中包括 25 000 条训练数据集，25 000 条测试数据集，训练数据集和测试数据集分别包括 12 500 条积极评论和 12 500 条消极评论。

### 1.4.2　石油领域数据集

**1. 岩心 CT 图像数据集**

实验数据集为 0.6 μm 岩心 CT 图像，有 200 张图片，训练集 140 张，测试集 60 张。由于图像表面的颜色和灰度变化范围比较大，尤其是孔隙的灰度值比较低，难以辨别，且含有大量的噪声干扰，因此原始数据集首先使用直方图均衡化和中值滤波对原始图像进行预处理，然后借助 Labelmg 标注工具以手工的方式对岩石图像中孔隙部分进行标注，生成标签图。在标签图中，红色部分为孔隙，其他部分为固体。由于数据集采取的是人工标记方式，全部标记工作量较大，所以后期又采用顺时针旋转（旋转 30°、60°、90°等）、翻转等方式进行数据扩增。

### 2. 行人检测数据集

针对行人检测任务，使用自定义行人检测数据集（油田生产场景）。训练集中包括1 200张行人的图片，其中共有1 200个标注框；测试集中包括200张行人的图片，其中共有200个标注框。

### 3. 油田安全生产目标检测数据集

针对油田安全生产目标检测任务，使用自定义的油田数据集。训练集中包括1 200张油田工人穿戴安全帽以及安全服的图片，其中共有3 600个标注框；测试集中包括427张油田工人穿戴安全帽以及安全服的图片，其中共有1 281个标注框。

## 本章小结

本章介绍了智能软件的概念、特点和应用领域，重点概述了MindSpore框架及其简单使用。智能软件已成为当今信息技术领域的热门话题，它不仅可以模仿人类的思维和决策过程，还能够自主学习和适应环境。与传统软件相比，智能软件具有更高的智能化程度和更强大的处理能力。MindSpore是一个强大而灵活的深度学习框架，具备构建和训练各种复杂模型的能力。在本章中，介绍了如何安装和配置MindSpore以及如何使用其核心功能，例如，张量操作、数据集处理和网络构建等。通过本章的学习，读者能够熟悉MindSpore框架的基本操作，并为学习后续章节中更深入的内容打下坚实的基础。此外，本章还简要介绍了不同领域的数据集，包括通用数据集和石油领域数据集。

在后续章节中，我们将进一步探索和应用这些概念，帮助读者更深入地理解和运用智能软件技术，了解不同领域的数据集在智能软件开发中的作用和应用。

## 思考题1

1. 列举一些智能软件的类型，并简要描述它们的特点。

2. 简述主要的深度学习框架的特点，分析MindSpore与它们的异同。

3. 使用MindSpore中的张量操作进行数据处理。假设有$N$个学生，每个学生有$M$门课程的成绩，成绩以0～100的整数表示。请编写一个程序，根据学生的总成绩进行排序，并输出按照总成绩从高到低排序后的学生名单。

假设输入的成绩数据已存储在一个$N×M$的二维张量中，每一行表示一个学生的成绩，每一列表示一门课程的成绩。请在输出学生名单时，同时输出每个学生的总成绩。

4. 请编写一个程序，使用MindSpore提供的Cifar10Dataset函数将CIFAR-10数据集加载到内存中，并按照如下比例进行划分：训练集比例为80%，测试集比例为 20%。同时对加载的数据进行预处理。

① 图像格式转换：将图像的通道顺序从 HWC（高度、宽度、通道数）转换为 CHW（通道数、高度、宽度）。

② 数据标准化：对图像的像素值进行标准化处理，使其取值范围在 $[-1,1]$ 之间。

5. 请编写程序，构建一个简单的卷积神经网络模型，使用 CIFAR-10 数据集进行图像分类。实现以下 3 个功能：

① 使用训练集进行模型训练，并在验证集上评估模型性能；

② 将训练好的模型保存到本地文件；

③ 加载保存的模型，使用测试集进行类别预测。

# 第 2 章 机器学习简介

**本章要点**

了解机器学习的基本概念和分类方法,理解机器学习模型的评价指标和优化方法。理解有监督学习、无监督学习、半监督学习和强化学习等常用的机器学习模型和算法。

**本章导图**

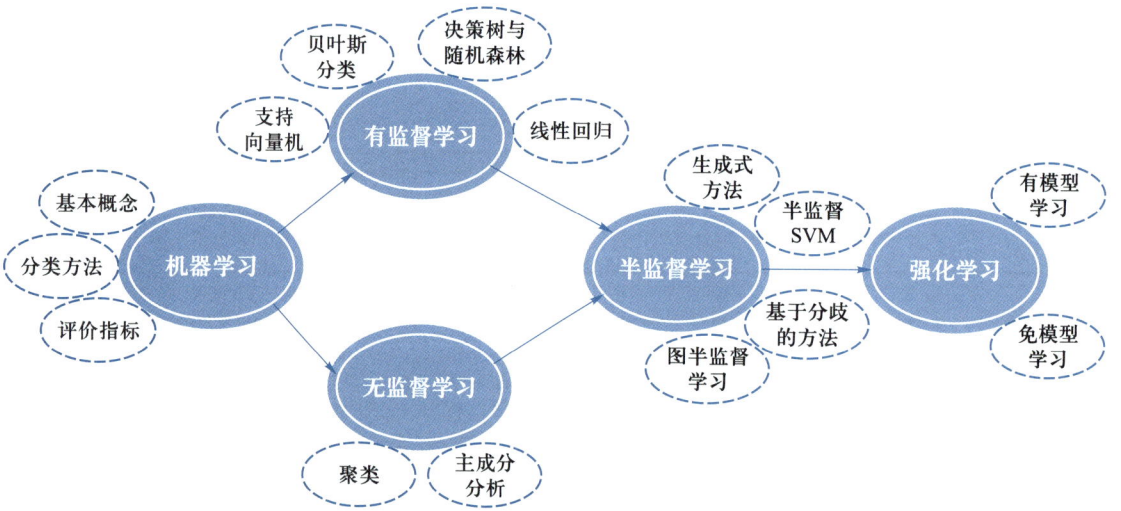

前面的章节介绍了什么是智能软件和 MindSpore 框架。本章将学习什么是机器学习,它主要包括哪些算法,这些算法背后的思想是什么。

## 2.1 机器学习基础知识

### 2.1.1 基本概念

机器学习[1]是针对改善计算机处理特定任务性能的算法和数学模型的研究。机器学习算法基于样本数据建立数学模型,以在没有显式编程的情况下,针对任务的执行情况给出对应输出。

数据整体称为数据集,而样本则是指数据的特定实例。样本所具有的特点被称为特征或属性，例如，一名学生对于学生这个总体而言就是一个样本，而学生可以通过若干角度来描述，如身高、体重、年龄等，这些统称为该样本的特征或属性。

每个样本都可以用多维空间中的一个点表示，一个点也是一个向量，即一个特征向量。一个特征向量的维数就等于一个样本的特征数。

计算机程序在学习经验数据生成算法模型的过程中，被学习的经验数据的每一条记录称为一个训练样本。同时在训练好模型后，我们希望使用新的记录来测试模型的效果，则每一个新的样本称为一个测试样本。所有训练样本的集合叫做训练集。所有测试样本的集合叫做测试集。机器学习得出的模型适用于新样本的能力称为泛化能力。

常见的划分测试集与训练集的方法有三种：留出法、交叉验证法和自助法。

留出法将数据集 $D$ 划分为两个互斥的集合，一个作为训练集 $S$，一个作为测试集 $T$，满足 $D=S\cup T$ 且 $S\cap T=\emptyset$。常见是将 65% 至 80% 的样本用于训练，剩下的用于测试。在划分训练集和测试集时要尽可能保持数据分布的一致性，以避免由于分布的差异引入额外的偏差，常见的做法是采取分层抽样。同时，由于划分的随机性，单次的留出法结果往往不够稳定，一般要采用若干次随机划分，重复实验取平均值的做法。

交叉验证法将数据集 $D$ 划分为 $k$ 个大小相同的互斥子集，满足 $D=D_1\cup D_2\cup \cdots \cup D_k$，$D_i\cap D_j=\emptyset(i\neq j)$。与留出法一样，交叉验证法也要尽可能保持数据分布的一致性，即采用分层抽样的方法获得这些子集。交叉验证法的思想是，每次用 $k-1$ 个子集的并集作为训练集，余下的那个子集作为测试集，这样就有 $k$ 种训练集/测试集划分的情况，从而可进行 $k$ 次训练和测试，最终返回 $k$ 次测试结果的均值。故而交叉验证法也称"$k$ 折交叉验证"，$k$ 最常用的取值是 10。

与留出法类似，将数据集 $D$ 划分为 $k$ 个子集的过程具有随机性，因此 $k$ 折交叉验证通常也要重复 $p$ 次，来提升结果的稳定性，称为 $p$ 次 $k$ 折交叉验证，常见的是 10 次 10 折交叉验证，即进行 100 次训练/测试。特别地，当划分的 $k$ 个子集的每个子集中只有一个样本时，称为"留一法"，显然，留一法的评估结果比较准确，但对计算机的消耗也是巨大的。

留出法和交叉验证法由于保留了一部分样本用于测试，因此实际评估的模型所使用的训练集比 $D$ 小，这必然会引入一些因训练样本规模不同而导致的估计偏差。而留一法虽然受训练样本规模变化的影响较小，但计算复杂度又太高了。"自助法"可以解决这样的问题。

自助法的基本思想是，给定包含 $m$ 个样本的数据集 $D$，每次随机从 $D$ 中挑选一个样本，将其复制放入 $D'$，然后再将该样本放回初始数据集 $D$ 中，使得该样本在下次采样时仍有可能被采到。重复执行 $m$ 次，就可以得到包含 $m$ 个样本的数据集 $D'$。可以得知在 $m$ 次采样中，样本始终不被采到的概率取极限为

$$\lim_{m\to\infty}\left(1-\frac{1}{m}\right)^m \to \frac{1}{e}\approx 0.368。$$

这样，通过自助采样，初始样本集 $D$ 中大约有 36.8% 的样本没有出现在 $D'$ 中，于是可以将 $D'$ 作为训练集，$D-D'$ 作为测试集。自助法在数据集较小，难以有效划分训练集/测试集时很有用。但由于自助法使用随机抽样的方法产生数据集，这改变了初始数据集的分布，因此引入了估计偏差。在初始数据集足够时，留出法和交叉验证法更加常用。

除了训练样本与测试样本外，还有一类样本用于调整模型的超参数（需要人为提前设置好，无法通过计算机学习到的参数），称为验证样本。所有验证样本的集合叫做验证集。

针对二分类问题可以将样本划分成正样本与负样本。正样本是指该样本的标签属于目标标签（或目标标签组）的样本。负样本是指该样本的标签不属于目标标签（或目标标签组）的样本。

### 2.1.2 机器学习的分类

机器学习按照学习方式的不同，可以分为 4 种类型：有监督学习、无监督学习、半监督学习、强化学习。

有监督学习[2]的样本带有标签值，称为监督信号。计算机通过训练数据，学习从特征向量到监督信号的映射。有监督学习依据标签值的类型又进一步分为分类问题和回归问题。分类问题中样本数据的标签值为整数编号，而回归问题的样本数据的标签值为实数。

无监督学习[3]的样本没有标签值。该方法使用机器学习算法来分析未标签化的数据集并形成聚类。这些算法能够发现隐藏的数据分组，无须人工标注数据集。

半监督学习[4]是介于有监督学习和无监督学习之间的一种方法。在半监督学习中样本大部分没有标签值，只有少部分带有标签。

强化学习[5]中没有标签值的概念，计算机最终学习到的是一系列决策。计算机通过环境反馈的"奖励"不断调整自己的决策，直至达到最优状态。

### 2.1.3 机器学习模型的评价指标

针对分类问题，可以使用准确率、精度、召回率、F1 指标和 ROC 曲线来衡量模型的可靠程度。

准确率指标衡量的是模型判断正确的样本数量占总测试集的比例。精度是指被判定为正样本的测试样本中，真正的正样本所占的比例。表 2.1 给出了用符号来标识模型正负样本的判断情况。

表 2.1 正负样本判断情况

| 真实值 \ 判断值 | 正样本 | 负样本 |
| --- | --- | --- |
| 正样本 | TP | FN |
| 负样本 | FP | TN |

## 2.1 机器学习基础知识

精度计算公式为

$$P = \frac{TP}{TP+FP} \quad (2.1)$$

召回率则是在所有正样本中被判定为正样本的比例，计算公式为

$$R = \frac{TP}{TP+FN} \quad (2.2)$$

不难发现，精度和召回率是一对相互矛盾的指标，两者呈现反方向变化。为了综合考虑精度和召回率，设计了 F1 指标，计算公式为

$$F1 = \frac{2 \times P \times R}{P+R} \quad (2.3)$$

ROC 曲线是以横轴为假阳率，以纵轴为真阳率绘制的曲线。真阳率（true positive rate，TPR）即召回率，是正样本被分类器判定为正样本的比例，计算公式为

$$TPR = \frac{TP}{TP+FN} \quad (2.4)$$

假阳率（false positive rate，FPR）是负样本被分类器判定为正样本的比例，计算公式为

$$FPR = \frac{FP}{FP+TN} \quad (2.5)$$

当假阳率增加时真阳率会增加，它是一条增长的曲线，如图 2.1 所示。

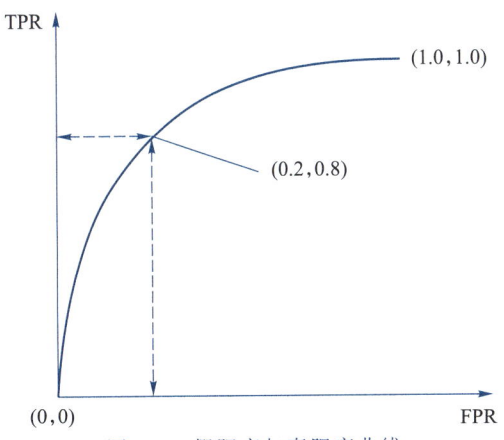

图 2.1 假阳率与真阳率曲线

由图 2.1 可知，一个好的分类器应该保证假阳率低而真阳率高，理想情况下的 ROC 曲线是一名贴近 TPR 轴的线段。

除了二分类问题，针对多类型的问题可以使用混淆矩阵来直接刻画每个类型分类的精度。对于 $k$ 分类问题，混淆矩阵为 $k \times k$ 矩阵，它的元素 $c_{ij}$ 表示第 $i$ 类样本被分类器判定为第 $j$ 类的数量。主对角线的元素之和为正确分类的样本数，其他元素之和为错误分类的样本数。对角线的值越大，分类器准确率越高。若所有样本都被正确分类，则该矩阵为对角阵。

对模型预测效果进行评估后,需要进一步分析其预测错误出现的来源。模型的泛化误差由偏差和方差两部分构成。偏差是模型本身导致的误差,即错误的模型假设所导致的误差,它是模型的预测值的数学期望和真实值之间的差距,计算公式为

$$\text{Bias}(\hat{f}(\boldsymbol{x})) = E(\hat{f}(\boldsymbol{x}) - f(\boldsymbol{x})) \tag{2.6}$$

其中,$\hat{f}(\boldsymbol{x})$ 表示估计值,$f(\boldsymbol{x})$ 表示真实值,$E(\hat{f}(\boldsymbol{x}) - f(\boldsymbol{x}))$ 则是对估计值和真实值之间的差求期望。

方差是由于对训练样本集的小波动敏感而导致的误差。它可以理解为模型预测值的变化范围,即模型预测值的波动程度,计算公式为

$$\text{Var}(\hat{f}(\boldsymbol{x})) = E(\hat{f}^2(\boldsymbol{x})) - E^2(\hat{f}(\boldsymbol{x})) \tag{2.7}$$

其中,Var 表示方差。根据方差公式,$\hat{f}(\boldsymbol{x})$ 的方差等于 $\hat{f}(\boldsymbol{x})$ 平方的期望减去它的期望的平方。

模型的总体误差可以分解为偏差的平方与方差之和,如下式所示:

$$E((y - \hat{f}(\boldsymbol{x}))^2) = \text{Bias}^2(\hat{f}(\boldsymbol{x})) + \text{Var}(\hat{f}(\boldsymbol{x})) + \sigma^2 \tag{2.8}$$

其中,$\sigma^2$ 为噪声项。

一般来说,模型的误差越小,模型的精确度就越高。如果要提高机器学习模型的精确度,就需要尽可能降低模型误差。而降低损失模型误差,我们一般采用梯度下降这个方法。其中梯度的本意是一个向量,表示某一函数在该点处的方向导数沿着该方向取得最大值,即函数在该点处沿着该方向变化最快,变化率最大。这个变化率用梯度的模来衡量。通常,模型的优化目标都是一个最优化问题。在使用梯度下降算法时,需要令优化目标为最小化目标,如果问题本身是最大化问题,可以转化为最小化问题再使用该算法。梯度下降算法[6]的思想是沿着梯度的反方向,以给定步长,学习新的参数,再计算新参数的梯度,不断更新参数直至迭代次数达到阈值或优化目标函数值达到阈值。

使用机器学习方法,我们希望得到在测试样本上表现得很好的学习器,即泛化误差小的学习器。因此,我们应该让学习器尽可能地从训练集中学出普适性的"一般规律",这样在遇到新样本时才能做出正确的判别。过拟合和欠拟合都会导致模型泛化能力不高,是模型学习能力与数据复杂度之间失配的结果。欠拟合常常在模型学习能力较弱,而数据复杂度较高的情况出现,此时模型由于学习能力不足,无法学习到数据集中的"一般规律",因而导致泛化能力弱。与之相反,过拟合常常在模型学习能力过强的情况中出现,此时的模型学习能力太强,以至于训练集单个样本自身的特点都能捕捉到,并将其认为是"一般规律",同样这种情况也会导致模型泛化能力下降。过拟合与欠拟合的区别在于,欠拟合在训练集和测试集上的性能都较差,而过拟合往往能较好地学习训练集数据的性质,而在测试集上的性能较差。

## 2.2 有监督学习

### 2.2.1 贝叶斯分类

贝叶斯分类[7]是概率框架下实施判别的基本方法。对分类任务来说，在所有相关概率都已知的理想情形下，贝叶斯决策论考虑如何基于这些概率和误判损失来选择最优的类别标记。

假设有 $n$ 种可能的类别标记，即 $y=c_1,c_2,\cdots,c_n$，$\lambda_{ij}$ 是将一个真实标记为 $c_j$ 的样本误分类到 $c_i$ 产生的损失。基于后验概率 $P(c_i|x)$ 可获得将样本 $x$ 分类为 $c_i$ 产生的期望损失，即在样本 $x$ 上的"条件风险"：

$$R(c_i|x) = \sum_{j=1}^{N} \lambda_{ij} P(c_j|x) \tag{2.9}$$

贝叶斯分类的目标是找到映射关系 $h: x \to y$，使得总体风险 $R(h) = E_x[R(h(x)|x)]$ 最小化。显然，对每个样本 $x$，若 $h$ 能最小化条件风险 $R(h(x)|x)$，则总体风险 $R(h)$ 也将达到最小化。由此可以得到贝叶斯判定准则：为最小化总体风险，只需在每个样本上选择那个能使条件风险 $R(c|x)$ 最小的类别标记，即

$$h^*(x) = \mathrm{argmin}(R(c|x)), \quad c \in y \tag{2.10}$$

其中，$h^*(x)$ 称为贝叶斯最优分类器，与之对应的总体风险 $R(h^*)$ 称为贝叶斯风险。

具体来说，若目标为最小化分类错误率，则误判损失 $\lambda_{ij}$ 可以写为

$$\lambda_{ij} = \begin{cases} 0, & i=j \\ 1, & i \neq j \end{cases} \tag{2.11}$$

此时条件风险 $R(c_i|x) = 1 - P(c_i|x)$，于是，最小化分类错误率的贝叶斯最优分类器为

$$h^*(x) = \mathrm{argmax}(P(c|x)), \quad c \in y \tag{2.12}$$

即对于每个样本 $x$，选择使后验概率 $P(c_i|x)$ 最大的类别标记。这时我们就将原问题转化为估计后验概率 $P(c|x)$。

贝叶斯分类使用生成式模型对后验概率进行估计：

$$P(c|x) = \frac{P(c)P(x|c)}{P(x)} \tag{2.13}$$

对于给定的样本 $x$，$P(x)$ 与类标记无关，$P(c)$ 称为类先验概率，$P(x|c)$ 称为类条件概率。这时估计后验概率 $P(c|x)$ 就变成为估计类先验概率和类条件概率的问题。

对于类先验概率 $P(c)$，$P(c)$ 就是样本空间中各类样本所占的比例，根据大数定理（当样本足够多时，频率趋于稳定等于其概率），当训练样本充足时，$P(c)$ 可以使用各类出现的频率来代替。因此只剩下类条件概率 $P(x|c)$，它表达的意思是在类别 $c$ 中出现 $x$ 的概率，它涉及属性的联合概率问题，若只有一

个离散属性则还好,当属性多时采用频率估计起来就十分困难,因此这里一般采用极大似然法进行估计。

极大似然估计[8]是一种根据数据采样来估计概率分布的方法。其策略是先假定总体具有某种确定的概率分布,再基于训练样本对概率分布的参数进行估计。核心思想就是估计出的参数使得已知样本出现的概率最大,即使得训练数据的似然最大。运用到类条件概率 $P(x|c)$ 中,假设 $P(x|c)$ 服从一个参数为 $\theta$ 的分布,问题就变为根据已知的训练样本来估计 $\theta$。

令 $D_c$ 表示训练集 $D$ 中 $c$ 类样本组成的集合,假设这些样本独立同分布(互相独立且同属一种分布),则参数 $\theta_c$ 对于数据集 $D_c$ 的似然为

$$P(D_c|\theta_c) = \prod_{x \in D_c} P(x|\theta_c) \tag{2.14}$$

连乘操作易造成下溢(多个概率相乘,造成所得结果过小逼近于零),我们会使用对数似然:

$$\begin{aligned} LL(\theta_c) &= \log_2 P(D_c|\theta_c) \\ &= \sum_{x \in D_c} \log_2 P(x|\theta_c) \end{aligned} \tag{2.15}$$

此时参数 $\theta_c$ 的最大似然估计 $\hat{\theta}_c$ 为

$$\hat{\theta}_c = \arg\max_{\theta_c} LL(\theta_c) \tag{2.16}$$

通过上述步骤,可以在确定类条件概率所属的概率分布情况下,用极大似然估计的方法估计其中的参数,进而确定其概率分布函数。需要注意的是,采用最大似然法估计参数的效果很大程度上依赖于做出的假设是否合理,即是否符合潜在的真实数据分布。

极大似然估计在一定程度上解决了类条件概率的估计问题,也即联合概率密度的估计问题。但是当属性很多时,训练样本往往覆盖不够,参数的估计会出现很大的偏差。为了避免这个问题,朴素贝叶斯分类器采用了"属性条件独立性假设",即样本数据的所有属性之间相互独立。这样类条件概率 $P(x|c)$ 可以改写为

$$P(x|c) = \prod_{i=1}^{d} P(x_i|c) \tag{2.17}$$

其中,$d$ 为属性数目,$x_i$ 为 $x$ 在第 $i$ 个属性上的取值。

原始的贝叶斯分类器最大的难点在于联合概率密度函数的估计。首先需要根据经验来假设联合概率分布。其次当属性很多时,训练样本往往覆盖不够,参数的估计会出现很大的偏差。为了避免这个问题,朴素贝叶斯分类器采用了"属性条件独立性假设",即样本数据的所有属性之间相互独立。这样类条件概率 $P(x|c)$ 可以改写为

$$P(x|c) = \prod_{i=1}^{d} P(x_i|c) \tag{2.18}$$

这样,将每个样本估计类条件概率变成每个样本的每个属性估计类条件概率。

针对属性数据,类条件概率可估计为

$$P(x_i \mid c) = \frac{|D_{c,x_i}|}{|D_c|} \quad (2.19)$$

针对连续型数据,假设属性数据服从正态分布,则类条件概率可估计为

$$P(x_i \mid c) = \frac{1}{\sqrt{2\pi}\sigma_{c,i}} \exp\left(-\frac{(x_i - \mu_{c,i})^2}{2\sigma_{c,i}^2}\right) \quad (2.20)$$

相比原始贝叶斯分类器,朴素贝叶斯分类器[9]基于单个的属性计算类条件概率更加容易操作。若某个属性值在训练集中和某个类别没有一起出现过,该样本的类条件概率被计算为 0,这样会抹掉其他的属性信息。因此在估计概率值时,常常用拉普拉斯修正进行平滑处理,具体计算方法如下:

$$\hat{P}(c) = \frac{|D_c| + 1}{|D| + N} \quad (2.21)$$

$$\hat{P}(x_i \mid c) = \frac{|D_{c,x_i}| + 1}{|D_c| + N_i} \quad (2.22)$$

其中,$N$ 代表分类数,$N_i$ 代表第 $i$ 个属性可能取值的数目。当训练集越大时,拉普拉斯修正引入的影响越来越小。对于贝叶斯分类器,模型的训练就是参数估计,因此可以事先将所有的概率存储好,当有新样本需要判定时,直接查表计算即可。

### 2.2.2 决策树与随机森林

**1. 决策树**

决策树[10]是一种有监督的分类方法,它是用已有的数据构造出一棵树,并对新的数据进行预测。决策树基于"树"结构进行决策,每个"内部节点"对应于某个属性上的"测试",每个分支对应于该测试的一种可能结果(即该属性的某个取值),每个"叶节点"对应于一个"预测结果"。

决策树的构造是一个递归的过程,有三种情形会导致递归返回:① 当前节点包含的样本全属于同一类别,这时直接将该节点标记为叶节点,并设为相应的类别;② 当前属性集为空,或所有样本在所有属性上取值相同,无法划分,这时将该节点标记为叶节点,并将其类别设为该节点所含样本最多的类别;③ 当前节点包含的样本集合为空,不能划分,这时也将该节点标记为叶节点,并将其类别设为父节点中所含样本最多的类别。

决策树学习的关键在于如何选择划分属性,不同的划分属性得出不同的分支结构,从而影响整棵决策树的性能。属性划分的目标是让各个划分出来的子节点尽可能地属于同一类别。决策树最常用的量化子树纯度算法有三种:ID3、C4.5 和 CART。

ID3 算法使用信息增益为准则来选择划分属性。信息熵是度量样本集合纯度的常用指标,信息增益以信息熵为基础,计算当前划分对信息熵所造成的变化。假定当前样本集合 $D$ 中第 $k$ 类样本所占比例为 $p_k$,则样本集合 $D$ 的信息熵定义为

$$\text{Ent}(D) = -\sum_{k=1}^{|y|} p_k \log_2 p_k \qquad (2.23)$$

假定通过属性 $a$ 划分样本集 $D$，产生了 $V$ 个分支，$v$ 表示其中第 $v$ 个分支，易知：分支节点包含的样本数越多，表示该分支的影响力越大。故可以计算出划分后相比原始数据集 $D$ 获得的"信息增益"：

$$\text{Gain}(D, a) = \text{Ent}(D) - \sum_{v=1}^{V} \frac{|D^v|}{|D|} \text{Ent}(D^v) \qquad (2.24)$$

其中，$\text{Ent}(D)$ 表示划分前数据集的信息熵。$\text{Ent}(D^v)$ 表示划分后数据集的信息熵。$\frac{|D^v|}{|D|}$ 表示第 $v$ 个分支的权重。

信息增益越大，表示使用该属性划分样本集 $D$ 的效果越好，因此 ID3 算法在递归过程中，每次选择最大信息增益的属性作为当前的划分属性。

ID3 算法存在一个问题，就是偏向于取值数目较多的属性，例如，如果属性对每个样本都存在一个唯一标识，此时样本集 $D$ 将会被划分为 $|D|$ 个分支，即每个分支只有一个样本，这样划分后的信息熵为零，十分纯净，但是对分类毫无用处。

因此 C4.5 算法使用了增益率来选择划分属性，避免了这个问题带来的困扰。首先使用 ID3 算法计算出信息增益高于平均水平的候选属性，接着使用 C4.5 计算这些候选属性的增益率，增益率定义为

$$\text{Gain ratio}(D, a) = \frac{\text{Gain}(D, a)}{\text{IV}(a)} \qquad (2.25)$$

其中，

$$\text{IV}(a) = -\sum_{v=1}^{V} \frac{|D^v|}{|D|} \log_2 \frac{|D^v|}{|D|} \qquad (2.26)$$

CART 决策树使用"基尼指数"来选择划分属性，基尼指数反映的是从样本集中随机抽取两个样本，其类别标记不一致的概率。因此 $\text{Gini}(D)$ 越小划分后的样本集合纯度越高，划分效果越好。基尼指数定义如下：

$$\text{Gini}(D) = \sum_{k=1}^{|y|} \sum_{k' \neq k} p_k p'_k \qquad (2.27)$$

$$\text{Gini}(D) = 1 - \sum_{k=1}^{|y|} p_k^2 \qquad (2.28)$$

进而，使用属性 $a$ 划分后基尼指数为

$$\text{Gini\_index}(D, a) = \sum_{v=1}^{V} \frac{|D^v|}{|D|} \text{Gini}(D^v) \qquad (2.29)$$

决策树生成算法本质上是贪心算法，在每一个分支节点都选择使得样本集合纯度最高的属性。决策树的构造是一个递归的过程，直至达到递归返回条件。这样的构造过程可能会导致决策树分支过多，以至于把训练集中的噪声当作所有数据都具有的一般性质，从而导致过拟合。

剪枝是决策树算法对付过拟合的主要手段，剪枝的策略有两种：预剪枝，

在构造的过程中先评估,再考虑是否分支,提前终止某些分支的生长;后剪枝,在构造好一棵完整的决策树后,自底向上,评估分支的必要性。

评估指的是决策树的泛化性能的评估。预剪枝表示在构造树的过程中,对比分支前后决策树在测试集的性能变化,若性能没有提升,则进行剪枝,即选择不分枝。后剪枝则是在构造好一棵完整的决策树后,自底向上对比每个节点分支对模型的性能是否有提升,若无则将该节点标记为叶子节点,该叶子节点的类别标记为其包含样本最多的类别。

预剪枝使得决策树的很多子树都没有展开,在一定程度上降低了过拟合的风险,同时减少了决策树的训练和测试的时间。但另一方面,预剪枝基于贪心策略,不能保证全局最优,同时其阻止了分支的展开,在一定程度上带来了欠拟合的风险,有些分支子树的当前划分虽然不能提升泛化能力,但在其基础上进行的后续划分仍有可能显著提高模型的泛化性能;而后剪枝由于其自底向上进行剪枝,通常保留了更多的分支,其剪枝时能够从决策树整体角度出发比较节点划分前后的性能,因此采用后剪枝策略的决策树性能往往优于预剪枝。但其自底向上遍历了所有节点,训练时间开销相比预剪枝大大提升。

**2. 随机森林**

随机森林[11]是基于集成学习的思想设计的一种算法。集成学习的思想是通过构建并结合多个基学习器来完成学习任务,集成学习通过将多个基学习器结合,通常都会获得比单一学习器显著优越的泛化性能。在随机森林算法中,它的基学习器是决策树,多棵决策树共同组成了森林。而"随机"则体现在选择划分属性的随机性上,随机森林在训练基学习器即决策树时,采用有放回采样的方式来添加样本扰动。同时还引入了一种属性扰动,即在基决策树的训练过程中,在选择划分属性时,先从候选属性集中随机挑选出一个包含 $K$ 个属性的子集,再从这个子集中选择最优划分属性。

这样随机森林中基学习器的多样性不仅来自样本扰动,还来自属性扰动,从而进一步提升了基学习器之间的差异度。由于属性扰动的存在,基决策树的准确度有所下降,随机森林相比于决策树算法的起始性能较差。但随着基学习器数目的增多,随机森林往往会收敛到更低的泛化误差。除此之外,不同于决策树从所有属性集中选择最优的划分属性,随机森林只在属性集的一个子集中选择划分属性,因此训练效率更高。

随机森林的具体构建步骤如下($N$ 表示训练样本的个数,$M$ 表示特征数目):

① 训练样本集合中以有放回抽样的方式,取样 $N$ 次,形成 $N$ 个训练子集(此时训练集中非重复样本数量不超过 $N$),并将未抽到的样本作为测试集,以评估其误差。

② 对每个训练子集,随机选择 $m$ 个特征(其中 $m<M$)。每个基学习器(决策树)上每个节点都是从该基学习器对应抽取到的 $m$ 个特征中选取的。

③ 所有的基学习器训练完毕后,采用结合策略将这些基学习器的输出结合

起来产生集成模型的最终输出。

需要注意的是,在训练决策树过程中,依据实际问题需要选择合适的划分属性的算法。此外,随机森林中的决策树都是一棵完整的树,不需要进行剪枝,随机森林的泛化性能,由样本的随机性和属性的随机性共同保障。

关于结合策略,常见的方法有平均法、投票法。

平均法主要是针对回归问题设计的基学习器策略结合方法,计算公式如下:

$$H(\boldsymbol{x}) = \sum_{i=1}^{T} w_i h_i(\boldsymbol{x}), \quad w_i > 0, \quad \sum_{i=1}^{T} w_i = 1 \tag{2.30}$$

其中,$w_i$ 表示第 $i$ 个基学习器的权重,$h_i(\boldsymbol{x})$ 表示第 $i$ 个基学习器输出的值。当 $w_i = \dfrac{1}{T}$ 时,加权平均法就转化为简单平均法,此时

$$H(\boldsymbol{x}) = \frac{1}{T} \sum_{i=1}^{T} h_i(\boldsymbol{x}) \tag{2.31}$$

易知简单平均法是加权平均法的一种特例。一般而言,在个体学习器性能相差较大时宜使用加权平均法,在个体学习器性能相差较小时宜使用简单平均法。

投票法主要是针对分类问题设计的基学习器策略结合方法,计算公式分别如式(2.32)、式(2.33)和式(2.34)所示。

加权投票法:

$$H(\boldsymbol{x}) = c_{\underset{j}{\operatorname{argmin}}} \sum_{i=1}^{T} w_i h_i^j(\boldsymbol{x}) \tag{2.32}$$

其中,$w_i > 0, \sum_{i=1}^{T} w_i = 1$。

相对多数投票法:

$$H(\boldsymbol{x}) = c_{\underset{j}{\operatorname{argmin}}} \sum_{i=1}^{T} h_i^j(\boldsymbol{x}) \tag{2.33}$$

绝对多数投票法:

$$H(\boldsymbol{x}) = \begin{cases} c_j, & \sum_{i=1}^{T} h_i^j(\boldsymbol{x}) > 0.5 \sum_{k=1}^{N} \sum_{i=1}^{T} h_i^k(\boldsymbol{x}) \\ 拒绝, & 否则 \end{cases} \tag{2.34}$$

### 2.2.3 支持向量机

**1. 支持向量机的基本型**

支持向量机(SVM)[12,13]是一种二分类模型,其基本模型定义为特征空间上的间隔最大的线性分类器,即支持向量机的学习策略便是间隔最大化,最终可转化为一个凸二次优化问题的求解。

假设数据线性可分,二分类学习的策略就是找到一个合适的超平面,该超平面能够将不同类别的样本分开,用公式表示为 $w^\mathrm{T} x + b = 0$。超平面也即高维的

平面。在使用超平面对数据点进行划分时，超平面与它最近的样本点的间隔距离越大，则分类模型的鲁棒性越好。即当新的数据点加入时，超平面对这些点的适应性最强，出错的可能性最小。因此需要让所选择的超平面能够最大化这个间隔。

在支持向量机中利用几何距离来刻画这个间隔，用公式表示为 $r=\frac{|w^\mathrm{T}\cdot x+b|}{\|w\|}$。假定二分类的类别值为 $\{-1, +1\}$。则有

$$\begin{cases} w^\mathrm{T} x_i + b \geq +1, & y_i = +1 \\ w^\mathrm{T} x_i + b \leq -1, & y_i = -1 \end{cases} \tag{2.35}$$

为了去掉几何距离的绝对值符号，令超平面函数乘以其对应的类别 $y$，公式如下：

$$r = y\left(\frac{w^\mathrm{T}}{\|w\|}x + \frac{b}{\|w\|}\right) \tag{2.36}$$

可以存在使得 $w^\mathrm{T}\cdot x_i + b = +1$ 或 $w^\mathrm{T}\cdot x_i + b = -1$ 的几个样本 $x_i$，这些样本被称为支持向量。两个异类支持向量到超平面距离之和就被称为间隔，其值为

$$\gamma = \frac{2}{\|w\|} \tag{2.37}$$

基于此公式，可以建立"最大间隔"问题的数学模型，公式如下：

$$w = \arg\max_{w,b} \frac{2}{\|w\|} \tag{2.38}$$

$$\text{s.t. } y_i(w^\mathrm{T} x_i + b \geq +1), \quad i = 1, 2, \cdots, m \tag{2.39}$$

上述模型也可表示为

$$w = \arg\min_{w,b} \frac{1}{2}\|w\|^2 \tag{2.40}$$

$$\text{s.t. } y_i(w^\mathrm{T} x_i + b \geq +1), \quad i = 1, 2, \cdots, m \tag{2.41}$$

这就是支持向量机的基本型，即一个带约束的凸二次规划问题。

**2. 对偶问题**

由于 SVM 基本型的优化目标过于复杂，可将其变换为对偶问题，再对对偶问题进行求解。转换成对偶问题使得其求解过程中出现了向量内积的形式，从而能更加自然地引出针对非线性问题设计的核函数。

对偶问题是将一个原始目标函数的最小化转化为它的对偶函数最大化的问题。对于当前的优化问题，首先写出它的拉格朗日函数：

$$\mathcal{L}(w, b, \alpha) = \frac{1}{2}\|w\|^2 - \sum_{i=1}^{n} \alpha_i(y_i(w^\mathrm{T} x_i + b) - 1) \tag{2.42}$$

由上式可知，当其中有一个约束条件不满足时，$\mathcal{L}$ 的最大值为 $\infty$（只需令其对应的 $\alpha$ 为 $\infty$ 即可）；当所有约束条件都满足时，$\mathcal{L}$ 的最大值为 $1/2\|w\|^2$（此时令所有的 $\alpha$ 为 0），因此原问题可以转换为

$$\min_{w,b} \theta(w) = \min_{w,b} \max_{\alpha_i \geq 0} \mathcal{L}(w, b, \alpha) = p^* \tag{2.43}$$

由于这个问题的求解不好处理,因此一般将最小和最大的位置交换一下(需满足 KKT 条件),变成原问题的对偶问题:

$$\max_{\alpha_i \geq 0} \min_{w,b} \mathcal{L}(w, b, \alpha) = d^* \tag{2.44}$$

这样就将原问题的求最小变成了对偶问题求最大,接下来便可以先求 $\mathcal{L}$ 对 $w$ 和 $b$ 的极小,再求 $\mathcal{L}$ 对 $\alpha$ 的极大。

其中,KKT 条件为

$$\begin{cases} \alpha_i \geq 0 \\ y_i f(\boldsymbol{x}_i) - 1 \geq 0 \\ \alpha_i(y_i f(\boldsymbol{x}_i) - 1) = 0 \end{cases} \tag{2.45}$$

于是,对任意训练样本 $(\boldsymbol{x}_i, \boldsymbol{y}_i)$,总有 $\alpha_i = 0$ 或 $y_i f(\boldsymbol{x}_i) = 1$。若 $\alpha_i = 0$,则该样本将不会在拉格朗日函数的求和式子中出现,也就不会对 $f(x)$ 有任何影响;若 $\alpha_i > 0$,则必有 $y_i f(\boldsymbol{x}_i) = 1$,所对应的样本点位于最大间隔边界上,是一个支持向量。

关于对偶问题的求解,首先对 $\mathcal{L}$ 求最小,分别求 $\mathcal{L}$ 关于 $w$ 和 $b$ 的偏导,可以得出

$$\begin{aligned} \frac{\partial L}{\partial w} = 0 &\Rightarrow w = \sum_{i=1}^{n} \alpha_i y_i x_i \\ \frac{\partial L}{\partial b} = 0 &\Rightarrow \sum_{i=1}^{n} \alpha_i y_i = 0 \end{aligned} \tag{2.46}$$

将上式代入 $\mathcal{L}(w, b, \alpha)$ 中得

$$\mathcal{L}(w, b, \alpha) = \frac{1}{2} \sum_{i,j=1}^{n} \alpha_i \alpha_j y_i y_j x_i^T x_j - \sum_{i,j=1}^{n} \alpha_i \alpha_j y_i y_j x_i^T x_j - b \sum_{i=1}^{n} \alpha_i y_i + \sum_{i=1}^{n} \alpha_i \tag{2.47}$$

$$\mathcal{L}(w, b, \alpha) = \sum_{i=1}^{n} \alpha_i - \frac{1}{2} \sum_{i,j=1}^{n} \alpha_i \alpha_j y_i y_j x_i^T x_j \tag{2.48}$$

接着基于上式求 $\mathcal{L}$ 关于 $\alpha$ 极大时的解 $\alpha$。此时上式为一个二次规划问题,可使用通用的二次规划算法来求解。然而,该问题的规模与训练样本数正相关,在实际任务中直接求解该问题会造成很大的开销。为了避开这个障碍,出现了 SMO 算法。

SMO 算法的基本思路是先固定 $\alpha_i$ 之外的所有参数,然后求 $\alpha_i$ 上的极值。由于存在约束 $\sum_{i=1}^{n} \alpha_i y_i = 0$,若固定 $\alpha_i$ 之外的其他变量,则 $\alpha_i$ 可由其他变量导出。于是,SMO 每次选择两个变量 $\alpha_i$ 和 $\alpha_j$,并固定其他参数。在参数初始化后,SMO 不断执行如下两个步骤直至收敛:① 选取一对需要更新的参数 $\alpha_i$ 和 $\alpha_j$;② 固定 $\alpha_i$ 和 $\alpha_j$ 之外的其他变量,基于

$$\mathcal{L}(w, b, \alpha) = \sum_{i=1}^{n} \alpha_i - \frac{1}{2} \sum_{i,j=1}^{n} \alpha_i \alpha_j y_i y_j x_i^T x_j$$

来更新 $\alpha_i$ 和 $\alpha_j$ 之后便可以根据求解出的 $\alpha$,计算出 $w$ 和 $b$,从而得到分类超平

面函数：

$$w^* = \sum_{i=1}^{n} \alpha_i y_i x_i$$
$$b^* = -\frac{\max\limits_{i:\,y_i=-1} w^{*T} x_i + \min\limits_{i:\,y_i=1} w^{*T} x_i}{2}$$ (2.49)

在对新的点进行预测时，实际上就是将数据点 $x_0$ 代入分类函数 $f(x_0) = w^* x_0 + b^*$ 中。若 $f(x_0)>0$，则为正类；$f(x_0)<0$，则为负类。

由于上述的超平面只能解决线性可分的问题，对于线性不可分的问题，例如异或问题，需要使用核函数将其进行推广。一般地，解决线性不可分问题时，常常采用映射的方式，将低维原始空间映射到高维特征空间，使得数据集在高维空间中变得线性可分，从而再使用线性学习器分类。如果原始空间为有限维，即属性数有限，那么总是存在一个高维特征空间使得样本线性可分。若 $\phi$ 代表一个映射，则在特征空间中的划分函数变为

$$f(\boldsymbol{x}) = \boldsymbol{w}^T \phi(\boldsymbol{x}) + b$$ (2.50)

按照同样的方法，先写出新目标函数的拉格朗日函数，接着写出其对偶问题，求 $\mathcal{L}$ 关于 $w$ 和 $b$ 的极大，最后运用 SOM 求解 $\alpha$。可以得出如下结果。

对偶问题：

$$\max_{\alpha} \sum_{i=1}^{n} \alpha_i - \frac{1}{2} \sum_{i,j=1}^{n} \alpha_i \alpha_j y_i y_j \langle \phi(x_i), \phi(x_j) \rangle$$
$$\text{s.t. } \alpha_i \geqslant 0, \ i=1, \cdots, n$$
$$\sum_{i=1}^{n} \alpha_i y_i = 0$$ (2.51)

分类函数：

$$f(x) = \sum_{i=1}^{n} \alpha_i y_i \langle \phi(x_i), \phi(x) \rangle + b$$ (2.52)

### 3. 核函数

在式（2.51）和式（2.52）中，都出现了高维特征空间中的内积运算 $\langle \phi(x_i), \phi(x) \rangle$，由于特征空间的维数可能会非常大，例如，若原始空间为 2 维，映射后的特征空间为 5 维，若原始空间为 3 维，映射后的特征空间将是 19 维，之后甚至可能出现无穷维，根本无法进行内积运算了，此时便引出了核函数的概念。

核是一个函数 $K$，对所有 $x, z \in X$，满足 $K(x, z) = \langle \phi(x), \phi(z) \rangle$，其中，$\phi$ 是从 $X$ 到内积特征空间 $F$ 的映射。因此，核函数可以直接计算隐式映射到高维特征空间后的向量内积，而不需要显式地写出映射后的高维特征。核函数完成了将特征从低维到高维的转换的同时，在低维空间中完成向量内积计算。这一计算与高维特征空间中的计算等效，从而避免了在高维空间中可能出现向量内积无法计算的问题。引入核函数后，原来的对偶问题与分类函数则变为如下形式。

对偶问题：

$$\max_{\alpha} \sum_{i=1}^{n} \alpha_i - \frac{1}{2}\sum_{i,j=1}^{n} \alpha_i \alpha_j y_i y_j K(x_i, x_j)$$
$$\text{s.t. } \alpha_i \geq 0, \ i = 1, \cdots, n \quad (2.53)$$
$$\sum_{i=1}^{n} \alpha_i y_i = 0$$

分类函数：

$$f(x) = \sum_{i=1}^{n} \alpha_i y_i K(x_i, x) + b \quad (2.54)$$

因此，在线性不可分问题中，核函数的选择成了支持向量机模型结果的重要参数。若选择了不合适的核函数，则意味着将样本映射到了一个不合适的高维特征空间，则极可能导致性能不佳。由于核函数的构造十分困难，通常都是从一些常用的核函数中选择，表 2.2 列出了几种常用的核函数。

表 2.2 常用核函数

| 名称 | 表达式 | 参数 |
| --- | --- | --- |
| 线性核 | $K(x_i, x_j) = x_i^T x_j$ | |
| 多项式核 | $K(x_i, x_j) = (x_i^T x_j)^d$ | $d > 1$ |
| 高斯核 | $K(x_i, x_j) = \exp\left(\frac{-\|x_i - x_j\|^2}{2\sigma^2}\right)$ | $\sigma > 0$ |
| 拉普拉斯核 | $K(x_i, x_j) = \exp\left(\frac{-\|x_i - x_j\|}{\sigma}\right)$ | $\sigma > 0$ |
| sigmoid 核 | $K(x_i, x_j) = \tanh(\beta x_i^T x_j + \theta)$ | $\tanh$ 为双曲正切函数，$\beta > 0, \theta < 0$ |

此外，核函数还可以通过函数组合得到。两个核函数的线性组合是核函数；任意函数乘以核函数，其结果也是核函数。

**4. 软间隔支持向量机**

前面的讨论中，我们主要解决了两个问题：当数据线性可分时，直接使用最大间隔的超平面划分；当数据线性不可分时，则通过核函数将数据映射到高维特征空间，使之线性可分。然而在现实问题中，还存在一些情形比较难以处理，例如，数据中有噪声的情形。噪声数据本身就偏离了正常位置，但是在前面的 SVM 模型中，我们要求所有的样本数据都必须满足约束。当加入这些噪声数据后，容易导致划分的超平面偏离无噪声数据下的位置，对支持向量机的泛化性能造成很大的影响。

为了解决这一问题，需要允许某一些数据点不满足约束，即可以在一定程

度上偏移超平面，同时使得不满足约束的数据点尽可能少，这便引出了"软间隔"支持向量机的概念。此时我们优化目标变为

$$\min_{\boldsymbol{w},b} \frac{1}{2}\|\boldsymbol{w}\|^2 + C\sum_{i=1}^{m} l_{0/1}(y_i(\boldsymbol{w}^\mathrm{T}\boldsymbol{x}_i+b)-1) \tag{2.55}$$

$$l_{0/1}(\cdot) = \begin{cases} 1, & \text{若 } z<0 \\ 0, & z \geqslant 0 \end{cases} \tag{2.56}$$

由于 $l_{0/1}(\cdot)$ 非凸、非连续，数学性质较差，因此常用其他函数作为"替代损失函数"。

hinge 损失：

$$l_{\text{hinge}}(z) = \max(0, 1-z) \tag{2.57}$$

指数损失：

$$l_{\exp}(z) = \exp(-z) \tag{2.58}$$

对率损失：

$$l_{\log}(z) = \log(1+\exp(-z)) \tag{2.59}$$

引入松弛变量 $\xi_i$ 后原始问题变为

$$\min_{\boldsymbol{w},b,\xi_i} \frac{1}{2}\|\boldsymbol{w}\|^2 + C\sum_{i=1}^{m} \xi_i \tag{2.60}$$

$$\text{s.t. } y_i(\boldsymbol{w}^\mathrm{T}\boldsymbol{x}_i+b) \geqslant 1-\xi_i, \quad \xi_i \geqslant 0, \quad i=1,2,\cdots,m \tag{2.61}$$

则对偶问题为

$$\max_{\alpha} \sum_{i=1}^{m} \alpha_i - \frac{1}{2}\sum_{i=1}^{m}\sum_{j=1}^{m} \alpha_i\alpha_j y_i y_j \boldsymbol{x}_i^\mathrm{T}\boldsymbol{x}_j \tag{2.62}$$

$$\text{s.t.} \sum_{i=1}^{m} \alpha_i y_i = 0, \quad 0 \leqslant \alpha_i \leqslant C, \quad i=1,2,\cdots,m \tag{2.63}$$

其中，$\alpha_i \leqslant C$，为软间隔 SVM 与硬间隔 SVM 的区别。

### 2.2.4 线性回归

回归是监督学习的一个重要问题，回归用于预测输入变量和输出变量之间的关系，特别是当输入变量的值发生变化时，输出变量的值也随之发生变化。回归模型正是表示从输入变量到输出变量之间映射的函数。线性回归则是假设因变量和自变量之间的关系是线性关系的。

给定数据集 $D=\{(\boldsymbol{x}_1,\boldsymbol{y}_1),(\boldsymbol{x}_2,\boldsymbol{y}_2),\cdots,(\boldsymbol{x}_m,\boldsymbol{y}_m)\}$，其中，$\boldsymbol{x}_i=(x_{i1},x_{i2},\cdots,x_{id})$ 是 $d$ 维属性向量，$y_i \in \mathbb{R}$。线性回归试图学到一个线性模型以尽可能准确地预测实值输出标记，即存在 $f(x)=\boldsymbol{w}^\mathrm{T}\boldsymbol{x}+b$ 使得 $f(\boldsymbol{x}) \simeq \boldsymbol{y}$。$f(\boldsymbol{x})$ 与 $\boldsymbol{y}$ 之间的差距用均方误差来刻画：

$$\sum_{i=1}^{m}(f(x_i)-y_i)^2 \tag{2.64}$$

模型通过学习新的 $w$ 和 $b$ 使得均方误差最小化，这一过程称为线性回归模型的最小二乘参数估计，如下式：

$$w^*, b^* = \underset{w,b}{\operatorname{argmin}} \sum_m (y^{(m)} - w^T x^{(m)} - b)^2 \tag{2.65}$$

用矩阵和向量来表示如下。

$$X = \begin{bmatrix} x_1^T & 1 \\ x_2^T & 1 \\ \vdots & \vdots \\ x_m^T & 1 \end{bmatrix} = \begin{bmatrix} x_{11} & \cdots & x_{1d} & 1 \\ x_{21} & \cdots & x_{2d} & 1 \\ \vdots & & \vdots & \vdots \\ x_{m1} & \cdots & x_{md} & 1 \end{bmatrix}, \quad w = (w_1, \cdots, w_m, b)^T, \quad Y = \begin{bmatrix} y_1 \\ y_2 \\ \vdots \\ y_m \end{bmatrix}$$

$$\tag{2.66}$$

$$w^* = \underset{w}{\operatorname{argmin}} (Y - Xw)^T (Y - Xw) \tag{2.67}$$

令 $E = (Y-Xw)^T(Y-Xw)$,则有 $\dfrac{\partial E}{\partial w} = 2X^T(Xw-Y) = 0$。若有 $X^T X$ 为满秩矩阵或正定矩阵,则 $w^* = (X^T X)^{-1} X^T Y$。此时线性回归模型为

$$f(x_i) = x_i w^T = x_i ((X^T X)^{-1} X^T Y) \tag{2.68}$$

若 $X^T X$ 不是满秩矩阵,则 $w^* = \underset{w}{\operatorname{argmin}}(Y-Xw)^T(Y-Xw)$ 可能有多个解,需要通过归纳偏好或引入正则化来确定最终选择哪一个解。

高次线性组合的线性回归称为多项式回归。如果多项式最高次项比较大,模型就容易出现过拟合。正则化是一种常见的防止过拟合的方法,一般原理是在代价函数后面加上一个对参数的约束项,这个约束项叫做正则化项(或惩罚项)。

在线性回归模型中,通常有两种正则化项。

① 加上所有参数(不包括 $\theta_0$)的绝对值之和,即 L1 范数,此时叫做 Lasso 回归:

$$J(\theta) = \frac{1}{m} \sum_{i=1}^{m} (\theta_0 + \theta_1 x^{(i)} - y^{(i)})^2 + \lambda \|\theta_1\|_1 \tag{2.69}$$

② 加上所有参数(不包括 $\theta_0$)的平方和,即 L2 范数,此时叫做岭回归:

$$J(\theta) = \frac{1}{m} \sum_{i=1}^{m} (y^{(i)} - (w x^{(i)} + b))^2 + \lambda \|w\|_2^2 \tag{2.70}$$

另一方面,有时原始的线性回归可能并不能满足现实需求,例如,$y$ 值并不是线性变化,而是在指数尺度上变化。这时可以采用线性模型来逼近 $y$ 的衍生物,例如,$\ln y = x_i^T w$。

更一般地,考虑所有 $y$ 的衍生物的情形,就得到了"广义的线性模型":

$$y = g^{-1}(w^T x + b) \tag{2.71}$$

其中,$g(*)$ 称为联系函数。于是上例中有 $g(*) = \ln(*)$。

线性回归的方法建模速度快,不需要很复杂的计算,在数据量大的情况下依然运行速度很快。除此之外,该方法具有良好的可解释性。线性回归可以根据系数给出每个变量的解释。需要注意的是,线性回归的机器学习方法不能很好地拟合非线性数据。所以在实现线性回归方法前需要先判断变量之间是否是

线性关系。

线性回归在现实生活中主要用于预测。当因变量是连续变量，并与其影响因素有线性关系时，都可以用它进行建模。除了预测之外，还可以用来做模型解释，通过 xgboost、dnn 等黑盒模型得到的预测结果，可以使用线性回归方法，来找到预测结果与自变量之间的关系，进而实现对黑盒模型的运作机制的解释。

## 2.3 无监督学习

### 2.3.1 聚类

聚类[14]是一种经典的无监督学习方法。无监督学习的目标是通过对无标记训练样本的学习，发掘和揭示数据集本身潜在的结构与规律，即不依赖于训练数据集的类标记信息。聚类就是试图将数据集的样本划分为若干个互不相交的类簇，从而使得每个簇对应一个潜在的类别。

（1）度量指标

聚类直观上说是将相似的样本聚在一起，从而形成一个类簇。这种相似性的度量是通过样本点在多维空间中的距离来实现的。当样本点的距离相近时，便可以称它们相似。

距离度量的方法主要有两类：一是针对连续属性或有序离散属性（可用数值表示），可以用闵可夫斯基距离来刻画；二是针对无序属性，可用 VDM 刻画。

闵可夫斯基距离为

$$\text{dist}_{mk}(\boldsymbol{x}_i, \boldsymbol{x}_j) = \left( \sum_{u=1}^{n} |x_{iu} - x_{ju}|^p \right)^{\frac{1}{p}} \tag{2.72}$$

当 $p=1$ 时，即为曼哈顿距离；当 $p=2$ 时，即为欧氏距离。

VDM 计算如下式：

$$\text{VDM}_p(a, b) = \sum_{i=1}^{k} \left| \frac{m_{u,a,i}}{m_{u,a}} - \frac{m_{u,b,i}}{m_{u,b}} \right|^p \tag{2.73}$$

通过距离度量产生聚类结果后，需要对聚类结果进行评价，这便是性能度量。性能度量方法也主要分为两类。一是外部指标，将聚类结果与某个参考模型的结果进行比较，以参考模型的输出作为标准，来评价聚类好坏；二是内部指标，即不依赖任何外部模型，直接对聚类的结果进行评估。聚类的目的是将那些相似的样本尽可能聚在一起，不相似的样本尽可能分开，即簇内高内聚，簇间低耦合。

外部指标假设聚类给出的结果为 $\lambda$，参考模型给出的结果是 $\lambda^*$，将样本进行两两配对则有

$$a = |SS|, \quad SS = \{(\boldsymbol{x}_i, \boldsymbol{x}_j) | \lambda_i = \lambda_j, \lambda_i^* = \lambda_j^*, i<j\}$$
$$b = |SD|, \quad SD = \{(\boldsymbol{x}_i, \boldsymbol{x}_j) | \lambda_i = \lambda_j, \lambda_i^* \neq \lambda_j^*, i<j\}$$
$$c = |DS|, \quad DS = \{(\boldsymbol{x}_i, \boldsymbol{x}_j) | \lambda_i \neq \lambda_j, \lambda_i^* = \lambda_j^*, i<j\} \tag{2.74}$$
$$d = |DD|, \quad DD = \{(\boldsymbol{x}_i, \boldsymbol{x}_j) | \lambda_i \neq \lambda_j, \lambda_i^* \neq \lambda_j^*, i<j\}$$

显然 $a$ 和 $d$ 代表参考结果和聚类结果相一致，$b$ 和 $c$ 则表示参考结果和聚类结果相矛盾，基于这 4 个值可以导出以下常用的外部评价指标：

Jaccard 指数：
$$JC = \frac{a}{a+b+c} \tag{2.75}$$

FM 指数：
$$FMI = \sqrt{\frac{a}{a+b} \cdot \frac{a}{a+c}} \tag{2.76}$$

Rand 指数：
$$RI = \frac{2(a+d)}{m(m-1)} \tag{2.77}$$

其中，$m$ 代表样本个数。以上三个指标均在区间 $(0, 1)$，且值越大越好。

内部指标基于簇内平均距离 $\text{avg}(C)$、簇内最大距离 $\text{diam}(C)$、簇间最小距离 $d_{\min}(C_i, C_j)$ 和簇中心距离 $d_{\text{cen}}(C_i, C_j)$ 4 个指标构建：

$$\text{avg}(C) = \frac{2}{|C|(|C|-1)} \sum_{1 \leq i < j \leq |C|} \text{dist}(\boldsymbol{x}_i, \boldsymbol{x}_j) \tag{2.78}$$

$$\text{diam}(C) = \max_{1 \leq i<j \leq |C|} \text{dist}(\boldsymbol{x}_i, \boldsymbol{x}_j) \tag{2.79}$$

$$d_{\min}(C_i, C_j) = \min_{x_i \in C_i, x_j \in C_j} \text{dist}(\boldsymbol{x}_i, \boldsymbol{x}_j) \tag{2.80}$$

$$d_{\text{cen}}(C_i, C_j) = \text{dist}(\boldsymbol{\mu}_i, \boldsymbol{\mu}_j) \tag{2.81}$$

由上面 4 个指标可以构建出 2 个内部指标：

$$DBI = \frac{1}{k} \sum_{i=1}^{k} \max_{j \neq i} \left( \frac{\text{avg}(C_i) + \text{avg}(C_j)}{d_{\text{cen}}(\boldsymbol{\mu}_i, \boldsymbol{\mu}_j)} \right) \tag{2.82}$$

$$DI = \min_{1 \leq i \leq k} \left\{ \min_{j \neq i} \left( \frac{d_{\min}(C_i, C_j)}{\max_{1 \leq l \leq k} \text{diam}(C_l)} \right) \right\} \tag{2.83}$$

其中 DBI 指标越小越好，Dunn 指标越大越好。

（2）原型聚类

原型聚类即"基于原型的聚类"。原型指样本空间中有代表性的点。原型聚类假设聚类结构可以通过一组有代表性的样本点刻画。常见的 $k$-means 算法便是基于簇中心来实现聚类。

$k$-means 中，首先在样本点中随机指定 $k$ 个类的中心点，根据其他样本点与类中心的远近划分类簇，接着重新计算类中心的位置，迭代直至收敛。为了得到"簇内距离小，簇间距离大"的聚类效果，$k$-means 在收敛过程中最小化了平方误差，最终找到 $k$ 个合适的聚类中心。最小化平方误差函数 $E$ 如下式：

$$E = \sum_{i=1}^{k} \sum_{\boldsymbol{x} \in C_i} \|\boldsymbol{x} - \boldsymbol{\mu}_i\|_2^2 \tag{2.84}$$

其中，$\boldsymbol{\mu}_i = \frac{1}{C_i}\sum_{x \in C_i} \boldsymbol{x}$，表示簇 $C_i$ 的均值向量。

最小化平方误差函数 $E$ 表示每个样本点到其质心的距离平方和。在迭代过程中，当前最小化平方误差函数 $E$ 没有达到最小值，则先固定每个类的质心，调整每个样例所属的类别来让 $E$ 函数减少。然后固定所属的类别，调整每个类的质心使 $E$ 函数减小。这两个过程就是内循环中使 $E$ 单调递减的过程。当 $E$ 递减到最小时，聚类中心和所属类别同时收敛。此时返回当前簇划分结果。

（3）密度聚类

密度聚类则是基于密度的聚类，它从样本分布的角度来考察样本之间的可连接性。密度聚类方法的出现是为了克服聚类算法中需预先确定聚类中心个数的弊端。采用基于密度峰快速搜索和发现的聚类算法，通过计算数据节点的局部密度与相对距离，自动挑选出符合聚类中心特征的样本作为聚类中心。DBSCAN 算法是密度聚类的一个经典算法，首先定义以下概念：

$\epsilon$ 邻域：对 $x_j \in D$，其 $\epsilon$ 邻域包含样本集 $D$ 中与 $x_j$ 的距离不大于 $\epsilon$ 的样本，即 $N_\epsilon(x_j) = \{x_i \in D \mid \text{dist}(x_i, x_j) \leq \epsilon\}$。

核心对象：若 $x_j$ 的 $\epsilon$ 邻域至少包含 MinPts 个样本，即 $|N_\epsilon(x_j)| \geq \text{MinPts}$，则 $x_j$ 是一个核心对象。

密度直达：若 $x_j$ 位于 $x_i$ 的 $\epsilon$ 邻域中，且 $x_i$ 是核心对象，则称 $x_j$ 由 $x_i$ 密度直达。

密度可达：对 $x_i$ 与 $x_j$，若存在样本序列 $P_1, P_2, \cdots, P_n$。其中，$P_1 = x_i$，$P_n = x_j$，且 $P_{i+1}$ 可由 $P_i$ 密度直达，则称 $x_j$ 由 $x_i$ 密度可达。

密度相连：对 $x_i$ 与 $x_j$，若存在 $x_k$ 使得 $x_i$ 与 $x_j$ 均由 $x_k$ 密度可达，则称 $x_i$ 与 $x_j$ 密度相连。

DBSCAN 算法是找出一个核心对象，所有密度可达的样本集合形成簇。首先从数据集中任选一个核心对象，找出该核心对象密度可达的样本集合，将这些样本形成一个密度相连的类簇，直到所有的核心对象都遍历完。

（4）层次聚类

层次聚类是一种基于树形结构的聚类方法。它将数据集划分为一层一层的类簇，后面一层生成的类簇基于前面一层的结果。常用的是自底向上的结合策略，即 AGNES 算法。该算法假设有 $N$ 个待聚类的样本。具体算法步骤如下：

① 初始化，把每个样本归为一类，计算每两个类之间的距离，也即样本与样本之间的相似度。

② 寻找各个类之间最近的两个类，把它们归为一类。

③ 重新计算新生成的这个类与各个旧类之间的相似度。

④ 重复步骤②和步骤③直到所有样本点都归为一类，结束。

其中最关键的一步就是计算两个类簇的相似度，这里主要有 3 种度量方法。

单链接：取类间最小距离

$$d_{\min}(C_i, C_j) = \min_{x \in C_i, z \in C_j} \text{dist}(\boldsymbol{x}, \boldsymbol{z}) \tag{2.85}$$

全链接：取类间最大距离

$$d_{\max}(C_i, C_j) = \max_{x \in C_i, z \in C_j} \text{dist}(\boldsymbol{x}, \boldsymbol{z}) \tag{2.86}$$

均链接：取类间两两的平均距离

$$d_{\text{avg}}(C_i, C_j) = \frac{1}{|C_i||C_j|} \sum_{x \in C_i} \sum_{z \in C_j} \text{dist}(\boldsymbol{x}, \boldsymbol{z}) \tag{2.87}$$

### 2.3.2 主成分分析

主成分分析（PCA）[15]是通过正交变换将一组可能存在相关性的变量转换为一组线性不相关的变量，转换后的这组变量叫主成分。换而言之，PCA 采用一组新的基来表示样本点，其中每一个基向量都是原来基向量的线性组合，通过使用尽可能少的新基向量来表示样本，从而达到降维的目的。

假设使用 $d'$ 个新基向量来表示原来样本，实质上是将样本投影到一个由 $d'$ 个基向量确定的一个超平面上。在使用低维超平面对高维样本进行表达时，最理想的情形是使得这些样本点都能在低维超平面上表示，且这些表示在超平面上都能够很好地分散开来。但是当超平面的维度降低，很难达到理想情形。在 PCA 算法中对理性情形进行了放宽，要求这个超平面应具有如下两个性质：最近重构性，样本点到超平面的距离足够近，即尽可能在超平面附近；最大可分性，样本点在超平面上的投影尽可能地分散开来，即投影后的坐标具有区分性。

基于以上两个性质均可得到 PCA 的优化目标：

$$\max_{\boldsymbol{W}} \boldsymbol{W}^{\text{T}} \boldsymbol{X} \boldsymbol{X}^{\text{T}} \boldsymbol{W} \tag{2.88}$$

$$\text{s.t.} \ \boldsymbol{W}^{\text{T}} \boldsymbol{W} = \boldsymbol{I} \tag{2.89}$$

其中，$\boldsymbol{X}$ 表示样本矩阵，行向量数目为特征数量，列向量数目为样本数量。$\boldsymbol{W}^{\text{T}}$ 表示新的基向量构成的矩阵，其中行向量数目为基向量的数目。故 $\boldsymbol{W}^{\text{T}} \boldsymbol{X}$ 得到样本在新的基向量中的坐标表示。$\boldsymbol{W}^{\text{T}} \boldsymbol{X} \boldsymbol{X}^{\text{T}} \boldsymbol{W}$ 得到新坐标表示下样本的协方差矩阵。

接着使用拉格朗日乘子法求解上面的优化问题，得到

$$L(\boldsymbol{W}) = \boldsymbol{W}^{\text{T}} \boldsymbol{X} \boldsymbol{X}^{\text{T}} \boldsymbol{W} + \lambda(\boldsymbol{I} - \boldsymbol{W}^{\text{T}} \boldsymbol{W}) \tag{2.90}$$

对 $\boldsymbol{W}$ 求导得到

$$\boldsymbol{X} \boldsymbol{X}^{\text{T}} \boldsymbol{W} = \lambda \boldsymbol{W} \tag{2.91}$$

于是，只需对协方差矩阵 $\boldsymbol{X} \boldsymbol{X}^{\text{T}}$ 进行特征值分解，将求得的特征值排序：$\lambda_1 \geq \lambda_2 \geq \cdots \geq \lambda_d$，再取前 $d'$ 个特征值对应的特征向量构成 $\boldsymbol{W} = (w_1, w_2, \cdots, w_{d'})$，这就是主成分分析的解。

关于 $d'$ 的设置，需要考虑投影误差。投影误差用于描述降维后的数据对于降维前的数据的表示程度，如下式所示：

$$\frac{\frac{1}{m}\sum_{i=1}^{m}\|x^{(i)} - x_{\text{approx}}^{(i)}\|^2}{\frac{1}{m}\sum_{i=1}^{m}\|x^{(i)}\|^2} \leq 0.01 \tag{2.92}$$

其中，$x^{(i)}$ 表示降维前的第 $i$ 个样本，$x_{\text{approx}}^{(i)}$ 表示降维后的第 $i$ 个样本，式中分子表示原始点与投影点之间的距离之和。式(2.92)表示投影误差不超过 0.01，也即降维后的数据能保留 99% 的信息。

## 2.4 半监督学习

### 2.4.1 生成式方法

生成式方法[16]即基于生成式模型的方法，此类方法假设所有数据都是由同一个潜在的模型生成，一般假设由同一个高斯混合模型生成。混合模型是一个可以用来表示在总体分布中含有 $K$ 个子分布的概率模型，换句话说，混合模型表示了观测数据在总体中的概率分布，它是一个由 $K$ 个子分布组成的混合分布。高斯混合模型可以看作是由 $K$ 个单高斯模型（一维正态分布模型）组合而成的模型。

该假设使得能够通过潜在模型的参数将未标记样本与学习目标联系起来。未标记样本的标记可以视作模型的缺失参数，并通过 EM 算法进行极大似然估计求解。

给定样本 $x$，其真实类别标记为 $y \in \mathcal{y}$，其中 $\mathcal{y} = \{1, 2, \cdots, N\}$ 为所有可能的类别。假设样本由高斯混合模型生成，每个类别对应一个高斯混合成分。换言之，数据样本基于如下概率密度生成：

$$p(\boldsymbol{x}) = \sum_{i=1}^{N} \alpha_i p(\boldsymbol{x}|\boldsymbol{\mu}_i, \Sigma_i) \tag{2.93}$$

其中：混合系数 $\alpha_i \geq 0$，$\sum_{i=1}^{N}\alpha_i = 1$；$p(\boldsymbol{x}|\boldsymbol{\mu}_i, \Sigma_i)$ 是样本 $\boldsymbol{x}$ 属于第 $i$ 个高斯混合成分的概率；$\boldsymbol{\mu}_i$ 和 $\Sigma_i$ 为第 $i$ 类对应的高斯混合成分的参数。

令 $f(\boldsymbol{x}) \in \mathcal{y}$ 表示模型对 $x$ 的预测标记，$\Theta \in \{1, 2, \cdots, N\}$ 表示样本 $x$ 隶属的高斯混合成分的参数，即 $\Theta = i$ 时，高斯混合成分的参数为对应的 $\boldsymbol{\mu}_i$ 和 $\Sigma_i$。由最大化后验概率可知

$$\begin{aligned} f(\boldsymbol{x}) &= \underset{j \in \mathcal{y}}{\text{argmax}}\, p(y = j|\boldsymbol{x}) \\ &= \underset{j \in \mathcal{y}}{\text{argmax}} \sum_{i=1}^{N} p(y = j, \Theta = i|\boldsymbol{x}) \\ &= \underset{j \in \mathcal{y}}{\text{argmax}} \sum_{i=1}^{N} p(y = j|\Theta = i, \boldsymbol{x})p(\Theta = i|\boldsymbol{x}) \end{aligned} \tag{2.94}$$

$p(y=j, \Theta=i|\boldsymbol{x})$ 推导为 $p(y=j|\Theta=i, \boldsymbol{x})p(\Theta=i|\boldsymbol{x})$ 的过程如下：

$$p(y=j, \Theta=i \mid \boldsymbol{x}) = \frac{p(y=j, \Theta=i, \boldsymbol{x})}{p(\boldsymbol{x})}$$

$$= \frac{p(y=j, \Theta=i, \boldsymbol{x})}{p(\Theta=i, \boldsymbol{x})} \cdot \frac{p(\Theta=i, \boldsymbol{x})}{p(\boldsymbol{x})}$$

$$= p(y=j \mid \Theta=i, \boldsymbol{x}) \cdot p(\Theta=i \mid \boldsymbol{x}) \tag{2.95}$$

其中:

$$p(\Theta=i \mid \boldsymbol{x}) = \frac{\alpha_i \cdot p(\boldsymbol{x} \mid \boldsymbol{\mu}_i, \Sigma_i)}{\sum_{i=1}^{N} \alpha_i \cdot p(\boldsymbol{x} \mid \boldsymbol{\mu}_i, \Sigma_i)} \tag{2.96}$$

$$p(\Theta=i \mid \boldsymbol{x}) = \frac{p(\Theta=i, \boldsymbol{x})}{p(\boldsymbol{x})}$$

$p(\Theta=i \mid \boldsymbol{x})$ 为样本 $\boldsymbol{x}$ 由第 $i$ 个高斯混合成分生成的后验概率，$p(y=j \mid \Theta=i, \boldsymbol{x})$ 为 $\boldsymbol{x}$ 由第 $i$ 个高斯混合成分生成且其类别为 $j$ 的概率。由于假设每个类别对应一个高斯混合成分，因此 $p(y=j \mid \Theta=i, \boldsymbol{x})$ 在估计时不需考虑 $(\Theta=i, \boldsymbol{x})$ 的联合分布，其估计值仅与样本所属的高斯混合成分的参数 $\Theta$ 有关，可用 $p(y=j \mid \Theta=i)$ 代替。由于假定第 $i$ 个类别对应于第 $i$ 个高斯混合成分，进而 $p(y=j \mid \Theta=i)$ 有以下特点，当且仅当 $i=j$ 时，$p(y=j \mid \Theta=i)=1$，否则 $p(y=j \mid \Theta=i)=0$。

不难发现，估计 $f(\boldsymbol{x})$ 公式中的 $p(y=j \mid \Theta=i, \boldsymbol{x})$ 需知道样本 $\boldsymbol{x}$ 对应的标记 $y$，因而需要使用有标记数据；而 $p(\Theta=i \mid \boldsymbol{x})$ 不涉及样本标记 $y$，因此有标记和未标记数据均可利用，通过引入大量的未标记数据，对这一项的估计可望由于数据量的增长而更为准确，于是 $f(\boldsymbol{x})$ 整体的估计可能会更准确。这也是未标记数据能辅助提高分类模型性能的原因。

给定有标记样本集 $D_l = \{(\boldsymbol{x}_1, y_1), (\boldsymbol{x}_2, y_2), \cdots, (\boldsymbol{x}_l, y_l)\}$ 和未标记样本集 $D_u = \{\boldsymbol{x}_{l+1}, \boldsymbol{x}_{l+2}, \cdots, \boldsymbol{x}_{l+u}\}$，$l \ll u$，$l+u=m$。假设所有样本独立同分布，且都是由同一个高斯混合模型生成的。用极大似然法来估计高斯混合模型的参数 $\{(\alpha_i, \boldsymbol{\mu}_i, \Sigma_i) \mid 1 \leq i \leq N\}$，$D_l \cup D_u$ 的对数似然如下：

$$L(D_l \cup D_u) = \sum_{(\boldsymbol{x}_j, y_j) \in D_l} \ln\Big(\sum_{k=1}^{N} \alpha_k \cdot p(\boldsymbol{x}_j \mid \boldsymbol{\mu}_k, \Sigma_k) \cdot p(y_j \mid \Theta=k, \boldsymbol{x}_j)\Big)$$

$$+ \sum_{\boldsymbol{x}_j \in D_u} \ln\Big(\sum_{k=1}^{N} \alpha_k \cdot p(\boldsymbol{x}_j \mid \boldsymbol{\mu}_k, \Sigma_k)\Big) \tag{2.97}$$

$L(D_l \cup D_u)$ 由两项组成：基于有标记数据 $D_l$ 的有监督项和基于未标记数据 $D_u$ 的无监督项。有监督项表示的是联合概率 $P(\boldsymbol{x}_j, y_j) \mid (\boldsymbol{x}_j, y_j) \in D_l$，则 $P(\boldsymbol{x}_j, y_j) = P(y_j \mid \boldsymbol{x}_j) P(\boldsymbol{x}_j) = \sum_{k=1}^{N} \alpha_k \cdot p(\boldsymbol{x}_j \mid \boldsymbol{\mu}_k, \Sigma_k) \cdot p(y_j \mid \Theta=k, \boldsymbol{x}_j)$。而无监督项表示的是概率 $P(\boldsymbol{x}_j)$，$\boldsymbol{x}_j \in D_u$，则 $P(\boldsymbol{x}_j) = \sum_{k=1}^{N} \alpha_k \cdot p(\boldsymbol{x}_j \mid \boldsymbol{\mu}_k, \Sigma_k)$。

高斯混合模型参数估计可用 EM 算法求解，迭代更新过程如下：

E 步：根据当前模型参数计算未标记样本 $\boldsymbol{x}_j$ 属于各高斯混合成分的概率。

$$\gamma_{ji} = \frac{\alpha_i \cdot p(\boldsymbol{x}_j | \boldsymbol{\mu}_i, \Sigma_i)}{\sum_{i=1}^{N} \alpha_i \cdot p(\boldsymbol{x}_j | \boldsymbol{\mu}_i, \Sigma_i)} \quad (2.98)$$

其中，$\alpha_i = \frac{l_i}{|D_i|}$，$|D_i| = \sum_{i=1}^{N} l_i$，$\boldsymbol{\mu}_i = \frac{1}{l_i} \sum_{(\boldsymbol{x}_j, y_j) \in D_l \wedge y_j = i} \boldsymbol{x}_j$，

$$\Sigma_i = \frac{1}{l_i} \sum_{(\boldsymbol{x}_j, y_j) \in D_l \wedge y_j = i} (\boldsymbol{x}_j - \boldsymbol{\mu}_i)(\boldsymbol{x}_j - \boldsymbol{\mu}_i)^{\mathrm{T}}$$

M 步：基于 $\gamma_{ji}$ 更新模型参数，其中 $l_i$ 表示第 $i$ 类的有标记样本数目：

$$\begin{aligned}
\boldsymbol{\mu}_i &= \frac{1}{\sum_{\boldsymbol{x}_j \in D_u} \gamma_{ji} + l_i} \Big( \sum_{\boldsymbol{x}_i \in D_u} \gamma_{ji} \boldsymbol{x}_j + \sum_{(\boldsymbol{x}_j, y_j) \in D_l \wedge y_j = i} \boldsymbol{x}_j \Big) \\
\Sigma_i &= \frac{1}{\sum_{\boldsymbol{x}_j \in D_u} \gamma_{ji} + l_i} \Big( \sum_{\boldsymbol{x}_i \in D_u} \gamma_{ji} (\boldsymbol{x}_j - \boldsymbol{\mu}_i)(\boldsymbol{x}_j - \boldsymbol{\mu}_i)^{\mathrm{T}} + \\
&\quad \sum_{(\boldsymbol{x}_j, y_j) \in D_l \wedge y_j = i} (\boldsymbol{x}_j - \boldsymbol{\mu}_i)(\boldsymbol{x}_j - \boldsymbol{\mu}_i)^{\mathrm{T}} \Big) \\
\alpha_i &= \frac{1}{m} \Big( \sum_{\boldsymbol{x}_j \in D_u} \gamma_{ji} + l_i \Big)
\end{aligned} \quad (2.99)$$

EM 两个步骤不断迭代直至收敛，即可获得模型参数。然后由式

$$f(\boldsymbol{x}) = \underset{j \in y}{\arg\max} \sum_{i=1}^{N} p(y=j | \Theta=i, \boldsymbol{x}) p(\Theta=i | \boldsymbol{x})$$

和

$$p(\Theta=i | \boldsymbol{x}) = \frac{p(\Theta=i, \boldsymbol{x})}{p(\boldsymbol{x})}$$

即可对样本进行分类。

### 2.4.2 半监督 SVM

半监督支持向量机[17]是支持向量机在半监督学习上的推广。在考虑未标记样本后，半监督支持向量机试图找到能将两类有标记样本分开，且穿过数据低密度区域的划分超平面。

半监督支持向量机中最著名的是 TSVM。与标准 SVM 一样，TSVM 也是针对二分类问题的学习方法。TSVM 试图考虑对未标记样本进行各种可能的标记指派，即尝试将每个未标记样本分别作为正例或反例，然后在所有这些结果中，寻求一个在所有样本(包括有标记样本和进行了标记指派的未标记样本)上间隔最大化的划分超平面，即在所有尝试结果中使得两个类别之间的边界处数据的密度最低的结果。一旦划分超平面得以确定，未标记样本的最终标记指派就是其预测结果[18]。

形式化地说，给定 $D_l = \{(x_1, y_1), (x_2, y_2), \cdots, (x_l, y_l)\}$ 和 $D_u = \{x_{l+1}, x_{l+2}, \cdots, x_{l+u}\}$，$l \ll u$，$l+u = m$。TSVM 的学习目标是为 $D_u$ 中的样本给出预测标

记 $\hat{y} = (\hat{y}_{l+1}, \hat{y}_{l+2}, \cdots, \hat{y}_{l+u})$，$\hat{y}_i \in \{-1, +1\}$，使得

$$\min_{w,b,\hat{y},\xi} \frac{1}{2}\|w\|_2^2 + C_l \sum_{i=1}^{l} \xi_i + C_u \sum_{i=l+1}^{m} \xi_i \quad (2.100)$$

$$\text{s.t.} \quad y_i(w^T x_i + b) \geq 1 - \xi_i, \quad i = 1, 2, \cdots, l$$

$$\hat{y}_i(w^T x_i + b) \geq 1 - \xi_i, \quad i = l+1, l+2, \cdots, m$$

$$\xi_i \geq 0, \quad i = 1, 2, \cdots, m$$

其中：$(w, b)$ 确定了一个划分超平面；$\xi$ 为松弛向量，上面 1、2 行的 $\xi_i(i=1, 2, \cdots, l)$ 对应于有标记样本，3、4 行的 $\xi_i(i=l+1, l+2, \cdots, m)$ 对应于未标记样本；$C_l$ 与 $C_u$ 是用户制定的用于平衡模型复杂度、有标记样本与未标记样本重要程度的折中参数。

显然，尝试未标记样本的各种标记指派是一个穷举过程，仅当未标记样本很少时才有可能直接求解。在一般情况下，必须考虑更高效的优化策略。

TSVM 采用局部搜索来迭代地寻找上式的近似解。具体来说，TSVM 算法中以有标记样本集 $D_l = \{(x_1, y_1), (x_2, y_2), \cdots, (x_l, y_l)\}$、无标记样本集 $D_u = \{x_{l+1}, x_{l+2}, \cdots, x_{l+u}\}$、折中参数 $C_l$ 与 $C_u$ 为输入。其输出为未标记样本的预测值 $\hat{y} = (\hat{y}_{l+1}, \hat{y}_{l+2}, \cdots, \hat{y}_{l+u})$。具体的算法步骤：

① 利用有标记样本 $D_l$ 训练 SVM 模型。

② SVM 模型对 $D_u$ 中的样本标签进行预测 $\hat{y}$，此时预测得到的 $\hat{y}$ 是未标记样本的伪标签。

③ 初始化 $\hat{C}_u$，$\hat{C}_u \ll C_u$，且 $\hat{C}_u > 0$。

④ 基于 $D_l$、$D_u$、$\hat{y}$、$\hat{C}_u$、$C_l$ 求解式（2.100），得到超平面 $(w, b)$ 和松弛向量 $\xi$。

⑤ 找出两个标记指派为异类且很可能发生错误的未标记样本，交换它们的标记，即使得 $\hat{y}_i = -\hat{y}_i$ 和 $\hat{y}_j = -\hat{y}_j$，再重新基于该式求解出更新后的划分超平面 $(w, b)$ 和松弛向量 $\xi$。

⑥ 更新 $\hat{C}_u = \min(C_u, 2\hat{C}_u)$。当 $\hat{C}_u < C_u$ 时，重复步骤④、步骤⑤。随着很可能发生错误的伪标签越来越少，$\hat{C}_u$ 越来越大，即未标记样本对优化目标的影响越来越大；当 $\hat{C}_u \geq C_u$ 时，迭代停止，此时 $\hat{y}$ 为最终输出。

在步骤⑤对未标记样本进行标记指派及调整的过程中，有可能出现类别不平衡问题，即某类的样本远多于另一类，这会影响到 SVM 的训练效果。为了减轻类别不平衡性所造成的不利影响，将优化目标中的 $C_u$ 项拆分为 $C_u^+$ 与 $C_u^-$ 两项，分别对应基于伪标记而应当作为正、反例使用的未标记样本，并在初始化时令

$$C_u^+ = \frac{u_-}{u_+} C_u^- \quad (2.101)$$

其中，$u_-$ 和 $u_+$ 为基于伪标签而应当作为正、反例使用的未标记样本数量。

### 2.4.3 图半监督学习

给定一个数据集，可将其映射为一个图，数据集中每个样本对应图中一个节点，若两个样本之间的相似度很高，则对应的节点之间存在一条边，边的"强度"正比于样本之间的相似度。设有标记样本所对应的节点为染过色的，而未标记样本所对应的节点则尚未染色，则半监督学习可以看作"颜色"在图上扩散或传播的过程。由于一个图对应了一个矩阵，这就使得我们能基于矩阵运算来进行半监督学习算法的推导与分析[19]。

给定 $D_l = \{(x_1, y_1), (x_2, y_2), \cdots, (x_l, y_l)\}$ 和 $D_u = \{x_{l+1}, x_{l+2}, \cdots, x_{l+u}\}$，$l \ll u$，$l+u=m$。我们先基于 $D_l \cup D_u$ 构建一个图 $G=(V, E)$，其中节点集 $V = \{x_1, \cdots, x_l, x_{l+1}, \cdots, x_{l+u}\}$，边集 $E$ 可表示为一个亲和矩阵，常基于高斯函数定义为

$$W_{ij} = \begin{cases} \exp\left(\dfrac{-\|\boldsymbol{x}_i - \boldsymbol{x}_j\|^2}{2\sigma^2}\right), & \text{若 } i = j \\ 0, & i \neq j \end{cases} \quad (2.102)$$

其中，$i, j \in \{1, 2, \cdots, m\}$，$\sigma > 0$ 是用户指定的高斯函数带宽参数。

由式（2.102）可知，边集 $E$ 的亲和矩阵 $W$ 是一个对称矩阵，即 $W_{ij} = W_{ji}$。两个点的距离越近，说明两个样本越相似，则边的权重越大；距离越远，说明两个样本越不相似，则边的权重越小。权重越大说明样本越相似，则标签越容易传播。

假定从图 $G=(V, E)$ 将学得一个实值函数 $f: V \rightarrow R$。依据平滑假设，相似的样本应具有相似的标记，于是可定义关于 $f$ 的"能量函数"：

$$\begin{aligned} E(f) &= \frac{1}{2} \sum_{i=1}^{m} \sum_{j=1}^{m} (\boldsymbol{W})_{ij} (f(\boldsymbol{x}_i) - f(\boldsymbol{x}_j))^2 \\ &= \frac{1}{2} \Big( \sum_{i=1}^{m} d_i f^2(\boldsymbol{x}_i) + \sum_{j=1}^{m} d_j f^2(\boldsymbol{x}_j) - \\ &\quad 2 \sum_{i=1}^{m} \sum_{j=1}^{m} (\boldsymbol{W})_{ij} f(\boldsymbol{x}_i) f(\boldsymbol{x}_j) \Big) \end{aligned} \quad (2.103)$$

其中，$f = (f_l^T f_u^T)^T$，$f_l = (f(x_1); f(x_2); \cdots; f(x_l))$，$f_u = (f(x_{l+1}); f(x_{l+2}); \cdots; f(x_{l+u}))$ 分别为函数 $f$ 在有标记样本与未标记样本上的预测结果。定义 $D = \text{diag}(d_1, d_2, \cdots, d_{l+u})$，$D$ 是一个对角矩阵，其对角元素 $d_i = \sum_{j=1}^{l+u} (\boldsymbol{W})_{ij}$ 为矩阵 $\boldsymbol{W}$ 的第 $i$ 行元素之和。当两个点距离越远，$(f(\boldsymbol{x}_i) - f(\boldsymbol{x}_j))^2$ 呈平方级增大，而 $(\boldsymbol{W})_{ij}$ 呈指数级下降。因此当两个点距离越近，其对应的 $(\boldsymbol{W})_{ij} (f(\boldsymbol{x}_i) - f(\boldsymbol{x}_j))^2$ 下降。由此可知能量函数 $E(f)$ 由距离较近的样本决定。对于能量函数 $E(f)$ 来说，$\boldsymbol{W}$ 为已知变量，则 $E(f)$ 的值完全由 $f(\boldsymbol{x}_i)$ 和 $f(\boldsymbol{x}_j)$ 决定。故能量函数越小，距离近的样本拥有的输出 $f$ 越近，即距离较近的样本更有可能获得相似的标签。

结合 $D$ 与 $W$ 的对称性 $f$ 的"能量函数"可以表示为

$$E(f) = \sum_{i=1}^{m} d_i f^2(\boldsymbol{x}_i) - \sum_{i=1}^{m}\sum_{j=1}^{m} (\boldsymbol{W})_{ij} f(\boldsymbol{x}_i) f(\boldsymbol{x}_j)$$
$$= \boldsymbol{f}^{\mathrm{T}} (\boldsymbol{D} - \boldsymbol{W}) \boldsymbol{f} \tag{2.104}$$

标签传播算法将样本 $\boldsymbol{x}_i$ 的标记 $f(\boldsymbol{x}_i)$ 视为能量。有标记样本的能量是已知的,未标记样本的能量是未知的,能量在样本之间流动。对于样本 $\boldsymbol{x}_i$,它流向样本 $\boldsymbol{x}_j$ 的能量为 $(\boldsymbol{W})_{ij} f(\boldsymbol{x}_j)$。

流经每个未标记样本的能量是守恒的。对未标记样本 $\boldsymbol{x}_i$,其能量流向其他的所有未标记节点,能量流出为 $\sum_{j=l+1}^{m} (\boldsymbol{W})_{ij} f(\boldsymbol{x}_j)$。其他所有节点都向其汇入能量,能量流入为 $\sum_{j=1}^{m} (\boldsymbol{W})_{ji} f(\boldsymbol{x}_i)$。

由于 $\boldsymbol{W}$ 矩阵具有对称性,且 $d_i = \sum_{j=1}^{l+u} (\boldsymbol{W})_{ij} = \sum_{j=1}^{m} (\boldsymbol{W})_{ij}$,且流经每个未标记的样本的能量是守恒的,故 $d_i f(\boldsymbol{x}_i) = \sum_{j=1}^{m} (\boldsymbol{W})_{ji} f(\boldsymbol{x}_i) = \sum_{j=l+1}^{m} (\boldsymbol{W})_{ij} f(\boldsymbol{x}_j)$。即有 $(\boldsymbol{D}-\boldsymbol{W})(0, \cdots, f(x_{l+1}), \cdots, f(x_{l+u}))^{\mathrm{T}} = \boldsymbol{0}$。

具有最小能量的函数 $f$ 在有标记样本上满足 $f(x_i) = y_i (i=1, 2, \cdots, l)$,在未标记样本上满足 $\Delta f = 0$,其中 $\Delta = \boldsymbol{D}-\boldsymbol{W}$ 为拉普拉斯矩阵。以第 $l$ 行与第 $l$ 列为界,采用分块矩阵表示方式:$\boldsymbol{W} = \begin{bmatrix} \boldsymbol{W}_{ll} & \boldsymbol{W}_{lu} \\ \boldsymbol{W}_{ul} & \boldsymbol{W}_{uu} \end{bmatrix}$,$\boldsymbol{D} = \begin{bmatrix} \boldsymbol{D}_{ll} & \boldsymbol{D}_{lu} \\ \boldsymbol{D}_{ul} & \boldsymbol{D}_{uu} \end{bmatrix}$,则式 $E(f)$ 可重写为

$$E(f) = (\boldsymbol{f}_l^{\mathrm{T}} \boldsymbol{f}_u^{\mathrm{T}}) \left( \begin{bmatrix} \boldsymbol{D}_{ll} & \boldsymbol{D}_{lu} \\ \boldsymbol{D}_{ul} & \boldsymbol{D}_{uu} \end{bmatrix} - \begin{bmatrix} \boldsymbol{W}_{ll} & \boldsymbol{W}_{lu} \\ \boldsymbol{W}_{ul} & \boldsymbol{W}_{uu} \end{bmatrix} \right) \begin{bmatrix} \boldsymbol{f}_l \\ \boldsymbol{f}_u \end{bmatrix}$$
$$= \boldsymbol{f}_l^{\mathrm{T}} (\boldsymbol{D}_{ll} - \boldsymbol{W}_{ll}) \boldsymbol{f}_l - 2\boldsymbol{f}_u^{\mathrm{T}} \boldsymbol{W}_{ul} \boldsymbol{f}_l + \boldsymbol{f}_u^{\mathrm{T}} (\boldsymbol{D}_{uu} - \boldsymbol{W}_{uu}) \boldsymbol{f}_u \tag{2.105}$$

因为 $\boldsymbol{f}_l$ 已知,即有标记样本的标记是已知的。$E(f)$ 的值取决于 $\boldsymbol{f}_u$。为了使得能量函数最小,由 $\dfrac{\partial E(f)}{\partial \boldsymbol{f}_u} = 0$ 可得

$$\boldsymbol{f}_u = (\boldsymbol{D}_{uu} - \boldsymbol{W}_{uu})^{-1} \boldsymbol{W}_{ul} \boldsymbol{f}_l \tag{2.106}$$

令

$$\boldsymbol{P} = \boldsymbol{D}^{-1} \boldsymbol{W} = \begin{bmatrix} \boldsymbol{D}_{ll}^{-1} & \boldsymbol{0}_{lu} \\ \boldsymbol{0}_{ul} & \boldsymbol{D}_{uu}^{-1} \end{bmatrix} \begin{bmatrix} \boldsymbol{W}_{ll} & \boldsymbol{W}_{lu} \\ \boldsymbol{W}_{ul} & \boldsymbol{W}_{uu} \end{bmatrix}$$
$$= \begin{bmatrix} \boldsymbol{D}_{ll}^{-1} \boldsymbol{W}_{ll} & \boldsymbol{D}_{ll}^{-1} \boldsymbol{W}_{lu} \\ \boldsymbol{D}_{ll}^{-1} \boldsymbol{W}_{ul} & \boldsymbol{D}_{ll}^{-1} \boldsymbol{W}_{uu} \end{bmatrix} \tag{2.107}$$

即 $\boldsymbol{P}_{uu} = \boldsymbol{D}_{uu}^{-1} \boldsymbol{W}_{uu}$,$\boldsymbol{P}_{ul} = \boldsymbol{D}_{uu}^{-1} \boldsymbol{W}_{ul}$,则 $\boldsymbol{f}_u$ 可重写为

$$\boldsymbol{f}_u = (\boldsymbol{D}_{uu}(\boldsymbol{I} - \boldsymbol{D}_{uu}^{-1} \boldsymbol{W}_{uu}))^{-1} \boldsymbol{W}_{ul} \boldsymbol{f}_l$$
$$= (\boldsymbol{I} - \boldsymbol{D}_{uu}^{-1} \boldsymbol{W}_{uu})^{-1} \boldsymbol{D}_{uu}^{-1} \boldsymbol{W}_{ul} \boldsymbol{f}_l$$
$$= (\boldsymbol{I} - \boldsymbol{P}_{uu})^{-1} \boldsymbol{P}_{ul} \boldsymbol{f}_l \tag{2.108}$$

于是，将 $D_l$ 上的标记信息作为 $f_l = (y_1; y_2; \cdots; y_l)$ 代入 $f_u = (I-P_{uu})^{-1} P_{ul} f_l$，即可利用求得的 $f_u$ 对未标记样本进行预测。

上面描述的是一个针对二分类问题的标记传播方法，下面来看一个适用于多分类问题的标记传播方法。

假定 $y \in y$，即类别共有 $y$ 个。仍基于 $D_l \cup D_u$ 构建一个图 $G=(V,E)$，其中节点集 $V = \{x_1, \cdots, x_l, x_{l+1}, \cdots, x_{l+u}\}$，边集 $E$ 所对应的 $W$，如式(2.102)所示，对角矩阵 $D = \text{diag}(d_1, d_2, \cdots, d_{l+u})$ 的对角元素 $d_i = \sum_{j=1}^{l+u}(W)_{ij}$。定义一个 $(l+u) \times |y|$ 的非负标记矩阵 $F = (F_1^T, F_2^T, \cdots, F_{l+u}^T)^T$，其第 $i$ 行元素 $F_i = ((F)_{i1}, (F)_{i2}, \cdots, (F)_{i|y|})$ 表示样本 $x_i$ 属于每种类别标记的概率，$F_i$ 被称为样本 $x_i$ 的标记向量。相应的分类规则为 $y_i = \text{argmax}_{1 \leq j \leq |y|}(F)_{ij}$。

对 $i=1, 2, \cdots, m, j=1, 2, \cdots, |y|$，将 $F$ 初始化为

$$F(0) = (Y)_{ij} = \begin{cases} 1, & (1 \leq i \leq l) \land (y_i = j) \\ 0, & \text{其他} \end{cases} \quad (2.109)$$

显然，$Y$ 的前 $l$ 行就是 $l$ 个有标记样本的标记向量。

基于 $W$ 构造一个标记传播矩阵 $S = D^{-\frac{1}{2}} W D^{-\frac{1}{2}}$，其中 $D^{-\frac{1}{2}} = \text{diag}\left(\frac{1}{\sqrt{d_1}}, \frac{1}{\sqrt{d_2}}, \cdots, \frac{1}{\sqrt{d_{l+u}}}\right)$，于是有迭代计算式

$$F(t+1) = \alpha S F(t) + (1-\alpha) Y \quad (2.110)$$

其中，$\alpha \in (0, 1)$ 为用户指定的参数，用于对标记传播项 $SF(t)$ 与初始化项 $Y$ 的重要性进行折中。当 $\alpha$ 越靠近于 0，则每次迭代时尽可能保留初始化的 $F$，即尽可能保留矩阵 $Y$ 的信息，迭代最终得到的数据集与矩阵 $Y$ 更接近。当 $\alpha$ 越靠近于 1，则每次迭代时尽可能不考虑初始化的 $F$，即尽可能不考虑矩阵 $Y$ 的信息，迭代最终得到的数据集与矩阵 $Y$ 差距更大。

基于迭代计算式 $F(t+1)$ 迭代至收敛可得

$$F^* = \lim_{t \to \infty} F(t) = (1-\alpha)(I-\alpha S)^{-1} Y \quad (2.111)$$

由 $F^*$ 可获得 $D_u$ 中样本的标记 $\hat{y} = (\hat{y}_{l+1}, \hat{y}_{l+2}, \cdots, \hat{y}_{l+u})$。

### 2.4.4 基于分歧的方法

基于分歧的方法使用多学习器，通过学习器之间的"分歧"来利用未标记数据。"协同训练"是此类方法的重要代表，它最初是针对"多视图"数据设计的，因此也被看作"多视图学习"的代表。

在现实应用中，一个数据对象往往同时拥有多个"属性集"，每个属性集就构成了一个"视图"。($<x_1, x_2>, y$) 这样的数据就是多视图数据。协同训练的思想就是利用了一个数据对象 $y$ 同时拥有多个属性集 $x$ 的特点，使用多个学习器利用不同的属性集的子集来进行学习，利用有标记样本来训练多个学习器，并将训练好的学习器用于未标记样本的预测，将其中置信度最高的未标记样本纳入训练集重新训练多个学习器，这个过程不断迭代进行，直到两个分类器都

不再发生变化，或达到预先设定的迭代轮数位置。

假设不同视图具有"相容性"，即其所包含的关于输出空间 $y$ 的信息是一致的：令 $y_1$ 表示从 $x_1$ 判别的标记空间，$y_2$ 表示从 $x_2$ 判别的标记空间，则有 $y = y_1 = y_2$。在"相容性"基础上，不同视图信息的"互补性"会给学习器的构建带来很多便利。

协同训练[20]正是很好地利用了多视图的"相容互补性"。假设数据拥有两个充分且条件独立的视图，"充分"是指每个视图都包含足以产生最优学习器的信息，"条件独立"则是指在给定类别标记条件下两个视图独立。

协同训练未标记数据的利用步骤如下：① 在每个视图上基于有标记样本训练出对应的分类器；② 让每个分类器分别去对无标记样本赋予伪标签，并选出其中伪标签置信度最高的未标记样本；③ 将带有伪标签的样本提供给另一个分类器作为新增的有标记样本用于训练更新。这个过程不断迭代进行，直到两个分类器都不再发生变化，或达到预先设定的迭代轮数。

若在每轮学习中都考察每个分类器在所有未标记样本上的分类置信度，会有很大的计算开销，因此在算法中使用了未标记样本缓冲池，即每一次伪标签的生成与计算只在缓冲池中的未标记样本上减少每一轮学习的计算量。分类置信度的估计因基学习算法 $L$ 而异，例如朴素贝叶斯分类器，则可将后验概率转化为分类置信度；若使用支持向量机，则可将间隔大小转化为分类置信度。

在协同训练算法中，输入为有标记样本集 $D_l = \{(<\vec{x}_1^{(1)}, \vec{x}_1^{(2)}>, y_1), (<\vec{x}_2^{(1)}, \vec{x}_2^{(2)}>, y_2), \cdots, (<\vec{x}_l^{(1)}, \vec{x}_l^{(2)}>, y_l)\}$、未标记样本集 $D_u = \{<\vec{x}_{l+1}^{(1)}, \vec{x}_{l+1}^{(2)}>, <\vec{x}_{l+2}^{(1)}, \vec{x}_{l+2}^{(2)}>, \cdots, <\vec{x}_{l+u}^{(1)}, \vec{x}_{l+u}^{(2)}>\}$、$l+u=N$、缓冲池大小 $s$、每轮挑选的正例数量 $p$、每轮挑选的反例数量 $n$、基学习算法 $f$、学习轮数 $T$。输出则是未标记样本的预测结果 $\hat{\vec{y}} = (\hat{y}_{l+1}, \hat{y}_{l+2}, \cdots, \hat{y}_{l+u})^T$，$\hat{y}_i \in \{1, 2, \cdots, K\}$，$i = l+1, l+2, \cdots, l+u$。

协同训练算法具体步骤如下：

① 从 $D_u$ 中随机抽取 $s$ 个样本构成缓存池 $D_s$。其中 $D_u = D_u - D_s$。

② 从 $D_l$ 分别构建 $D_l^{(1)}$、$D_l^{(2)}$，分别代表第一视图有标记数据集、第二视图有标记数据集：

$$D_l^{(1)} = \{(\vec{x}_1^{(1)}, y_1), (\vec{x}_2^{(1)}, y_2), \cdots, (\vec{x}_l^{(1)}, y_l)\} \\ D_l^{(2)} = \{(\vec{x}_1^{(2)}, y_1), (\vec{x}_2^{(2)}, y_2), \cdots, (\vec{x}_l^{(2)}, y_l)\}$$
(2.112)

③ 从 $D_s$ 中分别构建 $D_s^{(1)}$、$D_s^{(2)}$，分别代表第一视图缓冲数据集、第二视图缓冲数据集：

$$D_s^{(1)} = \{\vec{x}_{s1}^{(1)}, \vec{x}_{s2}^{(1)}, \cdots, \vec{x}_{sm}^{(1)}\} \\ D_s^{(2)} = \{\vec{x}_{s1}^{(2)}, \vec{x}_{s2}^{(2)}, \cdots, \vec{x}_{sm}^{(2)}\}$$
(2.113)

其中，$m$ 代表元素个数。

④ 考察视图一。利用 $D_l^{(1)}$ 训练算法 $f$，得到分类器 $f_1$。用分类器 $f_1$ 计算在

$D_s^{(1)}$ 中的置信度，选择其中 $p$ 个置信度最高的样本 $D_p^{(1)} \subset D_s$，在视图二缓冲数据集中为正例 $\widetilde{D}_p^{(2)}$，选择其中 $n$ 个置信度最低的样本 $D_n^{(1)} \subset D_s$，在视图二缓冲数据集中为反例 $\widetilde{D}_n^{(2)}$：

$$\begin{aligned}\widetilde{D}_p^{(2)} &= \{(\vec{x}_i^{(2)}, 1) \mid \vec{x}_i^{(1)} \in D_p^{(1)}\} \\ \widetilde{D}_n^{(2)} &= \{(\vec{x}_i^{(2)}, -1) \mid \vec{x}_i^{(1)} \in D_n^{(1)}\}\end{aligned} \qquad (2.114)$$

令 $D_s = D_s - (D_p^{(1)} \cup D_n^{(1)})$，更新 $D_s^{(2)}$。此时 $D_s^{(2)}$ 会缩小，因为一部分样本已经从视图一中获得标签信息。

⑤ 考察视图二。利用 $D_l^{(2)}$ 训练算法 $f$，得到分类器 $f_2$。用分类器 $f_2$ 计算在 $D_s^{(2)}$ 中的置信度，选择其中 $p$ 个置信度最高的样本 $D_p^{(2)}$ 在视图二缓冲数据集中为正例 $\widetilde{D}_p^{(1)}$，选择其中 $n$ 个置信度最低的样本 $D_n^{(2)}$ 在视图二缓冲数据集中为反例 $\widetilde{D}_n^{(1)}$：

$$\begin{aligned}\widetilde{D}_p^{(1)} &= \{(\vec{x}_i^{(1)}, 1) \mid \vec{x}_i^{(2)} \in D_p^{(2)}\} \\ \widetilde{D}_n^{(1)} &= \{(\vec{x}_i^{(1)}, -1) \mid \vec{x}_i^{(2)} \in D_n^{(2)}\}\end{aligned} \qquad (2.115)$$

令 $D_s = D_s - (D_p^{(2)} \cup D_n^{(2)})$。

⑥ 更新 $D_l^{(1)}$、$D_l^{(2)}$：

$$\begin{aligned}D_l^{(1)} &= D_l^{(1)} \cup (\widetilde{D}_p^{(1)} \cup \widetilde{D}_n^{(1)}) \\ D_l^{(2)} &= D_l^{(2)} \cup (\widetilde{D}_p^{(2)} \cup \widetilde{D}_n^{(2)})\end{aligned} \qquad (2.116)$$

⑦ 补充 $D_s$。从 $D_u$ 中选取 $2p+2n$ 个未标记样本放入到缓冲池中，同时 $D_u$ 移除对应的 $2p+2n$ 个样本。

⑧ 当迭代收敛，即分类器 $f_1$ 与 $f_2$ 分类结果一致，或者迭代次数达到 $T$ 时，停止迭代。否则重复步骤④到步骤⑦。停止迭代后，将分类器 $f_1$ 与 $f_2$ 用在数据集 $D_u$，即可得到未标记样本的预测结果。

当两个视图充分且条件独立，则可利用未标记样本通过协同训练将弱分类器的泛化性能提升到任意高。不过，视图的条件独立性在现实任务中通常很难满足，因此性能提升幅度不会那么大。但研究表明，即便在更弱的条件下，协同训练仍可有效地提升弱分类器的性能。

协同训练算法本身是为多视图数据而设计的，但此后出现了一些能在单视图数据上使用的变体算法，它们或是使用不同的学习算法，或是使用不同的数据采样，甚至使用不同的参数设置来产生不同的学习器，也能有效地利用未标记数据来提升性能。后续理论研究发现，此类算法事实上无须数据拥有多视图，仅需弱学习器之间有显著的分歧（或差异），即可通过相互提供伪标记样本的方式来提升泛化性能；不同视图、不同算法、不同数据采样、不同参数设置等，都仅是产生差异的渠道，而非必备条件。

基于分歧的方法只需采用合适的基学习器，就能较少受到模型假设、损失函数非凸性和数据规模问题的影响，学习方法简单有效、理论基础相对坚实、适用范围较为广泛。为了使用此类方法，需能生成具有显著分歧、性能尚可的多个学习器，但当有标记样本很少，尤其是数据不具有多视图时，要做到这一点并不容易。

半监督学习可以利用无标注样本的信息来提高模型训练的效率，但这建立在无标注样本对于模型训练具有意义的假设上。如果无标注样本存在干扰模型训练结果的信息，经过半监督学习反而会干扰模型训练结果。

基于以上特点，半监督学习方法在语音识别、文本分类、语义解析、蛋白质结构预测、沉积微相识别等领域已有现实应用。

## 2.5　强化学习

强化学习是机器学习中的一个领域，强调如何基于环境而行动，以取得最大化的预期利益。其灵感来源于心理学中的行为主义理论，即有机体如何在环境给予的奖励或惩罚的刺激下，逐步形成对刺激的预期，产生能获得最大利益的习惯性行为。强化学习用于描述和解决智能体在与环境的交互过程中通过学习策略以达成回报最大化或实现特定目标的问题。在强化学习中，包含两种基本的元素：状态与动作。在某个状态下执行某种动作，这便是一种策略。强化学习的学习器要做的就是通过不断地探索学习，从而获得一个好的策略。

在强化学习中，状态与动作之间的关系，类似于监督学习中属性与标记之间的关系。强化学习与监督学习都是通过学习器寻找两者之间的映射关系。但是强化学习又不同于监督学习，状态与动作之间的关系无法直接从样本数据本身获得，而是需要动作发生后才能得到。从这一角度看，强化学习可以视为具有"延迟标记信息"的监督学习问题。

强化学习任务通常使用马尔可夫决策过程来描述，具体而言：机器处于一个环境之中，状态用于描述机器对当前环境的感知，机器可以通过动作来影响当前的环境（用状态来描述），动作具有一定概率导致状态的改变，在动作发生后环境也会根据此时的状态反馈给机器一个"奖励"。机器与环境之间存在边界，机器只能通过动作来影响其当下感知到的环境（用状态来描述），环境中的状态转移与环境反馈给机器的"奖励"是机器无法控制的。

因而，机器学习到的是一个"策略"，可将策略视为一个函数，给定任意环境（用状态来描述）即可映射出对应的应采取的动作。在强化学习中，"策略"主要分为两类。一类是确定性策略，输入状态就能得到一个动作与之对应。另一类是随机性策略，输入状态得到的是每个动作的可能性，每个动作的可能性之和为 1。

一个策略的优劣取决于长期执行这一策略后的累积奖赏。也即可以使用长期累积奖赏来评估策略的好坏。长期累积奖赏主要有两种计算方法：

① $T$ 步累计奖励 $E\left[\dfrac{1}{T}\sum\limits_{t=1}^{T} r_t\right]$。

② $\gamma$ 折扣累计奖励 $E\left[\sum\limits_{t=0}^{+\infty} \gamma^t r_{t+1}\right]$。

其中，$r_t$ 代表第 $t$ 期的奖赏。

强化学习的方法主要分为两类：有模型学习和免模型学习。

**1. 有模型学习**

若强化学习任务描述中包括的 4 个要素，即状态空间、动作空间、转移概率以及奖赏函数都已知，这样的情形称为"有模型学习"。假设状态空间和动作空间均为有限空间，即均用离散值来描述，这样可以不用通过尝试便可以对某个策略进行评估。

策略评估是指估计策略所带来的长期累积奖赏。一般使用以下值函数来评估策略的优劣。

状态值函数($V$)：$V^\pi(x)$，即从状态 $x$ 出发，使用 $\pi$ 策略所带来的累积奖赏。

状态-动作值函数($Q$)：$Q^\pi(x,a)$，即从状态 $x$ 出发，执行动作 $a$ 后再使用 $\pi$ 策略所带来的累积奖赏。

引入长期累积奖赏的两种计算方法，可以得到式(2.117)：

$$\begin{cases} V_T^\pi(x) = \mathbb{E}_\pi\left[\dfrac{1}{T}\sum\limits_{t=1}^{T} r_t \mid x_0 = x\right] \\ V_\gamma^\pi(x) = \mathbb{E}_\pi\left[\sum\limits_{t=0}^{+\infty} \gamma^t r_{t+1} \mid x_0 = x\right] \end{cases}$$

$$\begin{cases} Q_T^\pi(x,a) = \mathbb{E}_\pi\left[\dfrac{1}{T}\sum\limits_{t=1}^{T} r_t \mid x_0 = x, a_0 = a\right] \\ Q_\gamma^\pi(x,a) = \mathbb{E}_\pi\left[\sum\limits_{t=0}^{+\infty} \gamma^t r_{t+1} \mid x_0 = x, a_0 = a\right] \end{cases} \quad (2.117)$$

由于强化学习过程具有马尔可夫的性质，即未来的状态仅仅与现在的状态有关，与过去的状态没有联系。因而可以得到带有递归关系的值函数，如下式所示：

$$\begin{aligned} V_T^\pi(x) &= \mathbb{E}_\pi\left[\dfrac{1}{T}\sum\limits_{t=1}^{T} r_t \mid x_0 = x\right] = \mathbb{E}_\pi\left[\dfrac{1}{T} r_1 + \dfrac{T-1}{T}\dfrac{1}{T-1}\sum\limits_{t=2}^{T} r_t \mid x_0 = x\right] \\ &= \sum_{a \in A} \pi(x,a) \sum_{x' \in X} P_{x \to x'}^a \left(\dfrac{1}{T} R_{x \to x'}^a + \dfrac{T-1}{T} \mathbb{E}_\pi\left[\dfrac{1}{T-1}\sum\limits_{t=1}^{T-1} r_t \mid x_0 = x'\right]\right) \\ &= \sum_{a \in A} \pi(x,a) \sum_{x' \in X} P_{x \to x'}^a \left(\dfrac{1}{T} R_{x \to x'}^a + \dfrac{T-1}{T} V_{T-1}^\pi(x')\right) \end{aligned} \quad (2.118)$$

其中，$T$ 代表总的时刻数量，$\pi$ 代表策略 $\pi$，$a$ 代表动作，$A$ 代表动作空间，$x$ 代表当前时刻状态，$x'$ 代表下一时刻状态，$X$ 代表动作空间，$\pi(x,a)$ 表示在 $x$ 状态选择采用 $a$ 动作的概率，$P_{x \to x'}^a$ 代表采用动作 $a$ 使得状态从 $x$ 转变为 $x'$ 的概率，$R_{x\to x'}^a$ 代表采用动作 $a$ 使得状态从 $x$ 转变为 $x'$ 的获得奖赏。

同理，也可以得到 $\gamma$ 折扣累积奖赏对应的值函数：

$$V_\gamma^\pi(x) = \sum_{a\in A} \pi(x, a) \sum_{x'\in X} P_{x\to x'}^a (R_{x\to x'}^a + \gamma V_\gamma^\pi(x')) \qquad (2.119)$$

利用递归策略计算评估策略所使用的值函数，这种思想将评估问题转化为一种动态规划问题，即以形式自底向上，基于函数的初始值 $V_0^\pi$ 先求解单步累积奖赏即 $V_1^\pi$，再求解两步累积奖赏 $V_2^\pi$，一直迭代逐步求解出 $T$ 步累积奖赏 $V_T^\pi$。

通过动态规划得到状态值函数 $V$ 之后可以用下式计算状态-动作值函数：

$$\begin{cases} Q_T^\pi(x, a) = \sum_{x'\in X} P_{x\to x'}^a \left(\dfrac{1}{T} R_{x\to x'}^a + \dfrac{T-1}{T} V_{T-1}^\pi(x')\right) \\ Q_\gamma^\pi(x, a) = \sum_{x'\in X} P_{x\to x'}^a (R_{x\to x'}^a + \gamma V_\gamma^\pi(x')) \end{cases} \qquad (2.120)$$

在获得策略评估的结果之后，需要找到其中最优的策略。最优的策略应当可以最大化累计奖赏，如下式所示：

$$\pi^* = \operatorname*{argmax}_\pi \sum_{x\in X} V^\pi(x) \qquad (2.121)$$

在强化学习任务中，可能存在多个最优策略，将所有最优策略对应的值函数称为最优值函数 $V^*$，则对于任意状态 $x$ 都有 $V^*(x) = V^{\pi^*}(x)$。

由于最优值函数对应的累计奖赏最大，则有

$$\begin{cases} V_T^*(x) = \max_{a\in A} \sum_{x'\in X} P_{x\to x'}^a \left(\dfrac{1}{T} R_{x\to x'}^a + \dfrac{T-1}{T} V_{T-1}^*(x')\right) \\ V_\gamma^*(x) = \max_{a\in A} \sum_{x'\in X} P_{x\to x'}^a (R_{x\to x'}^a + \gamma V_\gamma^*(x')) \end{cases} \qquad (2.122)$$

由于两个等式将动作引入，故又可表示为 $V^*(x) = \operatorname*{argmax}_{a\in A} Q^{\pi^*}(x, a)$。代入状态-动作值函数，则有

$$\begin{cases} Q_T^*(x, a) = \sum_{x'\in X} P_{x\to x'}^a \left(\dfrac{1}{T} R_{x\to x'}^a + \dfrac{T-1}{T} \operatorname*{argmax}_{a\in A} Q_{T-1}^*(x', a')\right) \\ Q_\gamma^*(x, a) = \sum_{x'\in X} P_{x\to x'}^a (R_{x\to x'}^a + \gamma \operatorname*{argmax}_{a\in A} Q_\gamma^*(x', a')) \end{cases} \qquad (2.123)$$

由式(2.123)可知，对于非最优策略，针对每一个状态将当前动作修改为最优动作，此时新的动作组合比非最优策略的动作组合更好。

引入 $V^*(x) = \operatorname*{argmax}_{a\in A} Q^{\pi^*}(x, a)$ 后，最优策略的式(2.121)又可表示为

$$\pi'(x) = \operatorname*{argmax}_{a\in A} \sum_{x\in X} Q^\pi(x, a) \qquad (2.124)$$

当 $\pi' = \pi$ 时，就可以得到最优策略 $\pi^*$。

**2. 免模型学习**

在现实强化学习任务中，与环境相关的动作状态转移概率与奖赏函数很难得到，因而需要考虑在不依赖于环境参数的条件下建立强化学习模型，这便是免模型学习。

由于动作状态转移概率与奖赏函数未知，则无法通过状态值函数和状态-

动作值函数来评估策略的优劣。为了实现策略评估，可以使用采样的方法估计策略的值函数，这就是蒙特卡罗强化学习的思想——基于采样来估计状态-动作值函数。

在动作状态转移概率与奖赏函数未知的情况下，从起始状态出发，采用 $\pi$ 策略，执行 $T$ 步骤之后的采样轨迹可表示为 $<x_0, a_0, r_1; x_1, a_1, r_2; \cdots, x_{T-1}, a_{T-1}, r_T; x_T>$。

当 $\pi$ 策略为非确定性策略，即多次采用得到的结果不一定相同。由此，通过多次采样后，使用累积奖赏的平均作为状态-动作值的估计。

当 $\pi$ 策略为确定性策略时，使用 $\epsilon$ 贪心法，即以 $\epsilon$ 的概率从所有动作中随机选取一个动作，以 $1-\epsilon$ 的概率选择已知 $Q(x_t, a_t)$ 中使得 $Q$ 值最大一个动作 $a_t$，如下式所示：

$$\pi^\epsilon(x) = \begin{cases} \pi(x) = 1-\epsilon+\dfrac{\epsilon}{A}, & \text{对应概率为 } 1-\epsilon \\ P(\text{动作空间 } A \text{ 中的任一动作}) = \dfrac{\epsilon}{A}, & \text{对应概率为 } \epsilon \end{cases} \quad (2.125)$$

通过累积奖赏的平均，实现了对状态-动作值函数的估计，也即完成了对策略的评估。再利用最优策略公式 $\pi'(x) = \underset{a \in A}{\arg\max} \sum_{x \in X} Q^\pi(x, a)$，则可以得到最优策略 $\pi^*$。

蒙特卡罗强化学习是批处理方式运行的，需要获得一个完整的采样轨迹之后才会更新状态-动作值函数的估计值。状态-动作值函数可以写为

$$Q_{t+1}^\pi(x, a) = Q_t^\pi(x, a) + \frac{1}{t+1}(r_{t+1} - Q_t^\pi(x, a)) \quad (2.126)$$

其中，$Q_{t+1}^\pi(x, a)$ 表示第 $t+1$ 时刻的状态-动作值函数的估计值，$r_{t+1}$ 表示 $x$ 状态下做出 $a$ 动作后在第 $t+1$ 时刻的奖赏，$Q_t^\pi(x, a) = \dfrac{1}{t} \sum_{i=1}^{t} r_i$。

此时状态-动作值函数就转变成一个增量表达式，其中的增量项为 $\dfrac{1}{t+1}(r_{t+1} - Q_t^\pi(x, a))$。一般将 $\dfrac{1}{t+1}$ 表示为 $\alpha_{t+1}$，增量项则表示为 $\alpha_{t+1}(r_{t+1} - Q_t^\pi(x, a))$。

而对于 $\gamma$ 折扣累积奖赏来说，其状态-动作值函数为

$$\begin{aligned} Q^\pi(x, a) &= \sum_{x' \in X} P_{x \to x'}^a (R_{x \to x'}^a + \gamma V^\pi(x')) \\ &= \sum_{x' \in X} P_{x \to x'}^a (R_{x \to x'}^a + \gamma \sum_{a' \in A} \pi(x', a') Q^\pi(x', a')) \end{aligned} \quad (2.127)$$

其增量函数的表达式为

$$Q_{t+1}^\pi(x, a) = Q_t^\pi(x, a) + \alpha(R_{x \to x'}^a + \gamma Q_t^\pi(x', a') - Q_t^\pi(x, a)) \quad (2.128)$$

其中，$x'$ 为在 $x$ 状态下采用 $a$ 达到的新状态，$a'$ 为在策略 $\pi$ 下 $x'$ 状态应采取的动作。

使用增量函数就可以实现执行一步策略就更新一次状态-动作值函数的结

果，无须再等待全部采样轨迹获得后再进行更新，提高了免模型学习的效率。

强化学习的主要优点在于无须标注数据，且可以解决序列行动的决策优化问题。但由于环境信息中的奖赏函数、状态转移概率难以直接获得，学习效果依赖于对于环境信息的假设或估计的贴合程度。

基于以上特点，强化学习方法在汽车自动驾驶、新闻推荐、治疗方案评估与优化、金融市场交易策略、游戏等环境信息相对明确的领域具有现实应用价值。

## 本章小结

本章主要介绍了机器学习的基础知识和主要分类方法。在机器学习基础知识方面，介绍了机器学习的基本概念和分类以及机器学习模型的评价指标。在分类方法方面，介绍了有监督学习、无监督学习、半监督学习和强化学习等方法。

在有监督学习中，介绍了贝叶斯分类、决策树与随机森林、支持向量机和线性回归等模型。这些模型常用于分类和回归问题，能够根据已有的标注数据进行训练和预测。在无监督学习中，介绍了聚类和主成分分析等方法。这些方法通常用于探索数据集的内在结构和模式，不需要先验标注数据进行训练。半监督学习是有监督和无监督学习的结合体，可以充分利用标注和未标注数据。介绍了生成式方法、半监督 SVM、图半监督学习和基于分歧的方法等，这些方法在训练数据较少的情况下能够提高分类或回归的精度。最后，简单介绍了强化学习的常用算法。它是一种基于奖励信号的学习方法，主要应用于智能控制和游戏等领域。

通过本章对于机器学习的介绍，有助于读者理解后续深度学习相关章节的内容。

## 思考题 2

1. 机器学习的基本概念是什么？机器学习可以分为哪几类？
2. 机器学习模型的评价指标有哪些？如何选择合适的评价指标？
3. 有监督学习和无监督学习的区别是什么？举例说明两种学习方法的应用场景。
4. 半监督学习的优势是什么？常用的半监督学习方法有哪些？如何利用未标注数据提高模型的性能？
5. 强化学习和其他机器学习方法的区别是什么？强化学习中的主要概念有哪些？

# 参考文献

[1] 赵彰. 机器学习研究范式的哲学基础及可解释性问题[D]. 上海：上海社会科学院，2018.

[2] 邓建国，张素兰，张继福，等. 监督学习中的损失函数及应用研究[J]. 大数据，2020，6(1)：60-80.

[3] 李成，杨淑媛，刘芳，等. 神经网络七十年：回顾与展望[J]. 计算机学报，2016，39(8)：1697-1716.

[4] 屠恩美，杨杰. 半监督学习理论及其研究进展概述[J]. 上海交通大学学报，2018，52(10)：1280-1291.

[5] 张耀中，胡小方，周跃，等. 基于多层忆阻脉冲神经网络的强化学汲应用[J]. 自动化学报，2019，45(8)：1536-1547.

[6] Chapelle O, Zien A. Semi-supervised classification by low density separation[C]. Tenth International Workshop on Artificial Intelligence and Statistics，2005：57-64.

[7] Nigam K, Mccallum A, Thrun S, et al. Learning to classify text from labeled and unlabeled documents[C]. The Fifteenth National Conference on Artificial Intelligence，1998：792-799.

[8] Dempster A P, Laird N M, Rubin D B. Maximum likelihood from incomplete data via the EM algorithm[J]. RoyalStat. Soc.，1997，39(1)：1-38.

[9] 李旭然，丁晓红. 机器学习的五大类别及其主要算法综述[J]. 软件导刊，2019，18(7)：4-9.

[10] 陈凯，朱钰. 机器学习及其相关算法综述[J]. 统计与信息论坛，2007，22(5)：105-112.

[11] Freund Y, Schapire R E. A decision-theoretic generalization of on-line learning and an application to boosting[J]. Journal of Computer and System Sciences，1997，55(1)：119-139.

[12] 林香亮，袁瑞，孙玉秋，等. 支持向量机的基本理论和研究进展[J]. 长江大学学报(自然科学版)，2018，15(17)：6，48-53.

[13] Cortes C, Vapnik V M. Support vector networks[J]. Machine Learning，1995，20：273-297.

[14] 孙吉贵，刘杰，赵连宇. 聚类算法研究[J]. 软件学报，2008(01).

[15] Turk M, Pentland A C. Face recognition using eigenfaces[J]. Proceedings of Computer Vision and Pattern Recognition. Maui. USA，1991：586-591.

[16] Baluja S. Probabilistic modeling for face orientation discrimination：Learming from labeled and unlabeled data[C]. In Proceedings of 12th Annual Conference on Neural Information Processing Systems (NIPS)，1998.

[17] Vapnik V. Statistical Learning Theory[M]. New York: Wiley, 1998.

[18] Joachims T. Transductive inference for text classification using support vector machines[C]. In Proceedings of the 16th International Conf. on Machine Learning, 1999: 200-209.

[19] Blum A, Chawl A S. Learning from labeled and unlabeled data using graph mincuts [C]. Proceedings of the Eighteenth International Conference on Machine Learning, 2001.

[20] Blum A, Mitchell T. Combining labeled and unlabeled data with co-training [C]. Proceedings of the Eleventh Annual Conference on Computational Learning Theory ACM, 1998: 92-100.

# 第 3 章 深度学习简介

**本章要点**

了解深度学习相关的一些基本概念，理解人工神经网络、卷积神经网络、循环神经网络、图神经网络的模型架构与原理，掌握应用 MindSpore 定义卷积神经网络、循环神经网络、图神经网络。

**本章导图**

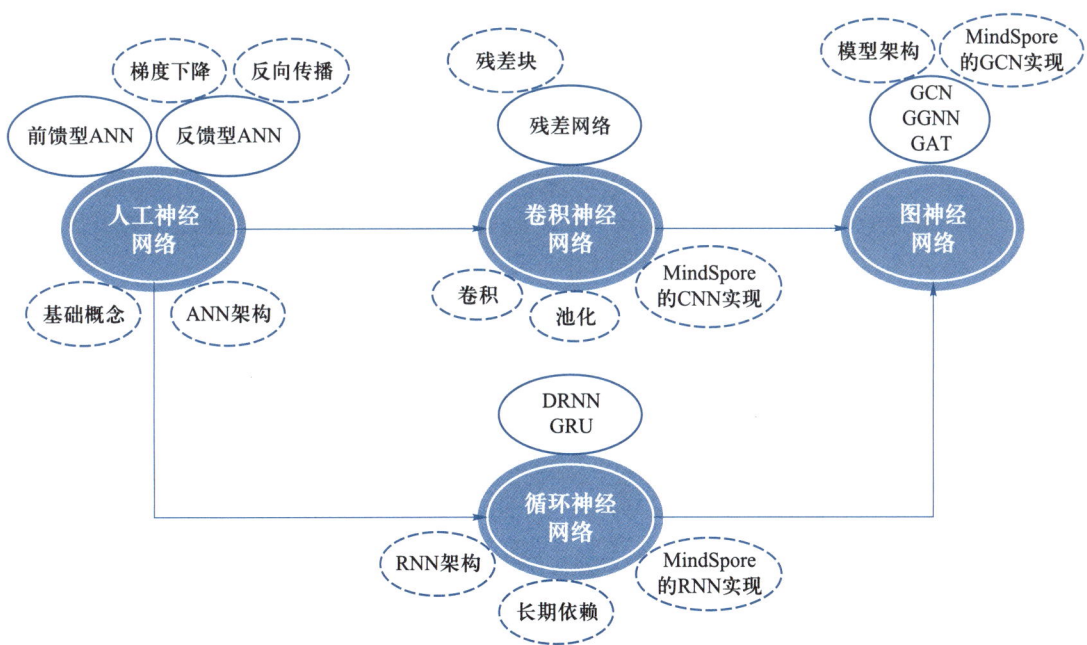

第 2 章介绍了机器学习的基本概念以及常见的模型和算法，深度学习（deep learning，DL）是机器学习的分支。本章将学习深度学习，以及它包括哪些典型深度学习网络，以及应用 MindSpore 如何实现。

## 3.1 人工神经网络

人工神经网络（artificial neural network，ANN）即通常所说的神经网络，是 20 世纪 80 年代以来人工智能领域兴起的研究热点。人工神经网络基于一组称为人工神经元的连接单元或节点，它们对生物大脑中的神经元（neuron）进行松散建模。每个连接就像生物大脑中的突触一样,可以向其他神经元传输信号。人工神经元接收信号然后对其进行处理,并可以向与其相连的神经元发送信号。连接处的"信号"是一个实数,每个神经元的输出由其输入和的某个非线性函数计算,连接称为边。神经元和边缘通常具有权重且随着学习的进行而调整,权重增加或减少连接处的信号强度。神经元可能有一个阈值,这样只有当聚合信号超过该阈值时才会发送信号。通常,神经元聚合成层,不同的层可以对其输入执行不同的转换,一层的神经元仅连接到紧邻前一层和紧随其后的层的神经元。

### 3.1.1 基础概念

人工神经元:人工神经网络由人工神经元组成,这些人工神经元在概念上源自生物神经元,是神经网络中基本的信息操作和处理单位。每个人工神经元都有输入,将输入加权求和后用激活函数产生输出,该输出可以发送到多个其他神经元。

输入:输入可以是外部数据样本的特征值,例如图像或文档,也可以是其他神经元的输出。可记为 $x = (x_1, x_2, \cdots, x_n)^T$。

连接权值:连接权值即权重,为一组张量 $W = (w_1, w_2, \cdots, w_n)^T$。每个连接都被分配一个权重,代表其相对重要性。

偏置(bias):偏置为一个常数项,与线性回归模型中的截距相似,允许网络将激活函数(activation function)"向上"或"向下"转移,为神经网络提供了灵活性,其形状与权重的形状保持一致。

激活函数:激活函数用于计算神经元的输出。表 3.1 列出了常见的激活函数。

输出:激活函数的输出即为神经网络的输出。可用于限制神经元的输出,输出通常为 0 到 1,或 -1 到 1。隐藏层节点的激活函数将非线性引入网络中。

神经网络:神经网络是一个有向图,以神经元为顶点,神经元之间的连接为边。神经网络接收一定的数据作为输入,经过系统一系列的计算后,产生一定形式的输出。

表 3.1 常见的激活函数

| 激活函数 | 公式 | 说明 |
| --- | --- | --- |
| softmax | $\text{softmax}(x_i) = \dfrac{\exp(x_i)}{\sum_j \exp(x_j)}$ | 适用于多元分类,可将分别代表 $n$ 个类的 $n$ 个标量归一化,得到概率分布 |
| sigmoid | $\text{sigmoid}(x) = \dfrac{1}{1+\exp(-x)}$ | 也称为 logistic 函数,是 softmax 函数的二元变体,适用于二元分类问题 |
| tanh | $\tanh(x) = \dfrac{\exp(x) - \exp(-x)}{\exp(x) + \exp(-x)}$ | 是 sigmoid 函数的变体 |
| ReLU | $\text{ReLU}(x) = \max(0, x)$ | ReLU 即修正线性单元(rectified linear unit),可引导适度稀疏,有利于缓解梯度消失的问题 |

## 3.1 人工神经网络

感知机(perceptron)是神经网络的基础结构,包括输入权值、激活函数与输出。图 3.1 给出了一个接受输入信号为向量$(x_1, x_2, x_3, x_4, x_5)$的感知机,$(w_1, w_2, w_3, w_4, w_5)$为与输入向量对应的权重向量,$b$为偏置项,激活函数为$f(\cdot)$;该感知机通过对输入向量进行加权求和,再经过激活函数变换得到输出:

$$y = f\left(\sum_{i=1}^{5} w_i x_i + b\right) \tag{3.1}$$

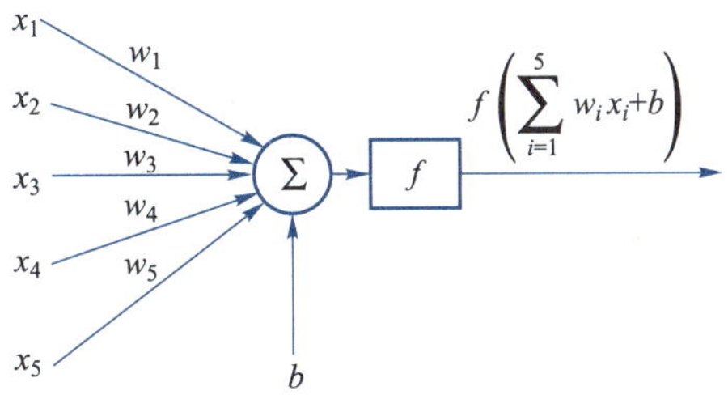

图 3.1 感知机

神经网络一般有多个层。第一层为输入层,对应输入向量,神经元的数量等于特征向量的维数,这个层不对数据进行处理,只是将输入向量送入下一层中进行计算。中间为隐藏层,可能有多个,用于神经网络内部进行运算和处理信息。最后是输出层,神经元的数量等于要分类的类别数,输出层的输出值被用来做分类预测。从信息流向的角度来看,神经网络分为前馈型神经网络和反馈型神经网络。

### 3.1.2 前馈型神经网络

前馈型神经网络是一种简单的神经网络,也被称为多层感知机(multi-layer perceptron,MLP),其中不同的神经元属于不同的层,由输入层-隐藏层-输出层构成,信号从输入层往输出层单向传递,中间无反馈,其目的是拟合某个函数,由一个有向无环图表示,如图 3.2 所示。

图 3.2 所示的前馈型神经网络有三层。第一层是输入层,共有三个神经元,可写成$(x_1, x_2, x_3)$。第一层不做处理,将数据送入第二层。第二层共有 4 个神经元,可写成$(y_1, y_2, y_3, y_4)$。第三层接收第二层的输入作为输出,共有两个神经元,可记为$(z_1, z_2)$。其中,第一层到第二层的权重矩阵可写为$\boldsymbol{W}^{(1)}$,第二层到第三层的权重矩阵可写为$\boldsymbol{W}^{(2)}$。第一层到第二层的偏置项可写为$b^{(1)}$,第二层到第三层的偏置项可写为$b^{(2)}$。具体的,第一层到第二层的映射以及第二层

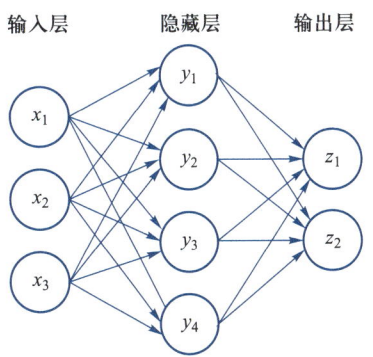

图 3.2 前馈型神经网络模型

到第三层的映射如下式所示,其中 $f(\cdot)$ 为激活函数:

$$y = f(\boldsymbol{W}^{(1)}\boldsymbol{x} + b^{(1)})$$
$$z = f(\boldsymbol{W}^{(2)}\boldsymbol{y} + b^{(2)})$$
(3.2)

将式(3.2)中的两个式子合并,可得到上述三层神经网络实现的映射的完整形式:

$$z = f(\boldsymbol{W}^{(2)} f(\boldsymbol{W}^{(1)}\boldsymbol{x} + b^{(1)}) + b^{(2)})$$
(3.3)

上述分析其实体现了神经网络中的正向传播这一步骤,现给出更一般的描述。假设神经网络有 $L$ 层,第一层为输入层,输入向量为 $x$,第 $l$ 层的权重矩阵为 $\boldsymbol{W}^{(l)}$,偏置向量为 $b^{(l)}$,则第 $l$ 层的变换可写成下式:

$$\boldsymbol{x}^{(l)} = f(\boldsymbol{u}^{(l)})$$
$$\boldsymbol{u}^{(l)} = \boldsymbol{W}^{(l)} \boldsymbol{x}^{(l-1)} + b^{(l)}$$
(3.4)

其中,$\boldsymbol{x}^{(l-1)}$ 为上一层($(l-1)$层)的输入向量。

计算网络输出值时,对每层采用式(3.4)进行变换,最终得到输出,这个过程即为正向传播,一般用于神经网络的预测阶段。

### 3.1.3 反馈型神经网络

反馈型神经网络是一种将输出经过一步时移再接入到输入层的神经网络。这类网络中,神经元可以互连,有些神经元的输出会被反馈至同层甚至前层的神经元,形成了一个闭环结构,由一个有向有环图表示,如图3.3所示。

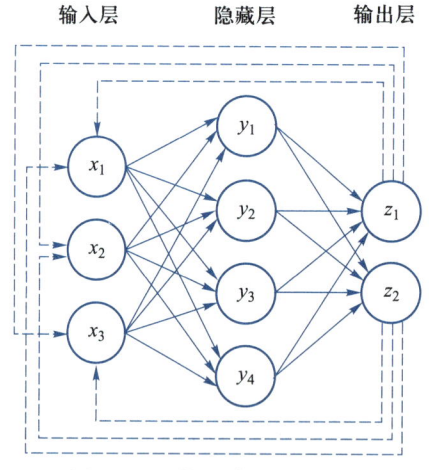

图 3.3 反馈型神经网络模型

反馈型神经网络的基本思想是将输出的信息反馈到输入端,构成一个闭环系统,因此又称递归网络、回归网络。我们希望神经网络的输出尽可能地接近样本的实际标签值,即最小化误差。但由于隐藏层的预期输出并没有在训练样本中给出,隐藏层节点的误差无法直接计算得到。因此,反馈型神经网络引入了反向传播(back propagation,BP)的算法。其核心思想是将误差由输出层向前层反向传播,利用后一层的误差估计前一层的误差。

**1. 梯度下降**

梯度下降(gradient descent)是神经网络流行的优化算法,通过梯度下降算法迭代更新参数,找到最小化误差函数的权重和偏差,使整体网络的误差最小化。其基本思想是在权值空间中朝着误差最速下降的方向搜索,找到局部最小值。如图3.4所示,沿着损失函数(loss function)的斜坡方向下坡,直到到达最低处。若偏导数为负,则权重增加(图3.4(a));若偏导数为正,则权重减小(图3.4(b))。

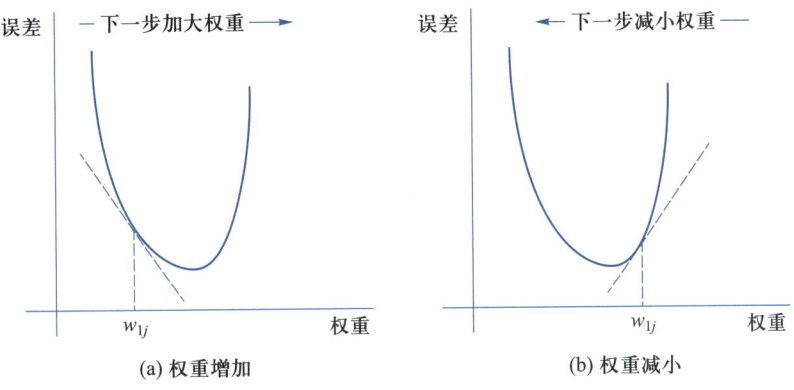

图 3.4 梯度下降原理图

式(3.5)给出了梯度下降的数学描述,其中,$\eta$ 为学习率(learning rate),$w$ 为权重,$L(\cdot)$ 为损失函数:

$$w = w + \Delta w$$
$$\Delta w = -\eta \nabla L(w) = -\eta \frac{\partial L}{\partial w} \quad (3.5)$$

损失函数用于计算实际输出与期望输出之间的误差,常用的损失函数见表3.2(假设共有 $n$ 个样本,第 $i$ 个样本的输入特征为 $x_i$,真实标签为 $y_i$,实际输出为 $z_i$)。

表 3.2 常用的损失函数

| 损失函数 | 公式 |
| --- | --- |
| 平均平方误差(mean squared error, MSE) | $L_{\text{MSE}} = \frac{1}{n} \sum_{i=1}^{n} \|z_i - y_i\|^2$ |
| 交叉熵(cross entropy, CE) | $L_{\text{CE}} = -\frac{1}{n} \sum_{i=1}^{n} \log\left(\frac{\exp(y_i)}{\sum_j \exp(z_j)}\right)$ |
| 合页损失(hinge loss) | $L_{\text{hinge loss}} = \frac{1}{n} \sum_{i=1}^{n} \max\{0, 1 - y_i\}$ |

**2. 反向传播**

我们希望神经网络的输出尽可能地接近样本的实际标签值,即最小化误差。可使用梯度下降法计算出损失函数对所有的权重矩阵和偏置向量的梯度，以图3.3所示的神经网络为例，对权重和偏置计算梯度，如式(3.6)所示：

$$\nabla_{w^{(2)}} L = (f(W^{(2)} y + b^{(2)}) - z) \odot f'(W^{(2)} y + b^{(2)}) y^{\mathrm{T}}$$

$$\nabla_{b^{(2)}} L = (f(W^{(2)} y + b^{(2)}) - z) \odot f'(W^{(2)} y + b^{(2)})$$

$$\nabla_{w^{(1)}} L = (W^{(2)})^{\mathrm{T}} ((f(u^{(2)}) - z) \odot f'(u^{(2)}) \odot f'(u^{(1)})) x^{\mathrm{T}} \quad (3.6)$$

$$\nabla_{b^{(1)}} L = (W^{(2)})^{\mathrm{T}} ((f(u^{(2)}) - z) \odot f'(u^{(2)}) \odot f'(u^{(1)}))$$

$$u^{(i)} = W^{(i)} x + b^{(i)}, \quad i = 1, 2$$

其中，$\odot$表示向量对应元素相乘，$(f(\cdot) - z)$表示输出值与真实值的误差，$f'(\cdot)$为激活函数的导数。

随后利用误差计算梯度，并使用梯度下降不断迭代更新权重和偏置，使误差减小。根据上述分析，现给出更一般的描述。针对一个有$l$层的神经网络，经过正向传播得到输出后，计算输出层(第$l$层)的误差，如下式：

$$\delta^{(l)} = (x^{(l)} - y) \odot f'(u^{(l)})$$
$$u^{(l)} = W^{(l)} x^{(l-1)} + b^{(l)} \quad (3.7)$$
$$x^{(l)} = f(u^{(l)})$$

随后计算各隐藏层($l' = l-1, l-2, \cdots, 2$)的误差，如下式：

$$\delta^{(l')} = (W^{(l'+1)})^{\mathrm{T}} \delta^{(l'+1)} \odot f'(u^{(l')}) \quad (3.8)$$

根据误差项计算损失函数对权重和偏置的梯度值，如下式：

$$\nabla_{w^{(l)}} L = \delta^{(l)} (x^{(l-1)})^{\mathrm{T}}$$
$$\nabla_{b^{(l)}} L = \delta^{(l)} \quad (3.9)$$

用梯度下降法更新权重和偏置，如下式：

$$W^{(l)} = W^{(l)} - \eta \nabla_{w^{(l)}} L$$
$$b^{(l)} = b^{(l)} - \eta \nabla_{b^{(l)}} L \quad (3.10)$$

上述过程称为反向传播，用于减小误差，优化神经网络的输出。一般用于训练阶段，通过反向传播优化模型的参数。

## 3.2 卷积神经网络

卷积神经网络(convolutional neural network，CNN)由人工神经网络演进而来，是深度学习的经典网络模型，也是受生物启发的一种多层神经网络，仿造生物的视知觉机制构建。与人工神经网络不同的是，卷积神经网络采用了卷积层和采样层两个结构，可应用于计算机视觉、自然语言处理、大气科学等领域。

### 3.2.1 模型原理

**1. 卷积操作**

卷积操作(convolution)是卷积神经网络的基本操作，由输入矩阵和卷积核

(kernel)两个部分组成,卷积核又称为滤波器(filter)。输入矩阵对应感知机中的输入,卷积核对应感知机中的权重。图像特征提取与图像降维的第一步就是卷积操作,而卷积核的重要作用就是实现权值参数的共享和图像局部特征提取。

卷积操作相当于一个窗口在输入矩阵滑动,提取局部特征值。如图 3.5 所示,以二维卷积操作为例,给定 4×5 的输入矩阵和 3×3 的卷积核,卷积核在输入矩阵上从左到右、从上到下滑动操作,每滑动一次即可求得局部数据信息的加权平均值,最终得到所需的输出矩阵,又称为特征图(feature map)。

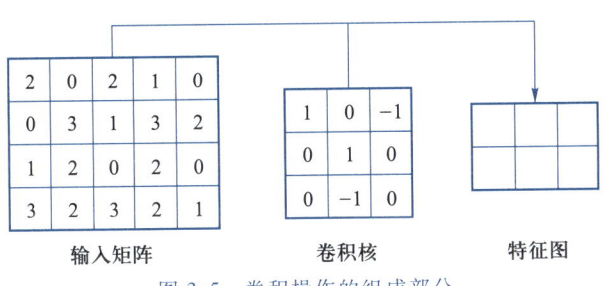

图 3.5　卷积操作的组成部分

卷积操作具体计算特征图的步骤如图 3.6 所示,给出卷积操作的具体步骤和输出结果。将图 3.5 中 3×3 的卷积核作用于输入数据,卷积核在输入数据上按照步长 stride=1 向右/向下移动,对应数值相乘再相加,依次计算得到后续数值。

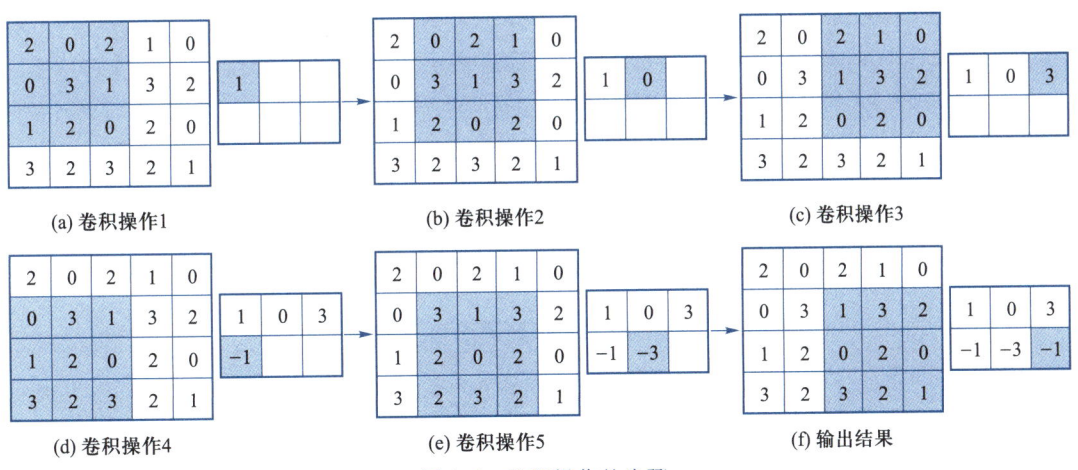

图 3.6　卷积操作的步骤

由上述步骤可以看出每一次的卷积操作都是独立的,因此并不需要一定按照滑动操作进行计算,也可以同时计算图 3.6 中的阴影方块的卷积值,利用并行计算达到高效运算的目的。卷积核对输入矩阵重复计算卷积,每次卷积计算对应输入矩阵的一小块局部特征。卷积操作的一个优点在于,输出矩阵共享同一个核矩阵,即参数共享(parameter sharing),可以很好地解决全连接网络存在的过拟合问题。

**2. 卷积层涉及的参数**

① 卷积核个数(filter)。

② 卷积之后得到的输出结果(feature map)。

③ 卷积核尺寸(weight/height)。

④ 输入图片的通道数(in_channel)。

⑤ 输出通道数(out_channel)。

⑥ 边缘填充值(padding)。

⑦ 滑动窗口步长(stride)。

如果想要调整输出矩阵的大小，可以通过调整参数步长和填充值进行操作。将上例横向移动步长从 1 步设为 2 步，纵向步长不变，仍为 1，卷积操作跳过了图 3.6(b)、图 3.6(e)步骤，影响如图 3.7 所示，得到 2×2 的输出矩阵，减小了输出矩阵的大小，因此设定步长大于 1，可以减小输出矩阵的大小。

2 0 2 1 0
0 3 1 3 2
1 2 0 2 0
3 2 3 2 1
1
1 3
1 3
-1
1 3
-1 -1

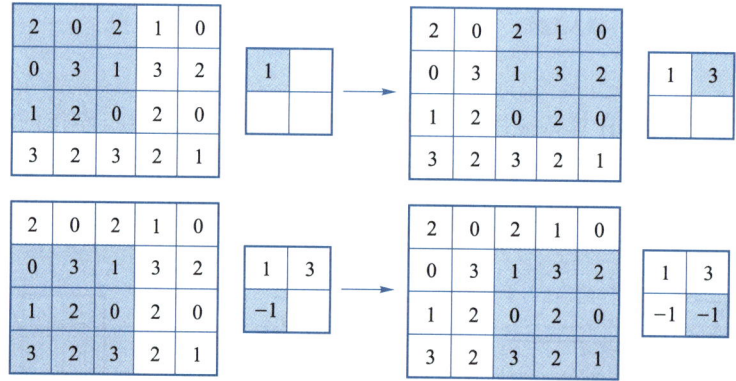

图 3.7　步长示意图

对矩阵边缘进行填补操作如图 3.8 所示，在输入矩阵的上下左右分别填补 1、1、2、0 栏全为 0 的数值(假像素)，既不会对最终结果产生影响，同时可以实现使核矩阵的计算拓展到边缘之外的区域，增大了输出矩阵的大小。

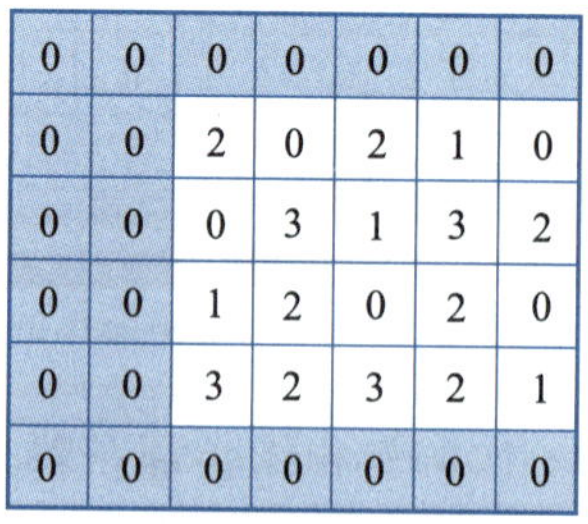

0 0 0 0 0 0 0
0 0 2 0 2 1 0
0 0 0 3 1 3 2
0 0 1 2 0 2 0
0 0 3 2 3 2 1
0 0 0 0 0 0 0

图 3.8　矩阵边缘填补操作

**3. 多通道卷积**

上例中介绍了一个输入矩阵和一个核矩阵的卷积操作，如果特征映射中只采用一种卷积核，只能提取到一种特征，在卷积计算中，对图像特征进行提取通常采用多个卷积核。简单来说，单通道图像卷积操作，采用 $n$ 个卷积核做卷积，则得到 $n$ 个特征图，若多通道图像进行卷积操作，依然采用 $n$ 个卷积核，则达到的特征图依然与卷积核的数量相同（$n$ 个），若通道数为 $m$，则每个卷积核有 $m$ 个卷积矩阵，对于各通道而言，$m$ 个卷积矩阵在 $m$ 个通道上分别执行二维卷积。

图像是三维的，彩色图像有颜色通道，R、G、B 各表示一个颜色通道，R 表示红色通道，G 表示绿色通道，B 表示蓝色通道。不同通道的像素值不一样，所以每个通道的核矩阵也是不同的，多粒度特征提取可以利用多个核矩阵进行特征提取，得到多个特征图，核矩阵必须是相同维度大小。

如图 3.9 所示，给出一个以图像为例的三通道（RGB）卷积操作，每个图像对应一个通道，每个通道用各自的核矩阵进行卷积操作，得到与通道数相等的输出矩阵，再把这些矩阵相加，得到特征图，输出的特征图展开并排列成为一个向量，称为特征向量，作为后层的输入。卷积核的个数对应输出的特征图的个数，核矩阵的数量为输入通道数乘输出通道数。图 3.9 展示了两个卷积核三通道卷积计算。输入图像尺寸为 4×5×3，经过两个 3×3×3 卷积核（步长为 1），得到了 2×3×2 的输出，体现了局部连接和权值共享的思想。

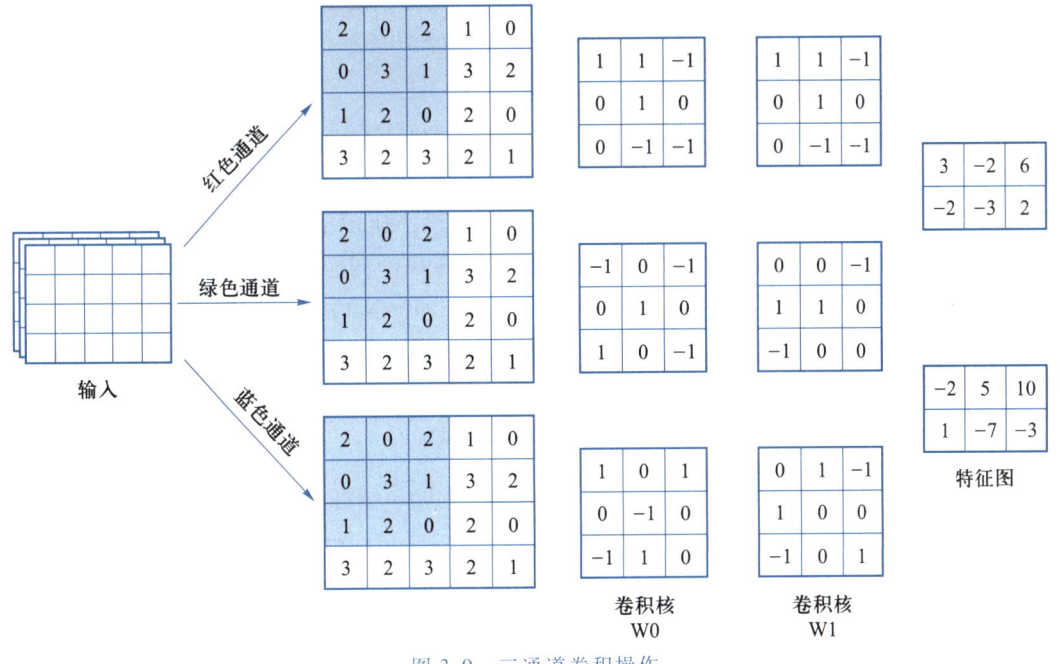

图 3.9　三通道卷积操作

**4. 池化**

池化（pooling）是一种常见的降维操作，有助于特征提取和特征降维，主要的作用是去掉卷积得到的特征映射中的次要部分，进而减少网络参数，其本质是对局部特征的再次抽象表达。

常见的池化为最大池化（max pooling）和平均池化（mean pooling）。最大池化是选择局部区域的最大值，平均池化是计算局部区域的平均值。它们都可以看成特殊的卷积过程，卷积是核矩阵在输入矩阵上的卷积操作，而池化操作是在单个矩阵上进行卷积。

最大池化和平均池化操作的卷积过程可以按照如图 3.10 所示计算，对 4×4 的特征图进行降维，对其中每个 2×2 的区域进行池化。由示例可以看出，最大池化和平均池化的卷积核在原图像上滑动的横向步长、纵向步长均为 2，池化后的效果把原图像尺寸缩减至原来的 1/4。在最大池化的卷积核中，各权重值中只有一个为 1，其余均为 0，卷积核中为 1 的位置对应原图像被卷积核覆盖部分值最大的位置，并保留每个 2×2 区域的最强输入。在平均池化的卷积核中每个权重都是 1/4，相当于把原图像进行模糊操作。

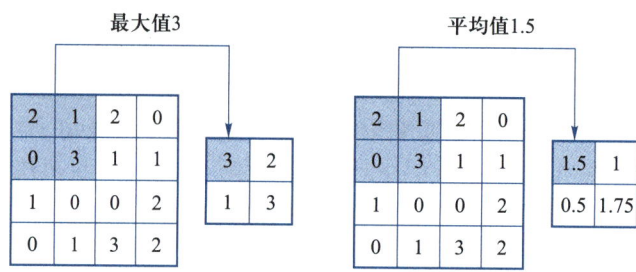

图 3.10 池化示意图

**5. 残差网络**

深度学习的一大原则是，神经网络越深，效果越好。在卷积神经网络中，我们输入的图片是最基本的特征，卷积操作就是信息提取的过程，网络层数越深，提取的特征越抽象，具有语义信息越多。使用普通架构的深度神经网络，随着网络深度增加，就会出现梯度消失或爆炸的问题，导致网络很难训练，错误率反而越高。残差网络(residual network，ResNet)能够有效地解决神经网络深度增加导致的梯度爆炸的难题，在训练更深的网络时，深度网络的错误率可随着网络加深而不断降低，能够保证良好的性能。在卷积神经网络的发展中，残差网络的影响力相当大。

图 3.11 为残差网络的基本单元——残差块(residual block)，残差块中存在一条特殊的边，称为捷径(shortcut)，其中捷径连接相当于简单执行了同等映射，不会产生额外的参数，也不会增加计算复杂度，整个网络依旧可以通过端到端的反向传播训练。残差块的基本思想是假设残差块的上层输出为 $x$，加上一层后令新的输出为 $H(x)$，捷径可以使上一层的输出 $x$ 可以直接连接到输出 $H(x)$ 上，即 $H(x)=F(x)+x$，要求新的一层学习 $H(x)=F(x)-x$，这

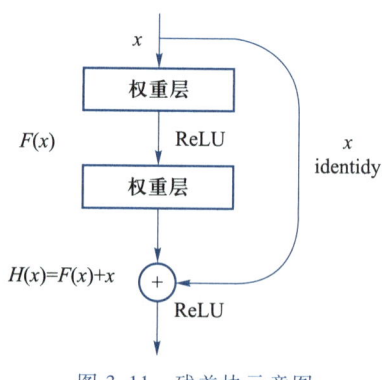

图 3.11 残差块示意图

里的 $F(x)$ 称为残差；若 $F(x)=0$，则 $H(x)=x$，输出结果和上层输出没有变化，性能相同，这说明若 $F(x)=0$ 不会随着网络的加深而变差；新的一层学习 $F(x)=0$ 比学习 $F(x)=x$ 要容易很多，因此新的一层只要学会比 $F(x)=0$ 更好的函数，就可以实现比上一层更好的网络性能，换而言之，$H(x)$ 一定会比 $x$ 更好。

通过推导残差网络上的反向传播可以观察到，残差网络可以解决梯度消失或梯度爆炸的问题。假设网络一共有 $L$ 层，通过从任意第 $l$ 层递归，可以得到如式（3.11）所示的任意深层单元 $L$ 特征的表达：

$$x_L = x_l + \sum_{i=l}^{L-1} F(x_i, W_i) \tag{3.11}$$

对于任意深的单元 $L$ 的特征 $x_L$ 可以表达为浅层单元 $l$ 的特征 $x_l$ 加上一个形如 $\sum_{i=l}^{L-1} F$ 的残差函数，表明了任何单元 $L$ 和 $l$ 之间都具有残差特性。同样的，对于任意深的单元 $L$，它的特征 $x_L = x_0 + \sum_{i=0}^{L-1} F(x_i, W_i)$，即为 $x_0$ 再加上之前所有残差函数输出的总和 $x_l$。

对于反向传播，假设损失函数为 $E$，根据反向传播的链式法则可以得到对输入 $x_l$ 的梯度为

$$\frac{\partial E}{\partial x_l} = \frac{\partial E}{\partial x_L} \cdot \frac{\partial x_L}{\partial x_l} = \frac{\partial E}{\partial x_L}\left(1 + \frac{\partial}{\partial x_l}\sum_{i=l}^{L-1} F(x_i, W_i)\right) \tag{3.12}$$

式（3.12）被分为两个部分：不通过权重层的传递 $\frac{\partial E}{\partial x_L}$ 和通过权重层的传递 $\frac{\partial E}{\partial x_L}\left(1 + \frac{\partial}{\partial X_L}\sum_{i=l}^{L-1} F(x_i, w_i)\right)$，前者保证了信号能够直接传回到任意的浅层 $x_l$，后者中的独立的"1"使得输出层梯度可以直接传回到特征 $x_l$，从而保证了不会出现梯度消失的现象，因为 $\frac{\partial}{\partial X_L}\sum_{i=l}^{L-1} F(x_i, w_i)$ 不可能为 -1。

由图 3.12 中的模型可以看出，最右边的残差网络就是由一层层残差块构成的，中间的每一个残差块通过调整填补数使得输入和输出维度相等。捷径的存在可以使我们根据需要添加或减少网络层数，保证模型训练的可行性。

### 3.2.2 模型实现

应用 MindSpore 定义神经网络需要使用 mindspore.nn 模块，其中卷积神经网络的相关算子如表 3.3 所示。

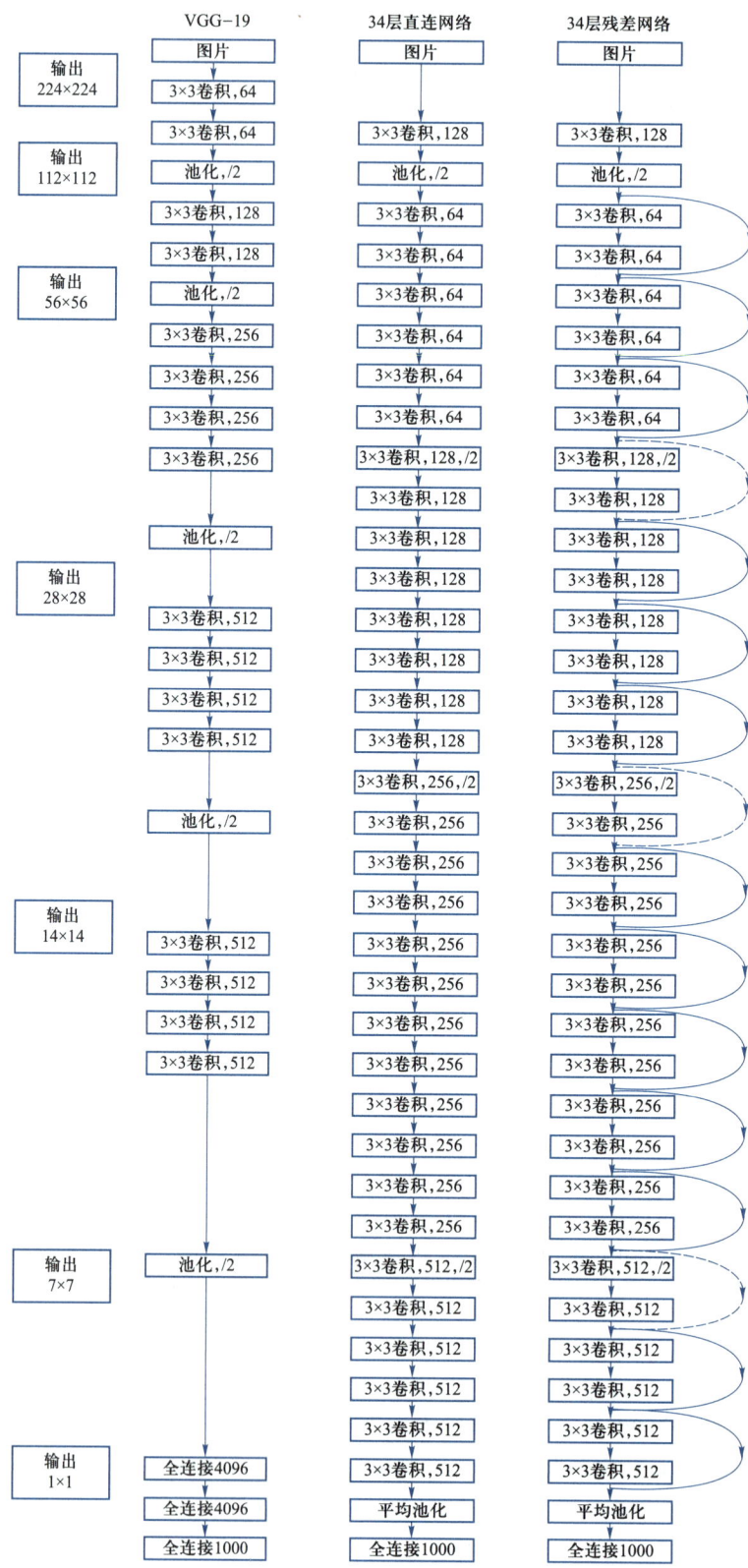

图 3.12 残差网络

表 3.3　卷积神经网络层

| 接口名 | 概述 | 支持平台 |
| --- | --- | --- |
| mindspore.nn.Conv1d | 一维卷积层 | Ascend、GPU、CPU |
| mindspore.nn.Conv1dTranspose | 计算一维转置卷积，可以视为Conv1d对输入求梯度 | Ascend、GPU、CPU |
| mindspore.nn.Conv2d | 二维卷积层 | Ascend、GPU、CPU |
| mindspore.nn.Conv2dTranspose | 计算二维转置卷积，可以视为Conv2d对输入求梯度 | Ascend、GPU、CPU |
| mindspore.nn.Conv3d | 三维卷积层 | Ascend、GPU、CPU |
| mindspore.nn.Conv3dTranspose | 计算三维转置卷积，可以视为Conv3d对输入求梯度 | Ascend、GPU、CPU |
| mindspore.nn.Unfold | 从图像中提取滑窗的区域块 | Ascend、GPU |

下面以二维卷积层 mindspore.nn.Conv2d 为例介绍模型实现原理，二维卷积层对输入 Tensor 计算二维卷积，该 Tensor 的常见 shape 为 ($N$, $C_{in}$, $H_{in}$, $W_{in}$)，其中 $N$ 为 batch size，$C_{in}$ 为输入空间维度，$H_{in}$、$W_{in}$ 分别为特征层的高度和宽度。对于每个 batch 中的 Tensor，其 shape 为 ($C_{in}$, $H_{in}$, $W_{in}$)，输出的定义如下：

$$\text{out}(N_i, C_{out_j}) = \text{bias}(C_{out_j}) \sum_{k=0}^{C_{in}-1} \text{ccor}(\text{weight}(C_{out_j}, k), X(N_i, k))$$

(3.13)

其中，ccor 为 cross-correlation，$\text{out}_j$ 对应输出的第 $j$ 个空间维度，$j$ 的范围在 [0, $C_{out}-1$] 内。weight($C_{out_j}$, $k$) 的卷积核切片，其中 kernel_size[0] 和 kernel_size[1] 分别是卷积核的高度和宽度。bias 为偏置参数，$X$ 为输入 Tensor。

二维卷积层 mindspore.nn.Conv2d 的接口定义如下：

```
class mindspore.nn.Conv2d(in_channels, out_channels, kernel_size, stride=1, pad_mode="same", padding=0, dilation=1, group=1, has_bias=False, weight_init="normal", bias_init="zeros", data_format="NCHW")
```

各参数含义如下。

① in_channels（int）：Conv2d 层输入 Tensor 的空间维度。

② out_channels（int）：Conv2d 层输出 Tensor 的空间维度。

③ kernel_size（Union[int, tuple[int]]）：指定二维卷积核的高度和宽度。数据类型为整型或两个整型的 tuple。一个整数表示卷积核的高度和宽度均为该值。两个整数的 tuple 分别表示卷积核的高度和宽度。

④ stride（Union[int，tuple[int]]）：二维卷积核的移动步长。数据类型为整型或两个整型的 tuple。一个整数表示在高度和宽度方向的移动步长均为该值。两个整数的 tuple 分别表示在高度和宽度方向的移动步长。默认值为 1。

⑤ pad_mode（str）：指定填充模式。可选值为"same""valid""pad"。默认值："same"。

a. same：输出的高度和宽度分别与输入整除 stride 后的值相同。若设置该模式，padding 的值必须为 0。

b. valid：在不填充的前提下返回有效计算所得的输出。不满足计算的多余像素会被丢弃。如果设置此模式，则 padding 的值必须为 0。

c. pad：对输入进行填充。在输入的高度和宽度方向上填充 padding 大小的 0。如果设置此模式，padding 必须大于或等于 0。

⑥ padding（Union[int，tuple[int]]）：输入的高度和宽度方向上填充的数量。数据类型为 int 或包含 4 个整数的 tuple。如果 padding 是一个整数，那么上、下、左、右的填充都等于 padding。如果 padding 是一个有 4 个整数的 tuple，那么上、下、左、右的填充分别等于 padding[0]、padding[1]、padding[2] 和 padding[3]。值应该要大于等于 0，默认值：0。

⑦ dilation(Union[int，tuple[int]])：二维卷积核膨胀尺寸。数据类型为整型或具有两个整型的 tuple。若 k>1，则 kernel 间隔 k 个元素进行采样。垂直和水平方向上的 k，其取值范围分别为[1, H]和[1, W]。默认值：1。

⑧ group(int)：将过滤器拆分为组，in_channels 和 out_channels 必须可被 group 整除。如果组数等于 in_channels 和 out_channels，这个二维卷积层也被称为二维深度卷积层。默认值：1。

⑨ has_bias(bool)：Conv2d 层是否添加偏置参数。默认值：False。

⑩ weight_init(Union[Tensor, str, Initializer, numbers.Number])：权重参数的初始化方法。它可以是 Tensor、str、Initializer 或 numbers.Number。当使用 str 时，可选"TruncatedNormal""Normal""Uniform""HeUniform"和"XavierUniform"分布以及常量"One"和"Zero"分布的值，可接受别名"xavier_uniform""he_uniform""ones"和"zeros"。上述字符串大小写均可。更多细节请参考 Initializer 的值。默认值："Normal"。

⑪ bias_init(Union[Tensor, str, Initializer, numbers.Number])：偏置参数的初始化方法。可以使用的初始化方法与"weight_init"相同。更多细节请参考 Initializer 的值。默认值："zeros"。

⑫ data_format(str)：数据格式的可选值有"NHWC"和"NCHW"。默认值："NCHW"。

输入：x(Tensor)，shape 为 $(N, C_{in}, H_{in}, W_{in})$ 或者 $(N, H_{in}, W_{in}, C_{in})$ 的 Tensor。

输出：Tensor，shape 为 $(N, C_{out}, H_{out}, W_{out})$ 或者 $(N, H_{out}, W_{out}, C_{out})$。

例子：

```
net=nn.Conv2d(120, 240, 4, has_bias=False, weight_init='normal')
x=Tensor(np.ones([1, 120, 1024, 640]), mindspore.float32)
output=net(x).shape
print(output)
```

下面应用 MindSpore 定义一个"4 层卷积+2 层全连接"的卷积神经网络对大小为 96×96 的图进行图像分类处理。应用 MindSpore 定义神经网络需要使用 mindspore.nn 模块，使用 Python 创建一个 cnn_net 类并继承 nn.Cell，在 init 中初始化模型需要用到的各种算子，该卷积神经网络需要用到的算子分别为卷积层 nn.Conv2d、激活函数 nn.Relu、池化层 nn.Maxpool2d、打平操作 nn.Flatten、全连接层 nn.Dense。定义的卷积神经网络的每个卷积层后接一个激活函数和最大池化层，每个池化层通过设置步长为 2 对特征图进行尺寸减半，因此在经过四层卷积后特征图变为输入的 1/16，大小是 96×96 的图处理为 6×6。在卷积层后接一个打平操作，将特征图从二维转换为一维，特征图打平以后才能进入全连接层，最后一层全连接层输出通道数与分类类别数一致。模型中每层输入输出通道定义如下。

卷积层 1：输入通道 3，输出通道 8，卷积核 3×3。
卷积层 2：输入通道 8，输出通道 16，卷积核 3×3。
卷积层 3：输入通道 16，输出通道 32，卷积核 3×3。
卷积层 4：输入通道 32，输出通道 64，卷积核 3×3。
全连接层 1：输入 2 304(64×6×6)，输出 128。
全连接层 2：输入 128，输出分类数。

网络实现代码如下：

```
class cnn_net(nn.Cell):
    def __init__(self, num_class=10, num_channel=3):
        super(cnn_net, self).__init__()
        # 定义所需要的运算
        self.conv1=nn.Conv2d(in_channels=num_channel, out_channels=8,
                        kernel_size=3)
        self.conv2=nn.Conv2d(8, 16, 3)
        self.conv3=nn.Conv2d(16, 32, 3)
        self.conv4=nn.Conv2d(32, 64, 3)
        self.relu=nn.ReLU()
        self.max_pool2d=nn.MaxPool2d(kernel_size=2, stride=2)
        self.flatten=nn.Flatten()
        self.fc1=nn.Dense(2304, 128, weight_init=Normal(0.02))
        self.fc2=nn.Dense(128, num_class, weight_init=Normal(0.02))
```

由于网络中没有带损失函数，需要单独定义一个类 NetWithLoss 用于计算损失，在计算损失前，需要将标签进行独热编码，如分类标签为[0,1,2]，那么标签1经过独热编码转换为[0,1,0]，之后将数据送入模型进行前向计算，得到logits，使用交叉熵损失函数对logits和label计算损失。

```python
class NetWithLoss(nn.Cell):
    def __init__(self, backbone, loss_func, classes):
        super(NetWithLoss, self).__init__()
        self.backbone=backbone
        self.loss_func=loss_func
        self.classes=classes
    def construct(self, inputs, labels):
        labels=ops.one_hot(labels, self.classes, Tensor(1, dtype=mindspore.float32), Tensor(0, dtype=mindspore.float32))
        logits=self.backbone(inputs)
        loss=self.loss_func(logits, labels)
        return ops.mean(loss, axis=0)
```

## 3.3 循环神经网络

### 3.3.1 模型原理

传统的神经网络层与层之间是全连接的，每层之间的节点是无连接的，这种神经网络对于很多问题可能无能为力。假设我们要训练一个处理固定长度句子的前馈型神经网络，传统的全连接前馈型神经网络会给每个输入特征分配一个单独的参数，所以需要分别学习句子每个位置的所有语言规则。相比之下，循环神经网络(recurrent neural network，RNN)作为一类用于处理序列数据的神经网络，在几个时间步内共享相同的权重，不需要分别学习句子每个位置的所有语言规则。

本节首先介绍循环神经网络以及深度循环神经网络(deep recurrent neural network，DRNN)。为避免长期依赖问题，长短期记忆(long-short term memory，LSTM)网络、门控循环单元(gate recurrent unit，GRU)这两种门控循环神经网络应运而生，本节将对门控循环单元进行介绍，LSTM在第8章进行详细介绍。

**1. 循环神经网络概述**

循环神经网络不是刚性地记忆所有固定长度的序列，而是通过隐状态来存储之前时间步的信息。一个典型的循环神经网络网络架构包含一个输入、一个输出和一个神经网络单元，如图3.13所示。和普通的前馈型神经网络的区别在于：循环神经网络的神经网络单元不但与输入和输出存在联系，而且自身也存在一个回路，这种回路允许信息从网络中的一步传递到下一步。

## 3.3 循环神经网络

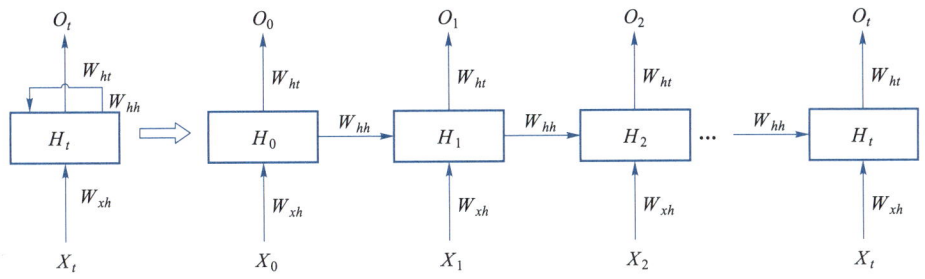

图 3.13 简单循环神经网络结构

图 3.13 中的 $X_t$ 是序列中第 $t$ 个时间步的小批量输入，$H_t$ 是时间步的隐藏变量。循环神经网络中保存了上一时间步的隐藏变量 $H_{t-1}$，并引入一个新的权重参数 $W_{hh}$ 描述当前时间步如何使用上一时间步的隐藏变量，因此 RNN 的计算是循环的。时间步 $t$ 的隐藏变量 $H_t$ 由当前时间步的输入和上一时间步的隐藏变量共同决定，计算公式如下：

$$H_t = \text{sigmod}(W_{xh}X_t + W_{hh}H_{t-1} + b_r) \quad (3.14)$$

可见，这里的隐藏变量可以捕获截至当前时间步的序列的历史信息，相当于神经网络具备了记忆功能。这个公式是循环的，因此该神经网络称为循环神经网络。输出层的计算公式为

$$O_t = \text{sigmod}(W_{ht}H_t + b_o) \quad (3.15)$$

循环神经网络的参数包括隐藏层权重 $W_{xh}$ 和 $W_{hh}$、偏差 $b_r$ 以及输出层的权重 $W_{ht}$ 和偏置 $b_o$。即使在不同的时间步，循环神经网络始终使用这些参数。一个展开的循环神经网络计算如式(3.16)所示，可见循环神经网络可以记忆和使用前序时间步的信息：

$$\begin{aligned}
O_t &= \text{sigmod}(W_{ht}H_t + b_o) \\
&= \text{sigmod}(W_{ht}\text{sigmod}(W_{xh}X_t + W_{hh}H_{t-1} + b_r) + b_o) \\
&= \text{sigmod}(W_{ht}\text{sigmod}(W_{xh}X_t + W_{hh}(\text{sigmod}(W_{ht}\text{sigmod}(W_{xh}X_t + W_{hh}H_{t-2} + b_r) + \\
&\quad b_o)) + b_r) + b_o)
\end{aligned} \quad (3.16)$$

**2. 深度循环神经网络**

深度循环神经网络是在循环神经网络的基础上建立的，是循环神经网络的一种变种。为了增强模型的表达能力，深度循环神经网络将多个循环神经网络上下叠加，设置多个循环层，下层的输出作为上层的输入。例如，第 $i$ 层隐藏层的隐状态如图 3.14 所示。

其计算使用公式如下：

$$H_t = \text{sigmod}(W_rX_t + W_{hr}H_{t-1} + b_r) \quad (3.17)$$

同多层感知机一样，图 3.14 中隐藏层个数 $L$ 是超参数。此外，如果将隐状态的计算换成门控循环单元或者短期记忆的计算，可以得到深度门控循环神经网络。

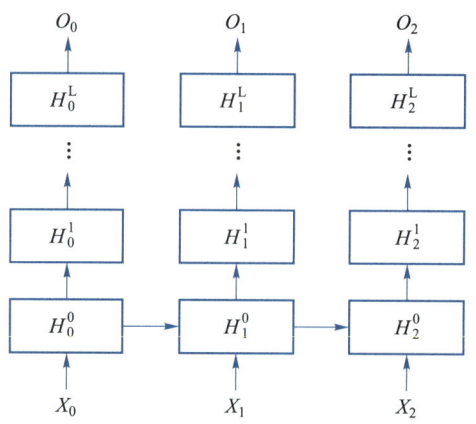

图 3.14 第 $i$ 层隐藏层的隐状态

**3. 循环神经网络中的长期依赖问题**

长期依赖是指当前系统的状态可能受很长时间之前系统状态的影响，然而是常规的循环神经网络结构中无法解决的一个问题。即循环神经网络结构很难将很长时间以前的系统状态信息为自己所用。长期依赖的根本问题是，循环神经网络经过许多阶段传播后的梯度倾向于消失（大部分情况）或爆炸（很少，但对优化过程影响很大）。梯度爆炸是指损失函数的变化非常大，导致最终的梯度也很大，对参数进行更新后可能会导致参数的取值超出有效的取值范围。梯度消失是指损失的变化很小，这个时候梯度的值也会很小（可能趋近于 0），导致参数的更新非常缓慢，甚至更新的方向都不明确。下面以循环神经网络的反向传播计算为例说明梯度的衰减或爆炸问题。

有了循环神经网络前向传播算法的基础，就容易推导出循环神经网络反向传播算法的流程了。循环神经网络反向传播算法的思路和卷积神经网络是一样的，即通过梯度下降法一轮轮地迭代，得到合适的循环神经网络模型参数 $W_{xh}$ 和 $W_{hh}$ 以及 $W_{ht}$ 和 $b_o$。由于是基于时间反向传播，所以循环神经网络的反向传播有时也叫做通过时间的方向传播（back propagation through time，BPTT）。当然这里的 BPTT 和深度神经网络中的反向传播也有很大的不同，即这里所有的模型参数在序列的各个位置是共享的，反向传播时更新的是相同的参数。

为了简化描述，这里的损失函数为交叉熵损失函数，输出的激活函数为 softmax 函数（用 $l$ 表示），$y_t$ 表示真实的结果值。隐藏层的激活函数为 tanh 函数。对于循环神经网络，由于在序列的第 $t$ 个时间步都有损失函数，因此最终 $T$（所有时间步总量）个时间步的损失函数为

$$L = \frac{l}{T\sum_{t=1}^{T} l(O_t, y_t)} \tag{3.18}$$

其中输出 $O_t$ 的梯度计算是比较简单的，公式如下：

$$\frac{\partial L}{\partial O_t} = \frac{\partial l(O_t, y_t)}{T \times \partial O_t} \tag{3.19}$$

参数 $W_{ht}$ 的梯度计算依赖所有 $O_t$，公式如下：

$$\frac{\partial L}{\partial W_{ht}} = \sum_{t=1}^{T} \text{prod}\left(\frac{\partial L}{\partial O_t} \times \frac{\partial O_t}{\partial W_{ht}}\right) \qquad (3.20)$$

隐状态 $H_t$ 以及参数 $W_{xh}$ 和 $W_{hh}$ 的梯度计算就比较复杂了。从循环神经网络的模型可以看出，在反向传播时，在某一序列位置 $t$ 的梯度损失由当前位置的输出对应的梯度损失和序列索引位置为 $t+1$ 时间步时的梯度损失两部分共同决定。对于 $W$ 在某一序列位置 $t$ 的梯度损失需要反向传播从高到低一步步计算。定义序列第 $t$ 个时间步时的隐状态的梯度公式如下：

$$\frac{\partial L}{\partial H_t} = \text{prod}\left(\frac{\partial L}{\partial O_t} \times \frac{\partial O_t}{\partial H_t}\right) = W_{ht} \times \frac{\partial L}{\partial O_t} \qquad (3.21)$$

由于 $L$ 也通过 $H_{t+1}$ 依赖 $H_t$，那么基于依赖关系，梯度计算公式为

$$\frac{\partial L}{\partial H_t} = \text{prod}\left(\frac{\partial L}{\partial O_t} \times \frac{\partial O_t}{\partial H_t}\right) + \text{prod}\left(\frac{\partial L}{\partial H_{t+1}} \times \frac{\partial H_{t+1}}{\partial H_t}\right) \qquad (3.22)$$

展开后得到

$$\frac{\partial L}{\partial H_t} = W_{ht} \times \frac{\partial L}{\partial O_t} + W_{hh} \times \frac{\partial L}{\partial H_{t+1}}$$

$$\frac{\partial L}{\partial H_t} = \sum_{i=t}^{T} (W_{hh})^{T-i} \times W_{ht} \times \frac{\partial L}{\partial O_{T-i}} \qquad (3.23)$$

前面介绍的循环神经网络算法，处理时间序列问题的效果很好，但是仍然存在一些问题，其中较为严重的是容易出现梯度消失或者梯度爆炸的问题（反向传播算法和长时间依赖造成的）。为了进一步改善循环神经网络的梯度消失和梯度爆炸问题，门控的循环神经网络（gated recurrent neural networks，GRNN）利用门控单元控制隐状态随时间的积累程度。门控单元通过捕捉过去信息，可以对长序列进行建模。在门控循环神经网络中使用最多的就是长短期记忆网络和门控循环单元。LSTM 和 GRU 对于梯度消失或者梯度爆炸问题的处理方法主要有如下策略：

① 对于梯度消失，由于它们都有特殊的方式存储记忆，那么以前梯度比较大的记忆不会像简单的循环神经网络一样马上被抹除，可以在一定程度上克服梯度消失问题。

② 对于梯度爆炸，用来克服梯度爆炸的问题就是梯度裁剪，也就是当计算的梯度超过阈值 $c$ 或者小于阈值 $-c$ 时，便把此时的梯度设置成 $c$ 或 $-c$。

### 3.3.2 模型实现

MindSpore 提供的循环神经网络的相关算子如表 3.4 所示。

表 3.4 循环神经网络层

| 接口名 | 概述 | 支持平台 |
| --- | --- | --- |
| mindspore.nn.RNN | 循环神经网络层，其使用的激活函数为 tanh 或 ReLU | Ascend、GPU、CPU |
| mindspore.nn.RNNCell | 循环神经网络单元，激活函数是 tanh 或 ReLU | Ascend、GPU、CPU |
| mindspore.nn.GRU | 门控循环单元网络 | Ascend、GPU、CPU |
| mindspore.nn.GRUCell | 门控循环单元 | Ascend、GPU、CPU |
| mindspore.nn.LSTM | 长短期记忆网络 | Ascend、GPU、CPU |
| mindspore.nn.LSTMCell | 长短期记忆网络单元 | Ascend、GPU、CPU |

下面以循环神经网络层 mindspore.nn.RNN 为例介绍模型实现原理，循环神经网络层使用的激活函数为 tanh 或 ReLU。将具有 tanh 或 ReLU 非线性的循环神经网络层应用到输入。对输入序列中的每个元素，每层的计算公式如下：

$$h_t = \text{activation}(W_{ih} x_t + b_{ih} + W_{hh} x_{(t-1)} + b_{hh}) \tag{3.24}$$

这里的 $h_t$ 是在 $t$ 时刻的隐状态，$x_t$ 时刻的输入，$h_{(t-1)}$ 是上一层在 $t-1$ 时刻的隐状态，或初始隐状态。

循环神经网络层 mindspore.nn.RNN 的接口定义如下：

class mindspore.nn.RNN(*args, **kwargs)

各参数含义如下。

① input_size(int)：输入层输入的特征向量维度。

② hidden_size(int)：隐藏层输出的特征向量维度。

③ num_layers(int)：堆叠 RNN 的层数。默认值为 1。

④ nonlinearity(str)：用于选择非线性激活函数。取值可为"tanh"或"relu"。默认值为"tanh"。

⑤ has_bias(bool)：Cell 是否有偏置项 b_ih 和 b_hh。默认值：True。

⑥ batch_first(bool)：指定输入 x 的第一个维度是否为 batch_size。默认值为 False。

⑦ dropout(float)：指的是除第一层外每层输入时的 Dropout 概率。Dropout 的范围为[0.0, 1.0)。默认值为 0.0。

⑧ bidirectional(bool)：指定是否为双向 RNN，如果 bidirectional=True，则 num_directions=2，否则为 1。默认值为 False。

输入：

① x(Tensor)：数据类型为 mindspore.float32 或 mindspore.float16，shape 为(seq_len, batch_size, input_size)或(batch_size, seq_len, input_size)的 Tensor。

② hx(Tensor)：数据类型为 mindspore.float32 或 mindspore.float16，shape 为(num_directions * num_layers, batch_size, hidden_size)的 Tensor。hx 的数据

类型与 x 相同。

③ seq_length(Tensor)：输入 batch 的序列长度，Tensor 的 shape 为(batch_size)。此输入指明真实的序列长度，以避免使用填充后的元素计算隐状态，影响最后的输出。当 x 被填充元素时，建议使用此输入。默认值为 None。

输出：Tuple，包含(output, hx_n)的 tuple。

① output(Tensor)：shape 为(seq_len, batch_size, num_directions * hidden_size)或(batch_size, seq_len, num_directions * hidden_size)的 Tensor。

② hx_n(Tensor)：shape 为(num_directions * num_layers, batch_size, hidden_size)的 Tensor。

应用循环神经网络的例子部分代码如下：

```
net=nn.RNN(10, 16, 2, has_bias=True, batch_first=True, bidirectional=False)
x=Tensor(np.ones([3, 5, 10]).astype(np.float32))
h0=Tensor(np.ones([1*2, 3, 16]).astype(np.float32))
output, hn=net(x, h0)
print(output.shape)
```

## 3.4　图神经网络

深度学习在处理欧几里得域中表示的数据方面具有良好的表现，在诸如计算机视觉和自然语言、声音处理等领域取得了显著的成果。然而，如果要处理非欧几里得结构的图数据，如物理系统建模、分子指纹学习、蛋白质作用位点预测等任务时就无能为力。相较于规则的数据结构，非欧几里得结构的图更贴近现实生活中数据、知识的组织形式(如社交网络、交通路网、化学分子结构等)，图中节点有着更加复杂多变的邻接关系，节点集和边集的规模也更加庞大，节点和边可能携带着丰富的属性标签。

图神经网络(graph neural network，GNN)是基于深度学习的图数据处理方法，由于其卓越的性能和较好的可解释性，图神经网络近年来被广泛应用于图分析。实际上，图神经网络可以看作卷积神经网络在图上的扩展，即将卷积的思想从欧几里得域迁移到非欧几里得域。通过图神经网络，之前在图片、视频、音频、文本等任务上大放异彩的深度学习技术，现在也逐渐应用到社交网络分析、物理系统建模、化学分子属性预测等更为广阔的领域。

图神经网络通过在图中的节点和边上制定一定的策略，将图结构数据转化为规范而标准的表示，并输入到多种不同的神经网络中进行训练，在节点分类、边信息传播和图聚类等任务上取得优良的效果。

图 3.15 展示了图神经网络的基本模型架构，包括图卷积层、激活函数、Dropout 层。

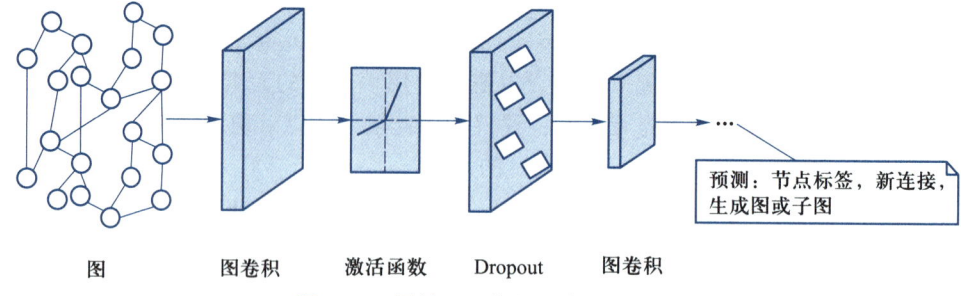

图 3.15 图神经网络的基本模型架构

### 3.4.1 模型原理

**1. 基础图神经网络**

基础图神经网络处理无向的同构图,具体的,给定图 $G(V, E)$,其中 $V$ 和 $E$ 分别是 $G$ 的点集和边集,图 $G$ 共有 $n$ 个节点和 $m$ 条边。集合 $ne[v]$ 表示节点 $v$ 的邻接点,集合 $co[v]$ 表示以节点 $v$ 作为其中一个顶点的边的集合。节点和边的标签由实向量表示,分别由 $l_v \in \mathbb{R}^{l_V}$ 和 $l_{(v_1,v_2)} \in \mathbb{R}^{l_E}$ 表示,其中,$l$ 表示将图中所有的标签叠加在一起得到的向量。

因为图中的每个节点代表实际中的某个对象或实体,边代表一对对象或实体之间的关系。因此,每个节点都有表示其特征的向量,记作 $x_v$,其经过图神经网络得到的输出可记作 $o_v$。记 $f_w$ 为局部转移函数,表示节点对邻域的依赖程度;记 $g_w$ 为局部输出函数,描述输出是如何产生的,则 $x_v$ 和 $o_v$ 定义如下:

$$\begin{aligned} x_v &= f_w(l_v, l_{co[v]}, x_{ne[v]}, l_{ne[v]}) \\ o_v &= g_w(x_v, l_v) \end{aligned} \tag{3.25}$$

其中,$l_v$ 是节点 $v$ 的标签,$l_{co[v]}$ 是与节点 $v$ 相连的边的标签,$x_{ne[v]}$、$l_{ne[v]}$ 分别是其邻接点的状态和标签。

将所有的状态、输出、标签和节点标签堆叠起来,并分别用 $x$、$o$、$l$、$l_V$ 表示,则上述式子可改写成如下:

$$\begin{aligned} x &= F_w(x, l) \\ o &= G_w(x, l_V) \end{aligned} \tag{3.26}$$

其中,$F_w$ 为全局转移函数,$G_w$ 为全局输出函数,分别由局部函数对所有节点堆叠而成。

根据巴拿赫不动点定理,节点状态可采用如式(3.27)所示的迭代式子进行求解:

$$x(t+1) = F_w(x(t), l) \tag{3.27}$$

其中,$x(t)$ 表示迭代第 $t$ 次时的节点状态。

若使用局部函数进行计算,则如下式:

$$\begin{aligned} x_v(t+1) &= f_w(l_v, l_{co[v]}, x_{ne[v]}(t), l_{ne[v]}) \\ o_v(t) &= g_w(x_v(t), l_v), \quad v \in V \end{aligned} \tag{3.28}$$

随后需要学习局部函数的损失，使其近似于学习数据集中的数据。可采用下式进行计算：

$$\text{loss} = \sum_{i=1}^{p}(t_i - o_i) \tag{3.29}$$

其中，$p$ 是有监督标签的数量，$t_i$ 是第 $i$ 个有监督标签的节点目标信息，$o_i$ 是第 $i$ 个有监督标签的节点输出信息。

根据式(3.29)，采用梯度下降策略进行学习，得到一个基本的图神经网络模型，可针对特定监督任务或半监督任务进行学习。

基础图神经网络为图结构数据建模提供了一种有效的方式。但仍存在局限性，如计算效率过低，不能很好地对边进行建模等。因此在基础图神经网络的基础之上，许多图神经网络的变体被提出。

**2. 图卷积神经网络**

图卷积神经网络(gaph convolution network，GCN)首次将图像处理中的卷积操作简单地用到图结构数据处理中来，并且给出了具体的推导，具体可分为基于图谱的方法和基于空间域的方法。其中，基于图谱的方法主要采用基于拉普拉斯矩阵的特征向量反映图的结构，基于空间域的方法主要针对空间上相邻的邻域进行运算。

(1) 基于图谱的神经网络：以图卷积神经网络为例

图卷积神经网络是一种基于图谱的神经网络，网络架构如图 3.16 所示。图谱是图的拉普拉斯矩阵的特征值。具体的，给定图 $G(V, E)$，其中 $V$ 和 $E$ 分别是 $G$ 的点集和边集，图 $G$ 共有 $n$ 个节点和 $m$ 条边，则图 $G$ 的邻接矩阵 $A$ 为 $n \times n$ 的矩阵，图 $G$ 的度矩阵为 $D = \text{diag}(d_1, d_2, \cdots, d_n)$，其中，$d_i$ 是第 $i$ 个节点的度数，则图 $G$ 的非正规化拉普拉斯矩阵可定义为 $L' = D - A$，归一化的拉普拉斯矩阵为 $L = I_n - D^{-1/2} A D^{-1/2}$，其中 $I_n$ 是单位矩阵。

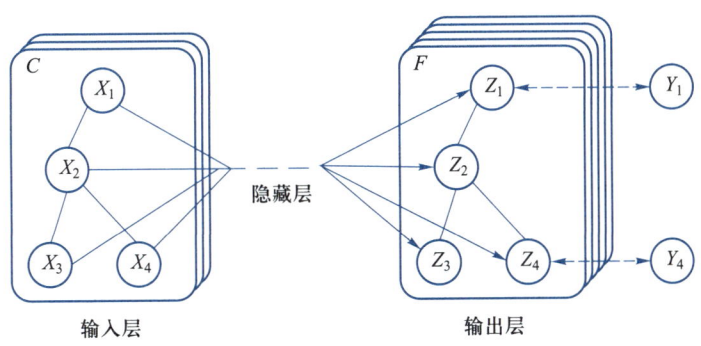

图 3.16 图卷积神经网络的网络架构

由于 $L$ 是一个实对称正半定矩阵，有一个完整的标准正交特征向量集合 $\{u_l\}_{l=0}^{n-1} \in \mathbb{R}^n$，称为图的傅里叶模，它们相关联的有序实非负特征值 $\{\lambda_l\}_{l=0}^{n-1}$ 为图的频率。

通过傅里叶变换，$U = [u_1, u_2, \cdots, u_n]$，拉普拉斯矩阵被对角化为 $L =$

$U\varLambda U^T$,其中,$\varLambda = \text{diag}(\lambda_1, \lambda_2, \cdots, \lambda_n)$ 是特征值矩阵,则特征值集合 $\{\lambda_1, \lambda_2, \cdots, \lambda_n\}$ 即图 $G$ 的图谱。

定义在图的节点上的图信号 $x: V \to \mathbb{R}$ 可被视为一个长度为 $n$、元素为实数的向量 $x = [x_1, x_2, \cdots, x_n]^T \in \mathbb{R}^n$,其中,$x_i$ 是 $x$ 在第 $i$ 个节点上的值,则对一个图信号 $x \in \mathbb{R}^n$ 作傅里叶变换可定义为 $\hat{x} = U^T x \in \mathbb{R}^n$,它的逆函数定义为 $x = U\hat{x}$。

通过使用非参数滤波器 $g_\theta$ 对图信号进行筛选,得到筛选后的图信号如下:

$$y = g_\theta(L)x = g_\theta(U\varLambda U^T)x = Ug_\theta(\varLambda)U^T x \tag{3.30}$$

其中,$g_\theta(\varLambda) = \text{diag}(\theta)$,$\theta \in \mathbb{R}^n$ 是傅里叶系数的向量。

但是由于非参数滤波器不是空间局部化的,且 $Ug_\theta(\varLambda)U^T x$ 的计算量为 $O(n^2)$,计算量过大,不适用于大规模网络。

因此,可采用多项式滤波器 $g_\theta(\varLambda) = \sum_{k=0}^{K-1} \theta_k \varLambda^k$ 解决这个问题,其中,$\theta \in \mathbb{R}^K$ 是多项式系数的向量。由此得到的图卷积神经网络模型无须特征分解,这种形式不仅简化了运算,同时具备了局部性。因此,图卷积神经网络的卷积操作实际上是将每个节点的 $K$ 步范围内的邻居的特征融合起来。

一个多层的图卷积神经网络模型遵循式(3.31)所示的分层传播规则:

$$H^{(l+1)} = \sigma(\widetilde{D}^{-1/2}\widetilde{A}\widetilde{D}^{-1/2}H^{(l)}W^{(l)}) \tag{3.31}$$

其中,$\widetilde{A} = A + I_n$ 是图 $G$ 添加了自连接的邻接矩阵。$\widetilde{D}_{ii} = \sum_j \widetilde{A}_{ij}$ 和 $W^{(l)}$ 是可训练的权重矩阵。$\sigma(\cdot)$ 表示激活函数,比如,$\text{ReLU}(\cdot) = \max(0, \cdot)$。$H^{(l)} \in \mathbb{R}^{N \times D}$ 是第 $l$ 层的激活矩阵,可知 $H^{(0)} = X$。

(2)基于空间域的方法:以 GraphSAGE 为例

基于图谱的方法主要针对图的结构进行训练,因而不能直接应用于不同结构的图,模型泛化性较差;而基于空间域的方法直接在图上定义卷积运算,主要针对空间上相邻的邻域进行运算。

GraphSAGE(graph sample and aggregate)包括了图的采样和融合,首先使用节点之间连接信息,对邻接点进行采样,然后通过多层聚合函数不断地将相邻节点的信息融合在一起。用融合后的信息预测节点标签。GraphSAGE 的核心操作包括两个步骤:第一步,融合目标节点邻域的特征;第二步,将邻域融合的特征和节点本身的特征进行拼接,通过神经网络更新每个节点的特征。具体如下式:

$$\begin{aligned}h_{N(v)}^k &= \text{AGGREGATE}_k(\{h_u^{k-1}, \forall u \in N(v)\}) \\ h_v^k &= \sigma(W^k \cdot \text{CONCAT}(h_v^{k-1}, h_{N(v)}^k))\end{aligned} \tag{3.32}$$

其中,$h_v^k$ 是节点 $v$ 的特征表示,$k$ 为聚合次数。$N(v)$ 是节点 $v$ 的邻接点的集合,$\sigma(\cdot)$ 是非线性函数,$W^k$ 是权重矩阵,AGGREGATE 和 CONCAT 分别为聚合函数和拼接函数。

GraphSAGE 提供了 4 种聚合节点的函数,具体如下。

平均值聚合：对节点 $v$ 进行聚合时，对节点 $v$ 和邻域的特征向量求均值，如下式：

$$h_v^k = \text{Mean}(\{h_u^{k-1}, \forall u \in N(v)\}) \tag{3.33}$$

GCN 聚合：采用了类似 GCN 卷积的方式进行聚合，公式和平均值聚合类似，如下式：

$$h_v^k = \sigma(W \cdot \text{Mean}(\{h_v^{k-1}\} \cup \{h_u^{k-1}, \forall u \in N(v)\})) \tag{3.34}$$

LSTM 聚合：与平均值聚合相比，LSTM 具有更强大的表达力，因此也可采用 LSTM 进行聚合。但是，因为 LSTM 顺序处理输入，使得它们不是固有对称的。因此，通过简单地将 LSTM 应用于邻接点的随机排列，使 LSTM 操作无序集。

池化聚合：先把所有邻接点的特征向量传入一个全连接层，然后使用最大池化聚合，如下式：

$$\text{AGGREGATE}_k^{\text{pool}} = \max(\{\sigma(W_{\text{pool}} h_u^{k-1} + b), \forall u \in N(v)\}) \tag{3.35}$$

关于如何学习聚合器的参数以及权重矩阵 $W$，GraphSAGE 可采用监督算法或无监督算法。若采用监督算法，可将预测标签和真实标签的交叉熵作为损失函数；若采用无监督算法，GraphSAGE 采用负采样算法，如下式：

$$J_G(z_u) = -\log(\sigma(z_u^T z_v)) - Q \cdot E_{v_n \sim P_n(v)} \log(\sigma(-z_u^T z_{v_n})) \tag{3.36}$$

其中，$z_u$ 是节点 $u$ 经过 GraphSAGE 聚合后的特征向量，$v$ 是 $u$ 的邻接点，$P_n(v)$ 是负采样分布，$Q$ 是采样次数。

**3. 循环图神经网络：以门控图神经网络为例**

为了解决 GNN 计算效率过低的问题，一些变体在前向传播过程中加入 GRU 或 LSTM 的门控机制，既可应对上述不足，也可提高长距离信息传播的有效性。

门控图神经网络（gated graph neural network，GGNN）在前向传播中使用了门控循环单元，并使用时序反向传播算法计算梯度。该模型的传播过程如下

$$\begin{aligned}
h_v^{(1)} &= [x_v^T, 0]^T \\
a_v^{(t)} &= A_{v:}^T [h_1^{(t-1)T} \cdots h_{|V|}^{(t-1)T}]^T + b \\
z_v^t &= \sigma(W^z a_v^{(t)} + U^z h_v^{(t-1)}) \\
r_v^t &= \sigma(W^r a_v^{(t)} + U^r h_v^{(t-1)}) \\
\widetilde{h}_v^{(t)} &= \tan h(W a_v^{(t)} + U(r_v^t \odot h_v^{(t-1)})) \\
h_v^{(t)} &= (1 - z_v^t) \odot h_v^{(t-1)} + z_v^t \odot \widetilde{h}_v^{(t)}
\end{aligned} \tag{3.37}$$

其中，$A_v$ 是图邻接矩阵的子矩阵，表示节点 $v$ 与其相邻节点的连接情况；向量 $a_v^{(t)}$ 聚合节点 $v$ 的邻域信息；$z$ 和 $r$ 分别是更新门和重置门；$\odot$ 是阿达马积。

首先节点 $v$ 汇聚其邻域信息，随后更新函数使用邻域信息以及上一个时间步的信息更新节点的隐状态。

关于模型的输出，GGNN 支持根据不同类型的任务产生不同类型的输出。

比如节点选择任务，对任意节点 $v \in V$，通过下式产生输出并加以应用 softmax：

$$o_v = g(h_v^{(T)}, x_v) \tag{3.38}$$

针对图级别的输出，采用下式(3.39)产生输出：

$$h_G = \tan h\Big(\sum_{v \in V} \sigma(i(h_v^{(T)}, x_v)) \odot \tan h(j(h_v^{(T)}, x_v))\Big) \tag{3.39}$$

其中，$\sigma(i(h_v^{(T)}, x_v))$ 充当软注意机制，决定哪些节点与当前图级别任务相关。$i$ 和 $j$ 是将 $h_v^{(T)}$ 和 $x_v$ 拼接得到的向量作为输入和输出实值向量的神经网络。

在 GGNN 的基础上，门控图序列神经网络(gated graph sequence neural network，GGS-NN)被提出。该网络结构将若干个 GGNN 按顺序操作产生一个输出系列 $o^{(1)} \cdots o^{(k)}$。

以有两个 GGNN 的 GGS-NN 为例：在第 $k$ 个输出步，节点特征矩阵记为 $X^{(k)} = [x_1^{(k)}, \cdots, x_{|V|}^{(k)}] \in \mathbb{R}^{|V| \times L_V}$。两个 GGNN 分别为 $F_o^{(k)}$ 和 $F_X^{(k)}$，其中，$F_o^{(k)}$ 从 $X^{(k)}$ 中预测 $o^{(k)}$，$F_X^{(k)}$ 从 $X^{(k)}$ 中预测 $X^{(k+1)}$。$F_o^{(k)}$ 和 $F_X^{(k)}$ 都包含一个传播模型和一个输出模型。在传播模型中，在第 $k$ 个输出步的第 $t$ 次传播的节点向量矩阵记为 $H^{(k,t)} = [h_1^{(k,t)}, \cdots, h_{|V|}^{(k,t)}]^T \in \mathbb{R}^{|V| \times D}$，其中，$H^{(k,1)}$ 可通过对 $X^{(k)}$ 进行 0 扩展得到。

图 3.17 展示了上述模型的架构图。

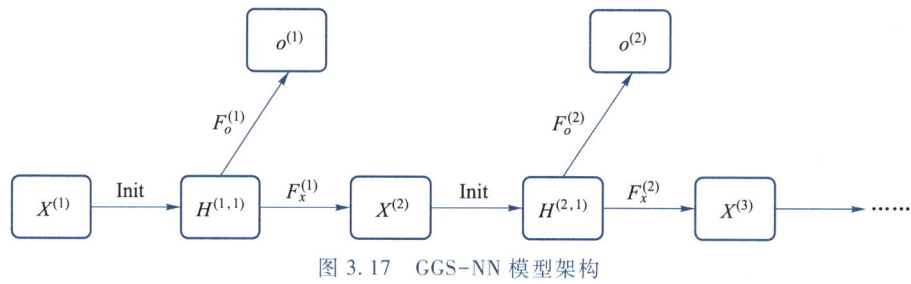

图 3.17 GGS-NN 模型架构

**4. 图注意力网络：以图注意力网络为例**

顾名思义，图注意力网络就是将注意力机制引入图神经网络，网络结构如图 3.18 所示。神经网络中的注意力机制是在计算能力有限的情况下，将计算资源分配给更重要的任务，同时解决信息超载问题的一种资源分配方案。在神经网络学习中，一般而言模型的参数越多则模型的表达能力越强，模型所存储的信息量也越大，但这会带来信息过载的问题。那么通过引入注意力机制，在众多的输入信息中聚焦于对当前任务更为关键的信息，降低对其他信息的关注度，甚至过滤掉无关信息，就可以解决信息过载问题，并提高任务处理的效率和准确性。

通过引入注意力机制，图神经网络不会平等对待所有节点，而是为每个相邻节点分配不同的注意力分数，从而识别出更重要的节点。

图注意力网络(graph attention network，GAT)引入了自注意(self-attention)机制，通过堆叠简单的图注意力层，针对邻域计算注意力分数得到节

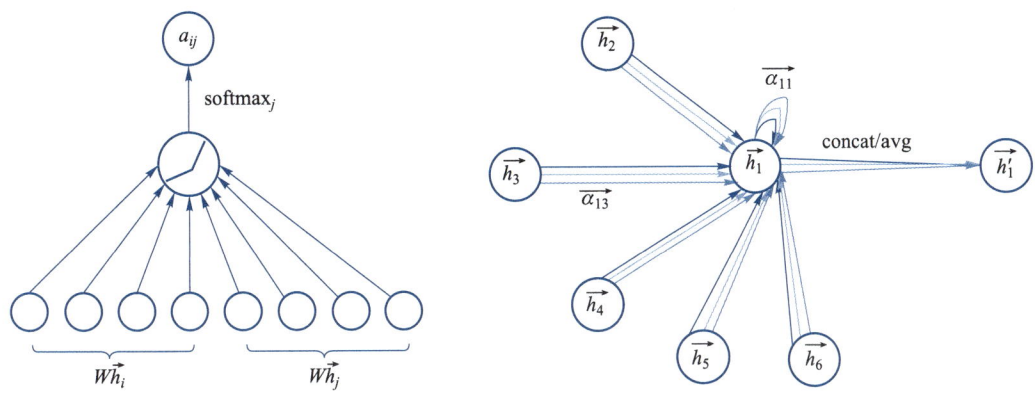

图 3.18 图注意力网络的模型架构

点的隐状态。随后对节点执行自注意力机制来计算注意力系数，如下式：

$$\alpha_{ij} = \frac{\exp(\mathrm{LeakyReLU}(\vec{a}^{\mathrm{T}}[W\vec{h}_i \| W\vec{h}_j]))}{\sum_{k \in N_i} \exp(\mathrm{LeakyReLU}(\vec{a}^{\mathrm{T}}[W\vec{h}_i \| W\vec{h}_k]))} \quad (3.40)$$

其中，$\alpha_{ij}$ 是节点 $j$ 到节点 $i$ 的注意力系数，$N_i$ 是节点 $i$ 的邻接点集合。$\|$ 表示拼接。节点特征向量记为 $h = \{\vec{h}_1, \vec{h}_2, \cdots, \vec{h}_N\}$，$\vec{h}_l \in \mathbb{R}^F$，其中，$N$ 是节点数量，$F$ 是节点特征维数。通过模型计算节点特征向量得到输出 $h' = \{\vec{h}'_1, \vec{h}'_2, \cdots, \vec{h}'_N\}$，$\vec{h}'_l \in \mathbb{R}^{F'}$。$W \in \mathbb{R}^{F' \times F}$ 是在节点上应用的线性变换权重矩阵。$a \in \mathbb{R}^{2F'}$ 是权重向量。通过 LeakyReLU 提供非线性，并使用 softmax 函数进行归一化。

最终，节点的输出特征按照式(3.41)计算。

$$\vec{h}'_l = \sigma\left(\sum_{j \in N_i} \alpha_{ij} W \vec{h}_j\right) \quad (3.41)$$

此外，该模型还可扩展为多头注意力机制(multi-head attention)，即通过使用 $K$ 个注意力机制计算节点隐状态，再将特征拼接起来或求均值。据此可得到两种不同形式的输出：

$$\begin{aligned}\vec{h}'_l &= \bigg\|_{k=1}^{K} \sigma\left(\sum_{j \in N_i} a_{ij}^k W^k \vec{h}_j\right) \\ \vec{h}'_l &= \sigma\left(\frac{1}{K} \sum_{k=1}^{K} \sum_{j \in N_i} a_{ij}^k W^k \vec{h}_j\right)\end{aligned} \quad (3.42)$$

其中，$a_{ij}^k$ 是由第 $k$ 个注意力机制 $a_k$ 计算的经过归一化的注意力系数，$W^k$ 是对应的输入线性转换权重矩阵。

### 3.4.2 模型实现

截至目前最新版本 MindSpore 2.2，还未提供专门针对图神经网络的相关算子，本节选择与卷积神经网络类似的图卷积神经网络介绍如何在 MindSpore 下实现图神经网络。图卷积神经网络类似卷积神经网络，只不过卷积神经网络用于二维数据结构，图卷积神经网络用于图数据结构。图卷积神经网络实际上与卷积神经网络的作用一样，就是一个特征提取器，只不过它的对象是图数据。图卷积神经网络精妙地设计了一种从图数据中提取特征的方法。

图卷积神经网络的图卷积层的接口定义如下：

```
class GraphConvolution(nn.Cell)
```

各参数含义如下：

① feature_in_dim(int)：输入的特征向量维度。

② feature_out_dim(int)：输出的特征向量维度。

③ dropout_ratio(float)：Dropout 层的 Dropout 概率。默认值为 0.0。

④ activation(str)：用于输出层选择非线性激活函数。取值可为"tanh"或"relu"。默认值为 None。

输入：

① adj(Tensor)：shape 为(N，N)的 Tensor。

② input_feature(Tensor)：shape 为(N，C)的 Tensor。

输出：Tensor。

图卷积神经网络算子开发代码如下：

```
# 定义算子：图卷积层
class GraphConvolution(nn.Cell):
    def __init__(self, feature_in_dim, feature_out_dim, dropout_ratio=None, activation=None):
        super(GraphConvolution, self).__init__()
        self.in_dim=feature_in_dim
        self.out_dim=feature_out_dim
        self.weight_init=glorot([self.out_dim, self.in_dim])
        self.fc=nn.Dense(self.in_dim, self.out_dim, weight_init=self.weight_init, has_bias=False)
        self.dropout_ratio=dropout_ratio
        if self.dropout_ratio is not None:
            self.dropout=nn.Dropout(keep_prob=1-self.dropout_ratio)
        self.dropout_flag=self.dropout_ratio is not None
        self.activation=get_activation(activation)
        self.activation_flag=self.activation is not None
        self.matmul=P.MatMul()
    def construct(self, adj, input_feature):
        "GCN 图卷积层"
        dropout=input_feature
        if self.dropout_flag:
            dropout=self.dropout(dropout)
```

## 3.4 图神经网络

```
            fc=self.fc(dropout)
            output_feature=self.matmul(adj, fc)
            if self.activation_flag:
                output_feature=self.activation(output_feature)
            return output_feature
```

图卷积神经网络包含两个图卷积层。每一层以节点特征和邻接矩阵为输入，通过聚合相邻特征来更新节点特征。图卷积神经网络模型代码实现如下：

```
# 定义模型：图卷积神经网络模型
class GCN(nn.Cell):
    def __init__(self, config, input_dim, output_dim):
        super(GCN, self).__init__()
        self.layer0 = GraphConvolution(input_dim, config.hidden1, activation="relu", dropout_ratio=config.dropout)
        self.layer1=GraphConvolution(config.hidden1, output_dim, dropout_ratio=None)
    def construct(self, adj, feature):
        output0=self.layer0(adj, feature)
        output1=self.layer1(adj, output0)
        return output1
```

下面是一个应用上面定义的图卷积神经网络模型的例子，首先定义一个对图卷积神经网络进行参数定义的配置类 ConfigGCN。

```
class ConfigGCN():
    learning_rate=0.01
    epochs=200
    hidden1=16
    dropout=0.5
    weight_decay=5e-4
    early_stopping=50
    save_ckpt_steps=549
    keep_ckpt_max=10
    ckpt_dir='./ckpt'
    best_ckpt_dir='./best_ckpt'
    best_ckpt_name='best.ckpt'
    eval_start_epoch=100
    save_best_ckpt=True
    eval_interval=1
```

使用图卷积神经网络模型进行训练的部分代码如下：

**135**

```
    context.set_context(mode=context.GRAPH_MODE, device_target=
default_args.device_target, save_graphs=False)
    config=ConfigGCN()
    adj, feature, label_onehot, label=get_adj_features_labels(de-
fault_args.data_dir)
    nodes_num=label_onehot.shape[0]
    train_mask=get_mask(nodes_num, 0, default_args.train_nodes_num)
    eval_mask=get_mask(nodes_num, default_args.train_nodes_num,
default_args.train_nodes_num+default_args.eval_nodes_num)
    test_mask=get_mask(nodes_num, nodes_num - default_args.test_
nodes_num, nodes_num)
    class_num=label_onehot.shape[1]
    input_dim=feature.shape[1]
    gcn_net=GCN(config, input_dim, class_num)
    gcn_net.add_flags_recursive(fp16=True)
    adj=Tensor(adj)
    feature=Tensor(feature)
```

## 本章小结

深度学习作为机器学习的一个分支，所谓深度就是指深度学习中映射输入和输出之间的模型需要具有多个层级的结构。相对于传统的机器学习方法，深度学习可以通过深度神经网络自动完成特征提取，典型的深度神经网络包括人工神经网络、卷积神经网络、循环神经网络与图神经网络。

人工神经网络作为最典型的神经网络，模拟生物大脑的神经系统，包含若干人工神经元，通过一个输入层、若干隐藏层、一个输出层实现数据的转换计算，最终实现分类预测。本章介绍了前馈型与反馈型两种人工神经网络的网络架构与转换过程。

卷积神经网络由人工神经网络演进而来，采用了卷积层和采样层两个结构，通过局部连接、权值共享、下采样来控制参数数量，特别是应用于计算机视觉领域。本章介绍了卷积神经网络的卷积操作与池化操作，给出了残差网络这一典型卷积神经网络的网络结构，并提供了一个基于华为MindSpore卷积神经网络的相关算子定义卷积神经网络的相关实现。

循环神经网络适用于对序列数据进行处理，本章介绍了循环神经网络的结构，并就循环神经网络中的长期依赖问题进行了讨论，最后提供了一个基于华为MindSpore循环神经网络的相关算子定义卷积神经网络的相关实现。

图神经网络适用于处理非欧几里得结构的图数据，本章介绍了图神经网络的模型原理，并介绍了将卷积操作引入图神经网络的图卷积神经网络以及为了提升计算效率的循环图神经网络，最后提供了一个基于华为MindSpore定义图卷积神经网络的相关实现。

## 思考题 3

1. 假设你要设计一个反馈神经网络用于音频信号的语音识别任务。你收集了 1 000 个标记好的音频样本，每个样本的长度为 10 秒。你计划使用一个具有两个隐藏层的反馈神经网络进行训练。描述你将使用的反馈神经网络的体系结构，包括输入层、隐藏层和输出层的节点数量。

2. 如图 3.19 所示，给定一个 4×5 的输入矩阵和 3×3 的卷积核，卷积核在输入矩阵上从左到右、从上到下滑动操作，每滑动一次即可求得局部数据信息的加权平均值，请给出该卷积操作的具体步骤与输出的特征图。

图 3.19　4×5 的输入矩阵和 3×3 的卷积核

3. 在使用循环神经网络时，经常碰到可变长数据，即每一个样本的时间步是不一样的，如何使用循环神经网络处理变化长度的输入/输出序列？

4. 图卷积网络（GCN）与传统的卷积神经网络（CNN）有何异同？

5. 计划采用卷积神经网络实现猫狗分类，数据集共有 60 000 张彩色图片，这些图片的大小是 32×32 像素，每类猫狗都是 6 000 张图片。选择 VGGNet-13 进行网络搭建，首先是两层（3×3×64）卷积层+一层最大池化层，第二个模块是两层（3×3×128）卷积层+一层最大池化层，第三个模块是两层（3×3×256）卷积层+一层最大池化层，第四个模块是两层（3×3×512）卷积层+一层最大池化层，第五个模块是两层（3×3×512）卷积层+一层最大池化层，最后加三层全连接层，然后最后一层的全连接层使用 softmax 作为激活函数。请采用 MindSpore 对该网络进行定义。

## 参考文献

[1] Lewis N D. Python 深度学习[M]. 北京：人民邮电出版社，2018.

[2] 吕云翔，马连韬，张程博. 机器学习基础[M]. 北京：清华大学出版社，2018.

[3] 雷明. 机器学习原理、算法与应用[M]. 北京：清华大学出版社，2020.

[4] 姚舜才，孙传猛. 机器学习基础教程[M]. 西安：西安电子科技大学出版社，2020.

[5] Rumelhart D E Hinton G E, Williams R J. Learning representations by back-propagating errors[J]. Nature, 1986, 323(6088)：533-536.

[6] 魏秀参. 解析深度学习：卷积神经网络原理与视觉实践[M]. 北京：电子工业出版社，2018.

[7] Battaglia P W, et al. Relational inductive biases, deep learning, and graph networks[J]. arXiv preprint arXiv：1806.01261, 2018.

[8] Bronstein M M, et al. Geometric deep learning：going beyond euclidean data[J]. IEEE Signal Processing Magazine, 2017, 34(4)：18-42.

[9] 葫芦娃. 百面深度学习：算法工程师带你去面试[M]. 北京：人民邮电出版社，2020.

[10] 吴博，梁循，张树森，徐睿. 图神经网络前沿进展与应用[J]. 计算机学报，2022.

[11] Scarselli F, et al. The graph neural network model[J]. IEEE Transactions on Neural Networks, 2008, 20(1)：61-80.

[12] Khamsi M A, Kirk W A. An Introduction to Metric Spaces and Fixed Point Theory[M]. John Wiley & Sons, 2011.

[13] 刘知远，周界. 图神经网络导论[M]. 北京：人民邮电出版社，2021.

[14] Defferrard M, Bresson X, Vandergheynst P. Convolutional neural networks on graphs with fast localized spectral filtering[J]. Advances in Neural Information Processing Systems, 2016, 29.

[15] Kipf T N, Welling M. Semi-supervised classification with graph convolutional networks[J]. 2016.

[16] Hamilton W, Ying Z, Leskovec J. Inductive representation learning on large graphs[J]. Advances in Neural Information Processing Systems, 2017, 30.

[17] Cho K, et al. Learning phrase representations using RNN encoder-decoder for statistical machine translation[J]. arXiv preprint arXiv：1406.1078, 2014.

[18] Hochreiter S, Schmidhuber J. Long short-term memory[J]. Neural Computation, 1997, 9(8)：1735-1780.

[19] Li Y, et al. Gated graph sequence neural networks[J]. arXiv preprint arXiv：1511.05493, 2015.

[20] Vaswani A, Shazeer N, Parmar N, et al. Attention is all you need[C]. 31st Conference on Neural Information Processing Systems, 2017.

# 第 4 章 图像分类

**本章要点**

了解图像分类任务的基本概念、发展过程以及图像分类算法中出现过的经典的深度学习算法模型,并使用 MindSpore 深度学习框架实现两个应用案例:手写字体识别和储层物性参数分类。

**本章导图**

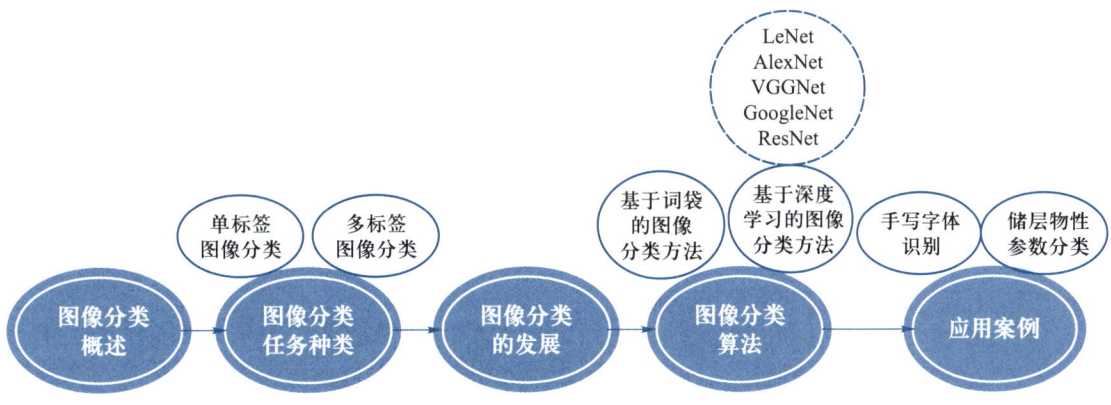

本章首先介绍图像分类任务的定义和背景知识、种类和发展,然后详细介绍传统的图像分类算法的一般流程以及基于深度学习的图像分类的经典算法模型。此外,举例介绍两个图像分类的应用案例:手写字体识别和储层物性参数分类,并列出详细的操作步骤,以增强读者对图像分类问题的理解与应用。

## 4.1 概述

图像分类主要解决将图像按视觉特点分为不同类别的问题,它是计算机视觉的基础任务,也是图像检测、语义分割、实例分割、图像搜索等高级任务的基础。图像分类算法通过学习图像与其标签的对应关系,对未标注图像进行自动标注。图像分类问题中的图像类别(也称为标签)一般都是预先定义好的,在对新图像进行标注时需要从预先定义好的标签集合中进行选择,通过将图像的视觉信息转换为语义信息，为图像分配最匹配的标签，帮助人们自动理解与分析图像。

图像分类可以研究通用的类别，通用的类别一般指物体的大类，例如，Pascal 挑战赛 2012 中的图像分类挑战包含了 20 个类别（人、鸟、猫、牛、狗、马、羊、飞机、自行车、船、公交车、轿车、摩托车、火车、瓶子、椅子、餐桌、植物、沙发、电视/显示器）；ImageNet2010 中的图像分类挑战包含了动物、家用电器、鸟、鱼、花、食物、水果、乐器、树、蔬菜、人等 27 大类。图像分类也可以研究某个细分领域，例如，场景分类研究图像中的场景类别；人体行为分类研究图像中人的动作。这种情况下，图像的标签是某一种具体类别，例如，在图像场景分类问题中，每幅图像用一类场景进行标注，场景由物体、空间布局、背景和它们之间的关联关系等综合而成，类别可以是街景、办公室场景、卧室场景、教室场景等。图 4.1 给出了一个图像分类问题的实例。假设标签集合是{猫、狗}，即图片中包含猫或狗，利用标注好的数据对分类器进行训练，然后用图 4.1 中的图片进行测试，即对图幅图像打标签，如果标注为"猫"则与图片真实标签相符。

图 4.1　训练好的图像分类器能够将该图像自动标注为"猫"

## 4.2　图像分类任务的种类

根据标签的不同，可以将图像分类任务划分成两种类别：单标签图像分类、多标签图像分类。单标签图像分类为输入图像匹配一个分类标签。在现实场景中，一幅图像可能对应多个标签，如多个目标、场景、行为等，多标签图像分类为图像分配多个标签以充分表达图像中所包含的具体内容。

### 4.2.1　单标签图像分类

按照图像类别的粒度，可以将单标签的图像分类划分为跨物种级图像分类、子类细粒度图像分类以及实例级图像分类三大类别。

**1. 跨物种级图像分类**

跨物种级图像分类的标签抽象级别都比较高，例如，Pascal2012 中的 20 个类别和 ImageNet2010 中的 27 个大类别。这些类的特点是各个类别中包含的图像一般不会与其他类同属于一个更大的类别，类别之间区别比较大，而类内则具有较小的差别，存在类间方差大、类内方差小的特点。图 4.2 给出了 ImageNet2010 数据库中的 15 个大类别的实例。大部分类别不属于同一更大的类别，例如，蔬菜和人、食物和乐器等；有些类别同属于一个更大的类别，例如，鸟和鱼都属于动物，但是它们之间的差别也不太容易区分。

图 4.2 跨物种级图像分类示例：ImageNet 2010 数据库中的 15 个大类别的图像实例

**2. 子类细粒度图像分类**

子类细粒度图像分类中的类别标签一般都属于同一个更大的类别。子类细粒度图像分类对属于同一基础类别的图像（汽车、狗、花、鸟等）进行更加细致的子类划分，但因为子类别间细微的类间差异以及较大的类内差异，与跨物种级图像分类相比，子类细粒度图像分类难度更大。在现实场景中，子类细粒度图像分类更为普遍，例如，社交娱乐网站中个人相册的自动标注可以方便用户查看存档相册；鸟类数据库可以为生物学家提供研究数据；中文路标数据库可以应用在智能交通领域训练；手写字体识别应用在银行手写支票自动识别中。图 4.3 给出了中文路标数据库的实例。从图中给出的路标实例可以发现这些路标都有一些共性，例如，路标具有圆形、三角形等形状；并且路标的边缘用红色、白色或者黑色的边框包围。但是对于自动驾驶车辆来说，每个路标都代表不同的驾驶规则，例如，限速标志、禁令标志等，需要对不同类别的路标进行分类识别。

**3. 实例级图像分类**

实例级图像分类对图像捕捉到的物理世界中的个体进行分类，不局限于是物种类别或者子类，实例级图像分类可以应用在人脸识别、指纹识别等领域。例如，实例级人脸识别需要对人脸的对应的名字进行识别，人脸识别已经被大量应用于人们的日常生活中，许多公司的签到、图书馆的出入乃至手机的解锁都已经大量运用了人脸识别的技术。无限制人脸标识数据库（labeled faces in the wild，LFW）就是一个实例级图像数据库。图 4.4 给出了 LFW 数据库的实例，图中给出了按照字母表顺序排列的前 20 个人脸，每一幅图像代表一个人，图像下面标注了人名，括号中的数值代表这个人一共有几幅图像。

图 4.3　子类细粒度图像分类实例：中文路标数据库

图 4.4　实例级图像分类示例：LFW 数据库部分人脸图像及其对应身份标注

### 4.2.2 多标签图像分类

多标签图像分类可以为一幅图像标注多个标签。多标签图像分类中标签的数量是不确定的，有些样本可能只有一个类别标签，有些样本可能存在多个类别标签。由于现实世界中的场景复杂性和目标关系多样性，目标物体很有可能与其他类别标签有关联。多标签数据图像中存在的多个物体之间通常是有联系的，例如，疾病分类中同时患有多种疾病；矿物分类中几种矿物常生长在一起。图4.5给出了矿物数据标本实例。图像矿物分类从图像中识别出存在的矿物种类，结合已经预测出的标签种类，利用矿物种类之间的相干性，预测输出其他几种可能出现但是不容易辨别出来的矿物种类。

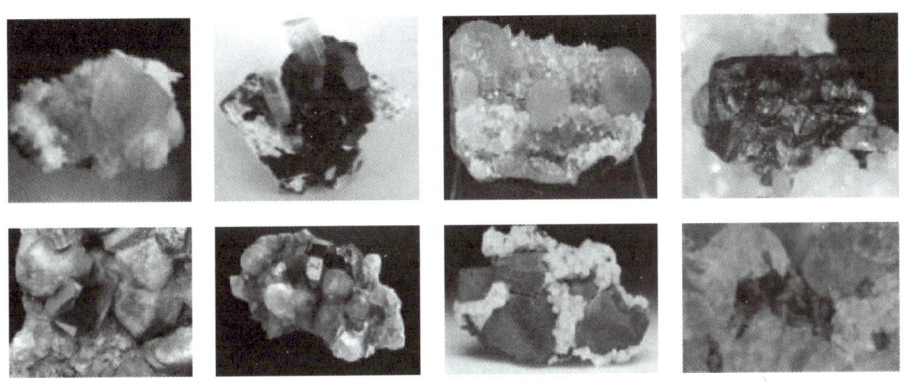

图 4.5　多标签图像分类示例：矿物数据标本

## 4.3　图像分类的发展

图像识别领域大量的算法都是在 Pascal VOC、ImageNet 等公开的数据集上进行验证和比较的。Pascal VOC 是 2005 年发起的一个视觉挑战赛，到 2010 年结束。Pascal VOC 数据集在 2005—2012 年每年都会推出新的版本，并在该版本上举行一次图像分类竞赛。这项挑战赛主要包含三个赛道：图像分类比赛、物体检测比赛、图像分割比赛，后来增加了人类行为识别比赛和人体部位检测比赛。竞赛提供的基准程序框架遵循词袋模型的主要流程实现。

ILSVRC 竞赛在机器视觉领域也是非常重要的学术竞赛，通常用到的 ImageNet 数据集则是一年一度的 ILSVRC 竞赛所对应的子集，其中以 ILSVRC-2012 最为广泛使用。ImageNet 数据集总共有 1 400 多万幅图片，涵盖 2 万多个类别，在论文方法的比较中常用的是 1 000 类的基准。在 ImageNet 发布的早些年里，仍然是以词袋模型为框架的分类方法占据优势，直到 2012 年 AlexNet 的出现，分类算法才进入深度学习时代。

模型的发展对图像分类也起了举足轻重的作用。在 AlexNet 出现之前，深度学习领域的一个里程碑式的网络是 LeNet，这是一个经典的卷积神经网络，它包含了现在卷积神经的重要基本操作。LeNet5 网络的设计是用来进行手写字体识别的，算法公开的 MNIST 手写字体识别数据库在计算机视觉领域也非常重要，成为很多算法的基准验证数据库。

AlexNet 是由 Alex 和 Hinton 等人在 2012 年提出的模型，该模型在 ILSVRC-2012 图像分类上以较大的优势赢得了第一名，是第一个真正意义上的深度网络，预示着基于卷积网络的深度学习技术在视觉任务上的突破。

2013 年 ILSVRC 分类任务冠军网络是 Clarifai，不过我们更熟悉的名字是 ZFNet。Hinton 的学生 Zeiler 和 Fergus 在研究中利用反卷积技术引入了神经网络的可视化，对网络的中间特征层进行了可视化，详尽解释了 CNN 的特点，为研究人员检验不同特征激活及其与输入空间的关系成为了可能。

2014 年的冠亚军网络分别是 GoogLeNet 和 VGGNet。其中 VGGNet 将 CNN 的层数大幅提高，包括 16 层和 19 层两个版本，共包含参数约为 550M。全部使用 3×3 的卷积核和 2×2 的最大池化核，使用可重复叠加的结构块，简化了卷积神经网络的结构。

2015 年，ResNet 获得了分类任务冠军。它以 3.57% 的错误率表现超过了人类的识别水平，并以 152 层的网络架构创造了新的模型纪录，且将 Cifar10 数据集提高到了 1 202 层。

2016 年诞生了许多经典的模型，值得一提的是赢得分类比赛第二名的 ResNeXt，101 层的 ResNeXt 可以达到 ResNet152 的精确度，却在复杂度上只有后者的一半，核心思想为分组卷积，即首先将输入通道进行分组，经过若干并行分支的非线性变换，最后合并。

2017 年，也是 ILSVRC 图像分类比赛的最后一年，ResNeXt 对 ResNet 进行了改进，利用了卷积分组的概念。另外还出现了 DenseNet 这种关注点在 feature 上的网络，也是一个非常有意思的方向。

## 4.4 图像分类算法

图像分类算法大体可以分为传统的计算机图像分类方法和目前最流行的深度学习方法两种，传统的计算机图像分类方法大多都遵循了类似基于词袋的图像分类方法。基于词袋的图像分类方法主要包含图像预处理、特征提取、特征表示和分类器等模块。基于深度学习的图像分类算法与传统的计算机视觉解决方案不同，不包含特征提取、特征表示、分类器等独立模块，深度学习算法通过深度神经网络实现特征提取和分类器功能，从原始数据中自动学习特征，这种学习称为端到端学习。在本节中，我们将通过举例介绍基于词袋的图像分类方法的一般流程以及目前最流行的基于深度学习的图像分类方法的网络框架。

### 4.4.1 基于词袋的图像分类方法

基于词袋模型的图像识别方法一般包括底层特征提取、特征编码、分类器设计、模型融合等几个阶段。词袋模型(bag of words)是其中的一种简化表示,这种方法不考虑语法和单词顺序,只计算单词(也可以只计算句子中比较重要的词)的出现频率,将文本(例如一句话或者一个文档)表示成一个无序的词汇集合,就像用袋子将单词装起来一样失去顺序,因此叫做词袋。

基于词袋的图像分类一般都包含以下几个步骤。

① 对数据进行特征提取。
② 多特征融合。
③ 通过数据库中的数据计算词典。
④ 将所有的数据表示成词典的直方图。
⑤ 基于机器学习模型的回归或者分类。

具体来说,需要首先对图像进行预处理,即对图像进行特征提取,从图像提取的局部特征类似于句子表示中的单词。第②步只有在同时使用多种特征对图像进行处理时才需要用到,是几乎所有经典的图像分类算法中都会用到的特征提取和表示方法,本章节中的例子也将采用 SIFT 方法进行特征提取和表示。我们会按照 Pascal Challenge 中给出的程序框架的基本流程进行介绍,感兴趣的同学可以下载 Development Kit 和数据库进行进一步的算法和程序开发。

**1. 数据和任务**

例子中使用的数据为 Pascal Challenge VOC2007 挑战赛中的数据,为了方便介绍,我们将演示一个有 15 幅训练图像和 15 幅测试图像的小型实例。图 4.6 显示了训练和测试数据集。图像分类实例的任务是通过图 4.6(a)中的训练数据学习如何自动判断图 4.6(b)中的测试数据是否包含飞机这个类别。每个训练数据图像都包含一个类别标签的标注,如果图像中包含飞机则标签为 1,否则标签为-1。在训练的过程中,训练数据集中的图像和标签都可以使用。在测试过程中,我们通过测试数据图像特征来推测其标签。

(a) 训练数据集

(b) 测试数据集

图 4.6  演示实例训练数据集合

**2. 利用 SIFT 提取和表示特征**

我们使用 VLFeat 的 denseSIFT 实现来进行特征提取和表示。首先，我们用 denseSIFT 对图像进行特征提取和表示，该特征在 SIFT 特征提取的基础上进行了加速处理。图 4.7 给出了 Pascal Challenge VOC2007 中的一幅鸟类图像及其随机抽取的部分特征显示。

(a) 一幅鸟类图像　　　　(b) denseSIFT提取特征示例

图 4.7  denseSIFT 提取特征示例

**3. 多特征融合**

一种特征通常只能表示有限的图像特性，例如，SIFT 提取的是边角特征，HOG 提取的是边缘特征。如果在词袋表示方法中想要同时描述图像的多种属性，可以进行多特征提取，利用多种特征对图像进行特征提取之后，需要将多种特征融合起来。一般来说，多特征融合有很多种方法。最常用的方法有两类：早期融合(early fusion)和后期融合(late fusion)。早期融合一般指，把对图像提取的 SIFT 和 HOG 特征向量合并成一个向量；后期融合一般指，将对图像多个特征的估计按照不同的权重进行融合。我们这里的例子只利用 SIFT 特征提取和表示，因此不涉及多特征融合问题，感兴趣的同学可以向基准算法中添加新的特征并进行多特征融合实验。

**4. 利用 $k$-means 算法构造词典**

$k$-means 方法是机器学习模型中非常经典也是非常实用的一个方法。它通常被用来进行无监督的分类，即在不知道训练数据类别标签的情况下，对数据进行自动归类。$k$-means 方法具有收敛性，即一定可以通过有限步达到全局最优，但是比较耗时。这里，我们利用 $k$-means 方法计算词典，并基于词典对图像进行重新表示。$k$-means 方法中的 $k$ 代表的是我们需要计算的聚类个数，需提前定义好，根据经验我们将这个数值设为 4 096，这也是我们的词典中的单词数量。图 4.8 显示了通过 $k$-means 方法计算得到的属于不同聚类中心的图像块。图中随机选择了 6 个类，每个类中显示了被划分到这个聚类的所有图像特征，图像特征用原图像中的一块图像区域表示，该图像中心对应特征的位置。

(a) 聚类1中的图像块

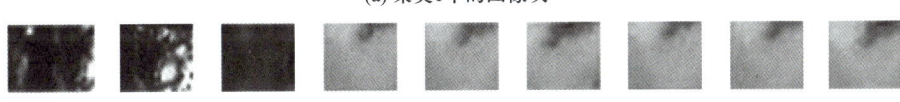

(b) 聚类2中的图像块

图 4.8　聚类结果中不同的类中包含的图像块

从聚类结果中可以看出，不同类别中的图像块中包含的内容不同，例如，聚类 1 中主要包含与蓝天有关的图像块；而聚类 2 中包含的是与白云有关的图像块。因此 $k$-means 算法成功地将没有标签的图像特征进行归类。

### 5. 图像量化

通过 $k$-means 计算得到字典之后，我们需要对所有的图像进行重新表示。每幅图像都被表示成词典的直方图分布，即一个长度为 4 096 的向量。图像中的每个特征向量都与词典中的每个向量进行比较，并将其近似成与该特征最相似的词典项，然后计算所有特征中每个词典项出现的次数，可以得到该词典的直方图，直方图中的每个值表示的是与其对应的字典中的单词在所有特征中出现的次数。

直方图的表示方法忽略了特征原有的位置信息，只考虑特征出现的次数。因为研究人员发现在阅读文章时，即使单词的顺序发生变化，人们依旧能够理解文章想要表达的本意，因此词袋表示方法虽然丢失了单词的位置信息但仍然能够比较有效地表示句子。同样的，在图像分类领域，用直方图的表示方法虽然丢掉了图像特征的位置信息，但是对识别起到关键作用的局部特征仍然能够保留，而且它们出现的次数对识别也起到了关键作用。图 4.9(a) 给出了 Pascal Challenge VOC2007 中的一个图像示例及其基于词典计算得到的直方图表示见图 4.9(b)。

### 6. 基于 SVM 的图像分类

在对所有图像都依据词典计算得到其直方图表示之后，我们将采用支持向量机的判别器进行分类。支持向量机是一种线性分类模型，我们可以将其简单地表示成 $f=wx+b$。支持向量机的原理是通过保留两类数据之间的最大间隔，实现最优的分离超平面。而训练支持向量机的过程就是通过训练数据计算模型参数 $w$ 和 $b$ 的过程，因为通常特征都是高维向量，因此 $w$ 和 $b$ 也是高维向量，导致 $f$ 是高维空间的一个超平面。图 4.10 给出了这个实例中训练和测试时数据

第 4 章　图像分类

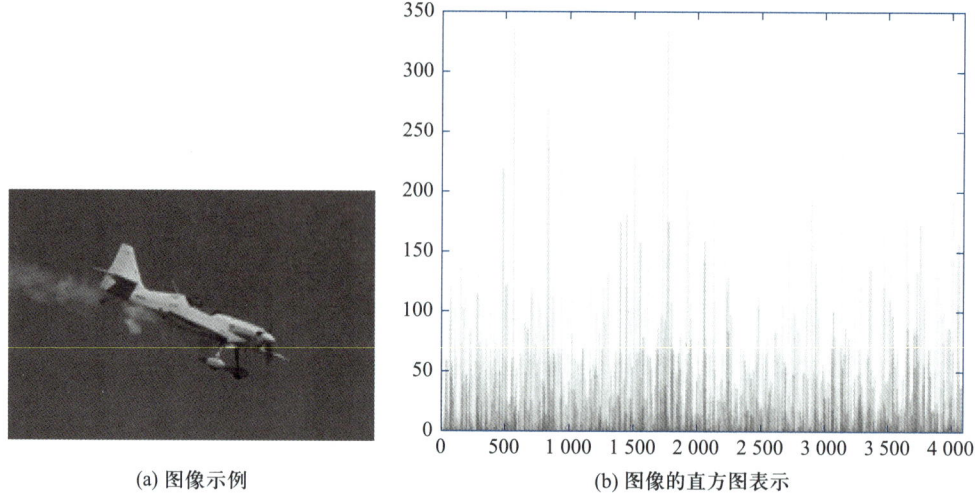

(a) 图像示例　　　　　　　　　　(b) 图像的直方图表示

图 4.9　VOC2007 中的一幅图像示例及其根据词典计算得到的直方图表示

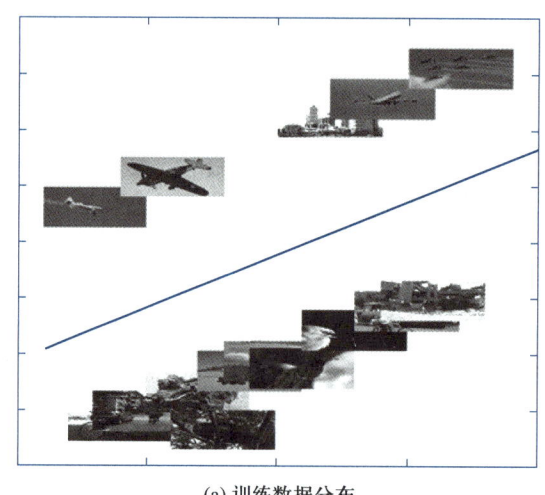

(a) 训练数据分布

(b) 测试数据分布

图 4.10　训练数据和测试数据的分布

## 4.4 图像分类算法

分布的示意图。为了表示方便，我们将数据表示在二维平面上，但是数据与分割超平面的距离是通过真实训练的模型计算得到的。

图中的直线代表的是分割超平面，在超平面上面的图片代表通过分类器 $f$ 计算得到正值的图像，超平面下面的图像代表负值。距离超平面越远说明 $f$ 值的绝对值越大。我们可以计算得到高维的 $w$ 和 $b$，然后我们将测试数据的特征 $x'$ 代入 $f=wx+b$，如果是正值则认为包含飞机，如果是负值则认为不包含飞机。我们可以看到图 4.10(b) 中的测试数据有的能够成功分类，例如，直线上方的右上角第一幅和第三幅图像和直线下方的所有图像（大部分是自行车的图像），有一部分图像也给出了错误的标签。

在这个实例中，图像分类的正确率可以达到 42%，即有 42% 的飞机图像标注正确。考虑到我们只使用了很少量的训练数据和一种特征，这个准确率还是比较高的。如果想要提高识别准确率，需要使用更多的训练数据和更多的特征提取方法。

### 4.4.2 基于深度学习的图像分类方法

接下来，我们将介绍图像分类算法中出现过的经典的深度学习算法模型：LeNet-5、AlexNet、VGGNet、GoogLeNet 和 ResNet，图 4.11 按照时间顺序列出了几个主要的深度学习算法模型。

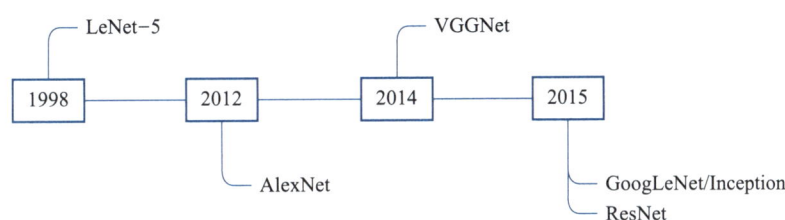

图 4.11 按照时间顺序列出的几个主要的深度学习算法模型

#### 1. LeNet

LeNet 是卷积神经网络的开山之作，也是将深度学习推向繁荣的一座里程碑。Yann LeCun 于 20 世纪 90 年代提出了 LeNet，他首次采用了卷积层、池化层这两个全新的神经网络组件；LeNet 在手写字符识别任务上取得了令人瞩目的准确率。LeNet 网络有一系列的版本，其中以 LeNet-5 版本最为著名，也是 LeNet 系列中效果最佳的版本。

LeNet-5 这个网络虽然很小，但是它包含了深度学习的基本模块：卷积层、池化层、全连接层。它是其他深度学习模型的基础。LeNet-5 共有 7 层，不包含输入，每层都包含可训练参数。每个层有多个特征地图，每个特征地图通过一种卷积滤波器提取输入的一种特征，然后每个特征地图有多个神经元。如图 4.12 和表 4.1 所示分别为 LeNet-5 网络架构示意图和 LeNet-5 的网络层级和具体参数。

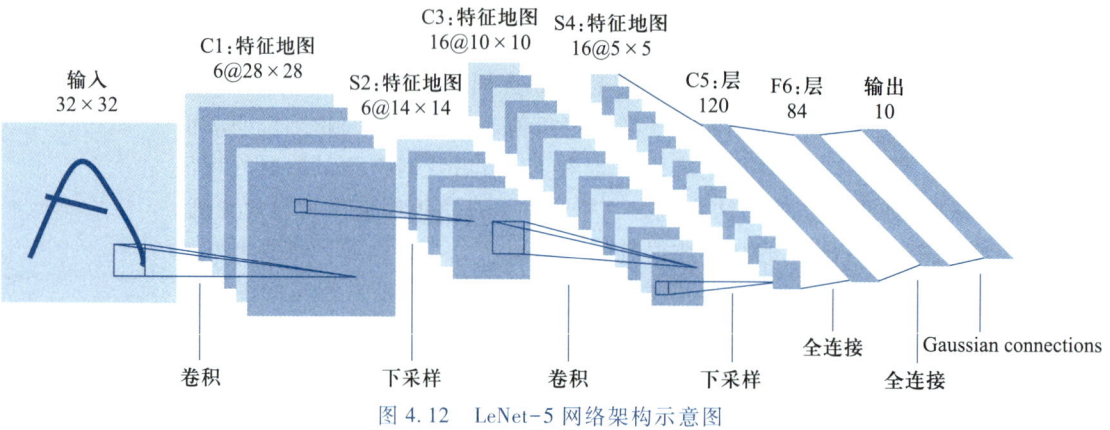

图 4.12 LeNet-5 网络架构示意图

表 4.1 LeNet-5 网络层级

| 网络层 \ 简介 | 输入 | 输出 | (卷积/池化)窗口 | 可训练参数 |
|---|---|---|---|---|
| C1(卷积层) | 32×32 灰度图像 | 6 个 28×28 的特征地图 | 6 个 5×5 的卷积核 | 156 |
| S2(池化层) | 6 个 28×28 的特征地图 | 6 个 14×14 的特征地图 | 2×2 池化窗口 | 12 |
| C3(卷积层) | 6 个 14×14 的特征地图 | 16 个 10×10 的特征地图 | 16 个 5×5 的卷积核 | 1 516 |
| S4(池化层) | 16 个 10×10 的特征地图 | 16 个 5×5 的特征地图 | 2×2 池化窗口 | 32 |
| C5(卷积层) | 16 个 5×5 的特征地图 | 120 个 1×1 的特征地图 | 120 个 5×5 的卷积核 | 48 120 |
| F6(全连接层) | 120 个特征 | 84 个特征 | — | 10 164 |
| Output(输出层) | 84 个特征 | 10 维向量 | — | 840 |

具体来说，LeNet-5 网络输入图像尺寸为 32×32 单通道的灰度图像，然后经过卷积层处理，使得信号特征增强并降低噪声，从而提取图像重要特征。此外，卷积层能够保证图像的平移不变性，并且保留了图像的空间信息。卷积层利用卷积核对图像进行卷积运算，其中每个卷积核都是可训练的，一般在卷积核上会添加一个偏置参数。卷积运算是卷积核以步长在原图上进行移动，将其与卷积核进行元素乘法，并求和乘法结果，最后加上偏置，得到卷积结果。特征图的尺寸计算公式如下：

$$\text{output\_size} = \frac{\text{input\_size} - \text{kernel\_size} + 2\times\text{padding}}{\text{stride}} + 1$$

将卷积层的输出作为池化层的输入进行下一步处理。池化层的主要作用是减少数据,在降低数据维度的同时保留特征图中重要的特征信息;同时也避免了网络参数太多而造成的过拟合问题。池化操作一般都是接在卷积层后面,主要作用有降低冗余信息、扩大感受野、防止过拟合和提升模型尺度不变性、旋转不变性、平移不变性等。

在经过 3 次卷积层和 2 次池化层后,网络将结果输入到输出层,也就是全连接层。全连接层一般接在卷积神经网络的最后,用于提取卷积和池化之后的特征向量,并基于提取的特征向量进行图像分类。全连接层既充当了特征提取器,又充当了分类器的角色,最终完成图像分类任务。

**2. AlexNet**

AlexNet 是 2012 年由 Hinton 和他的学生 Alex 提出的网络框架,该网络框架取得了当年 ILSVRC 竞赛的第一名,其 top5 测试错误率为 15.3%,而第二名的 top5 错误率为 26.2%。AlexNet 是第一个真正意义上的深度网络,与 LeNet-5 的 5 层结构相比,它的层数增加了三层,其中前五层为卷积层,后三层为全连接层。网络的输入从 28 变成了 224,参数量也大大增加。图 4.13 给出了 AlexNet 的结构示意图,示意图中给出了网络结构中每个卷积层的卷积核维数和个数以及全连接层中的神经元个数设置等,表 4.2 所示是 AlexNet 的网络层级和具体参数。AlexNet 的具体网络结构介绍如下。

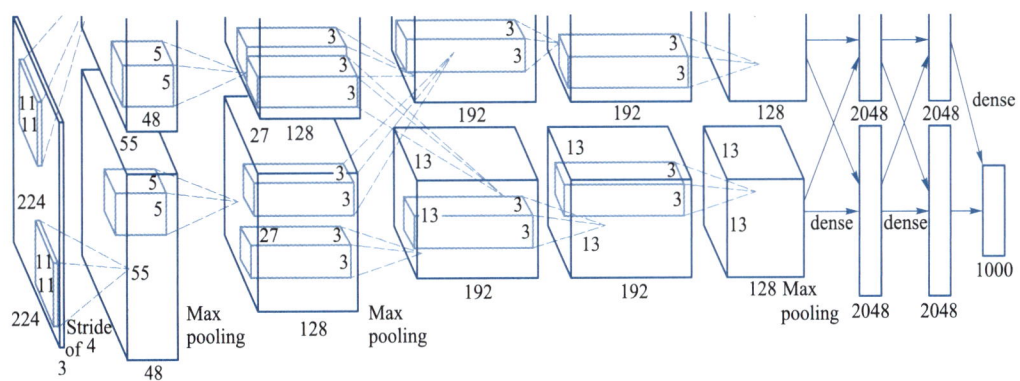

图 4.13 AlexNet 网络结构示意图

表 4.2 **AlexNet 的网络层级和具体参数**

| 网络层 | (卷积/池化)尺寸 | 卷积/池化数量 | 步长 | 填充 | 输入尺寸 | 输出尺寸 |
|---|---|---|---|---|---|---|
| Conv1 | 11×11 | 48(×) | 4 | [1, 2] | 224×224×3 | 55×55×96 |
| Maxpool1 | 3×3 | — | 2 | 0 | 55×55×96 | 27×27×96 |
| Conv2 | 5×5 | 128(×) | 1 | [2, 2] | 27×27×96 | 27×27×256 |
| Maxpool2 | 3×3 | — | 2 | 0 | 27×27×256 | 13×13×256 |
| Conv3 | 3×3 | 192(×) | 1 | [1, 1] | 13×13×256 | 13×13×384 |
| Conv4 | 3×3 | 192(×) | 1 | [1, 1] | 13×13×384 | 13×13×384 |

续表

| 网络层 | (卷积/池化)尺寸 | 卷积/池化数量 | 步长 | 填充 | 输入尺寸 | 输出尺寸 |
|---|---|---|---|---|---|---|
| Conv5 | 3×3 | 128(×) | 1 | [1, 1] | 13×13×384 | 13×13×256 |
| Maxpool3 | 3×3 | — | 2 | 0 | 13×13×256 | 6×6×256 |
| FC1 | 2 048 | — | — | — | 6×6×256 | 4 096 |
| FC2 | 2 048 | — | — | — | 4 096 | 4 096 |
| FC3 | 1 000 | — | — | — | 4 096 | 1 000 |

第一层卷积层输入的图片大小为 224×224×3。第一个卷积层为 11×11，有 96 个卷积核，步长为 4，卷积层后跟 ReLU 层，输出的尺寸为(224-11)/4+1≈55，输出的每个特征图为 55×55×96，同时后面经过 LRN 层处理，尺寸不变。后接最大池化层，其中池化核大小为 3×3，步长为 2，输出的尺寸为(55-3)/2+1=27，因此特征图的大小为 27×27×96。由于使用双 GPU 处理，每组数据有 27×27×48 个特征图，共两组数据，分别在两个 GPU 中进行运算。

第二层卷积层中每组输入数据为 27×27×48，共两组数据。每组数据用 128 个大小为 5×5×48 的卷积核进行卷积运算，步长为 1，尺寸不变，然后用 ReLU 和 LRN 层进行处理。最大池化层中核大小为 3×3，步长为 2，输出两组大小为 13×13×128 的特征图。

第三层卷积层中输入的数据为 13×13×128，共两组数据。第三层每组数据用大小为 3×3×192 的卷积核进行卷积运算，步长为 1，使用 ReLU 激活函数得到两组 13×13×192 的像素层。第四层使用的填充为 1，每组数据用大小为 3×3×192 的卷积核进行卷积运算，步长为 1，经过 ReLU 激活函数后输出两组 13×13×192 的像素层。第五层使用的填充为 1，每组数据用大小为 3×3×128 的卷积核进行卷积运算，步长为 1，经过 ReLU 激活函数后输出两组 13×13×128 的像素层。然后经过 3×3 的池化窗口，步长为 2，池化后输出两组 6×6×256 的像素层。

第六层至第八层这三层全连接层分别设置了 4 096、4 096 和 1 000 个神经元，除了最后一层使用 softmax 激活函数外，其余两层使用 ReLU 激活函数。

### 3. VGGNet

VGGNet 的名字源于牛津大学 Visual Geometry Group 的缩写，是该组提出的一组深度学习网络结构的总称，在 2014 年 ILSVRC 竞赛中取得亚军，其前五名测试错误率为 7.32%。VGG 由 5 个卷积层、3 个全连接层、1 个 softmax 输出层构成，层与层之间使用最大池化分开，所有隐藏层的激活单元都采用 ReLU 函数。作者在原论文中，根据卷积层不同的子层数量，设计了 A、A-LRN、B、C、D、E 共 6 种网络结构。

这 6 种网络结构相似，都是由 5 个卷积层、3 个全连接层组成，区别在于每个卷积层的子层数量不同，从 A 至 E 依次增加，总的网络深度从 11 层到 19 层。图 4.14 给出了所有 VGG 网络的设置，表格中的卷积层参数表示为"conv（感受野大小）-通道数"，例如，con3-64 表示使用 3×3 的卷积核，通道数为 64；最大池化表示为 maxpool，层与层之间使用 maxpool 分开；全连接层表示为"FC-神经元个数"，例如，FC-4096 表示包含 4 096 个神经元的全连接层；最后是 softmax 层。以网络结构 D(VGG16)为例，其处理过程如图 4.15 所示。

| ConvNet Configuration | | | | | |
|---|---|---|---|---|---|
| A | A-LRN | B | C | D | E |
| 11 weight layers | 11 weight layers | 13 weight layers | 16 weight layers | 16 weight layers | 19 weight layers |
| input(224 × 224 RGB image) | | | | | |
| conv3-64 | conv3-64 LRN | conv3-64 conv3-64 | conv3-64 conv3-64 | conv3-64 conv3-64 | conv3-64 conv3-64 |
| maxpool | | | | | |
| conv3-128 | conv3-128 | conv3-128 conv3-128 | conv3-128 conv3-128 | conv3-128 conv3-128 | conv3-128 conv3-128 |
| maxpool | | | | | |
| conv3-256 conv3-256 | conv3-256 conv3-256 | conv3-256 conv3-256 | conv3-256 conv3-256 conv1-256 | conv3-256 conv3-256 conv3-256 | conv3-256 conv3-256 conv3-256 conv3-256 |
| maxpool | | | | | |
| conv3-512 conv3-512 | conv3-512 conv3-512 | conv3-512 conv3-512 | conv3-512 conv3-512 conv1-512 | conv3-512 conv3-512 conv3-512 | conv3-512 conv3-512 conv3-512 conv3-512 |
| maxpool | | | | | |
| conv3-512 conv3-512 | conv3-512 conv3-512 | conv3-512 conv3-512 | conv3-512 conv3-512 conv1-512 | conv3-512 conv3-512 conv3-512 | conv3-512 conv3-512 conv3-512 conv3-512 |
| maxpool | | | | | |
| FC-4096 | | | | | |
| FC-4096 | | | | | |
| FC-1000 | | | | | |
| soft-max | | | | | |

图 4.14　VGG 所有网络结构的设置

VGG 网络的结构简洁，虽然 VGG 层数较多，总的网络深度从 11 层到 19 层，但是它的整体结构还是相对简单。概括来说，VGG 由 5 层卷积层（每个卷积层的子层数量不同）、3 层全连接层、softmax 输出层构成，层与层之间使用 maxpooling（最大池化）分开，所有隐层的激活单元都采用 ReLU 函数。

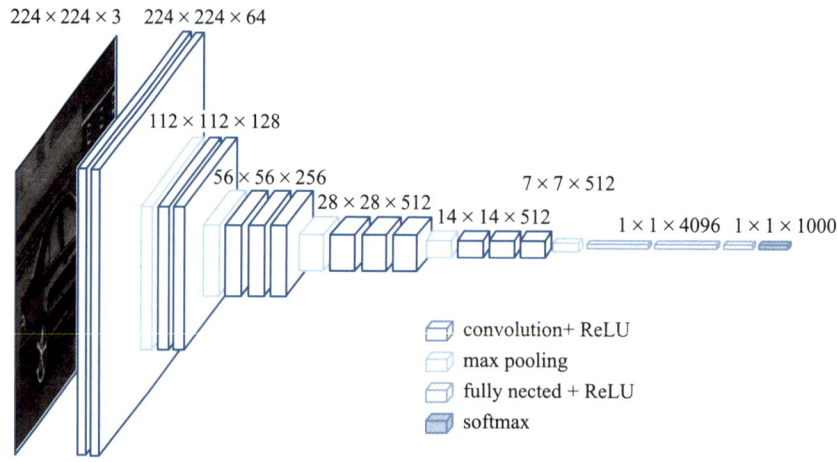

图 4.15　VGG16 的立体图

小卷积核是 VGG 的另一个重要特点，VGG 没有采用 AlexNet 中比较大的卷积核尺寸(如 7×7)，而是通过降低卷积核的大小(3×3)，增加卷积子层数来达到同样的性能(VGG：从 1 到 4 个卷积子层，AlexNet：1 个卷积子层)。VGG 作者认为两个 3×3 的卷积堆叠获得的感受野大小相当一个 5×5 的卷积；而 3 个 3×3 卷积的堆叠获取到的感受野相当于一个 7×7 的卷积。使用 3×3 小卷积核能大幅度减少模型参数数量。例如，使用 2 个 3×3 的卷积核代替 1 个 5×5 的卷积核，通道数为 C，1 个 5×5 的卷积核参数量为 5×5×C，2 个 3×3 的卷积核参数量为 2×3×3×C，参数量减小了 28%。另外，小卷积核选取小的步长(stride)可以防止由于较大步长导致细节信息的丢失。此外，使用多层卷积层(每个卷积层后都有非线性激活函数)能增加非线性，提升模型性能。

VGG 中将全连接层转变为全卷积层使得网络模型可以接受任意大小的尺寸。我们在前面介绍的时候限定了网络输入图片的尺寸是 224×224×3。如果后面三个层都是全连接，遇到宽高大于 224 的图片就需要进行图片的剪裁、缩放或其他处理，使图片尺寸统一到 224×224×3，才能符合后面全连接层的输入要求。但是，我们并不能保证每次裁剪都能将图片中的关键目标保留下来，可能裁剪去的部分恰好包含了目标，造成裁剪丢失关键目标信息，影响模型的测试精度。使用全卷积层，即使图片尺寸大于 224×224×3，最终经过 softmax 层得到的得分图也不是 1×1×1 000，例如可能是 2×2×1 000，这里的通道 1 000 与类别的数量相同，空间分辨率 2×2 依赖于输入图像尺寸。然后将得分图进行空间平均化(求和池化)，得到的还是 1×1×1 000。最后对 1 000 个通道的得分进行比较，取较大值作为预测类别。这样做大大减少了特征位置对分类带来的影响。

**4. GoogLeNet**

GoogLeNet 是 2014 年 Christian Szegedy 提出的一种全新的深度学习结构，在 2014 年 ILSVRC 竞赛中取得冠军，前五名的测试错误率为 6.67%。在这之前的

AlexNet、VGG 等结构都是通过增大网络的深度（层数）来获得更好的训练效果，但层数的增加会带来很多负面效果，比如过拟合、梯度消失、梯度爆炸等。GoogLeNet 的提出则从另一种角度来提升训练结果，能更高效地利用计算资源，在相同的计算量下能提取到更多的特征，从而提升训练结果。

GoogLeNet 主要的贡献就是实现了 Inception 模块，它能够显著地减少网络中参数的数量。另外，这个网络没有使用卷积神经网络使用的全连接层，而是使用了一个平均池化操作。

Inception 模块就是把多个卷积或池化操作放在一起组装成一个网络模块，设计神经网络时以模块为单位去组装整个网络结构。初始的 Inception 模块如图 4.16(a)所示，在未使用这种方式的网络中，一层往往只使用一种操作，比如卷积或者池化，而且卷积操作的卷积核尺寸也是固定大小的。但是，在实际情况下，由于感受野不同，对于同一张图片，不同尺寸的卷积核的表现效果是不一样的。这就需要不同大小的卷积核，这样才能使性能最好。Inception 通过设计并列提供多种卷积核的操作实现了让网络自己选择卷积核的大小。同时，由于网络中都需要池化操作，所以此处也把池化层并列加入网络中。

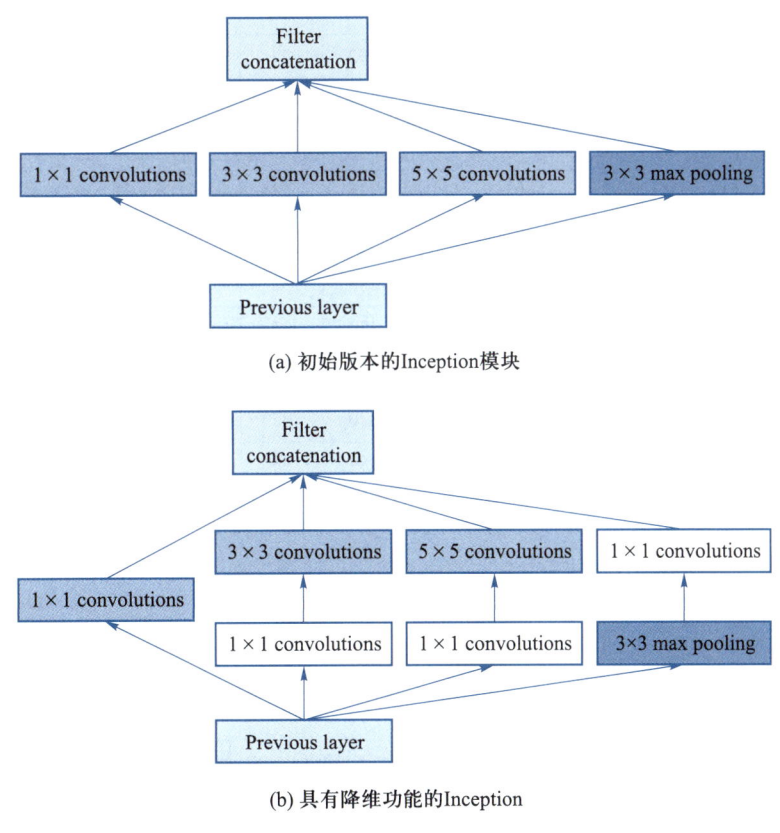

(a) 初始版本的Inception模块

(b) 具有降维功能的Inception

图 4.16 Inception 模块

但是初始版本的 Inception 模块存在很多问题，不能直接使用。首要问题就是参数太多，导致特征图厚度太大。为了解决这个问题，作者在其中加入了

1×1的卷积核，改进后的 Inception 结构如图 4.16(b)所示。这样做有两个好处，首先是大大减少了参数量，其次，增加的 1×1 卷积后面也会跟着有非线性激励，这样同时也能够提升网络的表达能力。

图 4.17 展示了 GoogLeNet 网络结构和具体参数配置。需要注意的是，图 4.17 中"#3×3 reduce"和"#5×5 reduce"表示在 3×3 和 5×5 卷积之前，使用的降维层中的 1×1 滤波器的数量。pool proj 代表 max-pooling 后的投影数量（即先 max-pooling，再 PW 降维），所有的 reductions（降维）和 projections（投影）都使用激活函数 ReLU。

| type | patch size/ stride | output size | depth | #1×1 | #3×3 reduce | #3×3 | #5×5 reduce | #5×5 | pool proj | params | ops |
|---|---|---|---|---|---|---|---|---|---|---|---|
| convolution | 7×7/2 | 112×112×64 | 1 | | | | | | | 2.7 K | 34 M |
| max pool | 3×3/2 | 56×56×64 | 0 | | | | | | | | |
| convolution | 3×3/1 | 56×56×192 | 2 | | 64 | 192 | | | | 112 K | 360 M |
| max pool | 3×3/2 | 28×28×192 | 0 | | | | | | | | |
| inception(3a) | | 28×28×256 | 2 | 64 | 96 | 128 | 16 | 32 | 32 | 159 K | 128 M |
| inception(3b) | | 28×28×480 | 2 | 128 | 128 | 192 | 32 | 96 | 64 | 380 K | 304 M |
| max pool | 3×3/2 | 14×14×480 | 0 | | | | | | | | |
| inception(4a) | | 14×14×512 | 2 | 192 | 96 | 208 | 16 | 48 | 64 | 364 K | 73 M |
| inception(4b) | | 14×14×512 | 2 | 160 | 112 | 224 | 24 | 64 | 64 | 437 K | 88 M |
| inception(4c) | | 14×14×512 | 2 | 128 | 128 | 256 | 24 | 64 | 64 | 463 K | 100 M |
| inception(4d) | | 14×14×528 | 2 | 112 | 144 | 288 | 32 | 64 | 64 | 580 K | 119 M |
| inception(4e) | | 14×14×832 | 2 | 256 | 160 | 320 | 32 | 128 | 128 | 840 K | 170 M |
| max pool | 3×3/2 | 7×7×832 | 0 | | | | | | | | |
| inception(5a) | | 7×7×832 | 2 | 256 | 160 | 320 | 32 | 128 | 128 | 1072 K | 54 M |
| inception(5b) | | 7×7×1024 | 2 | 384 | 192 | 384 | 48 | 128 | 128 | 1388 K | 71 M |
| avg pool | 7×7/1 | 1×1×1024 | 0 | | | | | | | | |
| dropout(40%) | | 1×1×1024 | 0 | | | | | | | | |
| linear | | 1×1×1000 | 1 | | | | | | | 1000 K | 1 M |
| softmax | | 1×1×1000 | 0 | | | | | | | | |

图 4.17　GoogLeNet 网络结构和具体参数配置

GoogLeNet 在主体卷积部分是卷积层与 Inception 块混合使用，下面就来详细介绍一下 GoogLeNet 的模型结构。模型原始输入图像为 224×224×3，且都进行了零均值化的预处理操作（图像每个像素减去均值）。

由于神经网络的中间层也具有很强的识别能力，为了利用中间层抽象的特征，作者还在某些中间层中添加含有多层结构的分类器。辅助分类器如图 4.18 所示，GoogLeNet 中共增加了两个辅助的 softmax 分支，作用有两点，一是为了

## 4.4 图像分类算法

避免梯度消失。反向传播时如果有一层求导为 0，链式求导结果则为 0。二是将中间某一层输出用作分类，起到模型融合作用。

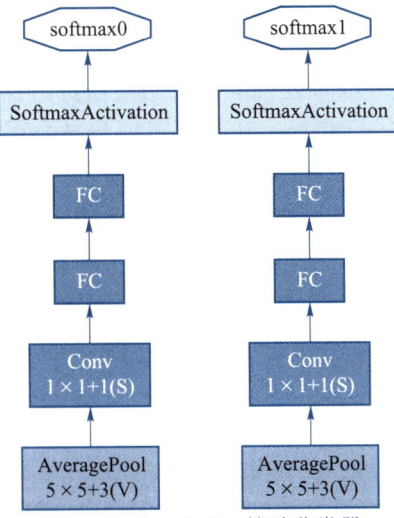

图 4.18 GoogLeNet 辅助分类器

**5. ResNet**

残差神经网络(ResNet)是由微软研究院的何恺明、张祥雨、任少卿、孙剑等人提出的。ResNet 在 2015 年的 ILSVRC 中取得了冠军，其前五名的测试错误率为 3.57%。图 4.19 给出了 ResNet 不同层数的整个网络架构，图中矩阵中的数字代表残差链接内的参数，例如，3×3 代表卷积尺寸，64 代表输出通道，×2 代表有两个相同的模块。同 VGGNet 类似，它基本上都采用了 3×3 的卷积核，只有在最开始的图像输入的第一层卷积层采用了 7×7 的卷积核。

| layer name | output size | 18-layer | 34-layer | 50-layer | 101-layer | 152-layer |
|---|---|---|---|---|---|---|
| conv1 | 112×112 | 7×7, 64, stride 2 | | | | |
| conv2_x | 56×56 | 3×3 max pool, stride 2 | | | | |
| conv2_x | 56×56 | $\begin{bmatrix}3\times3,64\\3\times3,64\end{bmatrix}\times2$ | $\begin{bmatrix}3\times3,64\\3\times3,64\end{bmatrix}\times3$ | $\begin{bmatrix}1\times1,64\\3\times3,64\\1\times1,256\end{bmatrix}\times3$ | $\begin{bmatrix}1\times1,64\\3\times3,64\\1\times1,256\end{bmatrix}\times3$ | $\begin{bmatrix}1\times1,64\\3\times3,64\\1\times1,256\end{bmatrix}\times3$ |
| conv3_x | 28×28 | $\begin{bmatrix}3\times3,128\\3\times3,128\end{bmatrix}\times2$ | $\begin{bmatrix}3\times3,128\\3\times3,128\end{bmatrix}\times4$ | $\begin{bmatrix}1\times1,128\\3\times3,128\\1\times1,512\end{bmatrix}\times4$ | $\begin{bmatrix}1\times1,128\\3\times3,128\\1\times1,512\end{bmatrix}\times4$ | $\begin{bmatrix}1\times1,128\\3\times3,128\\1\times1,512\end{bmatrix}\times8$ |
| conv4_x | 14×14 | $\begin{bmatrix}3\times3,256\\3\times3,256\end{bmatrix}\times2$ | $\begin{bmatrix}3\times3,256\\3\times3,256\end{bmatrix}\times6$ | $\begin{bmatrix}1\times1,256\\3\times3,256\\1\times1,1024\end{bmatrix}\times6$ | $\begin{bmatrix}1\times1,256\\3\times3,256\\1\times1,1024\end{bmatrix}\times23$ | $\begin{bmatrix}1\times1,256\\3\times3,256\\1\times1,1024\end{bmatrix}\times36$ |
| conv5_x | 7×7 | $\begin{bmatrix}3\times3,512\\3\times3,512\end{bmatrix}\times2$ | $\begin{bmatrix}3\times3,512\\3\times3,512\end{bmatrix}\times3$ | $\begin{bmatrix}1\times1,512\\3\times3,512\\1\times1,2048\end{bmatrix}\times3$ | $\begin{bmatrix}1\times1,512\\3\times3,512\\1\times1,2048\end{bmatrix}\times3$ | $\begin{bmatrix}1\times1,512\\3\times3,512\\1\times1,2048\end{bmatrix}\times3$ |
| | 1×1 | average pool, 1 000-dfc, softmax | | | | |
| FLOPs | | $1.8\times10^9$ | $3.6\times10^9$ | $3.8\times10^9$ | $7.6\times10^9$ | $11.3\times10^9$ |

图 4.19 ResNet 网络结构示意图

传统的卷积网络或者全连接网络在信息传递时或多或少会存在信息丢失、损耗等问题,同时还可能引起梯度消失或者梯度爆炸,导致很深的网络无法训练。ResNet 提出了一种新型的跳跃链接(如图 4.20 所示),在一定程度上解决了这个问题,通过使用跳跃链接,ResNet 的这个单元可以将处理前的原始数据进行保留并与处理后的数据 $F(x)$ 相加,从而保留原始数据的特征。整个网络只需要学习输入、输出差别的那一部分,简化了学习目标和难度。这个操作类似于 RNN 和 LSTM 中保留历史数据的操作,区别在于 RNN 和 LSTM 中保留的是不同时刻的数据信息,ResNet 单元中保留的是不同处理时刻的信息。另外,ResNet 网络中大量使用了批量归一化处理。

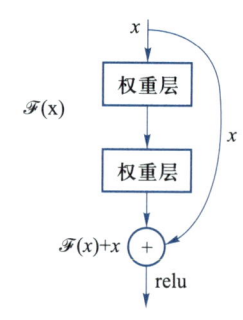

图 4.20 ResNet 网络中残差链接示意图

## 4.5 应用案例:手写字体识别

### 4.5.1 场景描述

手写字体识别算法是从手写字体图片及其对应的标签进行学习优化的模型,目标是对于一张新的手写字体图片能够自动识别出对应的文字或数字。手写字体识别应用非常广泛,如税表系统、银行支票自动处理和邮政编码自动识别等。这些工作需要大量的手工录入,劳动强度较大。基于深度学习实现手写字体识别方法大大提高了工作效率。

### 4.5.2 基于 LeNet 的手写字体识别

#### 1. MNIST 数据集

MNIST 是一个手写体数字的图片数据集,该数据集由美国国家标准与技术研究所(National Institute of Standards and Technology, NIST)发起整理,一共统计了来自 250 个不同的人的手写数字图片,其中 50% 是高中生,50% 来自人口普查局的工作人员。该数据集的收集目的是希望通过算法,实现对手写数字的识别。其中,训练集包含 60 000 张手写数字图片,测试集包含 10 000 张手写数字图片,数据集可以公开下载。图 4.21 给出了 MNIST 数据集中的部分图片,数据集中每张图片是一个 28×28 像素点的 0~9 的灰质手写数字图片,黑底白字,图像像素值为 0~255。

#### 2. 实现

我们将使用 MindSpore 深度学习框架实现 LeNet 手写字体识别。从 4.4.2 节介绍的 LeNet 的结构中,我们了解到 LeNet 是一个 7 层的神经网络,包含 2 个卷积层,2 个池化层,3 个全连接层。其中所有卷积层的卷积核都为 5×5,步长为 1,由于当时更有效的 ReLU 激活函数和最大汇聚层还没有出现,所以原始的 LeNet 的卷积块中使用的是 sigmoid 激活函数和平均汇聚层。这里我们实现时

## 4.5 应用案例：手写字体识别

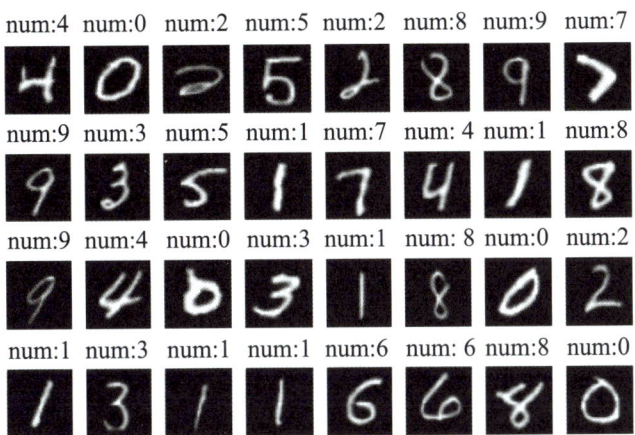

图 4.21　MNIST 数据集示例

采用 ReLU 激活函数和最大汇聚层。

在 MindSpore 框架中我们可以通过 nn 模块中的 Conv2d 函数实现卷积操作。其中，参数 in_channels 表示输入数据的通道数，out_channels 表示输出数据的通道数，kernel_size 表示卷积核的大小，pad_mode 表示指定的填充模式，可选值为"same""valid"和"pad"，默认值为"same"。pad_mode 的不同取值代表的意义如下："same"表示输出的高度和宽度分别与输入整除 stride 后的值相同；若设置该模式，padding 的值必须为 0。"valid"表示在不填充的前提下返回有效计算所得的输出，不满足计算的多余像素会被丢弃；如果设置此模式，则 padding 的值必须为 0。"pad"表示对输入进行填充，在输入的高度和宽度方向上填充 padding 大小的 0；如果设置此模式，padding 必须大于或等于 0。此外，Conv2d 函数还有许多其他参数，具有很强的灵活性。

最大池化操作和 ReLU 激活函数能够通过 MaxPool2d 和 ReLU 函数轻松实现。

```
"""导入定义网络需要的库"""
import mindspore.nn as nn
from mindspore.common.initializer import Normal
weight_init = Normal(mean=0, sigma=0.02)
class LeNet5(nn.Cell):
    """定义 LeNet 网络结构"""
    def __init__(self, num_class=10, num_channel=1):
        super(LeNet5, self).__init__()
        self.conv1=nn.Conv2d(num_channel, 6, 5, pad_mode='valid')
        self.conv2=nn.Conv2d(6, 16, 5, pad_mode='valid')
        self.fc1=nn.Dense(16*5*5, 120, weight_init=weight_init)
        self.fc2=nn.Dense(120, 84, weight_init=weight_init)
        self.fc3=nn.Dense(84, num_class, weight_init=weight_init)
```

```python
        self.relu = nn.ReLU()
        self.max_pool2d = nn.MaxPool2d(kernel_size=2, stride=2)
        self.flatten = nn.Flatten()
    def construct(self, x):
        out = self.conv1(x)
        out = self.relu(out)
        out = self.max_pool2d(out)
        out = self.conv2(out)
        out = self.relu(out)
        out = self.max_pool2d(out)
        out = self.flatten(out)
        out = self.fc1(out)
        out = self.relu(out)
        out = self.fc2(out)
        out = self.relu(out)
        out = self.fc3(out)
        return out
```

在定义好网络结构之后，还需要再定义一个 create_dataset_mnist 函数用来处理数据，使 mindspore.dataset.MnistDataset 模块读取和解析 MNIST 数据集的源文件构建数据集，使用 mindspore.dataset.vision 模块和 map 操作配合可以对图片进行裁剪、缩放、水平翻转等。这里我们需要注意，LeNet 网络接受的图像大小为 32×32 像素，而 MNIST 数据集中的图像大小为 28×28 像素，因此除了标准化、归一化处理外，我们需要对原始图片进行缩放，这里我们使用 vision 模块中的 Resize、Rescale 等方法对图片进行处理。还有一点大家需要注意的是，因为 mnist 数据值都是灰度图，所以图像的通道数只有一个，因此均值和标准差各一个，标准化时使用的标准差 0.308 1 和均值 0.130 7 是由数据集确定的，大家可以自行去验证。

```python
""" 导入定义 dataset 需要的库 """
import mindspore.dataset as ds
from mindspore.dataset import transforms, vision
from mindspore.dataset.vision import Inter
from mindspore import dtype as mstype
def create_dataset_mnist(data_path, batch_size=32, repeat_size=1,
                num_parallel_workers=1):
    """ 定义 dataset 方法 """
    mnist_ds = ds.MnistDataset(data_path)
    resize_height, resize_width = 32, 32
    rescale = 1.0 / 255.0
    shift = 0.0
```

```
    rescale_nml = 1 / 0.3081
    shift_nml = -1 * 0.1307 / 0.3081
    image_transforms = [
        vision.Resize((resize_height, resize_width), interpola-
tion=Inter.LINEAR),
        vision.Rescale(rescale_nml, shift_nml),
        vision.Rescale(rescale, shift),
        vision.HWC2CHW()
    ]
    label_transform = transforms.TypeCast(mstype.int32)
    # 使用 map 函数对数据集进行操作
    mnist_ds = mnist_ds.map(operations=label_transform, input_
columns="label", num_parallel_workers=num_parallel_workers)
    mnist_ds = mnist_ds.map(operations=image_transforms, input_
columns="image", num_parallel_workers=num_parallel_workers)
    # 设置数据读取，比如是否随机，批次量多少
    buffer_size =10000
    mnist_ds = mnist_ds.shuffle(buffer_size=buffer_size)
    mnist_ds = mnist_ds.batch(batch_size, drop_remainder=True)
    mnist_ds = mnist_ds.repeat(repeat_size)
    return mnist_ds
```

接下来实现训练过程，采用交叉熵损失作为损失函数，优化器使用动量优化器，学习率为 0.01，动量为 0.9，这些都是网络的超参数，读者可以自行去调整这些超参数，然后观察网络优化过程，这样可以帮助我们更加直观地了解这些超参数发挥的作用。

MindSpore 提供了一个 Model 接口，Model 接口会根据传入的参数封装可训练或推理的实例。我们只需要输入定义好的网络、损失函数、优化器作为参数传入就可以返回一个模型实例，然后使用 Model 的 train 接口，传入对应的参数就可以实现模型训练。

在开始训练之前，MindSpore 还需要提前声明网络模型在训练过程中是否需要保存中间过程和结果，因此使用 ModelCheckpoint 接口用于保存网络模型和参数，以便进行后续的 Fine-tuning(微调)操作。在深度学习训练过程中，为及时掌握网络模型的训练状态、实时观察网络模型各参数的变化情况和实现训练过程中用户自定义的一些操作，MindSpore 提供了回调机制(Callback)来实现上述功能。Callback 回调机制一般用在网络模型训练过程 Model.train 中，MindSpore 的 Model 会按照 Callback 列表 callbacks 顺序执行回调函数，用户可以通过设置不同的回调类来实现在训练过程中或者训练后执行的功能，我们可以自定义一个回调函数或者使用内置回调函数，这里我们使用内置 LossMonitor 监控训练过程中 loss 值的变化，打印训练过程中的一些信息。

```python
""" 导入模型训练需要的库 """
import os
from mindspore import Tensor, Model
from mindspore.train.callback import ModelCheckpoint, CheckpointConfig, LossMonitor
from mindspore.nn import Accuracy
def train_net(model, epoch_size, data_path, repeat_size, ckpoint_cb, sink_mode):
    """ 定义训练方法 """
    ds_train = create_dataset_mnist(os.path.join(data_path, "train"), 32, repeat_size)
    model.train(epoch_size, ds_train, callbacks=[ckpoint_cb, LossMonitor(125)], dataset_sink_mode=sink_mode)
# 实例化网络
network = LeNet5()
# mnist 数据路径
mnist_path = "./datasets/MNIST_Data"
# 模型保存路径
model_path = "./models"
train_epoch = 1
Momentum = 0.9
lr = 0.01
# 交叉熵损失函数
net_loss = nn.SoftmaxCrossEntropyWithLogits(sparse=True, reduction='mean')
# 网络优化器
net_opt = nn.Momentum(network.trainable_params(), lr, momentum)
# 设置模型保存参数
# 每125steps保存一次模型参数，最多保留15个文件
config_ck = CheckpointConfig(save_checkpoint_steps=125, keep_checkpoint_max=15)
# 应用模型保存参数
ckpoint = ModelCheckpoint(prefix="checkpoint_lenet", directory=model_path, config=config_ck)
repeat_size = 1
model = Model(network, net_loss, net_opt, metrics={"Accuracy": Accuracy()})
train_net(model, train_epoch, mnist_path, repeat_size, ckpoint, False)
```

训练完成之后，使用 load_checkpoint 和 load_param_into_net 方法加载训练好的模型权重。读取训练好的模型之后，使用 Model 的 eval 方法进行验证。

```python
""" 导入模型测试需要的库 """
from mindspore import load_checkpoint, load_param_into_net
def test_net(network, model, mnist_path, checkpoint_path):
    """ 定义测试方法 """
    param_dict = load_checkpoint(checkpoint_path)
    load_param_into_net(network, param_dict)
    # 创建测试集 dataloader
    ds_eval = create_dataset_mnist(os.path.join(mnist_path, "test"))
    acc = model.eval(ds_eval, dataset_sink_mode=False)
    print("Accuracy: {}".format(acc))
checkpoint_path = './models/checkpoint_lenet-1_1875.ckpt'
test_net(network, model, mnist_path, checkpoint_path)
```

本节演示了如何使用 MindSpore 实现手写字体识别任务的训练和验证，最终模型可以在测试集上达到 96.64% 的准确率。通过本次实验，读者应熟练掌握 MindSpore 如何实现 LeNet，并完成模型的训练和测试。

## 4.6 应用案例：储层物性参数分类

### 4.6.1 场景描述

储层物性是油气储集层的物理性质。储层物性参数是用以刻画储层物理性质的参数，主要包括储层的孔隙度、渗透率等，这些参数可以直观反映储层储集油气的能力。孔隙度指储层中孔隙所占体积的部分与总体积的比率，因此该值的范围为 0 到 1 之间，孔隙中的成分可以是空气、水或者油气；渗透率则是指在一定的压差下，岩石允许流体通过的能力。高孔隙度的储层能够聚集大量油气，与此同时储层还必须拥有较高的渗透率，这样可以使油气迅速流出岩石。因此，孔隙度与渗透率等储层物性参数在油气勘探方面有着重要的应用，准确的储层物性参数分类可以极大地降低油气勘探项目的风险，对项目决策具有非常重要的意义。

储层物性参数受许多因素的影响，例如，岩性属性、沉积环境、构造位置等，常用的储层物性参数分类方法有岩心分析法、岩石物理模型法、机器学习法等。岩心分析法可以从岩心样本中获取准确的储层物性参数，通过核磁共振、达西定律实验测定等方法即可获取相关参数；岩石物理模型法则是通过储层其他参数（纵横波速度、密度、补偿中子等）对储层物性参数进行分类预测，由岩石地球物理学可知，在同一岩石结构中，孔隙度、渗透率等储层物性参数与测井以及地震弹性参数具有较强的线性相关关系，因此，可以建立储层物性参数与其他参数之间的线性关系模型；机器学习法则是使用可获取的测井参数和地震参数作为输入，建立储层物性参数与这些参数之间的映射关系，由于机器学习方法可以建立复杂的回归以及分类模型，该方法可以预测更为复杂的非线性回归关系，因此也得到广泛的使用。

### 4.6.2 基于GoogLeNet的储层物性参数分类

GoogLeNet是Christian Szegedy提出的一种全新的深度学习结构，在这之前的AlexNet、VGG等结构都是通过增大网络的深度(层数)来获得更好的训练效果，但层数的增加会带来很多负面效果，比如Overfit、梯度消失、梯度爆炸等。Inception的提出则从另一种角度来提升训练结果：能更高效地利用计算资源，在相同的计算量下能提取到更多的特征，从而提升训练结果。GoogLeNet主体架构是利用改进之后的Inception结构堆积而成的22层卷积神经网络。同时GoogLeNet在全连接层之前采用了平均池化层来降低特征，从图4.22中可以看出GoogLeNet网络架构较深，如果梯度从最后一层传递到第一层，可能会出现梯度消失的情况。因此为了避免梯度消失，网络额外增加了2个辅助的softmax用于向前传导梯度。

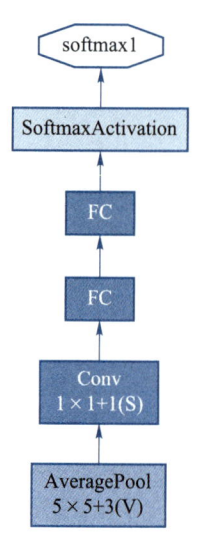

图4.22 GoogLeNet辅助分类器

GoogLeNet在2014年由Google团队提出，在当年ImageNet竞赛分类任务(Classification Task)斩获第一名，论文名称为Going deeper with convolutions。GoogLeNet网络之所以有如此好的效果，与以下几个亮点有着密不可分的联系，首先，GoogLeNet引入了Inception结构，通过这种结构，可以融合不同尺度的特征信息。GoogLeNet丢弃了全连接层，使用平均池化层，大大减少了模型的参数。此外，GoogLeNet使用了1×1的卷积核进行降维以及映射处理，并添加了两个辅助分类器帮助训练，在此前的AlexNet和VGG都只有一个输出层，而GoogLeNet增加到了三个(其中两个是辅助分类器，如图4.22所示)。

首先对GoogLeNet中的Inception结构进行介绍，Inception结构如图4.23所示。在之前的网络中，如AlexNet和VGG等，大都采用串行结构，一系列的卷积层和最大池化下采样层进行串联从而得到最终的网络结构，而Inception结构采用并行结构，在上一层输出之后，将所得到的特征矩阵同时输入到图中4个分支中进行处理。这4个分支分别是大小为1×1、3×3、5×5的卷积核以及一个池化核大小为3×3的最大池化下采样层(其中，三个1×1大小的卷积核的作用是进行降维)。通过这4个分支，得到4个不同尺度的特征矩阵。之后再将所得到的4个分支的特征矩阵按照深度进行拼接，从而产生最终的输出特征矩阵。

## 4.6 应用案例：储层物性参数分类

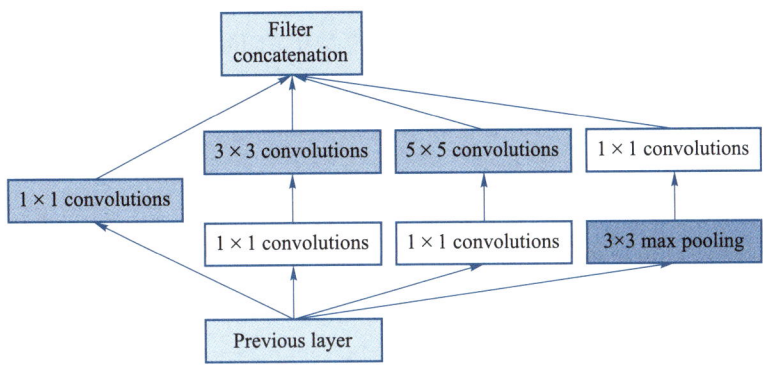

图 4.23 Inception 结构

接下来对辅助分类器进行介绍，在 GoogLeNet 中有两个辅助分类器，这两个辅助分类的结构是一模一样的，分别接收来自两个不同的 Inception 层的输出，辅助分类器结构如图 4.22 所示。首先第一层是池化核为 5×5 的平均池化下采样操作，紧接着采用 1×1 的卷积层对池化层的输出进行降维操作，并将输出传入到节点个数为 1 024 的全连接层中，经过随机 dropout 后，将输出传入分类层，这里的输出节点个数与数据的类别个数相对应，最终经过 softmax 层得到相应的概率分布。

### 4.6.3 模型搭建

#### 1. Dataset

我们通过 CT 扫描收集了一组数字岩心图像集，该数据集一共包含 147 张孔隙空间分割后的 png 格式图像，每张图片尺寸均为 968×995 像素。孔隙度是储层物理性质中的一个重要参数，我们按照孔隙度大小的不同，将数据划分为两类，图 4.24 展示了数据集中的一张图像。我们手动划分训练集和验证集，并创建相应的 JSON 格式文件，用于后期进行模型训练和验证。

图 4.24 孔隙空间分割数据集

#### 2. MindSpore 配置

我们将使用 MindSpore 简要描述实验的实现过程。

ModelArts 提供了训练作业的平台，ModelArts 平台的优势在于，它将云计算和我们熟知的 Jupyter 结合起来，让我们仅仅使用浏览器就可以运行各种各样的 Python 程序，还能训练自己的算法和模型，目前 ModelArts 支持本地调试代码后上传运行，在 ModelArts 上创建 NoteBook，并利用其中的 JupyterLab 进行代码的调试以及与 PyCharm 配合使用三种模式。接下来我们将创建训练作业，使用 ModelArts 完成模型的训练。

### 3. 代码实现

首先，定义 Inception 层，GoogLeNet 模型中的 Inception 结构基本一致，代码实现如下。Inception 结构继承自 mindspore.nn.Module，在初始化函数中，按照 GoogLeNet 模型结构中所需要的参数进行初始化操作，包括输入特征矩阵深度以及 6 个模块所需的 6 个参数。接下来定义 4 个分支，branch1~branch4 分别进行配置。完成 4 个分支的定义之后，进行传播过程的定义。首先将输入特征矩阵分别输入到 branch1~branch4 中，分别得到 4 个分支所对应的输出，接下来将 4 个分支的输出放入列表中，再通过 mindspore.ops.Concat 函数对这 4 个分支的输出进行合并。

```python
class Inception(nn.Cell):
    """
    Inception Block
    """
    def __init__(self, in_channels, n1x1, n3x3red, n3x3, n5x5red, n5x5, pool_planes):
        super(Inception, self).__init__()
        self.b1 = Conv2dBlock(in_channels, n1x1, kernel_size=1)
        self.b2 = nn.SequentialCell([Conv2dBlock(in_channels, n3x3red, kernel_size=1), Conv2dBlock(n3x3red, n3x3, kernel_size=3, padding=0)])
        self.b3 = nn.SequentialCell([Conv2dBlock(in_channels, n5x5red, kernel_size=1), Conv2dBlock(n5x5red, n5x5, kernel_size=3, padding=0)])
        self.maxpool = nn.MaxPool2d(kernel_size=3, stride=1, pad_mode="same")
        self.b4 = Conv2dBlock(in_channels, pool_planes, kernel_size=1)
        self.concat = P.Concat(axis=1)
    def construct(self, x):
        branch1 = self.b1(x)
        branch2 = self.b2(x)
        branch3 = self.b3(x)
        cell = self.maxpool(x)
        branch4 = self.b4(cell)
        return self.concat((branch1, branch2, branch3, branch4))
```

接下来，进行辅助分类器的定义，代码如下。同样，辅助分类器也是继承自父类 mindspore.nn.Module，在初始函数中，传入输入特征矩阵的深度以及待分类数据集的类别个数。按照 4.4.2 节中的介绍，辅助分类器的第一层是平均池化下采样层，池化核为5；第二层为卷积核大小为1×1的卷积层，卷积核个数为128；第三、第四层为全连接层和最终的分类层，采用mindspore.nn.Linear得到分类结果。接下来定义正向传播过程，对输入特征矩阵进行平均池化下采样操作，然后将得到的特征矩阵输入到卷积核大小为1×1的卷积层中，再对特征矩阵采用mindspore.ops.Flatten进行展平处理，按照50%进行随机dropout，最终通过两个全连接层得到最终的分类结果。

完成Inception层和辅助分类器的定义后，进行GoogLeNet结构的定义，代码如下。同样，GoogLeNet结构也是继承自父类nn.Module，在初始化函数中传入了以下几个参数：待分类数据集的类别个数、是否采用辅助分类器以及是否进行权重初始化。接下来按照GoogLeNet模型结构图，构建完整的GoogLeNet网络。

```
class GoogLeNet(nn.Cell):
    """
    Googlenet architecture
    """

    def __init__(self, num_classes, include_top=True):
        super(GoogLeNet, self).__init__()
        self.conv1 = Conv2dBlock(3, 64, kernel_size=7, stride=2, padding=0)
        self.maxpool1 = nn.MaxPool2d(kernel_size=3, stride=2, pad_mode="same")

        self.conv2 = Conv2dBlock(64, 64, kernel_size=1)
        self.conv3 = Conv2dBlock(64, 192, kernel_size=3, padding=0)
        self.maxpool2 = nn.MaxPool2d(kernel_size=3, stride=2, pad_mode="same")

        self.block3a = Inception(192, 64, 96, 128, 16, 32, 32)
        self.block3b = Inception(256, 128, 128, 192, 32, 96, 64)
        self.maxpool3 = nn.MaxPool2d(kernel_size=3, stride=2, pad_mode="same")

        self.block4a = Inception(480, 192, 96, 208, 16, 48, 64)
        self.block4b = Inception(512, 160, 112, 224, 24, 64, 64)
        self.block4c = Inception(512, 128, 128, 256, 24, 64, 64)
        self.block4d = Inception(512, 112, 144, 288, 32, 64, 64)
        self.block4e = Inception(528, 256, 160, 320, 32, 128, 128)
```

```python
        self.maxpool4 = nn.MaxPool2d(kernel_size=2, stride=2,
pad_mode="same")

        self.block5a = Inception(832, 256, 160, 320, 32, 128, 128)
        self.block5b = Inception(832, 384, 192, 384, 48, 128, 128)

        self.dropout = nn.Dropout(keep_prob=0.8)
        self.include_top = include_top
        if self.include_top:
            self.mean = P.ReduceMean(keep_dims=True)
            self.flatten = nn.Flatten()
            self.classifier = nn.Dense(1024, num_classes, weight_
init=weight_variable(), bias_init=weight_variable())


    def construct(self, x):
        """construct"""
        x = self.conv1(x)
        x = self.maxpool1(x)

        x = self.conv2(x)
        x = self.conv3(x)
        x = self.maxpool2(x)

        x = self.block3a(x)
        x = self.block3b(x)
        x = self.maxpool3(x)

        x = self.block4a(x)
        x = self.block4b(x)
        x = self.block4c(x)
        x = self.block4d(x)
        x = self.block4e(x)
        x = self.maxpool4(x)

        x = self.block5a(x)
        x = self.block5b(x)
        if not self.include_top:
            return x
```

```
        x = self.mean(x, (2, 3))
        x = self.flatten(x)
        x = self.classifier(x)

        return x
```

GoogLeNet 模型结构定义完成后，下面进行训练脚本的实现。

首先，进行数据加载。调用 MindSpore 中的 ImageFolderDataset 方法进行训练数据的加载。实现自定义方法 create_dataset_image，这里采用 mindspore.dataset.transforms.Compose 方法进行数据的预处理，这里采用了以下几个预处理方法，分别对图像重新设置大小、随机裁剪并缩放、随机水平翻转等。经过预处理之后，需要调用 mindspore.dataset.transforms.map 方法将相关的预处理操作映射到数据中。

```
    def create_dataset_imagenet(dataset_path, batch_size=32, shuffle=True):

        data_set=ds.ImageFolderDataset(dataset_path, shuffle=shuffle)

        transform_img = transforms.Compose([
            vision.Resize((224, 224)),
            vision.RandomCropDecodeResize(224, scale=(0.08, 1.0), ratio=(0.75, 1.333)),
            vision.RandomHorizontalFlip(prob=0.5)
        ])

        data_set = data_set.map(input_columns="image", operations=transform_img)

        data_set = data_set.batch(batch_size, drop_remainder=True)

        return data_set
```

在模型定义方面，直接采用之前实现的 GoogLeNet 来定义网络，传入参数中，设置好类别个数、batch_size、学习率、epochs 等相关参数，并添加优化器和损失函数。训练完成后，需要保存相应的模型参数，代码实现如下。

```
    # ds & net
    train_ds_path='./data_set/pic/train'
    train_ds = create_dataset_imagenet(train_ds_path)
```

```python
    batch_num = train_ds.get_dataset_size()
    net_train = GoogLeNet(num_classes=2)
    lr = 0.0003
    epochs = 100
    opt = Momentum(params=get_param_groups(net_train),
                learning_rate=Tensor(lr),     #cfg.lr_init
                momentum=0.9,
                weight_decay=0.0005,
                loss_scale=1024)

    loss = nn.SoftmaxCrossEntropyWithLogits(sparse=True, reduction='mean')

    model = Model(net_train, loss_fn=loss, optimizer=opt, metrics={'acc'})

    # save ckpt
    ckpt_save_dir = './googleNet.pth'
    config_ck = CheckpointConfig(save_checkpoint_steps=1, keep_checkpoint_max=5)
    ckpoint_cb = ModelCheckpoint(prefix="googlenet", directory=ckpt_save_dir, config=config_ck)
    loss_cb = LossMonitor()
    time_cb = TimeMonitor(data_size=batch_num)
    cbs = [time_cb, ckpoint_cb, loss_cb]

    model.train(epochs, train_ds, callbacks=cbs)

    # eval
    eval_ds_path='./data_set/pic/eval'
    eval_dataset = create_dataset_imagenet(eval_ds_path)
    net_eval = GoogLeNet(num_classes=2, phase='test')

    eval_ds_dict = load_checkpoint(ckpt_path)
    load_param_into_net(net_eval, eval_ds_dict)
    net_eval.set_train(False)

    loss = nn.SoftmaxCrossEntropyWithLogits(sparse=True, reduction="mean")
```

```
    model_eval = Model(network = net_eval, loss_fn = loss, metrics =
{'acc'})
    eval_result = model_eval.eval(eval_dataset)
    print("accuracy: ", eval_result)
```

本节演示了如何使用 MindSpore 进行储层物性参数分类任务的训练和验证，该储层物性孔隙度参数分类结果为 0.533。通过本次实验，读者应熟练掌握 MindSpore 创建训练任务的流程，并对 GoogLeNet 网络有一定的了解。

## 思考题 4

1. 根据标签的不同，图像分类任务可以分成哪些种类？
2. 根据图像类别的粒度，单标签的图像分类可以划分为哪些类别？
3. 基于词袋的图像分类一般包含几个步骤？
4. 在对图像或特征图进行卷积操作时，输出的特征图的尺寸计算公式是什么？
5. 池化操作在深度学习模型中发挥了哪些作用？
6. VGGNet 相较于 AlexNet 有哪些特点？
7. 传统的卷积网络或者全连接网络在信息传递时可能会出现哪些问题？ResNet 提出了什么解决方法？

# 第 5 章 图像分割

**本章要点**

认识图像分割的基本概念,了解图像分割在一些基本领域的应用。学习图像分割常用的基本方法,例如,基于聚类、边缘、区域、深度学习等分割方法。理解应用案例的实现过程,并尝试自己动手实现它。

**本章导图**

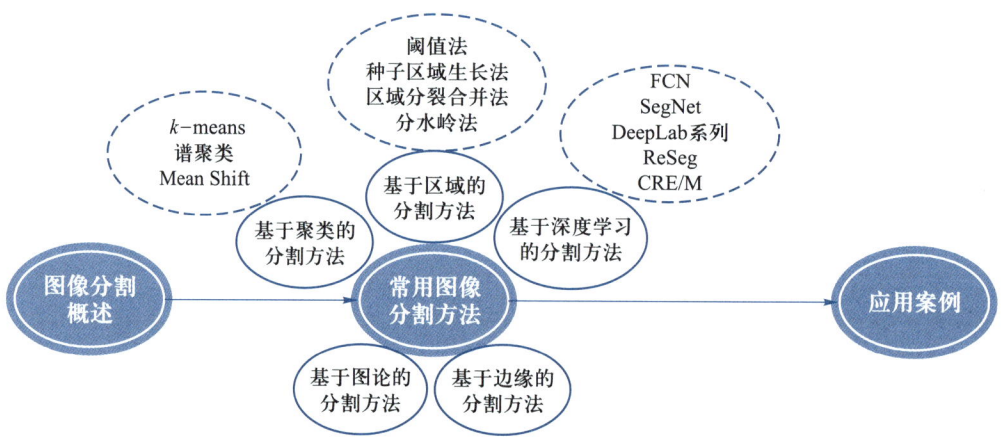

本章首先介绍图像分割任务的定义和背景知识,然后详细介绍较为常用的图像分割方法,如基于聚类的分割方法等。此外,介绍并实现两个应用案例:U-Net 语义分割和数字岩心图像分割。

## 5.1 概述

图像分割是计算机视觉领域的一个经典问题,旨在根据图像内容为特定区域打标签。具体来说,就是根据灰度、颜色和纹理等特征把图像划分成若干互不重叠的区域,并使这些特征在同一区域内呈现出相似性,而在不同区域间呈现出明显的差异性。首先,把图像中有意义的特征部分提取出来,例如,图像中的边缘、区域等,通过提取的特征将图像分成若干个特定的、具有独特性质的区域。简而言之就是去探求"图像中有什么,在什么位置"的问题。在此基础上，给分割之后的图像中的每一类物体识别语义标签，用不同的颜色代表不同类别的物体进行结果显示。

图像语义分割是图像处理和计算机视觉中关于图像理解的重要一环，也是人工智能领域中一个重要的分支，已经被广泛应用于地理信息系统、自动驾驶、医疗影像分析等众多场景之中。例如图 5.1，通过图像语义分割处理将原图像分割成了背景、摩托车和赛车手三部分，其中，左图为原始图像，右图为分割任务的真实标记（ground truth）：1 号区域表示语义为"person"的区域，2 号区域表示语义为"motorbike"的区域，3 号区域表示"background"，白色（边）则表示未标记区域。

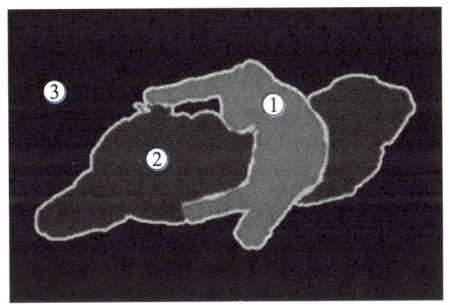

图 5.1　赛车场景图像分割实例

## 5.2　常用图像分割方法

对于图像分割技术而言，由于问题本身的重要性和困难性，从 20 世纪 70 年代起图像分割问题就吸引了很多研究人员为之付出了巨大的努力。虽然到目前为止，还不存在一个通用的完美的图像分割方法，但是对于图像分割的一般性规律则基本上已经达成了共识，已经产生了相当多的研究成果和方法。下面将对于目前正在使用的各种图像分割方法进行归纳与总结。

### 5.2.1　基于聚类的分割方法

聚类即确定图像中的像素的自然归属类别。一般来说，基于聚类的分割方法通常先初始化一个粗糙的聚类，然后使用迭代的方式将颜色、亮度、纹理等特征相似的像素点聚类到同一超像素，反复迭代直至收敛，从而得到最终的图像分割结果。

**1. $k$-means 算法**

$k$-means 算法是最简单的聚类算法之一，它属于无监督分类，按照一定的方式度量样本之间的相似度，通过迭代更新聚类中心，当聚类中心不再移动或移动差值小于阈值时，就将样本分为不同的类别，如图 5.2 所示。

$k$-means 聚类算法的实现步骤大致表示如下。

① 随机选取 $k$ 个初始聚类中心。

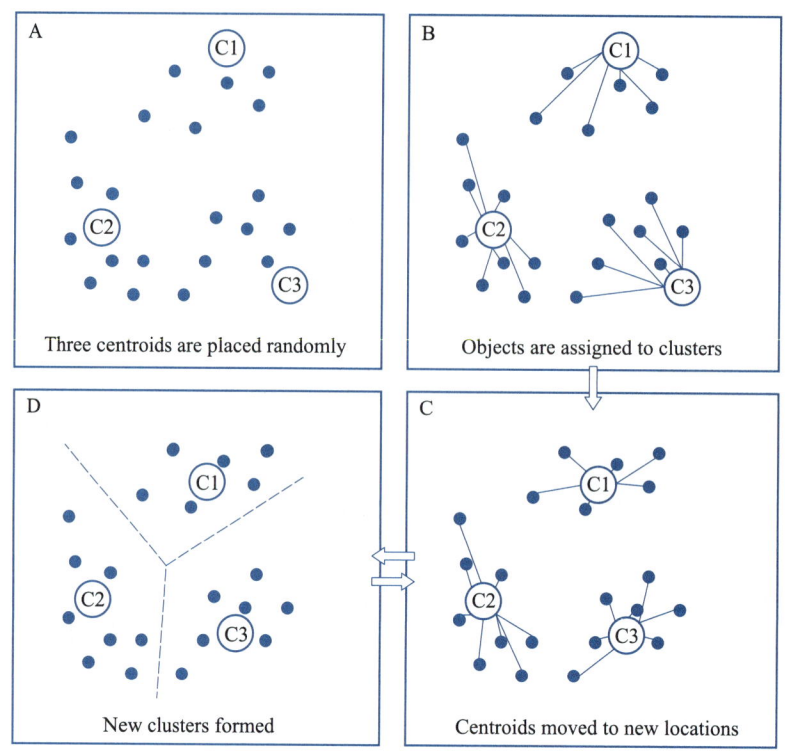

图 5.2　$k$-means 分类流程

② 计算每个样本到各聚类中心的距离，将每个样本归到其距离最近的聚类中心所对应的簇中。

③ 对每个簇，以所有样本的均值作为该簇新的聚类中心。

④ 重复第②③步，直到聚类中心不再变化或达到设定的迭代次数。

$k$-means 聚类的优点在于方法的可收敛性，每次迭代都朝着全局最优靠近。但与此同时，方法同样存在缺点：聚类簇数 $k$ 没有明确的选取准则，但是在实际应用中 $k$ 一般不会设置很大。

从 $k$-means 算法框架可以看出，该算法的每一次迭代都要遍历所有样本，计算每个样本到所有聚类中心的距离，因此当样本规模非常大时，算法的时间开销是非常大的。

$k$-means 算法是基于距离的划分方法，只适用于分布为凸形的数据集，不适用于图 5.3 所示的聚类非凸形状的类簇。

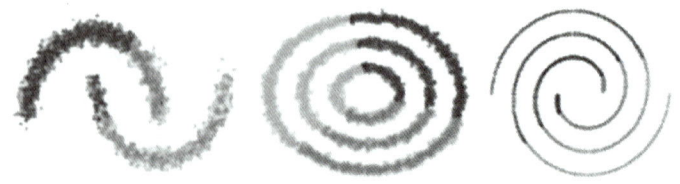

图 5-3　非凸形状数据分布

**2. 谱聚类**

谱聚类(spectral clustering)是一种基于图论的聚类方法,该方法将带权无向图划分为两个或两个以上的最优子图,使子图内部尽量相似,而子图间距离尽量较远,以达到常见的聚类的目的。

谱聚类过程主要有两步:第一步是构图,将采样点数据构造成一张网图,表示为$G(V,E)$,$V$表示图中的点,$E$表示点与点之间的边;第二步是切图,即将第一步构造出来的图按照一定的切边准则,切分成不同的图,而不同的子图即对应的聚类结果,如图5.4所示。

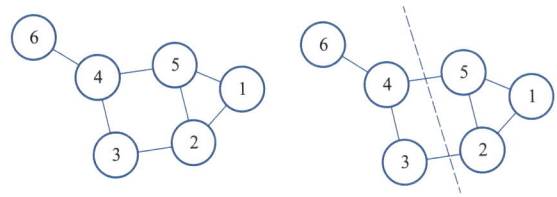

图5.4 谱聚类构图与谱聚类切图

谱聚类的主要思想是把所有的数据看作空间中的点,这些点之间可以用边连接起来。距离较远的两个点之间的边权重值较低,而距离较近的两个点之间的边权重值较高,通过对所有数据点组成的图进行切图,让切图后不同的子图间边权重和尽可能的低,而子图内的边权重和尽可能的高,从而达到聚类的目的。

与传统的聚类算法相比,该算法能在任意形状的样本空间上执行并且收敛于全局最优,这个特点使得它对数据的适应性非常广泛。与$k$-means算法相比,谱聚类方法能够对高维度、非常规分布的数据进行聚类。

**3. Mean Shift**

Mean Shift算法又称均值漂移算法,相较于$k$-means算法,Mean Shift算法也是基于聚类中心的聚类算法。但是Mean Shift的优势在于不需要事先制定类别个数k(无监督学习)。它的工作原理基于质心,这意味着它的目标是定位每个簇(类)的质心,即先算出当前点的偏移均值,将该点移动到此偏移均值位置,然后以此为新的起始点,继续移动,直到满足最终的条件(找出最密集的区域)。

Mean Shift的基本步骤为,首先在$d$维空间中,任选一点作为圆心,以$h$为半径作圆。圆心和圆内的每个点都构成一个向量。将这些向量进行矢量加法操作,得到Mean Shift向量。继续以Mean Shift向量的终点为圆心作圆,得到下一个Mean Shift向量,通过有限次迭代计算,最终Mean Shift算法一定可以收敛到图中概率密度最大的位置,即数据分布的稳定点,称为模点。聚类过程与聚类结果如图5.5所示。

与$k$-means算法相比,Mean Shift不需要实现定义聚类数量,因为这些都可以在计算偏移均值时得出。同时,算法推动聚类中心在向密度最大区域靠近

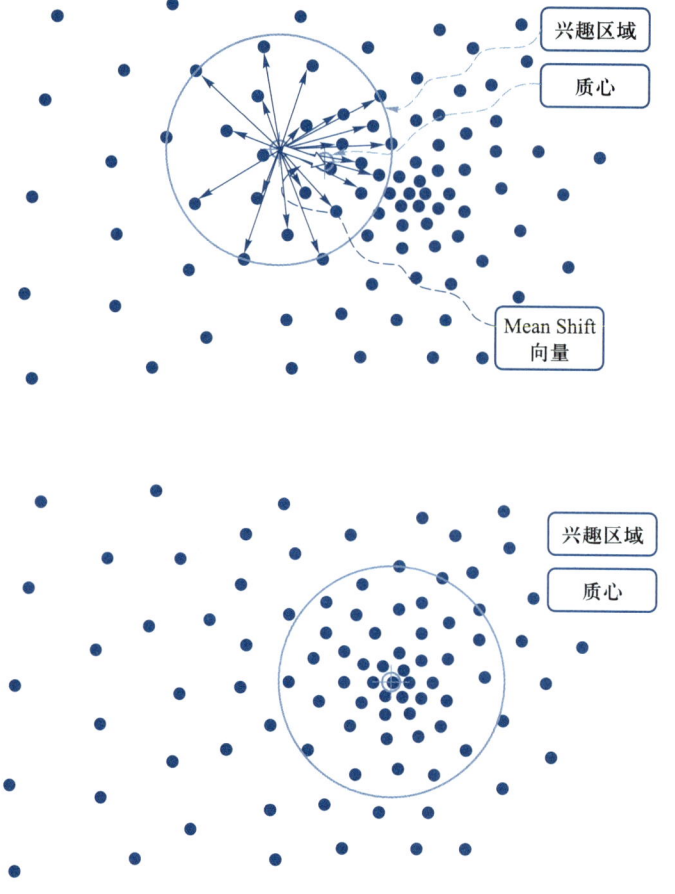

图 5.5 聚类过程与聚类结果

的效果也非常令人满意,这一过程符合数据驱动型任务的需要,而且十分自然直观。但是 Mean Shift 对于高维球区域选择不同半径 $r$ 可能会产生高度不同的影响。另外,当分割对象所包含的语义信息较少时使用本算法分割效果不理想,且算法运行速度较慢,不适用于实时处理任务。

### 5.2.2 基于边缘的分割方法

基于边缘检测的图像分割算法试图通过检测包含不同区域的边缘来解决分割问题。通常不同区域的边界上像素的灰度值变化比较剧烈,如果将图片从空间域通过傅里叶变换到频率域,边缘就对应着高频部分,根据图像中局部特性的不连续性而采用某种算法来提取出图像中的对象与背景间的交界线,这是一种典型的边缘检测算法。

边缘处像素的灰度值不连续,这种不连续性可通过求导来检测。经典的边缘检测算法一般采用微分的方法进行计算,常用的一阶微分边缘检测算子有梯度算子、Robert 算子、Sobel 算子、Prewitt 算子等几种,如图 5.6 所示。一阶微分算子方法计算简便、速度快,但定位不准确。

(a) 梯度算法　　　(b) Roberts算法　　　(c) Sobel算法　　　(d) Prewitt算法

图 5.6　一阶微分算子方法

二阶微分算子主要有 Canny 算子、Log 算子、Laplace 算子，这类算子基于一阶导数的局部最大值对应二阶导数的零交叉点这一性质，通过寻找图像灰度的二阶导数的零交叉点从而定位边缘。二阶微分算子方法边缘定位准确，但对噪声敏感。对于噪声污染的图像，在进行微分算子边缘检测前一般先要滤波，但滤波的同时也使图像边缘产生一定程度的模糊。Marr 算子将噪声滤波与边缘提取相结合，但当模板较小时抗噪性能不良，模板较大时计算费时。

### 5.2.3　基于区域的分割方法

基于区域的分割方法是将图像按照相似性准则分成不同的区域，主要包括基于阈值的分割法、种子区域生长法、区域分裂合并法和分水岭法等。

#### 1. 基于阈值的分割法

阈值法可以解决将图像分为背景与目标两部分的分割问题。阈值法的基本思想是基于图像的灰度特征来计算一个或多个灰度阈值，并将图像中每个像素的灰度值与阈值作比较，最后将像素根据比较结果分到合适的类别中。此方法最为关键的一步就是按照某个准则函数求解最佳灰度阈值。

阈值法特别适用于目标和背景占据不同灰度级范围的图。图 5.7 中，假设两个波峰分别对应了目标和背景，两者之间的灰度值存在较大的差异，通过将阈值选择为波谷的值，即可把图像中的目标和背景分开。

图像若只有目标和背景两大类，那么只需要选取一个阈值进行分割，称为单阈值分割；但是如果图像中有多个目标需要提取，单一阈值的分割就会出现

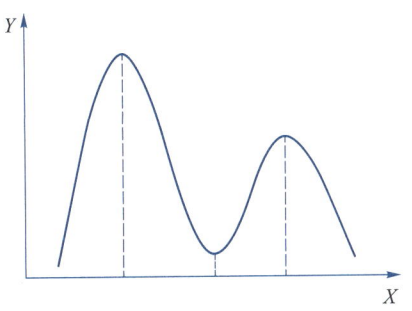

图 5.7　以谷底为阈值分割

错误，在这种情况下就需要选取多个阈值将每个目标分隔开，称为多阈值分割。

## 2. 种子区域生长法

种子区域生长法是由 Levine 等人提出的一种图像分割方法，其基本思想是将具有相似性质的像素集合起来构成区域，即从一组代表不同生长区域的种子像素开始，将种子像素邻域中符合条件的像素合并到种子像素所代表的生长区域中，并将新添加的像素作为新的种子像素继续合并，直到找不到符合条件的新像素为止，如图 5.8 所示。该方法的关键是选择合适的初始种子像素以及合理的生长准则。区域生长算法需要解决三个问题：选择或确定一组能正确代表所需区域的种子像素；确定在生长过程中能将相邻像素包括进来的准则；指定让生长过程停止的条件或规则。

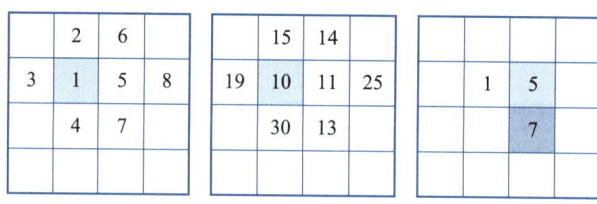

图 5.8　区域生长法过程示意图

种子区域生长法的优点是计算简单，对于较均匀的连通目标有较好的分割效果；缺点是需要人为确定种子点，对噪声敏感，可能导致区域内有空洞。另外，它是一种串行算法，当目标较大时，分割速度较慢，因此在设计算法时，要尽量提高效率。

## 3. 区域分裂合并法

区域分裂合并法是区域生长逆过程，基本思想是首先将图像任意分成若干互不相交的区域，然后再按照相关准则对这些区域进行分裂或者合并从而完成分割任务，该方法既适用于灰度图像分割，也适用于纹理图像分割。区域生长是从某个或者某些像素点出发，最终得到整个区域，进而实现目标的提取。而分裂合并可以说是区域生长的逆过程，从整幅图像出发，不断地分裂得到各个子区域，然后再把前景区域合并，得到需要分割的前景目标，进而实现目标的提取。

区域分裂合并算法对于复杂图像具有良好的分割效果，但是算法复杂，计算量大，分裂过程中有可能破坏区域的边界。在实际应用中通常将区域生长算法和区域分裂合并算法结合使用，该类算法对某些复杂物体定义的复杂场景的分割或者对某些自然景物的分割等类似先验知识不足的图像分割效果较为理想。

## 4. 分水岭法

分水岭法是一种基于拓扑理论的数学形态学的分割方法，其基本思想是把图像视为测地学上的拓扑地貌，图像中每一点像素的灰度值表示该点的海拔高度，每一个局部极小值及其影响区域称为集水盆，而集水盆的边界则形成分水岭。分水岭的概念和形成可以通过模拟浸入过程来说明，如图 5.9 所示。在每一个局部极小值表面，刺穿一个小孔，然后把整个模型慢慢浸入水中，随着浸入的加深，每一个局部极小值的影响域慢慢向外扩展，在两个集水盆汇合处构筑大坝，即形成分水岭。该算法的实现可以模拟成洪水淹没的过程，图像的最低点首先被淹没，然后水逐渐淹没整个山谷。当水位达到一定高度时将会溢出，这时在水溢出的地方修建堤坝，重复这个过程直到整个图像上的点全部被淹没，这时所建立的一系列堤坝就成为分开各个盆地的分水岭。

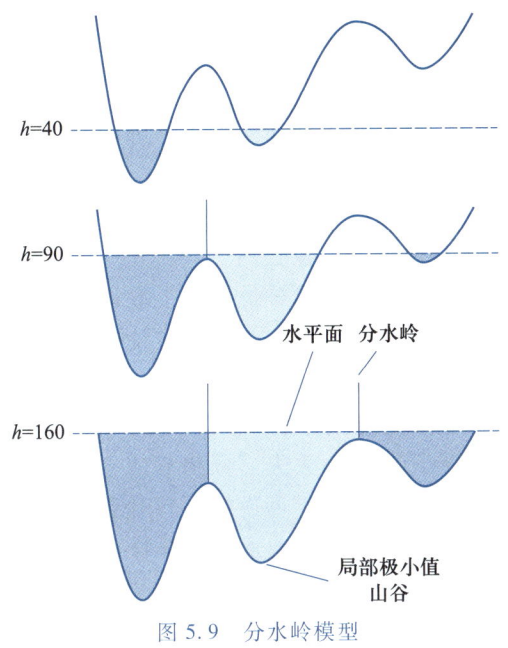

图 5.9　分水岭模型

分水岭算法应用于分割的过程时把与邻近像素间的相似性作为重要的参考依据，将在空间位置上相近并且灰度值相近的像素点互相连接起来构成一个封闭的轮廓。分水岭对微弱边缘具有良好的响应，图像中的噪声、物体表面细微的灰度变化都有可能产生过度分割的现象，但是这也同时能够保证得到封闭连续边缘。同时，分水岭算法得到的封闭的集水盆也为分析图像的区域特征提供了可能。

### 5.2.4　基于图论的分割方法

基于图论的方法利用图论领域的理论和方法，将图像映射为带权无向图，把像素视作节点，将图像分割问题看作是图的顶点划分问题，利用最小剪切准则得到图像的最佳分割。此类方法把图像分割问题与图的最小割（min cut）问题相关联。首先将图像映射为带权无向图 $G=<V, E>$，图中每个节点 $N \in V$ 对应于图像中的每个像素，每条边 $e \in E$ 连接着一对相邻的像素，边的权值表示了相邻像素之间在灰度、颜色或纹理方面的非负相似度，如图 5.10 所示。

对图像的一个分割 s 就是对图的一个剪切，被

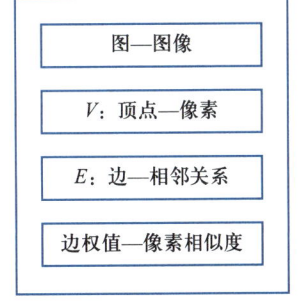

图 5.10　图与图像的映射关系

分割的每个区域 $C \in S$ 对应着图中的一个子图。而分割的最优原则就是使划分后的子图在内部保持相似度最大，而子图之间的相似度保持最小。基于图论的分割方法的本质就是移除特定的边，将图划分为若干子图从而实现分割。目前使用较多的基于图论的方法有 Normalized Cut、Graph Cuts 和 Grab Cut 等。

### 5.2.5 基于深度学习的分割方法

上述提到的众多方法可以将图像分割成大小均匀、紧凑度合适的超像素块，为后续的处理任务提供基础，但在实际场景的图片中，一些物体的结构比较复杂，内部差异性较大，仅利用像素点的颜色、亮度、纹理等较低层次的内容信息不足以生成好的分割效果，容易产生错误的分割。因此需要更多地结合图像提供的中高层内容信息辅助图像分割。

深度学习技术出现以后，在图像分类任务上取得了很大的成功，尤其是对高级语义信息的提取能力，很大程度上解决了传统图像分割方法中语义信息缺失的问题。

**1. 基于上采样/反卷积的分割方法**

卷积神经网络在进行采样时会丢失部分细节信息，这样的目的是得到更具价值的特征信息。但是这个过程是不可逆的，有时会导致后期处理时图像的分辨率太低、出现细节丢失等问题。因此通过上采样可以在一定程度上补全丢失的信息，从而获取更加准确的图像分割边界。

（1）FCN

Long 等人在 2014 年提出的全卷积网络(fully convolutional networks，FCN)方法是深度学习在图像分割领域的开山之作，作者针对图像分割问题设计了一种针对任意大小的输入图像，训练端到端的全卷积网络框架，从而进一步实现逐像素分类，构建了使用深度网络解决图像语义分割问题的基础框架，如图 5.11 所示。

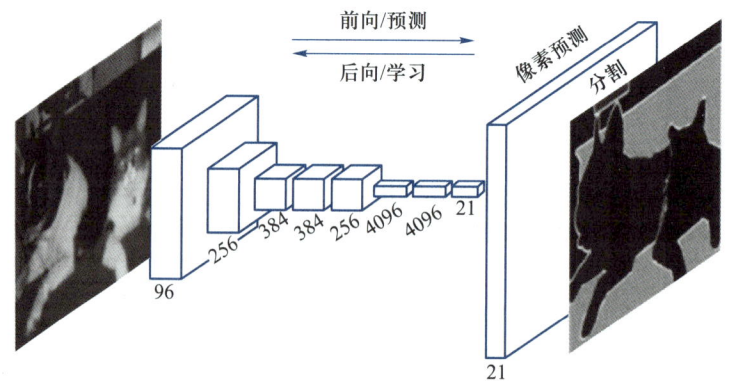

图 5.11 全卷积网络(FCN)结构

在经典的 CNN 网络结构中，图像信息经过卷积神经网络处理后会接上若干个全连接层，将卷积层产生的特征图(feature map)映射成为一个固定长度的特征向量，因此 CNN 结构适用于图像的分类和回归任务，最后都可以得到输入图像的分类的概率。与经典的 CNN 在卷积层之后使用全连接层得到固定长度的特征向量进行分类不同，FCN 可以接受任意尺寸的图像作为输入，网络采用反卷积层对最后一个卷积层的 feature map 进行上采样，使它恢复到与输入图像相同的尺寸，从而可以对每个像素都进行预测，同时可以使原始输入图像中的空间信息得以保留，最后在上采样的特征图上进行逐像素分类，从而实现了语义级别的图像分割。

FCN 的主要操作包含以下几种：

① 卷积化（convolutional）。FCN 将传统 CNN 中的全连接层替换成一个个的卷积层。如图 5.12 所示，在传统的 CNN 结构中，前 5 层是卷积层，第 6 层和第 7 层分别是一个长度为 4 096 的一维向量，第 8 层是长度为 1 000 的一维向量，分别对应 1 000 个类别的概率。FCN 将这 3 层表示为卷积层，卷积核的大小（通道数,宽,高）分别为（4 096,1,1）、（4 096,1,1）、（1 000,1,1）。所有的层都是卷积层，故称为全卷积网络。

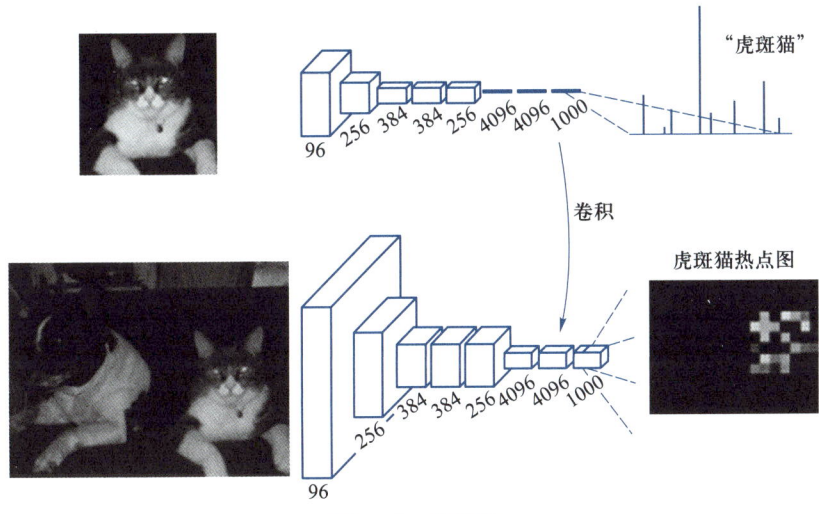

图 5.12　全卷积

② 上采样。在池化过程中，下采样会使图片不断缩小，例如，经过 5 次卷积和池化以后，图像的分辨率依次缩小了 2、4、8、16、32 倍，这使得图片中的像素点不能恢复到原图，给像素级别的训练带来困扰，因此需要对特征图进行上采样。对于最后一层的输出图像，需要进行 32 倍的上采样才能得到原图一样的大小，而 FCN 采用的上采样的方法就是反卷积（deconvolution），如图 5.13 所示。

③ 跳跃层。分类网络通常会通过设置步长的方式逐渐减小每层的空间尺寸，这种方式可以同时实现计算量的缩小和信息的浓缩。尽管这种操作对于分类任务是很有效的，但是对于分割这样需要稠密估计的任务而言，这种浓缩未必是好事。

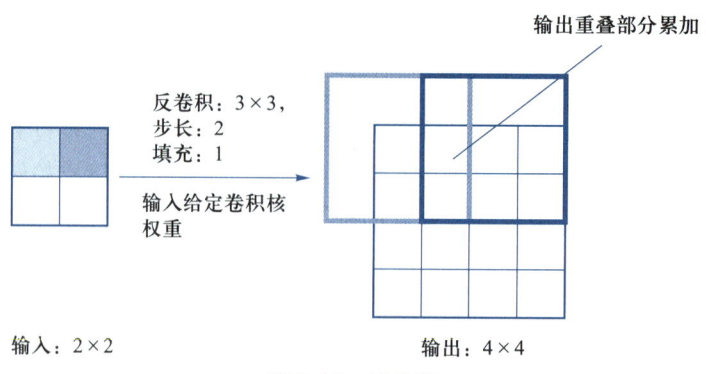

图 5.13 反卷积

如果将全卷积之后的结果直接上采样,得到的结果是很粗糙的,为了优化结果,FCN 引入了跳跃层(skip layer),将不同池化层的结果进行上采样之后来优化输出。例如,对第 5 层的输出(32 倍放大)反卷积到原图大小,但得到的结果还是不够精确,一些细节无法恢复,于是作者将第 4 层的输出和第 3 层的输出也依次反卷积,分别进行 16 倍和 8 倍上采样,将不同全局步长下的层之间进行连接,结果也就更精细一些。具体网络结构如图 5.14 所示。

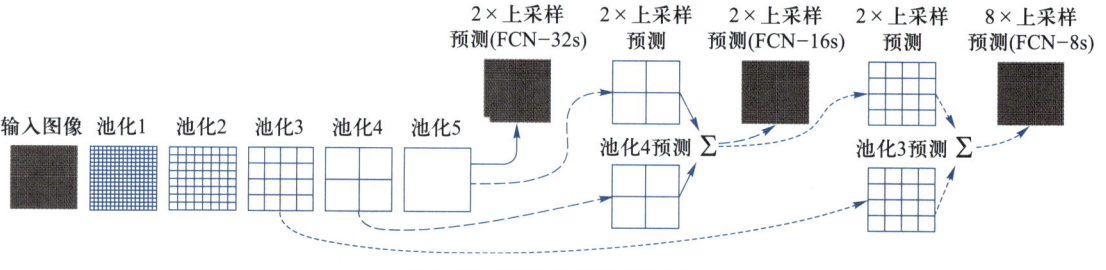

图 5.14 FCN 中的跳跃连接

相于传统的 CNN 进行图像分割的方法,FCN 有两大明显的优点:一是可以接收任意大小的输入图像,而不用要求所有的训练图像和测试图像具有同样的尺寸。二是避免了由于使用像素块而带来的重复存储和计算卷积的问题,效率更高。

与此同时,FCN 的缺点也比较明显:一是得到的结果还是不够精细。进行 8 倍上采样虽然比 32 倍的效果好了很多,但是上采样的结果还是比较模糊和平滑,对图像中的细节不敏感。二是对各个像素进行分类,没有充分考虑像素与像素之间的关系,忽略了在通常的基于像素分类的分割方法中使用的空间规整(spatial regularization)步骤,缺乏空间一致性。

(2) SegNet

SegNet 是 Cambridge 在 2016 年首次提出的一个旨在解决自动驾驶或者智能机器人的图像语义分割的深度网络。SegNet 和 FCN 思路十分相似,只是其中使用的 Encoder 和 Decoder 与 FCN 有所不同,其解码器使用去池化对特征图进行上采样以此来保持图像的高频细节完整性;SegNet 的编码器部分使用的是

VGG16 的前 13 层卷积网络，每个编码器层都对应一个解码器层，最终解码器的输出被送入 Softmax 分类器中独立地为每个像素产生类概率。

如图 5.15 所示，左边部分是卷积提取特征，通过 pooling 增大感受野，同时图片变小，该过程称为 Encoder，右边是反卷积与 upsampling，通过反卷积使得图像分类后的特征得以重现，upsampling 将图像还原到原始尺寸大小，此过程称为 Decoder，最后通过 Softmax，输出不同分类的最大值，得到最终分割图。

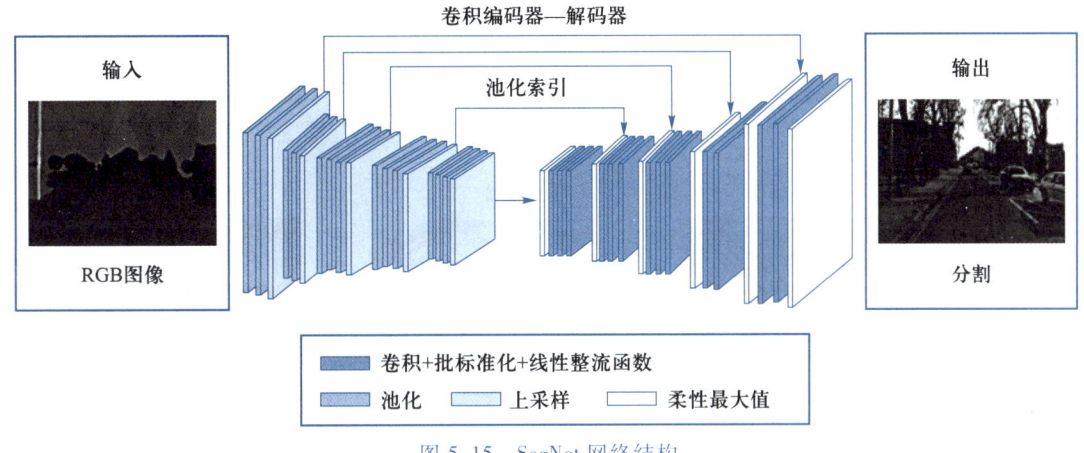

图 5.15 SegNet 网络结构

FCN 通过上卷积层和一些跳跃连接产生了粗糙的分割图，SegNet 为了提升效果而引入了更多的跳跃连接。此外 FCN 网络仅仅复制了编码器特征，而 SegNet 网络复制了最大池化指数，将最大池化指数转移至解码器中，改善了分割分辨率；在内存使用上，SegNet 比 FCN 更为高效。

SegNet 可以保存高频部分的完整性，使得网络不笨重、参数少，较为轻便，但对于分类的边界位置置信度较低，对于难以分辨的类别，例如，人与自行车，两者如果有相互重叠，会增加不确定性。

2. 基于提高特征分辨率的分割方法

基于提升特征分辨率的图像分割处理方法，旨在恢复深度卷积神经网络中下降的分辨率，从而获取更多的上下文信息。其中最具有代表性的当属 Google 提出的 DeepLab 系列。

DeepLab 系列是结合了深度卷积神经网络和概率图模型的方法，应用在语义分割的任务上，目的是做逐像素分类，其最主要的优越性体现在 DenseCRFs（概率图模型）和 DCNN 的结合。将每个像素视为 CRF 节点，利用远程依赖关系并使用 CRF 推理直接优化 DCNN 的损失函数。

在图像分割领域，FCN 中经典的操作就是平滑以后再填充，即先进行卷积再进行 pooling，这样在降低图像尺寸的同时增大感受野，但是在先减小图片尺寸（卷积）再增大尺寸（上采样）的过程中会造成一定的信息损失，而 DeepLab 正是针对解决这一问题所提出的一个策略模型。

DeepLab-V1 的一大亮点就是使用了 Dilated Convolution——用带有空洞的卷

积核进行采样,如图 5.16 所示。该系列的网络使用空洞卷积扩大了卷积核感受野,使每个卷积输出都包含了较大范围的信息,避免了 DCNN 中重复最大池化和下采样带来的分辨率下降问题。通过使用不同采样率的空洞卷积,可以明确控制网络的感受野。

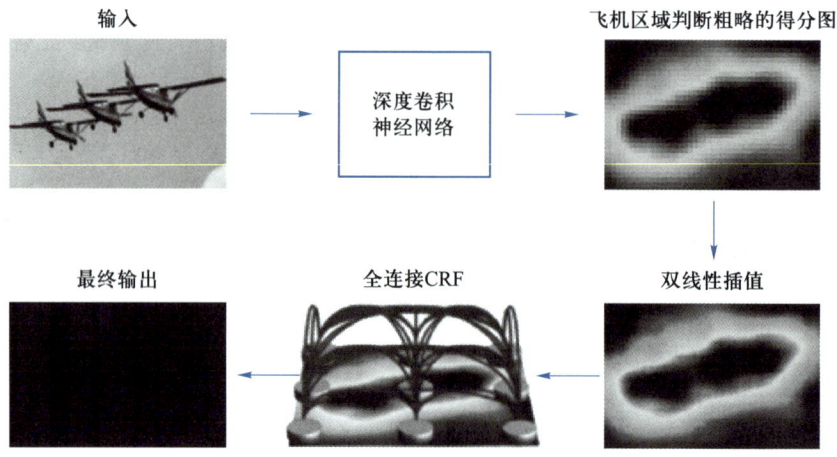

图 5.16　DeepLab-V1 流程图

图 5.17(a)对应 3×3 的 1-dilated conv,它和普通的卷积操作是相同的;图 5.17(b)对应 3×3 的 2-dilated conv,实际卷积核的尺寸还是 3×3(黑点),但是空洞为 1,其感受野能够达到 7×7;图 5.17(c)对应 3×3 的 4-dilated conv,其感受野已经达到了 15×15。

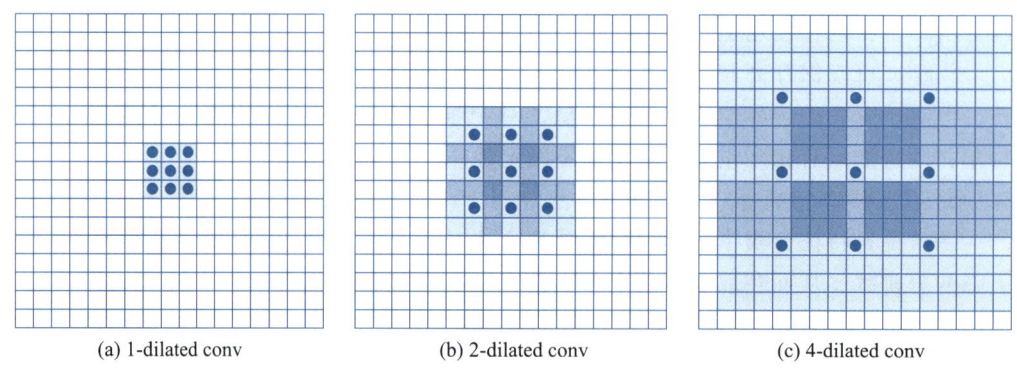

(a) 1-dilated conv　　(b) 2-dilated conv　　(c) 4-dilated conv

图 5.17　不同采样率的空洞卷积

空洞卷积在增大感受野的同时,没有增加参数的数量,而且 VGG 中提出的多个小卷积核代替大卷积核的方法,只能使感受野线性增长,而多个空洞卷积串联,可以实现指数增长。

DeepLab-V2(2016)在 DeepLab-V1 基础上进行优化,针对图像中存在多尺度的同一对象问题,模型提出了 ASPP(atrous spatial pyramid pooling)模块,如图 5.18 所示,在给定的输入上用多个不同采样率的空洞卷积并行采样,相当于以多个比例捕捉图像的上下文;同时由于 VGG-16 表达能力有限,模型将网络框架替换为表达能力更强的 ResNet-101,增加了模型的拟合能力。

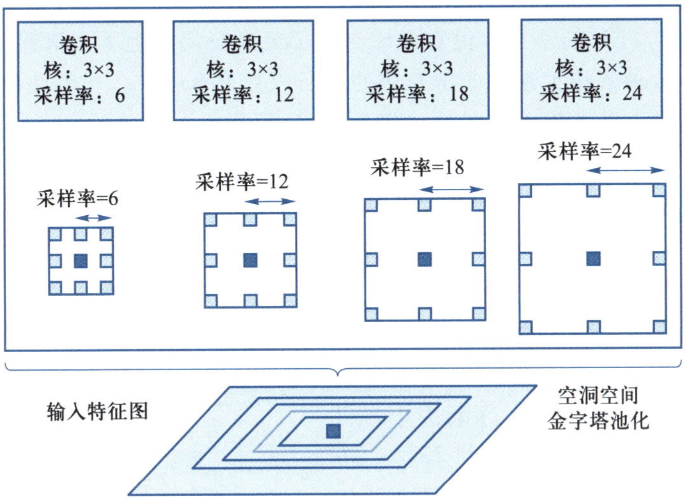

图 5.18 ASPP 模块

ASPP 的引入是最大也是最重要的改变。多尺度主要是为了解决目标在图像中表现为不同大小时仍能够有很好的分割结果,比如,同样的物体,在近处拍摄时物体显得大,远处拍摄时显得小。具体做法是并行采用多个采样率的空洞卷积提取特征,再将特征融合,类似于空间金字塔结构,因此形象地称为 atrous spatial pyramid pooling。

相比 DeepLab-V2,DeepLab-V3(2017)对 ResNet 网络进行了改进,以串行方式设计了 atrous convolution 模块,复制 ResNet 的最后一个块,如图 5.19 中的块 4,并将复制后的块以串行方式级联,不同在于分别使用不同扩张率的空洞卷积,通过使用级联结构使得在更深的块中捕获远程信息变得容易。同时改进了 ASPP 模块,采用 4 个并行且采样率不同的空洞卷积处理特征图,可以更好地捕捉多尺度上下文。

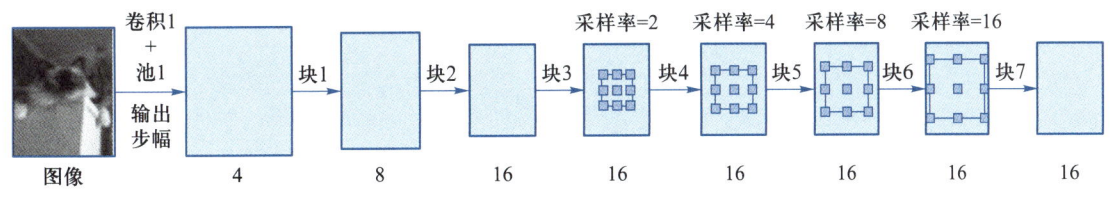

图 5.19 改进的深度空洞卷积网络

### 3. 基于 RNN 的图像分割

RNN(recurrent neural network)是由 LSTM(long-short-term memory)块组成的网络,RNN 的先进性来源于对序列数据的长期学习的能力以及随着序列保存记忆的能力,除了在手写和语音识别上表现出色外,在解决计算机视觉的任务上也拥有不俗的表现,接下来的部分将简要介绍几个使用到 RNN 结构的用于分割的网络结构模型。

FCN 可谓是图像分割领域的开山作，而 RegNet 的作者则在自己的文章中大胆地提出了 FCN 的不足：没有考虑到局部或者全局的上下文依赖关系，而在语义分割中这种依赖关系是非常有用的。所以在 ReSeg 中，作者使用 RNN 去检索上下文信息，以此作为分割的一部分依据。

ReSeg 是基于图像分割模型 ReNet 提出的，如图 5.20 所示，ReNet 由两层顺序排列的 RNN 构成。在给定输入图像(或前层)特征后，ReNet 对展开结果分别按列、按行扫描。每个扫描过程由两个相反方向的 RNN 运算单元实现。

ReSeg 的网络结构如图 5.21 所示，网络应用了 3 次串联的完整 ReNet 模块，在这个过程中空间分辨率逐渐减小，目的是将 VGG-16 提取的特征进行进一步处理，从而得到对输入图像更复杂的特征描述；特征提取结束后，特征图对输入图像的空间分辨率下降为 1/8，因此需要恢复空间分辨率以得到稠密的分割结果。在所有 ReNet 模块结束后，ReSeg 应用了若干层由反卷积组成的上采样层，将特征图的空间分辨率恢复成原始输入图像的空间分辨率；最后应用 softmax 实现分割。

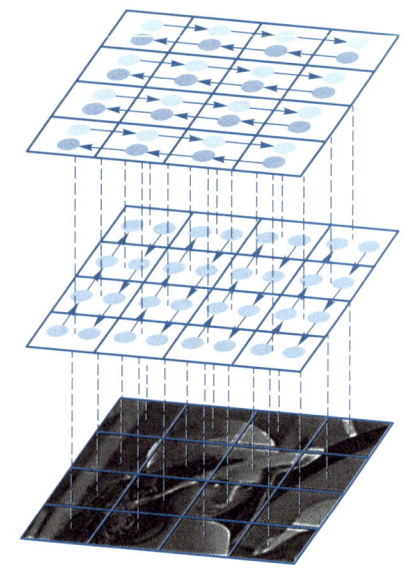

图 5.20　ReNet 运算示意图

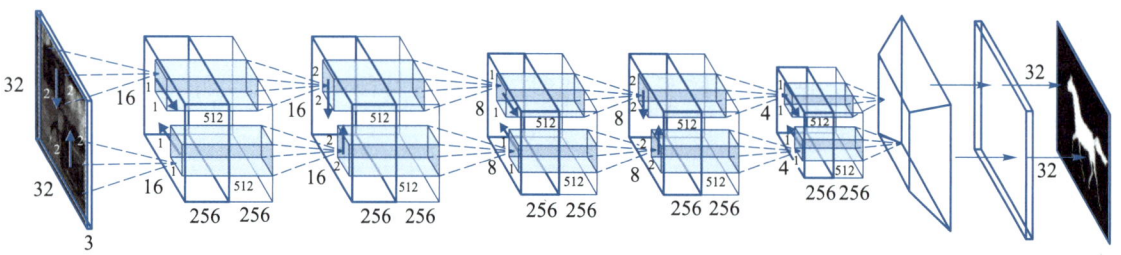

图 5.21　ReSeg 网络结构

ReSeg 网络充分考虑了上下文信息关系，但由于使用了中值频率平衡，它通过类的中位数(在训练集上计算)和每个类的频率之间的比值来重新加权类的预测，就增加了低频率类的分数，被低估的类的概率被高估了，因此可能导致在输出分割掩码中错误分类的像素增加。

**4. 基于特征增强的分割方法**

目前大多数的场景分割模型是基于 FCN 的架构，旨在像素级别进行预测，但是 FCN 在场景之间的关系和全局信息的处理能力上存在诸多问题，例如，上下文推断能力不强，标签之间的关系处理不好，模型可能会忽略小的东西。

对于上述存在的问题，PSPNet 提出了一个具有层次全局优先级、包含不同子区域时间的不同尺度信息的模块，即金字塔池化模块。该模块融合了 4 种不同金字塔尺度的特征，第一行是最粗糙的特征——全局池化生成单个 bin 输出，后面三行是不同尺度的池化特征。金字塔池化模块中不同级别的输出包含不同大小的特征映射，为了保证全局特征的权重，如果金字塔共有 $N$ 个级别，则在每个级别后使用 1×1 的卷积将对应级别通道降为原本的 $1/N$；然后通过双线性插值直接对低维特征图进行上采样，得到与原始特征映射相同尺寸的特征图；最后，将不同级别的特征融合起来，作为最终的金字塔池化全局特性。

如图 5.22 所示，实验中分别用了 1×1、2×2、3×3 和 6×6 这 4 个尺寸的卷积核提取不同尺度的特征，然后用 1×1 的卷积层计算每个金字塔层的权重，再通过双线性恢复成原始尺寸，最终得到的特征尺寸是原始图像的 1/8。最后通过卷积将池化得到的所有上下文信息整合，生成最终的分割结果。

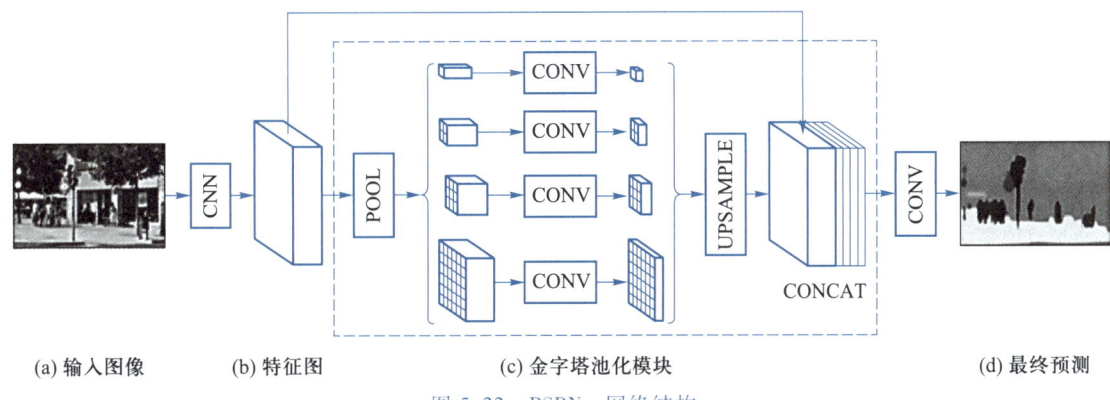

(a) 输入图像　　(b) 特征图　　(c) 金字塔池化模块　　(d) 最终预测

图 5.22　PSPNet 网络结构

为什么要用金字塔结构提取特征？对于分割任务而言，上下文信息对于分割效果具有明显影响。通常来讲，判断一个东西的类别时，除了直接观察外观，有时需要辅助其出现的环境。比如，汽车通常出现在道路上、船通常在水面、飞机通常在天上等。忽略这些环境因素直接做判断，就会造成歧义。如在图 5.23 中，FCN 错误地将水面上的船判断为汽车。除此之外，由于金字塔结构并行考虑了多个感受野下的目标特征，从而对于尺寸较大或尺寸过小的目标有更好的识别效果。

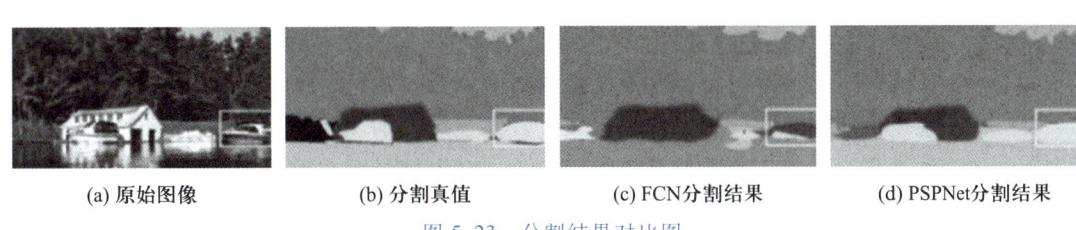

(a) 原始图像　　(b) 分割真值　　(c) FCN 分割结果　　(d) PSPNet 分割结果

图 5.23　分割结果对比图

### 5. 使用 CRF/MRF 的方法

马尔可夫模型是指一组事件的集合，在这个集合中，事件逐个发生，并且下一刻事件的发生只由当前事件决定，而与之前的状态没有关系。而马尔可夫随机场(MRF)，就是具有马尔可夫模型特性的随机场，场中任何区域都只与其邻近区域相关，与其他地方的区域无关，这些区域里元素(图像中可以是像素)的集合就是一个马尔可夫随机场。

条件随机场(CRF)，是一种特殊的马尔可夫随机场：给定了一组输入随机变量 X 的条件下另一组输出随机变量 Y。它的特点是假设输出随机变量构成马尔可夫随机场，可以看作是最大熵马尔可夫模型在标注问题上的推广。在图像分割领域，运用 CRF 比较出名的一个模型就是全连接条件随机场(DenseCRF)。

对于每个像素 $i$，除了具有类别标签 $x_i$ 还有对应的观测值 $y_i$，将每个像素点作为节点，像素与像素间的关系作为边，即构成了一个条件随机场，如图 5.24 所示。通过观测变量 $y_i$ 来推测像素 $i$ 对应的类别标签 $x_i$ 即实现了分割。

常规的 CRF 在运行中只对相邻节点进行操作，这样会损失一些上下文信息，而 DenseCRF 是对所有节点进行操作，这样就能获取尽可能多的临近点信息，从而获得更加精准的分割结果。

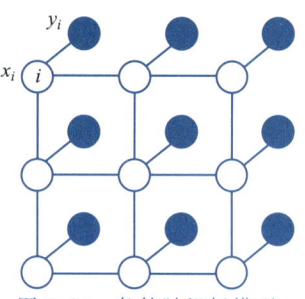

图 5.24　条件随机场模型

该模型的一元势能包含了图像的形状、纹理、颜色和位置，二元势能使用了对比度敏感的双核势能，CRF 的二元势函数一般是描述像素点与像素点之间的关系，鼓励相似像素分配相同的标签，而相差较大的像素分配不同标签，而这个距离的定义与颜色值和实际相对距离有关，这样 CRF 能够使图像尽量在边界处分割。DenseCRF 模型的不同在于其二元势函数描述的是每一个像素与其他所有像素的关系，使用该模型在图像中的所有像素对上建立点对势能从而实现极大的细化和分割。

## 5.3　应用案例：U-Net 语义分割

### 5.3.1　场景描述

在计算机视觉领域，图像分割指的是根据灰度、彩色、空间纹理、几何形状等特征将数字图像细分为若干个互不相交的图像子区域(像素的集合)。同一个区域具有一定的一致性或相似性，不同子区域的特征呈现比较明显的差异。图像的语义分割的目标是对图像的每个像素点进行分类，将图像分割为若干个视觉上有意义的或感兴趣的区域，以便于后续的图像分析和视觉理解。它作为计算机视觉领域重要的基本问题之一，对于场景图像的分析和理解具有重要的意义。

图像分割的目标就是为图像中的每个像素分类。它具有十分广泛的应用领域：如自动驾驶、医疗影像、图像美化、三维重建等。

自动驾驶：汽车需要安装必要的感知系统以了解它们所处的环境，这样自动驾驶汽车才能安全地驶入现有的道路。

医学影像诊断：通过语义分割的方法对获取到的医学影像进行划分，这样不仅可以节约劳动力，还可以减少因人自身因素而产生的错误，从而在提高效率的同时，大大减少诊断所需要的时间。

图像分割的应用领域不仅只有上述例子，还包括了许多现实生活中具有意义的实际应用。随着研究人员的不懈努力，到目前为止，图像分割技术已经产生了相当多的研究成果和方法。

### 5.3.2 U-Net 语义分割实现

#### 1. 数据集

本次实验采用的是 ISBI 挑战的数据集。ISBI 挑战的训练和测试数据是果蝇第一龄幼虫腹侧神经索（VNC）的连续切片透射电子显微镜（ssTEM）数据集的两个部分，每组 30 个切片的集合。微立方体的尺寸约为 2 μm×2 μm×1.5 μm，分辨率为 4×4×50 nm/像素。

数据集大小为 22.5 M。其中，训练集大小为 15 M，30 张图像（训练数据包含 2 个多页 TIF 文件，每个文件包含 30 张 2D 图像。train-volume.tif 和 train-labels.tif 分别包含数据和标签）；测试集大小为 7.5 M，30 张图像（测试数据包含 1 个多页 TIF 文件，每个文件包含 30 张 2D 图像。test-volume.tif 包含数据）。

#### 2. U-Net 网络

U-Net 是医学影像分割领域的一个著名网络框架，是在 2015 年由 Ronneberger 等人参加 ISBI 挑战提出的一种基于 FCN 的分割网络。U-Net 最早被提出应用到医学图像分析中，由于其网络简单易懂，已经被广泛应用于很多语义分割场景。在图像分割任务，特别是医学图像分割中，U-Net 无疑是最成功的方法之一，目前已达到 4 000 多次引用，其采用的编码器-解码器结构和跳跃连接是一种非常经典的设计方法。目前的很多新的卷积神经网络的设计方式仍然延续了 U-Net 的核心思想，加入了新的模块或者融入了其他理念。由于其形状像字母"U"，故取名为 U-Net。

#### 3. U-Net 网络结构

U-Net 网络如图 5.25 所示。网络是一个经典的全卷积网络（即网络中没有全连接操作）。网络的输入是一张 572×572 的图片，网络的左侧是由卷积和 Max Pooling 构成的一系列采样操作，论文中将这一部分称为压缩路径。压缩路径由 4 个 block 组成，每个 block 使用 3 个有效卷积和 1 个 Max Pooling 降采样，每次降采样之后的 Feature Map 的个数乘 2，因此有了图中的 Feature Map 的尺寸变化，最终得到了尺寸为 32×32 的 Feature Map。网络的右侧部分在论文中被称为扩展路径，可以将其视为一个解码器。该部分同样由 4 个 block 组成，每个 block 开始之前通过反卷积将 Feature Map 的尺寸乘 2，同时将其个数减半（最后一层略有不同），然后和左侧对称的压缩路径的 Feature Map 合并，由于左侧压缩路径和右侧扩展路径的 Feature Map 尺寸不一样，U-Net 是通过将压缩路径的 Feature

Map 裁剪到和扩展路径相同尺寸的 Feature Map 进行归一化的。扩展路径的卷积操作依旧使用的是有效卷积操作，最终得到的 Feature Map 的尺寸是 338×338。

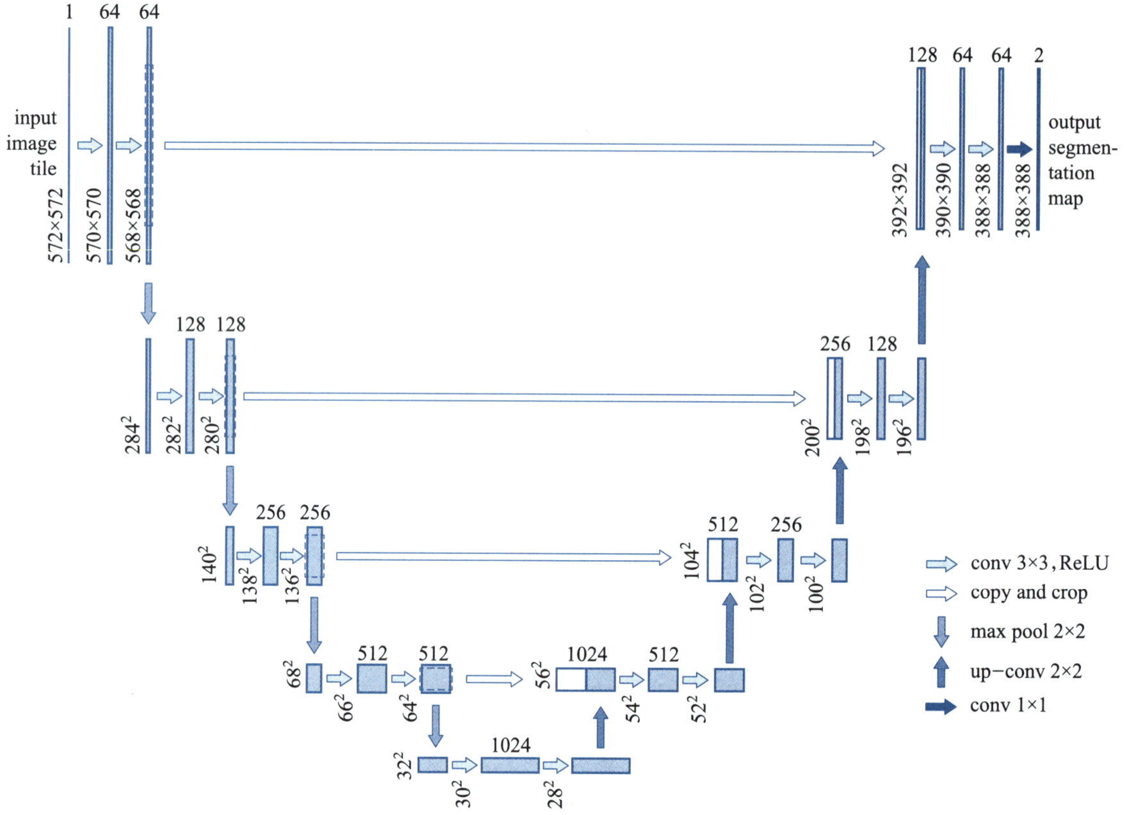

图 5.25　U-Net 网络结构

### 4. 实现过程

本次实验基于华为云 ModelArts 平台实现 U-Net 语义分割。首先需要准备脚本，在华为课程 gitee 仓库中下载相应的实验脚本，并将脚本和数据集组织为如下形式：

```
unet
  ├──── data
  │       ├──── test-volume.tif
  │       ├──── train-labels.tif
  │       └──── train-volume.tif
  ├──── src
  │       ├──── config.py
  │       ├──── data_loader.py
  │       ├──── loss.py
  │       ├──── utils.py
  │       └──── unet
  │    ├──── __init__.py
  │    ├──── unet_model.py
  │    └──── unet_parts.py
  ├──── main.py
  └──── README.md
```

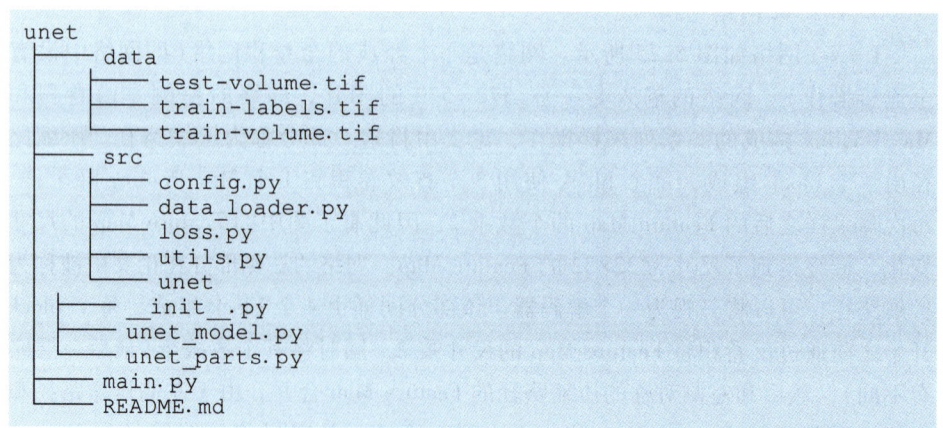

之后创建 OBS 桶并上传相关脚本文件和数据集,打开 OBS 控制台,单击左上角的"创建桶"按钮进入桶配置界面,创建桶的参考配置如下:

| 桶策略 | 公共读 |
|--------|--------|
| 企业项目 | defalut |

其他的设置默认即可,完成上述修改后,创建桶。单击新建的 OBS 桶名,再打开"对象标签页",通过"上传对象""新建文件夹"等功能,将脚本和数据集上传到 OBS 桶中,上传文件后,查看页面底部的"任务管理"状态栏(正在运行、已完成、失败),确保文件均已上传完成。

接下来进行模型的训练,华为 ModelArts 提供了训练作业平台,训练作业资源池大,且具有作业排队等功能,适合大规模并发使用,因此,本次实验在华为云平台上进行。当使用本平台训练作业时,如果有修改和调试代码的需求,有以下三种方案可供选择。

① 在本地修改代码后上传。

② 使用 PyCharm ToolKit 配置一个本地 PyCharm+ModelArts 开发环境,便于代码上传、提交训练作业和获取训练日志。

③ 在 ModelArts 上创建 Notebook,利用 Notebook 中的 JupyterLab 进行代码的调试和训练。本次实验部分就是基于第三种方法完成的。

首先要创建训练作业,步骤如下,进入 ModelArts 控制台,单击"开发环境"按钮进入 Notebook 创建页面,单击"创建"按钮,选择镜像和规格,存储位置为云硬盘 EVS(云硬盘 EVS 作为持久化存储挂载在/home/ma-user/work 目录下,该目录下的内容在实例停止后会被保留),之后单击"立即创建"按钮。

打开 Notebook 后选择 MindSpore 环境作为 Kernel,通过上方的 ModelArts UpLoad Files 按钮上传脚本和数据文件,并按照上文中给出的文件目录构建相应的文件目录,在 JupyterLab 中创建 ipynb 文件。

上文中对于实现的过程给出了详细的步骤,下文中将会列出部分代码。

U-Net 网络中的操作被封装在 unet_parts.py 中:在此脚本中定义了双卷积、下采样、上采样操作,其中上采样层有 4 个,采用双线性采样。其中 DoubleConv 中,in_channels 指的是输入层的 channels,out_channels 指的是经过 DoubleConv 层后输出的 channels,mid_channels 指第一个卷积层输出的 channels。通过父类的构造函数搭建 DoubleConv,其中先进行 Conv2d 操作,然后由 ReLU 函数激活,之后再进行相同的卷积操作,只不过第二个卷积操作的 in_channels 变为第一个卷积操作输出的通道数,在完成卷积后,再通过 ReLU 函数进行激活。具体代码如下:

```
import mindspore.nn as nn
import mindspore.ops.operations as F
from mindspore.common.initializer import TruncatedNormal
```

```python
from mindspore.nn import CentralCrop

class DoubleConv(nn.Cell):

    def __init__(self, in_channels, out_channels, mid_channels=None):
        super().__init__()
        init_value_0 = TruncatedNormal(0.06)
        init_value_1 = TruncatedNormal(0.06)
        if not mid_channels:
            mid_channels = out_channels
        self.double_conv = nn.SequentialCell(
            [nn.Conv2d(in_channels, mid_channels, kernel_size=3, has_bias=True,
                       weight_init=init_value_0, pad_mode="valid"),
             nn.ReLU(),
             nn.Conv2d(mid_channels, out_channels, kernel_size=3, has_bias=True,
                       weight_init=init_value_1, pad_mode="valid"),
             nn.ReLU()]
        )

    def construct(self, x):
        return self.double_conv(x)
```

Down 模块包括下采样(MaxPool)和两个 Conv2d，因为在网络左侧 encoder 部分基本上都是通过下采样+Conv2d 进行搭建的。主要是先进行最大池化，将图片大小变为原来的一半，然后再采用 DoubleConv 增加通道数。这样经过 3 次下采样，可以看到图片通道数为 512，大小为 64×64，此时还需要进行第 4 次下采样，由于后续要进行上采样，需要将每一层上采样对应的特征图与下采样对应的特征图进行融合，能够充分获得有用信息，融合时需要通道数进行对应，因此输出通道数为 512，且图片大小为 28×28。

```python
class Down(nn.Cell):
    """Downscaling with maxpool then double conv"""

    def __init__(self, in_channels, out_channels):
        super().__init__()
        self.maxpool_conv = nn.SequentialCell([nn.MaxPool2d(kernel_size=2, stride=2), DoubleConv(in_channels, out_channels)]
        )
    def construct(self, x):
        return self.maxpool_conv(x)
```

## 5.3 应用案例：U-Net 语义分割

之后通过上采样对特征进行融合，上采样的过程中需要对两个特征图进行融合，通道数一样并且尺寸也应该一样，x1 是上采样获得的特征，而 x2 是下采样获得的特征，将所得到的特征进行拼接。

```python
class Up1(nn.Cell):
    """Upscaling then double conv"""

    def __init__(self, in_channels, out_channels, bilinear=True):
        super().__init__()
        self.concat = F.Concat(axis=1)
        self.factor = 56.0 / 64.0
        self.center_crop = CentralCrop(central_fraction=self.factor)
        self.print_fn = F.Print()
        self.conv = DoubleConv(in_channels, out_channels, in_channels // 2)
        self.up = nn.Conv2dTranspose(in_channels, in_channels // 2, kernel_size=2, stride=2)
        self.relu = nn.ReLU()

    def construct(self, x1, x2):
        x1 = self.up(x1)
        x1 = self.relu(x1)
        x2 = self.center_crop(x2)
        x = self.concat((x1, x2))
        return self.conv(x)


class Up2(nn.Cell):
    """Upscaling then double conv"""

    def __init__(self, in_channels, out_channels, bilinear=True):
        super().__init__()
        self.concat = F.Concat(axis=1)
        self.factor = 104.0 / 136.0
        self.center_crop = CentralCrop(central_fraction=self.factor)
        self.conv = DoubleConv(in_channels, out_channels, in_channels // 2)
        self.up = nn.Conv2dTranspose(in_channels, in_channels // 2, kernel_size=2, stride=2)
```

```python
        self.relu = nn.ReLU()

    def construct(self, x1, x2):
        x1 = self.up(x1)
        x1 = self.relu(x1)
        x2 = self.center_crop(x2)
        x = self.concat((x1, x2))
        return self.conv(x)


class Up3(nn.Cell):
    """Upscaling then double conv"""

    def __init__(self, in_channels, out_channels, bilinear = True):
        super().__init__()
        self.concat = F.Concat(axis=1)
        self.factor = 200 / 280
        self.center_crop = CentralCrop(central_fraction = self.factor)
        self.print_fn = F.Print()
        self.conv = DoubleConv(in_channels, out_channels, in_channels // 2)
        self.up = nn.Conv2dTranspose(in_channels, in_channels // 2, kernel_size=2, stride=2)
        self.relu = nn.ReLU()

    def construct(self, x1, x2):
        x1 = self.up(x1)
        x1 = self.relu(x1)
        x2 = self.center_crop(x2)
        x = self.concat((x1, x2))
        return self.conv(x)


class Up4(nn.Cell):
    """Upscaling then double conv"""

    def __init__(self, in_channels, out_channels, bilinear = True):
        super().__init__()
        self.concat = F.Concat(axis=1)
```

```
        self.factor = 392 / 568
        self.center_crop = CentralCrop(central_fraction =
self.factor)
        self.conv = DoubleConv(in_channels, out_channels, in_
channels // 2)
        self.up = nn.Conv2dTranspose(in_channels, in_channels
// 2, kernel_size=2, stride=2)
        self.relu = nn.ReLU()

    def construct(self, x1, x2):
        x1 = self.up(x1)
        x1 = self.relu(x1)
        x2 = self.center_crop(x2)
        x = self.concat((x1, x2))
        return self.conv(x)
```

OutConv 仍然采用了两次卷积，此时卷积核的大小为 1×1，因此不改变图片的大小，但是却提高了特征抽象能力，提升了网络的表达能力。

```
class OutConv(nn.Cell):
    def __init__(self, in_channels, out_channels):
        super(OutConv, self).__init__()
        init_value = TruncatedNormal(0.06)
        self.conv = nn.Conv2d(in_channels, out_channels, kernel
_size=1, has_bias=True, weight_init=init_value)

    def construct(self, x):
        x = self.conv(x)
        return x
```

U-Net 网络定义脚本为 unet_model.py，在此脚本中定义了 U-Net 主干网络，在本网络中，首先进行 4 次下采样，之后进行 4 次上采样，进行特征的提取和融合。

```
from src.unet.unet_parts import DoubleConv, Down, Up1, Up2, Up3,
Up4, OutConv
import mindspore.nn as nn

class UNet(nn.Cell):
    def __init__(self, n_channels, n_classes):
        super(UNet, self).__init__()
        self.n_channels = n_channels
```

```python
        self.n_classes = n_classes
        self.inc = DoubleConv(n_channels, 64)
        self.down1 = Down(64, 128)
        self.down2 = Down(128, 256)
        self.down3 = Down(256, 512)
        self.down4 = Down(512, 1024)
        self.up1 = Up1(1024, 512)
        self.up2 = Up2(512, 256)
        self.up3 = Up3(256, 128)
        self.up4 = Up4(128, 64)
        self.outc = OutConv(64, n_classes)

    def construct(self, x):
        x1 = self.inc(x)
        x2 = self.down1(x1)
        x3 = self.down2(x2)
        x4 = self.down3(x3)
        x5 = self.down4(x4)
        x = self.up1(x5, x4)
        x = self.up2(x, x3)
        x = self.up3(x, x2)
        x = self.up4(x, x1)
        logits = self.outc(x)
        return logits
```

配置参数存储于 config.py 中，具体学习率 num_class 等信息都在此文件中，其中 epoch、batchsize 等参数可以根据硬件环境进行调整。

```python
cfg_unet = {
    'name': 'UNet',
    'lr': 0.0001,
    'epochs': 400,
    'distribute_epochs': 1600,
    'batchsize': 16,
    'cross_valid_ind': 1,
    'num_classes': 2,
    'num_channels': 1,
    'keep_checkpoint_max': 10,
    'weight_decay': 0.0005,
    'loss_scale': 1024.0,
    'FixedLossScaleManager': 1024.0,
```

```
    'resume': False,
    'resume_ckpt': './',
}
```

损失函数模块定义于 loss.py。U-Net 网络采用的是交叉熵损失函数，具体代码实现如下：

```
import mindspore
import mindspore.nn as nn
import mindspore.ops.operations as F
from mindspore.nn.loss.loss import _Loss

class CrossEntropyWithLogits(_Loss):
    def __init__(self):
        super(CrossEntropyWithLogits, self).__init__()
        self.transpose_fn = F.Transpose()
        self.reshape_fn = F.Reshape()
        self.softmax_cross_entropy_loss = nn.SoftmaxCrossEntropyWithLogits()
        self.cast = F.Cast()

    def construct(self, logits, label):
        # NCHW->NHWC
        logits = self.transpose_fn(logits, (0, 2, 3, 1))
        logits = self.cast(logits, mindspore.float32)
        label = self.transpose_fn(label, (0, 2, 3, 1))

        loss = self.reduce_mean(
            self.softmax_cross_entropy_loss(self.reshape_fn
(logits, (-1, 2)), self.reshape_fn(label, (-1, 2))))
        return self.get_loss(loss)
```

上文中主要描述了网络相关的代码，在下文中，将描述训练和验证等过程。首先导入 MindSpore 中的模块和辅助模块，设置 MindSpore 的 context，如执行模式、设备等。

```
import os
import ast
import numpy as np
import mindspore
import mindspore.nn as nn
import mindspore.ops.operations as F
```

```python
from mindspore import Model, context
from mindspore.nn.loss.loss import _Loss
from mindspore.communication.management import init, get_group_size
from mindspore.train.callback import CheckpointConfig, ModelCheckpoint
from mindspore.context import ParallelMode
from mindspore.train.serialization import load_checkpoint, load_param_into_net

from src.unet import UNet
from src.data_loader import create_dataset
from src.loss import CrossEntropyWithLogits
from src.utils import StepLossTimeMonitor
from src.config import cfg_unet
from scipy.special import softmax

device_id = int(os.getenv('DEVICE_ID'))
context.set_context(mode=context.GRAPH_MODE, device_target="Ascend", save_graphs=False, device_id=device_id)
mindspore.set_seed(1)
```

定义损失函数，在本网络中，采用的是交叉熵损失作为损失函数。

```python
class CrossEntropyWithLogits(_Loss):
    def __init__(self):
        super(CrossEntropyWithLogits, self).__init__()
        self.transpose_fn = F.Transpose()
        self.reshape_fn = F.Reshape()
        self.softmax_cross_entropy_loss = nn.SoftmaxCrossEntropyWithLogits()
        self.cast = F.Cast()
    def construct(self, logits, label):
        # NCHW->NHWC
        logits = self.transpose_fn(logits, (0, 2, 3, 1))
        logits = self.cast(logits, mindspore.float32)
        label = self.transpose_fn(label, (0, 2, 3, 1))

        loss = self.reduce_mean(self.softmax_cross_entropy_loss(self.reshape_fn(logits, (-1, 2)), self.reshape_fn(label, (-1, 2))))
        return self.get_loss(loss)
```

定义验证过程。

```
class dice_coeff(nn.Metric):
    def __init__(self):
        super(dice_coeff, self).__init__()
        self.clear()
    def clear(self):
        self._dice_coeff_sum = 0
        self._samples_num = 0

    def update(self, *inputs):
        if len(inputs) != 2:
            raise ValueError('Mean dice coeffcient need 2 inputs (y_pred, y), but got {}'.format(len(inputs)))

        y_pred = self._convert_data(inputs[0])
        y = self._convert_data(inputs[1])
        self._samples_num += y.shape[0]
        y_pred = y_pred.transpose(0, 2, 3, 1)
        y = y.transpose(0, 2, 3, 1)
        y_pred = softmax(y_pred, axis=3)

        inter = np.dot(y_pred.flatten(), y.flatten())
        union = np.dot(y_pred.flatten(), y_pred.flatten()) + np.dot(y.flatten(), y.flatten())

        single_dice_coeff = 2*float(inter)/float(union+1e-6)
        print("single dice coeff is:", single_dice_coeff)
        self._dice_coeff_sum += single_dice_coeff

    def eval(self):
        if self._samples_num == 0:
            raise RuntimeError('Total samples num must not be 0.')
        return self._dice_coeff_sum / float(self._samples_num)
```

定义训练过程，训练过程的主要工作是将参数传入训练数据集（data_dir）和训练参数，构建网络、损失函数、优化器等，并配置好CheckPoint生成信息，然后使用model.train接口，进行模型训练并打印训练过程信息。

```
def train_net(data_dir, cross_valid_ind=1, epochs=400, batch_size=16, lr=0.0001, run_distribute=False, cfg=None):
```

```
        if run_distribute:
            init()
            group_size = get_group_size()
            parallel_mode = ParallelMode.DATA_PARALLEL
            context.set_auto_parallel_context(parallel_mode=parallel_mode,
                                              device_num=group_size,
                                              gradients_mean=False)
        net = UNet(n_channels=cfg['num_channels'], n_classes=cfg['num_classes'])

        if cfg['resume']:
            param_dict = load_checkpoint(cfg['resume_ckpt'])
            load_param_into_net(net, param_dict)

        criterion = CrossEntropyWithLogits()
        train_dataset, _ = create_dataset(data_dir, epochs, batch_size, True, cross_valid_ind, run_distribute)
        train_data_size = train_dataset.get_dataset_size()
        print("dataset length is:", train_data_size)
        ckpt_config = CheckpointConfig(save_checkpoint_steps=train_data_size, keep_checkpoint_max=cfg['keep_checkpoint_max'])
        ckpoint_cb = ModelCheckpoint(prefix='ckpt_unet_medical_adam', directory='./ckpt_{}/'.format(device_id), config=ckpt_config)

        optimizer = nn.Adam(params=net.trainable_params(), learning_rate=lr, weight_decay=cfg['weight_decay'], loss_scale=cfg['loss_scale'])

        loss_scale_manager = mindspore.train.loss_scale_manager.FixedLossScaleManager(cfg['FixedLossScaleManager'], False)

        model = Model(net, loss_fn=criterion, loss_scale_manager=loss_scale_manager, optimizer=optimizer, amp_level="O3")

        print("============== Starting Training ==============")
        model.train(1, train_dataset, callbacks=[StepLossTimeMonitor
```

```
                   (batch_size=batch_size),     ckpoint_cb], dataset_sink_mode=False)
    print("============ End Training ==============")
```

定义模型验证。

```
    def test_net(data_dir, ckpt_path, cross_valid_ind=1, cfg=None):

        net = UNet(n_channels=cfg['num_channels'], n_classes=
cfg['num_classes'])
        param_dict = load_checkpoint(ckpt_path)
        load_param_into_net(net, param_dict)

        criterion = CrossEntropyWithLogits()
        _, valid_dataset = create_dataset(data_dir, 1, 1, False,
cross_valid_ind, False)
        model = Model(net, loss_fn=criterion, metrics={"dice_co-
eff": dice_coeff()})

        print("============== Starting Evaluating ========
====")
        dice_score = model.eval(valid_dataset, dataset_sink_mode=
False)
        print("Cross valid dice coeff is:", dice_score)
```

运行训练验证，定义数据及路径以及保存的 ckpt 文件路径以用于模型的训练和验证。

```
    data_url = './data'
    ckpt_path = './ckpt_0/ckpt_unet_medical_adam-1_600.ckpt'
    run_distribute = False
    epoch_size = cfg_unet['epochs'] if not run_distribute else cfg_
unet['distribute_epochs']

    train_net(data_dir=data_url,
              cross_valid_ind=cfg_unet['cross_valid_ind'],
              epochs=epoch_size,
              batch_size=cfg_unet['batchsize'],
              lr=cfg_unet['lr'],
              run_distribute=run_distribute,
              cfg=cfg_unet)
```

```
print('* '* 60)

test_net(data_dir=data_url,
        ckpt_path=ckpt_path,
        cross_valid_ind=cfg_unet['cross_valid_ind'],
        cfg=cfg_unet)
```

本实验展示了如何使用 MindSpore 进行图片分割任务的训练和验证以及开发和训练 U-Net 模型。通过对 U-Net 模型做几代的训练，然后使用训练后的 U-Net 模型对数据集进行评估验证，准确率为 90.98%，结果证明 U-Net 学习到了如何进行图片分割。

## 5.4 应用案例：数字岩心图像分割

### 5.4.1 场景描述

石油和天然气资源是现代文明社会中不可缺少的物质能源之一，同时它们也涉及世界政治和经济等的各个领域。以石油和天然气资源为基础发展起来的各种工业、制造业以及旅游业等，也给相应国家的人民提供了大量就业机会，同时也创造了大量社会财富。目前各个国家已经将油气资源作为一种战备物资，不断增加其战略储备量，保证石油的不间断供给。例如，我国沿海的镇海、舟山、大连和黄岛等城市都建有石油储备基地，由此可见油气资源的重要性。和煤炭资源一样，石油和天然气属于不可再生的能源，如何对其进行合理、有效的勘探、开发和利用，成为各个含油气资源国家的难题之一。

地下油气储层由存储油气地层中的岩石和其中的流体构成，对油气储层的各种性质进行研究之前，必须要充分了解储层岩石及其内部流体的性质。其中，储层岩石主要以沉积岩为主，沉积岩又可以分为碎屑岩、碳酸盐岩和泥页岩等。目前对砂岩储层的研究相对成熟，但是对于复杂的碳酸盐岩储层和泥页岩储层评价存在着诸多问题，如岩石的物性变化大、孔隙结构非常复杂、岩石的非均质性强等，这使得油藏表征和描述工作变得异常困难。随着我国对油气资源的需求逐年增加，研究者们也越来越关注于非常规油气的勘探与开发。油气藏评价中比较重要的一项是岩石物理研究，但是传统的岩石物理实验对于页岩、致密砂岩、碳酸盐岩等非常规油气复杂储层的探索有一定的困难，因此数字岩心技术在岩石物理特征分析中的应用越来越广泛。数字岩心图像通常是由 CT 扫描获取，图像中各个区域的灰度值反映了岩心相应位置的组分对 X 射线吸收程度的强弱。灰度值越大，图像越亮。岩石骨架所在图像子区域一般比较亮，而岩石孔隙的位置一般比较暗。把岩石骨架和孔隙进行区分的操作就是对数字岩心图像进行图像分割，详细地描述和刻画储层岩石，进而为储层评价和油气田开发提供精确的参数和详细的指导，因此图像分割的准确性对分析识别数字岩心孔隙结构特征具有重要意义。

### 5.4.2 基于 RefineNet 的数字岩心图像分割

#### 1. RefineNet 网络

RefineNet 网络架构如图 5.26 所示。该网络的整体架构与 U-Net 网络类似，它以 ResNet 为骨干网络进行下采样操作，采用去卷积滤波器学习作为上采样操作，以生成高分辨率特征图，从而实现高精度的语义分割任务。它将 ResNet 网络按照特征变换尺寸划分为 4 块，对应采用了 4 个 RefineNet 单元，每一个都直接连接到一个 ResNet 块以及级联中的前一个 RefineNet 单元，因此在卷积的不同阶段利用了不同级别的细节信息，并将其融合以获得高分辨率的预测，而无须维护中间过程中大型的特征向量。每个 RefineNet 单元包含了三部分：残差卷积单元（residual convolution unit，RCU）用于微调在 ImageNet 数据集上预训练的 ResNet 网络的权重，多分辨率融合（multi-resolution fusion）可以将所有路径输入融合到高分辨率特征图中，链式残差池化（chained residual pooling）是用来从大的图像区域中捕获背景上下文，从而获取更多信息。

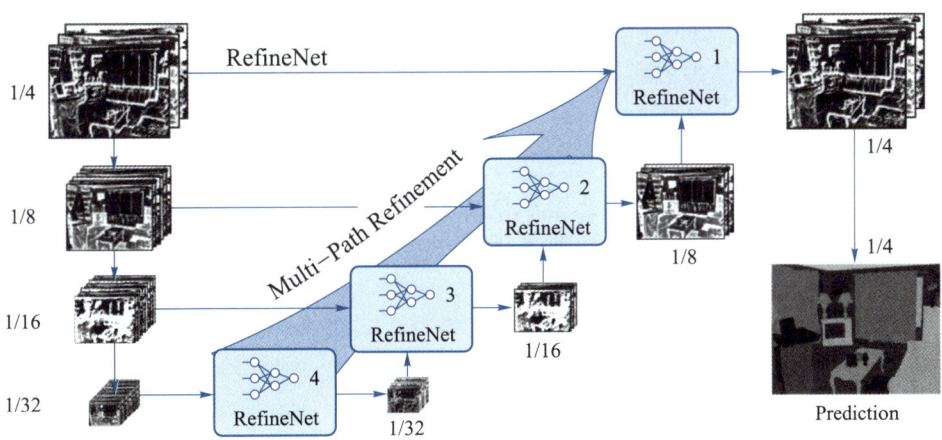

图 5.26　RefineNet 网络整体架构

#### 2. 数据集

我们通过 CT 扫描收集了一组数字岩心图像集，该数据集一共包含 147 张 jpg 格式的原始岩心灰度图像以及 147 张孔隙空间分割后的 png 格式图像，每张图片尺寸均为 968×995 像素，图 5.27 展示了数据集中的一对图像。训练集和验证集的划分存储为 txt 格式文件，其中每一行对应的是每张图像的名称，数据集的划分可以按需修改。

#### 3. 实现过程

我们将基于华为云 ModelArts 平台，使用 MindSpore 深度学习框架，实现数字岩心图像分割。首先将数据集上传到路径 ~/data/，然后将标注图像预处理

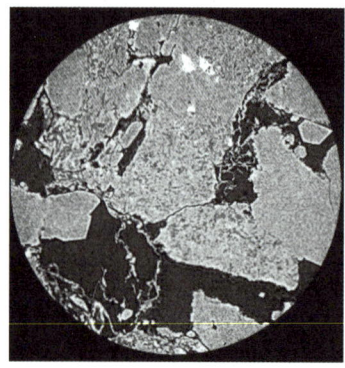
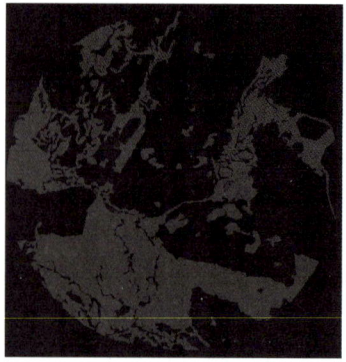

图 5.27　原始岩心图像灰度图和孔隙空间分割结果

为灰度图，转存到路径 ~/data/dataset/SegmentationClassgray。此次实验中我们保留了 137 张图像作为训练集，10 张图像作为验证集，将训练数据和验证数据的相对路径保存到清单文件中，然后将数据集转换成 MindRecords 数据格式，从而方便地加载到 MindSpore 中进行训练。清单文件展示如下：

```
dataset/JPEGImages/402.JPG dataset/SegmentationClassgray/402.png
dataset/JPEGImages/404.JPG dataset/SegmentationClassgray/404.png
dataset/JPEGImages/406.JPG dataset/SegmentationClassgray/406.png
dataset/JPEGImages/408.JPG dataset/SegmentationClassgray/408.png
...
```

RefineNet 网络基于 ResNet 网络构建，残差网络包含了卷积层、归一化层以及激活函数，利用 MindSpore 框架中的 nn 模块可以轻松实现以上操作。具体实现代码如下：

```python
import mindspore.nn as nn
import mindspore.ops as ops
from mindspore import set_seed
set_seed(1)
class Bottleneck(nn.Cell):
    expansion = 4
    def __init__(self, inplanes, planes, stride=1, downsample=None, use_batch_statistics=False, weights_update=True):
        super(Bottleneck, self).__init__()
        self.conv1 = nn.Conv2d(inplanes, planes, kernel_size=1, has_bias=False)
        self.use_batch_statistics = use_batch_statistics
        self.bn1 = nn.BatchNorm2d(planes, use_batch_statistics=self.use_batch_statistics)
```

```python
        self.conv2 = nn.Conv2d(planes, planes, kernel_size=3,
stride=stride, pad_mode='pad', padding=1, has_bias=False)
        self.bn2 = nn.BatchNorm2d(planes, use_batch_statistics=
self.use_batch_statistics)
        self.conv3 = nn.Conv2d(planes, planes * 4, kernel_size=
1, has_bias=False)
        self.bn3 = nn.BatchNorm2d(planes * 4, use_batch_statis-
tics=self.use_batch_statistics)
        self.relu = nn.ReLU()
        self.downsample = downsample
        self.stride = stride
        if not weights_update:
            self.conv1.weight.requires_grad = False
            self.conv2.weight.requires_grad = False
            self.conv3.weight.requires_grad = False
            self.downsample[0].weight.requires_grad = False
    def construct(self, x):
        residual = x
        out = self.conv1(x)
        out = self.bn1(out)
        out = self.relu(out)
        out = self.conv2(out)
        out = self.bn2(out)
        out = self.relu(out)
        out = self.conv3(out)
        out = self.bn3(out)
        if self.downsample is not None:
            residual = self.downsample(x)
        out += residual
        out = self.relu(out)
        return out
```

根据 RefineNet 网络架构说明，每个 RefineNet 单元包含三个模块，其中第一部分是由两个残差卷积单元(residual convolution unit，RCU)构成的自适应卷积集，每个输入路径依次通过这两个残差卷积单元传递。RCU 是原始 ResNet 中卷积单元的简化版本，删除了批处理归一化层，其中，in_planes 是输入层的通道数，out_planes 是输出层的通道数，n_blocks 是自适应卷积集中 RCU 模块的个数，n_stages 表示每个 RCU 模块中 ReLU 函数和 conv3×3 操作的个数。该模块的实现代码如下：

```python
import mindspore.nn as nn
import mindspore.ops as ops
from mindspore import set_seed
class RCUBlock(nn.Cell):
    """Residual Conv Unit"""
    def __init__(self, in_planes, out_planes, n_blocks, n_stages):
        super(RCUBlock, self).__init__()
        layers = []
        for i in range(n_blocks):
            seq = nn.SequentialCell([])
            for j in range(n_stages):
                if j == 0:
                    relu1 = nn.ReLU()
                    if i == 0:
                        con1 = conv3×3(in_planes, out_planes, stride=1, bias=True)
                    else:
                        con1 = conv3×3(out_planes, out_planes, stride=1, bias=True)
                    seq.append(relu1)
                    seq.append(con1)
                else:
                    relu2 = nn.ReLU()
                    con2 = conv3×3(out_planes, out_planes, stride=1, bias=False)
                    seq.append(relu2)
                    seq.append(con2)
            layers.append(seq)
        self.layers = nn.CellList(layers)
        self.stride = 1
        self.n_blocks = n_blocks
        self.n_stages = n_stages
    def construct(self, x):
        for i in range(self.n_blocks):
            residual = x
            x = self.layers[i](x)
            x += residual
        return x
```

RefineNet 单元的第二个部分是多分辨率融合模块，该模块将不同分辨率的输入融合成高分辨率特征图，即将所有路径较小的特征经过卷积 conv3×3 处理后，上采样到输入的最大分辨率，最后把所有的特征映射进行求和融合。如果只有一个输入路径（例如图 5.26），输入路径将直接忽略这个块。本次实验中采用的框架便是图 5.26 中所示架构。

RefineNet 单元的第三个模块是链式残差池化，是多个池化块的链，每个池化块由一个最大池化层和一个卷积层组成。一个池块将前一个池块的输出作为输入。在实验过程中设置池块数 n_stages = 2，每个的步幅都为 1。在一个池化块中，每个池化操作之后都有卷积，作为求和融合的加权层，这个卷积层将学习在训练过程中适应池化块的重要性。

```python
class CRPBlock(nn.Cell):
    """chained residual pooling"""
    def __init__(self, in_planes, out_planes, n_stages):
        super(CRPBlock, self).__init__()
        layers = []
        for i in range(n_stages):
            if i == 0:
                layer = conv3×3(in_planes, out_planes, stride=1, bias=False)
            else:
                layer = conv3×3(out_planes, out_planes, stride=1, bias=False)
            layers.append(layer)
        self.layers = nn.CellList(layers)  #构造 Cell 列表
        self.stride = 1
        self.n_stages = n_stages
        self.maxpool = nn.MaxPool2d(kernel_size=5, stride=1, pad_mode='same')
    def construct(self, x):
        top = x
        for i in range(self.n_stages):
            top = self.maxpool(top)
            top = self.layers[i](top)
            x = top + x
        return x
```

根据上述模块函数定义，本次实验采用了 4 级级联的 RefineNet 网络架构，将 ResNet 网络分成了 4 块，RefineNet 单元的个数也设置为 4，block = Bottleneck，layers 是每个 ResNet 块的层数，num_classes 表示图像分割的类别数，具体代码如下：

```python
class RefineNet(nn.Cell):
    """network"""
```

```python
        def __init__(self, block, layers, num_classes=2, use_batch_
statistics=False):
            self.inplanes = 64
            super(RefineNet, self).__init__()
            self.do4 = nn.Dropout(keep_prob=1.0)
            self.do3 = nn.Dropout(keep_prob=1.0)
            self.do = nn.Dropout(keep_prob=1.0)
            self.use_batch_statistics = use_batch_statistics
            self.conv1 = nn.Conv2d(3, 64, kernel_size=7, stride=2,
pad_mode='pad', padding=3, has_bias=False)
            self.bn1 = nn.BatchNorm2d(64, use_batch_statistics =
self.use_batch_statistics)
            self.relu = nn.ReLU()
            self.maxpool = nn.MaxPool2d(kernel_size=3, stride=2,
pad_mode='same')
            self.layer1 = self._make_layer(block, 64, layers[0],
weights_update=False)
            self.layer2 = self._make_layer(block, 128, layers[1],
stride=2, weights_update=False)
            self.layer3 = self._make_layer(block, 256, layers[2],
stride=2)
            self.layer4 = self._make_layer(block, 512, layers[3],
stride=2)
            self.p_ims1d2_outl1_dimred = conv3×3(2048, 512, bias=False)
            self.adapt_stage1_b = self._make_rcu(512, 512, 2, 2)
            self.mflow_conv_g1_pool = self._make_crp(512, 512, 4)
            self.mflow_conv_g1_b = self._make_rcu(512, 512, 3, 2)
            self.mflow_conv_g1_b3_joint_varout_dimred = conv3×3
(512, 256, bias=False)
            self.p_ims1d2_outl2_dimred = conv3×3(1024, 256, bias=False)
            self.adapt_stage2_b = self._make_rcu(256, 256, 2, 2)
            self.adapt_stage2_b2_joint_varout_dimred = conv3×3
(256, 256, bias=False)
            self.mflow_conv_g2_pool = self._make_crp(256, 256, 4)
            self.mflow_conv_g2_b = self._make_rcu(256, 256, 3, 2)
            self.mflow_conv_g2_b3_joint_varout_dimred = conv3×3
(256, 256, bias=False)
            self.p_ims1d2_outl3_dimred = conv3×3(512, 256, bias=False)
            self.adapt_stage3_b = self._make_rcu(256, 256, 2, 2)
            self.adapt_stage3_b2_joint_varout_dimred = conv3×3
```

```
(256, 256, bias=False)
        self.mflow_conv_g3_pool = self._make_crp(256, 256, 4)
        self.mflow_conv_g3_b = self._make_rcu(256, 256, 3, 2)
        self.mflow_conv_g3_b3_joint_varout_dimred = conv3×3
(256, 256, bias=False)
        self.p_ims1d2_outl4_dimred = conv3×3(256, 256, bias=
False)
        self.adapt_stage4_b = self._make_rcu(256, 256, 2, 2)
        self.adapt_stage4_b2_joint_varout_dimred = conv3×3
(256, 256, bias=False)
        self.mflow_conv_g4_pool = self._make_crp(256, 256, 4)
        self.mflow_conv_g4_b = self._make_rcu(256, 256, 3, 2)
        self.clf_conv = nn.Conv2d(256, num_classes, kernel_size
=3, stride=1, pad_mode='pad', padding=1, has_bias=True)
        self.resize = nn.ResizeBilinear()
    def _make_crp(self, in_planes, out_planes, stages):
        """make_crp"""
        layers = [CRPBlock(in_planes, out_planes, stages)]
        return nn.SequentialCell(layers)
    def _make_rcu(self, in_planes, out_planes, blocks, stages):
        """make_rcu"""
        layers = [RCUBlock(in_planes, out_planes, blocks, stages)]
        return nn.SequentialCell(layers)
    def _make_layer(self, block, planes, blocks, stride=1,
weights_update=True):
        """make different layer"""
        downsample = None
        if stride != 1 or self.inplanes != planes *
block.expansion:
            downsample = nn.SequentialCell([nn.Conv2d
(self.inplanes, planes * block.expansion, kernel_size=1, stride=
stride, has_bias=False), nn.BatchNorm2d(planes * block.expansion,
use_batch_statistics=self.use_batch_statistics)])
        layers = []
        layers.append(block(self.inplanes, planes, stride,
downsample, weights_update=weights_update))
        self.inplanes = planes * block.expansion
        for _ in range(1, blocks):
            layers.append(block(self.inplanes, planes))
        return nn.SequentialCell(layers)
```

```python
def construct(self, x):
    """construct"""
    resize_shape = ops.shape(x)[2:]
    x = self.conv1(x)
    x = self.bn1(x)
    x = self.relu(x)
    x = self.maxpool(x)
    l1 = self.layer1(x)
    l2 = self.layer2(l1)
    l3 = self.layer3(l2)
    l4 = self.layer4(l3)
    l4 = self.do4(l4)
    l3 = self.do3(l3)
    x4 = self.p_ims1d2_outl1_dimred(l4)
    x4 = self.adapt_stage1_b(x4)
    x4 = self.relu(x4)
    x4 = self.mflow_conv_g1_pool(x4)
    x4 = self.mflow_conv_g1_b(x4)
    x4 = self.mflow_conv_g1_b3_joint_varout_dimred(x4)
    resize_shape3 = ops.shape(l3)[2:]
    x4 = self.resize(x4, resize_shape3, align_corners=True)
    x3 = self.p_ims1d2_outl2_dimred(l3)
    x3 = self.adapt_stage2_b(x3)
    x3 = self.adapt_stage2_b2_joint_varout_dimred(x3)
    x3 = x3 + x4
    x3 = self.relu(x3)
    x3 = self.mflow_conv_g2_pool(x3)
    x3 = self.mflow_conv_g2_b(x3)
    x3 = self.mflow_conv_g2_b3_joint_varout_dimred(x3)
    resize_shape2 = ops.shape(l2)[2:]
    x3 = self.resize(x3, resize_shape2, align_corners=True)
    x2 = self.p_ims1d2_outl3_dimred(l2)
    x2 = self.adapt_stage3_b(x2)
    x2 = self.adapt_stage3_b2_joint_varout_dimred(x2)
    x2 = x2 + x3
    x2 = self.relu(x2)
    x2 = self.mflow_conv_g3_pool(x2)
    x2 = self.mflow_conv_g3_b(x2)
    x2 = self.mflow_conv_g3_b3_joint_varout_dimred(x2)
    resize_shape1 = ops.shape(l1)[2:]
```

```
            x2 = self.resize(x2, size=resize_shape1, align_corners=
True)
            x1 = self.p_ims1d2_outl4_dimred(l1)
            x1 = self.adapt_stage4_b(x1)
            x1 = self.adapt_stage4_b2_joint_varout_dimred(x1)
            x1 = x1 + x2
            x1 = self.relu(x1)
            x1 = self.mflow_conv_g4_pool(x1)
            x1 = self.mflow_conv_g4_b(x1)
            logits = self.clf_conv(x1)
            logits = self.resize(logits, resize_shape, align_
corners=False)
            return logits
```

RefineNet 网络采用交叉熵损失作为损失函数，代码实现如下：

```
from mindspore import Tensor, ops
from mindspore import dtype as mstype
import mindspore.nn as nn
class SoftmaxCrossEntropyLoss(nn.Cell):
    """SoftmaxCrossEntropyLoss"""
    def __init__(self, num_cls=21, ignore_label=255):
        super(SoftmaxCrossEntropyLoss, self).__init__()
        self.one_hot = ops.OneHot(axis=-1)    # 返回一个 one-hot 类
                                                型的 Tensor
        self.on_value = Tensor(1.0, mstype.float32)
        self.off_value = Tensor(0.0, mstype.float32)
        self.cast = ops.Cast()    # 转换输入 Tensor 的数据类型
        self.ce = nn.SoftmaxCrossEntropyWithLogits()    # 交叉熵损
                                                          失函数
        self.not_equal = ops.NotEqual()    # 逐元素计算两个 Tensor 是
                                             否不相等
        self.num_cls = num_cls
        self.ignore_label = ignore_label
        self.mul = ops.Mul()    # 两个 Tensor 逐元素相乘
        self.sum = ops.ReduceSum(False)    #输出 Tensor 各维度上的
                                             和，以达到对所有维度进行
                                             归约的目的
        self.div = ops.RealDiv()    # 逐元素进行浮点型除法运算
        self.transpose = ops.Transpose()    # 根据指定的排列对输入的
                                              Tensor 进行数据重排
```

```
        self.reshape = ops.Reshape()    # 基于给定的shape,对输入
                                          Tensor进行重新排列,得
                                          到new_shape Tensor
        self.shape = ops.Shape()    # 返回输入Tensor的shape
    def construct(self, logits, labels):
        """construct"""
        labels_int = self.cast(labels, mstype.int32)
        labels_int = self.reshape(labels_int, (-1,))
        N, C = self.shape(logits)[0: 2]
        logits_ = self.reshape(logits, (N, C, -1))
        logits_ = self.transpose(logits_, (0, 2, 1))
        logits_ = self.reshape(logits_, (-1, C))
        weights = self.not_equal(labels_int, self.ignore_label)
        weights = self.cast(weights, mstype.float32)
        one_hot_labels = self.one_hot(labels_int, self.num_cls,
self.on_value, self.off_value)
        loss = self.ce(logits_, one_hot_labels)
        loss = self.mul(weights, loss)
# 第一个输入Tensor元素为分子,第二个输入Tensor元素为分母,逐元素进
  行浮点型除法运算
        loss = self.div(self.sum(loss), self.sum(weights))
        return loss
```

接下来定义训练函数,根据 MindSpore 的 Model 接口,输入定义好的 RefineNet 网络、交叉熵损失函数以及动量优化器,返回一个可训练的模型实例 model,然后给 model.train 接口传入相应参数开始训练。

```
import argparse
import math
import os
import mindspore
from mindspore import nn
from mindspore import set_seed
from mindspore import Parameter, set_context, set_auto_parallel_context
from mindspore import load_checkpoint, load_param_into_net
from mindspore.train import Model, CheckpointConfig, ModelCheckpoint, LossMonitor, TimeMonitor
from mindspore.communication import init, get_rank, get_group_size
```

## 5.4 应用案例：数字岩心图像分割

```python
from mindspore.common.initializer import initializer, HeUniform
from src import dataset as data_generator
from src import loss, learning_rates
from src.refinenet import RefineNet, Bottleneck
set_seed(1)
def weights_init(net):
    for _, cell in net.cells_and_names():
        if isinstance(cell, nn.Conv2d):
            cell.weight = Parameter(initializer(HeUniform(negative_slope=math.sqrt(5)), cell.weight.shape, cell.weight.dtype), name=cell.weight.name)
def train():
    args = parse_args()
    if args.device_target == 'Ascend':
        set_context(mode=mindspore.GRAPH_MODE, save_graphs=False, device_target=args.device_target, device_id=int(args.device_id))
        amp_level = "O3"
        if args.is_distributed:    # 分布式处理训练
            init()
            args.rank = get_rank()    # 获取当前设备在集群中的ID
            args.group_size = get_group_size()    # 获取集群数量
            set_auto_parallel_context(parallel_mode=mindspore.ParallelMode.DATA_PARALLEL, gradients_mean=True, device_num=args.group_size)    # 数据并行模式
    elif args.device_target == 'GPU':
        amp_level = "O2"
        if args.is_distributed:
            set_context(mode=mindspore.GRAPH_MODE, save_graphs=False, device_target=args.device_target, device_id=get_device_id())
            init()
            args.rank = get_rank()
            args.group_size = get_group_size()
            set_auto_parallel_context(parallel_mode=mindspore.ParallelMode.DATA_PARALLEL, gradients_mean=True, device_num=args.group_size)    # 数据并行模式
        else:
            set_context(mode=mindspore.GRAPH_MODE, save_graphs=
```

```python
                                     False, device_target = args. device_target, device_id = int (args.
device_id))
        network = RefineNet(Bottleneck, [3, 4, 23, 3], args.num_clas-
ses)   # 定义网络结构
        weights_init(network)    # 权重初始化
        # 加载预训练模型的参数
        if args.ckpt_pre_trained:
            param_dict = load_checkpoint(args.ckpt_pre_trained)
            load_param_into_net(network, param_dict)
        dataset = data_generator. SegDataset(image_mean=args. image_
mean, image_std=args. image_std, data_file=args. data_file, batch_
size = args. batch_size, crop_size = args. crop_size, max_scale =
args.max_scale, min_scale = args.min_scale, ignore_label =
args. ignore_label, num_classes=args. num_classes,   num_readers=4,
num_parallel_calls=4, shard_id=args. rank, shard_num=args. group_
size)
        dataset = dataset. get_dataset1()    # 获取 Mind Record 文件格式
                                               存储的数据集，batch_
                                               size=32
        # optimizer
        iters_per_epoch = dataset. get_dataset_size()
        total_train_steps = iters_per_epoch * args. train_epochs
        if args. lr_type == 'cos':
            lr_iter = learning_rates. cosine_lr(args. base_lr, total_
train_steps, total_train_steps)
        elif args. lr_type == 'poly':
            lr_iter = learning_rates. poly_lr(args. base_lr, total_
train_steps, total_train_steps, end_lr=0.0, power=0.9)
        elif args. lr_type == 'exp':
            lr_iter = learning_rates. exponential_lr(args. base_lr,
args. lr_decay_step, args. lr_decay_rate, total_train_steps, stair-
case=True)
        elif args. lr_type == 'cos_warmup':
            lr_iter = learning_rates. warmup_cosine_annealing_lr
(args.base_lr, iters_per_epoch, args. warmup_epochs, args. train_ep-
ochs)
        else:
            raise ValueError('unknown learning rate type')
        opt = nn. Momentum (params = network. trainable_params (),
learning_rate=lr_iter, momentum=0.9, weight_decay=0.0005, loss_
```

## 5.4 应用案例：数字岩心图像分割

```
scale=args.loss_scale)
        # loss：交叉熵损失函数
        loss_ = loss.SoftmaxCrossEntropyLoss(args.num_classes,
args.ignore_label)
        # loss scale，损失缩放不变
        manager_loss_scale = mindspore.FixedLossScaleManager
(args.loss_scale, drop_overflow_update=False)
        # 定义网络模型
        model = Model(network, loss_, optimizer=opt, amp_level=amp_
level, loss_scale_manager=manager_loss_scale)
        # callback for saving ckpts
        time_cb = TimeMonitor(data_size=iters_per_epoch)
        loss_cb = LossMonitor()
        cbs = [time_cb, loss_cb]
        if args.rank == 0:
            config_ck = CheckpointConfig(save_checkpoint_steps=
args.save_epochs* iters_per_epoch, keep_checkpoint_max=args.keep_
checkpoint_max)
            ckpoint_cb = ModelCheckpoint(prefix=args.model, direc-
tory="./ckpt_"+str(args.rank), config=config_ck)
            cbs.append(ckpoint_cb)
        # 训练模型
    model.train(args.train_epochs, dataset, callbacks=cbs, dataset_
sink_mode=(args.device_target != "CPU"))
    if __name__ == '__main__':
        train()
```

训练完成之后，加载训练过程中保存的模型在验证集上进行验证。

```
    import os
    import cv2
    import argparse
    import numpy as np
    import mindspore
    from mindspore import Tensor, set_context, load_checkpoint,
load_param_into_net
    from mindspore import dtype as mstype
    from src.refinenet import RefineNet, Bottleneck
    def cal_hist(a, b, n):
        k = (a >= 0) & (a < n)
        return np.bincount(n * a[k].astype(np.int32) + b[k], minlength=
```

```python
            n ** 2).reshape(n, n)
    def net_eval():
        args = parse_args()
        # 读取验证数据清单文件
        with open(args.data_lst) as f:
            img_lst = f.readlines()
        set_context(mode=mindspore.GRAPH_MODE, device_target=
args.device_target, save_graphs=False, device_id=int(args.device_
id))
        network = RefineNet(Bottleneck, [3, 4, 23, 3], args.num_classes)
        #加载训练过程中保存的模型参数
        param_dict = load_checkpoint(args.ckpt_path)
        load_param_into_net(network, param_dict)
        network.set_train(False)
        # 评估
        hist = np.zeros((args.num_classes, args.num_classes))
        batch_img_lst = []
        batch_msk_lst = []
        seg_path_list = []
        bi = 0
        image_num = 0
        for i, line in enumerate(img_lst):
            img_path, msk_path = line.strip().split(' ')
            img_ = cv2.imread(img_path)
            msk_ = cv2.imread(msk_path, cv2.IMREAD_GRAYSCALE)
            batch_img_lst.append(img_)
            batch_msk_lst.append(msk_)
            seg_path_list.append(msk_path)
            bi += 1
            if bi == args.batch_size:
                batch_res = eval_batch_scales(args, network, batch_
img_lst, scales=args.scales, base_crop_size=args.crop_size, flip=
args.flip)
                for mi in range(args.batch_size):
                    hist += cal_hist(batch_msk_lst[mi].flatten(),
batch_res[mi].flatten(), args.num_classes)
                    seg_name = os.path.split(seg_path_list[mi])[1]
                    new_seg = batch_res[mi]
                    new_seg[new_seg > 0] = 255
                    cv2.imwrite(seg_name, new_seg)
```

```
            bi = 0
            batch_img_lst = []
            batch_msk_lst = []
            seg_path_list = []
            print('processed {} images'.format(i + 1))
        image_num = i
    if bi > 0:
        batch_res = eval_batch_scales(args, network, batch_img_
lst, scales = args.scales, base_crop_size = args.crop_size, flip = 
args.flip)
        for mi in range(bi):
            hist += cal_hist(batch_msk_lst[mi].flatten(), batch_
res[mi].flatten(), args.num_classes)
        print('processed {} images'.format(image_num + 1))
    iu = np.diag(hist) / (hist.sum(1) + hist.sum(0) - np.diag
(hist))
    print('per-class IoU', iu)
    print('mean IoU', np.nanmean(iu))
if __name__ == '__main__':
    net_eval()
```

由于训练数据有限，RefineNet 网络对数字岩心图像语义分割的 mIoU( mean intersection-over-union score) 仅达到 39.1%。通过本次实验，读者需要对 RefineNet 的网络结构以及实现图像分割的流程和方法有一定了解。

## 思考题 5

1. 什么是图像分割？图像分割算法一般是基于亮度值的哪两个基本特征？
2. 请简述阈值分割的原理和步骤，比较它们的优缺点，并给出一个实例。
3. 请比较基于深度学习和基于传统方法的图像分割方法，并说明它们各自适用的场景和优势。
4. 请解释什么是空洞卷积，并说明它在 DeepLab 这种基于深度学习的语义分割模型中的作用。
5. 请解释什么是分水岭算法，并说明它在基于边缘检测的图像分割中的作用和原理。
6. 请说明什么是交叉熵损失函数和 Dice 损失函数，并比较它们在语义分割任务中的优缺点。
7. 请比较基于边缘检测和基于区域的图像分割方法，并给出它们各自适用的场景和局限性。

8. 请解释什么是全连接条件随机场，并说明它在基于深度学习的语义分割模型中的作用和优势。

9. 请使用 Pascal VOC 数据集中提供的一张动物图片，使用任意一种你熟悉的图像分割方法，对图片中的不同动物进行分割，并展示结果。

# 第6章 目标检测

**本章要点**

认识深度学习中目标检测的概念，理解目标检测中单阶段目标检测和双阶段目标检测的基本思想。理解两阶段目标检测方法中 Region-CNN 和 Faster-RCNN 模型架构的基本原理，理解单目标检测方法中 YOLO 和 SSD 模型架构的基本原理，理解相应模型在实际场景中的应用。

**本章导图**

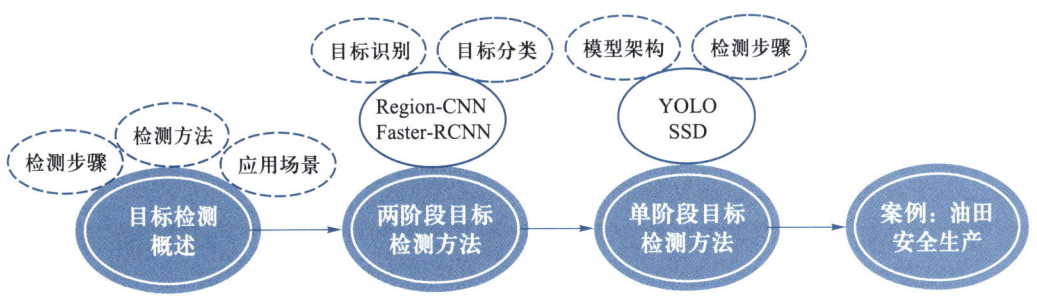

前面几章介绍了深度学习在其他领域的作用。本章将理解深度学习中的目标检测领域以及目标检测领域中经典的模型架构，这样的模型又是如何在实际应用场景中得到应用的。

## 6.1 概述

计算机需要去感知世界，而计算机视觉中的目标检测是计算机感知世界的重要途径之一。随着人工智能技术发展，其在安全领域的应用也在增加，在工业生产(如油田安全生产)中也发挥着重要作用。由于其强大的信息存储和检索能力，人工智能可以在工业安全领域发挥更重要的作用。确保工业生产环境的安全是其首要目标。近年来，目标检测技术日趋成熟。其作用是标记图片或视频中特定对象或人的位置。因此，在工业安全生产环境中应用目标检测技术来判断工厂监控摄像设备拍摄的视频或图像中的工人是否有一些危险行为(如打电话、摔倒、未戴安全帽等)是一种可行的方法。这不仅节省了大量的人力成本，而且在业务量大时在检测精度和响应速度方面比人工检测具有优势。此外，目标检测技术也已在许多其他实际场景中得到应用。在自动驾驶领域[1]，可以通过对道路上车辆和行人的感知来控制车辆的运动轨迹，实现车辆驾驶的辅助功能，提高道路上车辆的安全性；可以检测驾驶员在车内的行为，识别与驾驶无关的行为，提醒驾驶员，提高驾驶员的注意力。在安防领域[2]，通过视频监控可以提取人像信息，识别人物身份，提高抓捕罪犯的能力，也可以识别路人的行为，识别违法犯罪行为，提高社会安全属性。在人机交互领域[3]，可以通过对人体姿态的识别来识别动作指令，提高人机交互的趣味性和便捷性。

目标检测旨在从复杂背景中准确定位每个目标的位置，并确定目标的类别。目标检测技术通常是指检测图片中每个物体的位置和对应类别，即解决定位（localization）和识别（recognition）问题。因此，其一般采用多任务联合学习的方法，通常由两个分支组成。一个分支用于图像分类任务，该分支的头部通常由与softmax函数相接的全连接层组成。与单独的分类任务相比，检测任务的分类分支需要额外关注对图片前景和背景的理解，需要将感兴趣的目标与背景分离，并确定该目标的描述。另一个分支用于预测目标位置，即输出边界框的坐标位置，以完成回归任务。通常，边界框由边界框中心点的坐标$(Px, Py)$以及边界框的宽度和高度$(Pw, Ph)$来确定。因此，检测模型输出一个序列，序列的每一项使用一个数组来给出检测目标的类别和位置。

目标检测主要是根据目标的相关特征对图像进行分割，从而达到目标识别的目的。目前，目标检测的研究主要包括两大类方法：基于低级手工特征的传统方法和基于高级语义特征的深度学习方法。

基于人工特征的传统方法通常依赖于启发式线索，使用人工生成的视觉特征（如颜色、纹理、对比度、背景先验、边界先验等）从输入图像中检测对象。例如，Ma等人[4]使用LUV颜色特征计算图像中每个像素的像素值，并根据局部特征比较判断显著性区域。Harel等人[5]首先使用颜色、纹理等提取图像中每个对象的特征，然后使用映射结构计算每个节点的权重，最后根据随机场平衡条件计算显著性图。Hou等人[6]将提取显著对象的任务转换为去除非显著区域的任务，并根据图像特征不变性和傅里叶变换的原理进行去噪处理，以反向获得显著性预测。Achanta等人[7]根据图像光谱和颜色空间补充了边缘信息，并利用像素和图像均值之间的色差定义了显著性程度，这大大提高了精度和计算速度。Cheng等人[8]在预测显著性图时考虑了图像中对象的位置关系，提出了一种基于区域和全局对比度的显著性检测算法，并根据区域大小和空间关系计算显著性。总而言之，基于人工特征的传统检测算法主要使用视觉特征，特征提取和显著性计算过程相对简单，在一定程度上解决了显著性检测任务，并取得了良好的效果。然而，由于缺乏高级语义信息，面对复杂图像中的显著性目标时，传统方法只能获得相对较低的对比度，这与深度学习方法的结果有很大差距。不仅边界不清晰，而且内部结构也无法完全均匀地检测到。例如，对于具有低颜色对比度和多个目标的图像，传统方法容易受到噪声信息的干扰，无法区分目标边界,并且经常会得到模糊的渲染图。传统的方法不能满足实时、大数据样本检测的要求。此外,手动特征提取也需要耗费大量时间。

将基于深度学习的方法,特别是基于全卷积神经网络的方法引入显著性检测中,从原始像素中提取高级语义特征。与传统方法相比,卷积神经网络具有更好的性能。其丰富的表达能力极大地促进了显著性结果,并克服了传统方法中由于缺乏语义信息而导致的瓶颈。卷积神经网络(CNN)由于具有多阶段和多尺度特性,可以在没有任何先验知识的情况下准确捕获最显著的区域。此外,多层次特征使 CNN 能够在阴影或反射的情况下更好地定位检测到的突出区域的边界。基于深度学习的检测方法受益于这些优势,并通过刷新几乎所有现有数据集的历史而成为主流方法[9]。

基于深度学习的目标检测算法包括两阶段(two-stage)目标检测框架和单阶段(one-stage)目标检测框架两个阶段。前者框架首先在处理过程中确定样本的候选帧,然后通过 CNN 网络对从样本中提取的特征进行分类;后一种框架在处理过程中不生成候选帧,并在一定的回归分析的基础上直接实现目标检测。对比分析表明,两种方法的特点明显不同,各有优势。例如,前者的结果更准确,但实时性能较差,后者在速度方面更好。

## 6.2 两阶段检测方法

两阶段检测方法的核心是卷积神经网络 CNN,主要由两部分组成,一部分是特征提取(卷积、激活函数、池化),另一部分是分类识别(全连接层)。两阶段目标检测算法将目标检测分为两个部分:目标定位和目标分类。在目标定位阶段,从图像中提取候选框以确定图像中的感兴趣区域,然后对这些感兴趣区域进行二次修正以获得分类和目标框返回数据。为了解决如何使用卷积神经网络来定位和分类图像中的目标以及如何使用较少的训练数据来训练具有更大广度和深度的网络模型的问题,2014 年,目标检测界的突出贡献者 Ross Girshick 突破性地提出区域卷积网络(region-based CNN,R-CNN)[10],这提高了算法的检测精度,但由于在特征提取过程中重复计算,该方法速度较慢。由于 CNN 网络需要固定大小的图像输入,何凯明等人于 2015 年提出了空间池金字塔网络(spatial pool pyramid network,SPPNet),其检测速度比 RCNN 高 24~102 倍[11]。由于分类和回归训练需要大量硬盘空间,Girshick 还提出了 Fast-RCNN[12],将目标识别和定位放在同一个 CNN 中,以形成多任务模型,这解决了 R-CNN 训练和测试缓慢的问题。尽管 Fast-RCNN 与 R-CNN 相比有了很大的改进,但其生成候选框的方法基于选择性搜索算法(selective search,SS)。此算法无法使用 GPU 进行计算。如果没有 GPU 的高并行计算能力,将增加后期深度学习的处理压力。因此,Girshick 还提出了用区域建议网络(region proposal network,RPN)代替 SS 算法的 Faster-RCNN[13]方法。Fast-RCNN 检测图像需要大约 3.25 s(生成候选区域需要 3 s,分类和返回候选区域需要 0.25 s),

而 Faster-RCNN 只需要 0.2 s，因此基于卷积神经网络的目标检测性能是一项领先的成就。一些在 Faster-RCNN 基础上改进的后续方法也具有良好的性能，如 2017 年 CVPR 上发布的 R-FCN[14]和 Mask R-CNN[15]，这进一步拓展了深度学习和卷积神经网络在目标检测领域应用的新思路[16]。

### 6.2.1 Region-CNN

Region-CNN 打开了基于深度学习进行目标检测研究的大门，其首先使用选择性搜索的方法获取候选框并通过 IOU 和非极大值抑制筛选候选框，然后借鉴 AlexNet 在图像特征提取上的成功经验，采用神经网络提取候选框中的特征并通过支持向量机（SVM）[17]和回归器进行目标的分类和回归任务，Region-CNN 目标检测流程如图 6.1 所示。

图 6.1　Region-CNN 目标检测流程

**1. 模型结构**

Region-CNN 模型可以分为三个部分，如图 6.2 所示。

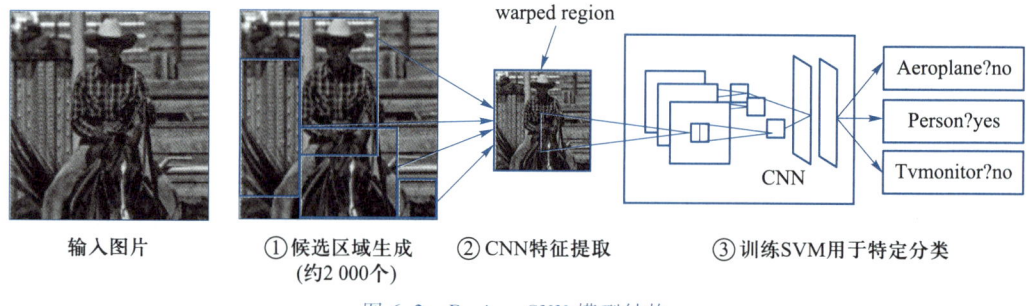

图 6.2　Region-CNN 模型结构

① 类型无关的候选区域生成，提供一系列（区域无关的）的候选区域供识别器识别。

② 使用 CNN 提取候选区域特征，并使用 Krizhevsky 等人描述的 CNN 的 Caffe[18]实现从每个区域提案中提取 4 096 维特征向量。

③ 对于从 CNN 提取出的特征向量，针对每个分类分别训练 SVM 用于特定分类。

**2. 候选区域生成**

当输入图片时，需要搜索出可能是物体的所有区域，例如，可以通过 Selective Search[19]算法搜索大约 2 000 个候选框。然而，这些生成的候选框可能是不同大小的矩形。但是由于 CNN 要求输入图片的大小是固定的，所以每个输入的候选框都需要缩放到固定的大小。

假设 CNN 在下一阶段所需要输入的图片大小为 227×227。缩放有以下两种不同的处理方法：

各向异性缩放:此方法相对简单,无论图像的长度和宽度比如何,无论是否失真,图像都会直接缩放到 CNN 输入的 227×227 的大小。

各向同性缩放:由于扭曲的图像可能会影响后续 CNN 的训练精度,因此也可以使用"各向同性缩放"的方法。有两种方法:

① 直接在原始图片中,将边界框(边界框(bounding box)是包含待检测物体的紧凑矩形框)的边界延伸为正方形,然后进行裁剪;如果已经延伸到了原始图片的外边界,那么就用边界框中的颜色平均值进行填充。

② 首先剪出边界框的图片,然后用固定的背景色填充它,形成一个正方形的图片(背景色也是边界框中的颜色平均值)。

完成上述过程后,可以得到指定大小的图片,由于后续需要继续使用这 2 000 个候选框图片训练 CNN 和 SVM,而手动标记的数据在一张图片中只有正确的边界框,并且搜索到的 2 000 个矩形框也不可能产生完全匹配手动标记数据的候选框,因此有必要使用 IOU。矩形框 A、B 的一个重合度 IOU 计算公式如下:

$$IOU = (A \cap B)/(A \cup B) \qquad (6.1)$$

也就是矩形框 A、B 的重叠面积与 A、B 并集的面积之比:

$$IOU = SI/(SA+SB-SI) \qquad (6.2)$$

为了用于下一步 CNN 训练,对 2 000 个边界框进行标记。在 CNN 阶段,如果用 selective search 选择的候选框与物体的手动标记矩形框之间的重叠区域 IOU 大于 0.5,则候选框将被标记为对象类别,否则将被视为背景类别。

**3. CNN 特征提取**

CNN 网络架构有两种选择:第一,选择经典的 Alexnet[20];第二个选项是 VGG16[21]。经过测试,Alexnet 的准确率为 58.5%,VGG16 的准确率是 66%。VGG 模型的特点是选择比较小的卷积核和较小的步长,该网络具有较高的准确性,但计算量是 Alexnet 的 7 倍。为了简单起见,可以直接选用 Alexnet,Alexnet 特征提取部分包含了 5 个卷积层和两个全连接层,其结构如图 6.3 所示,在通过该网络进行训练之后,所提取特征的每个输入候选框图片可以获得 4 096 维特征向量。

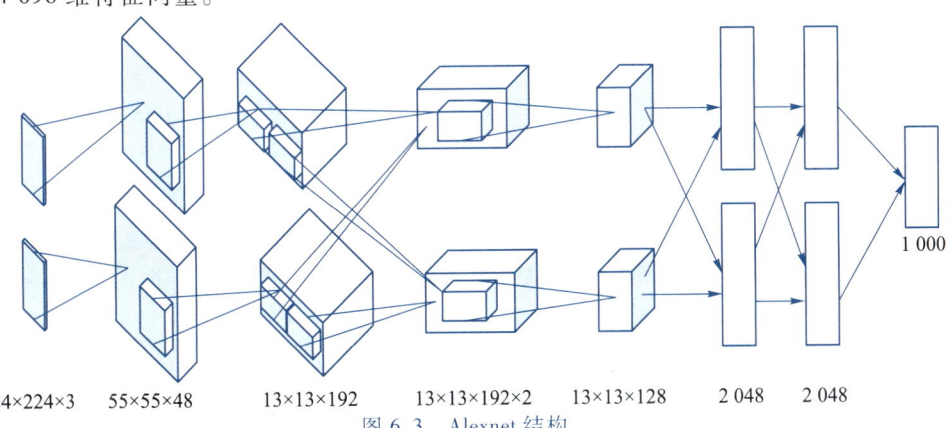

图 6.3 Alexnet 结构

参数初始化部分：目标检测的难点之一是目标标签训练数据很少，如果直接使用随机初始化 CNN 参数的方法，那么训练数据量远远不够。在这种情况下，可以使用一些方法来初始化参数，然后进行有监督的参数微调（fine-tuning），例如有监督的预训练。因此，在设计网络结构时，可以直接使用 Alexnet 网络，将其参数用作初始参数值，然后对训练进行微调。

将使用 selective search 搜索出来的候选框处理到指定大小，并继续微调上述预训练的 CNN 模型。假设要检测的物体类别有 N 类，则需要将上述预训练阶段的 CNN 模型的最后一层替换为 N+1 个输出神经元（背景），然后该层直接使用参数随机初始化的方法，其他网络层的参数保持不变，接下来就可以开始继续随机梯度下降法的训练了。

**4. SVM 训练**

SVM 是一个二分类问题，例如，为了检测车辆，只有当边界框包括整辆车时，才能称之为正样本；如果边界框没有包含车辆，就可以将其视为负样本。需要考虑的是如果只有部分物体包含在检测窗口内，该如何定义正样本和负样本。

经过测试，各种方案的 IOU 阈值数值分别为 0、0.1、0.2、0.3、0.4、0.5。通过训练发现，最佳效果是选择 0.3 的 IOU 阈值（选择 0 精度下降了 4 个百分点，选择 0.5 精度下降了 5 个百分点），即当重叠度小于 0.3 时，边界框被标注为负样本。当提取 CNN f7 层特征时，为每个物体训练一个 SVM 分类器。例如，用 CNN 提取 2 000 个候选框，就可以得到一个 2 000×4 096 的特征向量矩阵，把这样的一个矩阵与 SVM 权值矩阵 4 096×N 点乘（N 为分类类别数目，因为训练了 N 个 SVM，每个 SVM 包含了 4 096 个权重），就可以得到最终的分类结果。

### 6.2.2 Faster-RCNN

Faster-RCNN 在 Region-CNN 模型结构的基础上进行了一系列调整。首先，Faster-RCNN 算法替换了 Region-CNN 中生成推荐区域的区域搜索算法，并使用可以训练的区域建议网络（region proposal network，RPN）候选框。区域建议网络将主干卷积神经网络中的最后一层卷积层作为输入，并将推荐区域在图中的位置作为输出，其网络结构如图 6.4 所示。

Faster-RCNN 由卷积层、RPN、ROI 池化层和分类回归层组成，如图 6.5 所示。其中，卷积层负责提取图片的特征，从输入的原始图片中提取特征图（feature map），并将其发送到 RPN 和 ROI 池化层。RPN 通过网络训练从特征图中获得一批不同大小的候选区域（proposals）并将其发送到 ROI 池化层。ROI 池化层基于输入特征图和候选区域计算出固定大小的候选区域特征图（proposals feature map）并将其发送到后续网络。最后，分类回归层对候选区域的特征图执行目标分类和位置回归操作，以获得目标类型和候选框在候选区域中的准确位置。

6.2 两阶段检测方法

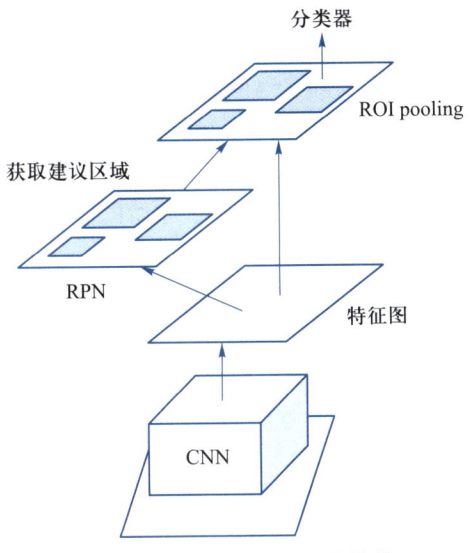

图 6.4　Faster-RCNN 网络结构

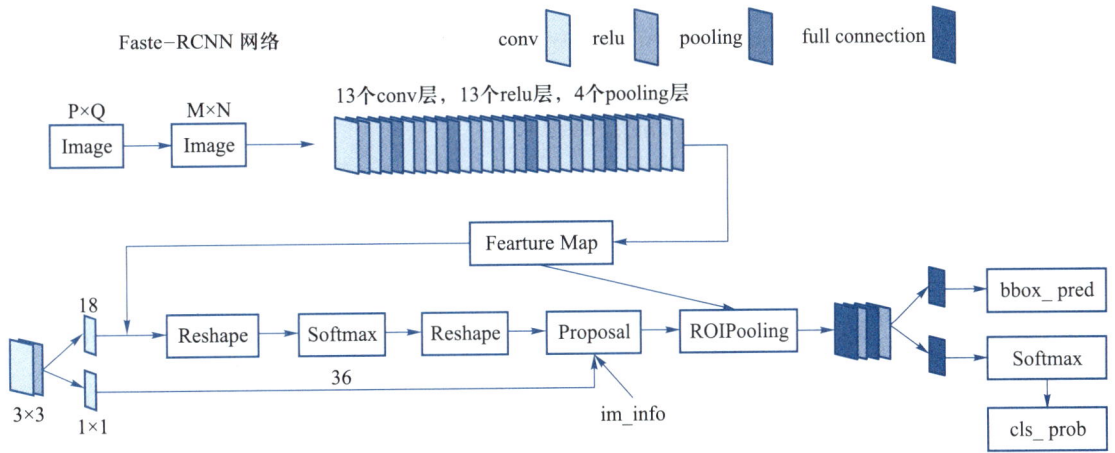

图 6.5　Faster-RCNN 模型结构

**1. 卷积层**

该模块的功能是提取输入图像的特征以获得特征图。Conv layers 包括三层：conv、pooling 和 relu。例如，当 Python 中的 VGG16 模型用作特征提取网络时，如网络结构图 6.5 所示，Conv layers 部分包括 13 个 conv 层，13 个 relu 层，4 个 pooling 层。其中

① 所有的 conv 层都是 kernel_size = 3，padding = 1，stride = 1。

② 所有的 pooling 层都是 kernel_size = 2，padding = 0，stride = 2。

根据卷积和池化计算式(6.3)和式(6.4)可得，特征图的大小在每个 conv 层之后保持不变；经过每个 pooling 层之后，特征图的宽度和高度将变为前一层的一半(经过 relu 层也不会改变)：

$$\text{height}_{\text{out}} = \frac{\text{height}_{\text{in}} - \text{height}_{\text{kernel}} + 2 \times \text{padding}}{\text{stride}} + 1 \qquad (6.3)$$

$$\text{width}_{\text{out}} = \frac{\text{width}_{\text{in}} - \text{width}_{\text{kernel}} + 2 \times \text{padding}}{\text{stride}} + 1 \qquad (6.4)$$

因此,通过 Conv layers 将一个 M×N 大小的图像固变为(M/16)×(N/16),使得由 Conv layers 生成的特征图可以对应于原始图像。

**2. 区域提案网络 RPN**

该模块的功能是生成较好的候选区域(proposal),RPN 包括以下 5 个子模块。

(1)锚框(anchor)生成

RPN 为输入的特征图上每个点都生成了 9 个锚框(3 种比例(128,256,512)和 3 种宽高比(1∶2,1∶1,2∶1)),这些具有不同大小、宽度和高度的锚框对应到原图可以覆盖所有可能出现的物体,总共生成(M/16)×(N/16)×9 个锚框。

(2)RPN 卷积网络

通常,图像中存在物体的位置称为前景,而没有物体的位置则称为背景。为了预测锚框的前景和背景以及锚框与真实边框之间的偏移值,可以构建如图 6.6 所示的网络结构。在特征图上首先使用 3×3 卷积提取更深的特征,然后使用 1×1 卷积分别实现分类和回归。

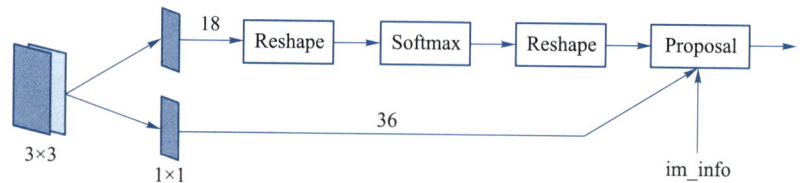

图 6.6　RPN 网络结构

如图 6.6 中的第一条分支所示,这是分类分支。首先,使用 1×1 卷积输出(M/16)×(N/16)×18 的特征,其中通道的数量是 18 因为特征图中每个点有 9 个锚框,并且每个锚框只预测其是前景还是背景。由于需要使用 softmax 函数来计算每个锚框属于前景和背景的概率,因此需要首先将(M/16)×(N/16)×18 维度转换为(3×M/16)×(3×N/16)×2,然后将第三维转换为仅前景和背景得分。获得概率后,再将维度变换回来,然后输出每个锚框属于前景与背景的概率。

图 6.6 中第二条分支是回归分支。在该分支中,使用 1×1 卷积输出(M/16)×(N/16)×36 的特征,这个 36 维包含每个点上 9 个锚框的偏移值预测,每个锚框的偏移值有 4 个数据,分别是中心点的水平和垂直坐标以及宽度和高度。这 4 个数据都是相对于真值的偏移量。

(3)计算 RPN 损失

在训练过程中,将第一步中生成的所有锚框与标签进行匹配,并对匹配度好的锚框给出正样本,对匹配度差的锚框则给出负样本。然后获得锚框的分类与位置偏移的真实值,并在第二步中利用预测得分与预测偏移值进行 loss 的计算。

具体地说,上一步中得到的只是预测值,为了计算预测的损失,还需要得到分类与偏移的真实值,即每一个锚框是否与真实物体相对应以及每一个锚框与真实物体对应的偏移值。具体流程如下。

锚框生成。这与锚框(anchor)生成模块中的过程相同,共生成(M/16)×(N/16)×9 个锚框。由于此方法会在图像外部产生一些边框,因此也有必要删除超出图像边框的锚框的部分。

锚框与标签匹配。为了计算锚框的损失,需要知道每个锚框的真实类别,因为 RPN 只负责生成建议框,而不负责具体类别,所以这个真实的类别指的是其是否包含物体。通过计算每一个锚框与每一个标签的 IOU,确定它是正样本还是负样本,具体规则如下:

① 对于任何一个锚框,如果与所有标签的最大 IOU 小于 0.3,则视为负样本。

② 对于任何一个标签,如果与其有最大 IOU 的锚框,则视为正样本。

③ 对于任何一个锚框,如果与所有标签的最大 IOU 大于 0.7,则视为正样本。

锚框过滤。因为生成的锚框太多,包含背景的锚框太多,如果都计算损失就会使正负样本失衡,不利于网络收敛。因此,RPN 默认选择 256 个锚框进行损失计算,包括 128 个正样本和 128 个负样本。

求解回归偏移真值。前一步给出的正样本和负样本代表预测类别的真实值,接下来还需要计算预测的偏移值的真实值。这可以通过使用锚框和对应的标签来解决。具体计算方法如下式:

$$t_x = (x - x_a) / w_a \tag{6.5}$$

$$t_y = (y - y_a) / h_a w_a \tag{6.6}$$

$$t_w = \log\left(\frac{w}{w_a}\right) w_a \tag{6.7}$$

$$t_h = \log\left(\frac{h}{h_a}\right) w_a \tag{6.8}$$

(4)候选区域(proposal)

候选区域的生成过程如图 6.7 所示,首先,生成所有锚框,然后使用在 RPN 的 loss 模块中得到的回归偏移值对这些锚框做回归,以使锚框更接近真实值,并且对超出图像尺寸的候选区域进行修剪得到初始候选区域;然后,根据 RPN 网络中 softmax 计算得到的概率对所有的锚框进行排序,并提取具有高概率的前 12 000 个锚框;由于一个物体可能具有多个重叠的锚框,所以应用非极大值抑制(NMS)来移除重叠的框;最后,在剩余的候选区域中,根据 RPN 的预测得分再次选择前 2 000 个作为最终的候选区域,并输出到下一个阶段。

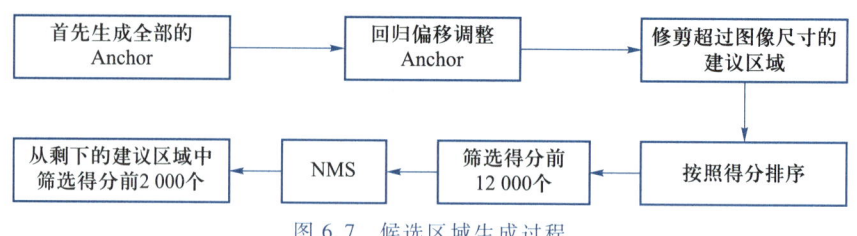

图 6.7　候选区域生成过程

（5）筛选候选区域得到 ROI

在上一步骤中生成的候选区域数量为 2 000，其中仍有很多的背景框，因此，需要对候选区域进行进一步的筛选，过程与上述相同，通过使用标签与候选区域构建 IOU 矩阵以及与标签的一致程度来选择 256 个正样本和负样本。

### 3. ROI 池化层

由于下一模块的全连接网络需要固定维度的特征，并且 RPN 输出的 ROI 具有不同的特征大小，因此在输入到全连接网络之前，需要将这些 ROI 的特征合并为固定维度。如图 6.8 所示，ROI 中 pooling 的具体原理如下：

① 由于 RPN 输出的 ROI 对应于 M×N 比例，因此首先将其映射回（M/16）×（N/16）大小的特征图比例（坐标可以除以下采样率）。

② 然后将每个 ROI 对应的特征图区域水平划分为网格。

③ 对网格的每一份都进行 max pooling 处理。

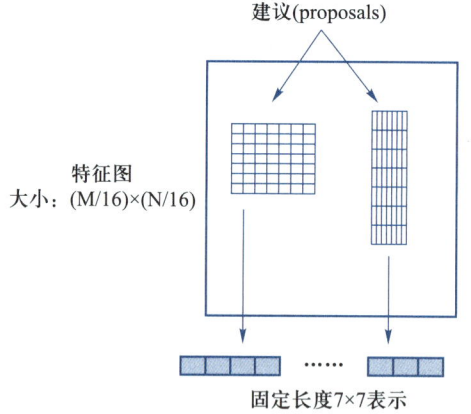

图 6.8　ROI pooling 原理示意图

经过这样的处理，即使对于大小不同的 ROI，输出结果也是固定大小的，实现了固定长度的输出。

### 4. 分类回归层

该部分使用获得的候选区域特征图（proposal feature maps），通过全连接层与 softmax 函数计算每个候选区域（如车、盒子、塑料瓶等）的具体类别，并输出概率向量（cls_prob）；同时，再次使用边框回归（bounding box regression）来获得每个候选区域的位置更加精确的偏移量（bbox_pred），其用于回归更加精确的目标检测框。网络结构如图 6.9 所示。

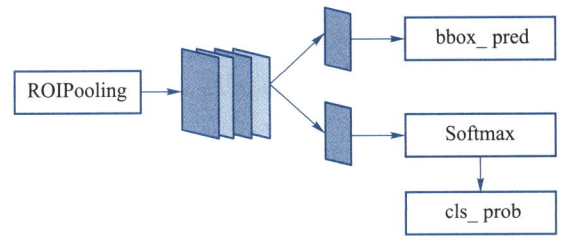

图 6.9　全连接网络结构

## 6.3　单阶段检测方法

尽管两阶段检测模型具有较高的检测精度，但耗时的区域提议阶段使其难以应用于实时工业应用。与两阶段检测模型相比，单阶段检测模型结合了区域建议和分类预测模块，将整个图像作为候选区域输入卷积神经网络提取特征，并直接输出目标类别和边界框位置信息。简而言之，单阶段目标检测算法通常需要预先设置充满整个画面的预选框，对于这些密集的预选框，使用深度神经网络完成预选框的筛选、回归和分类任务。因此单阶段目标检测模型具有更快的检测速度，并且可以作为整体进行端对端优化。

为了追寻更快的检测速度并进一步提高目标检测的实时性，2015 年，美国计算机研究人员 Rendom 等人[22]提出单阶段实时目标检测算法 YOLO(you only look once)，该算法将检测视为预测分类概率和定位位置边框信息的回归问题，但是很难准确地预测密集的物体群和不规则或不同纵横比的物体。为了进一步优化算法，Redmon 等人[23]提出了 YOLOv2。过去，YOLO 通过全连接层直接预测目标边界框信息，这显示出较差的定位鲁棒性，该模型借鉴 Faster-RCNN 的锚框机制，并使用 $k$-means[24]对训练集的目标边框进行聚类，以找到合适的锚框大小和比例。之后，Redmon 等人[25]提出了 YOLOv3，该模型通过维度聚类获得了三个先验框的尺寸和三个先验框的尺度，并使用独立的逻辑回归代替原始的 softmax 函数来支持多标签预测。最近 Bochkovskiy 等人[26]提出 YOLOv4 实时检测模型，在 YOLOv3 基础之上，将原来的 DarkNet53 网络[27]替换为 CSP-DarkNet53 网络[28]，并使用 Mish 激活函数[29]和 Dropblock 正则化方法[30]。此外，该模型对输入图像执行 Mosaic 数据增强，并将 SPP[31]、特征金字塔(feature pyramid network，FPN)[32]模块和 PAN(path aggregation network)[33]架构添加到推理架构中。

针对 YOLO 中目标定位偏差大的问题，Liu 等人[34]提出了一种更为精确的单阶段实时检测模型 SSD(single shot multibox detector)。该模型使用不同大小的多层次特征图来预测输出，使用具有丰富的目标上下文信息的大尺度特征图预测小目标，并使用具有较丰富的全局语义特征的小尺度特征图预测大目标，因此有助于检测多尺度目标。然而，该模型对于小目标检测显示出较差的检测性能，主要原因是高层特征图中几乎没有小的目标特征。之后，Fu 等人[35]提出了 DSSD(deconvolutional single shot detector)，该模型在 SSD 模型中添加了一系列反卷积模块，并结合跳跃连接来传递多阶段分层目标特征信息，有效地提高了用于小目标检测的浅层特征图的表达能力。Li 等人[36]借鉴了 FPN 提出的 FSSD(feature fusion single shot multibox detector)，将不同尺寸的特征图聚合为相同大小的特征图，然后使用较低的采样块生成新的特征金字塔，然后将其输入到分层检测模型中以获得预测。

近年来，许多检测模型都采用了锚框机制，但同时也存在一些明显的缺点，如正负样本不平衡、超参数过多对检测速度和性能的影响等。Law 等人[37]提出一种新颖的单阶段模型 CornerNet，该模型把目标边界框看作是一对关键角点即左上和右下角点的预测，同时还提出了角点池化(corner pooling)策略，以帮助模型更准确地定位角点。在前向传递过程中，网络会预测每个位置为角点的概率，通过两组热点图来输出。然而，由于热点图的分辨率通常较低，位置需要进一步地修正，因此，网络还需要输出位置偏置。此外，网络还会输出嵌入向量，用于匹配多个角点，保证同一目标的两组角点之间距离尽可能近，而不同目标的角点距离尽可能小。尽管如此，CornerNet 仍然存在预测错误的检测框的情况，主要是因为模型未关注检测框内部信息，仅靠两个角点难以准确地定位目标。之后，Zhou 等人[38]创新性地提出了一种新的单阶段检测模型 CenterNet，该模型结合了角点和中心点的预测。与 CornerNet 不同的是，CenterNet 在其基础上加入了中心点预测模块，并提出了中心点池化策略(center pooling) 以帮助预测目标中心点。最后，通过结合目标角点和中心点信息，预测出目标整体[39]。在目标检测领域中，研究单阶段检测方法具有十分重要的意义。因此，本文将介绍 YOLO 模型和 SSD 模型作为代表的单阶段检测方法。

### 6.3.1 YOLO

作为首个表现出色的单阶段目标检测算法，YOLO 与双阶段目标检测算法不同，后者需要繁琐的多个步骤，先生成预选框再进行分类。相反，YOLO 直接对输入图像进行识别，返回目标的位置和类别信息，因此大大提高了模型的检测速度。YOLOv1 的网络结构如图 6.10 所示。

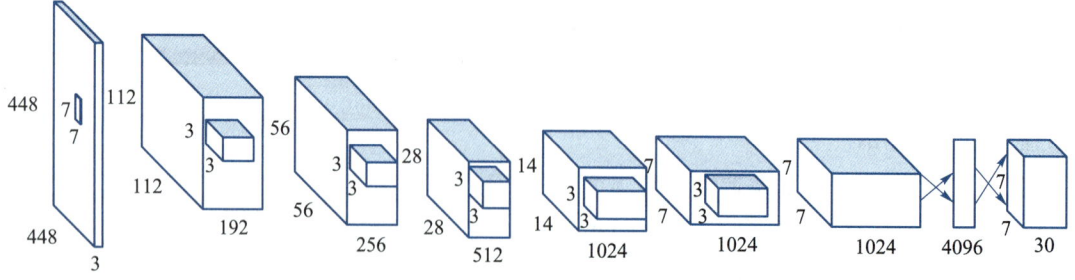

图 6.10 YOLOv1 网络结构

YOLO 算法的核心思想是将输入图像划分成 $S×S$ 的网格(grid cell),然后对每个网格预测 B 个边界框,每个边界框都包含 5 个预测值:$x$、$y$、$w$、$h$ 和 confidence。

$(x,y)$ 表示边界框的中心坐标,并与网格对齐(即与当前网格的相对位置对齐),使得范围变成 0 到 1。

$(w,h)$ 再进行归一化处理(分别除以图像的 $w$ 和 $h$,从而使最终的 $w$ 和 $h$ 的范围在 0 到 1 之间)。

confidence 表示预测的边界框中包含目标物体的置信度和该边界框预测准确度的综合信息,如果真实边界框位于该网格内,那么 Pr(Object) 取 1,否则取 0,IOU 表示边界框与真实边界框之间的交并比。因此,confidence 就是这两者的乘积。

例如,在图 6.10 所示的网络结构中,对于输入图片,YOLO 先将其规格从 $w×h×3$ 大小的图片缩放成 448×448×3 大小的图片,然后经过卷积处理将图片分成 7×7 个网格(grid cell),最后一层输出 7×7×30 的张量,也就是说每个网格会输出 1×1×30 的张量,如图 6.11 所示。

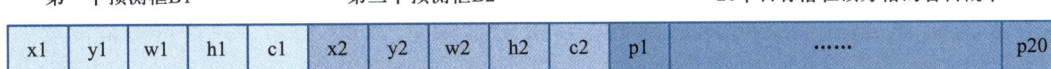

图 6.11 每个网格输出的向量

在 YOLOv1 算法中,预测生成 C 个类别目标的概率分数,表示每个方格存在目标的可能性,用 p 表示。该算法还生成 B 个检测框(bbox,用于检测目标),每个检测框都有 5 个参数($x$、$y$、$w$、$h$,confidence)。其中,$(x,y)$ 表示预测框 bbox 的中心相对于当前所在方格的偏移量,范围在 0 到 1 之间;$(w,h)$ 表示预测框 bbox 的宽高,实际上是框的实际宽高与整图宽高的比值,范围在 0 到 1 之间;confidence 表示预测框的置信度,范围在 0 到 1 之间。

置信度计算方法如下:

$$\text{confidence} = \Pr(\text{Object}) \times \text{IOU}_{\text{pred}}^{\text{truth}} \qquad (6.9)$$

其中,Pr(Object) 表示当前方格包含目标的概率,只有 0 和 1 两种值。如果该目标中心位于该方格内,则 Pr(Object)=1,否则,该值为 0。

值得说明的是,在上述部分中提到每个方格共有 B(例如,该值为 2 时)个预测框,也即每个格子共 B 组(x,y,w,h,c)数据。每个格子只负责预测一类物体,也即两个检测框只预测一类物体。预测物体的类别即是根据置信度大小来确定的。

在 YOLOv1 算法中,损失函数就是衡量网络输出值和标签值差距的一种方法。比如,如果一张图片中有一个方格是狗,那么对应的标签值和预测值的形式如图 6.12 所示。

YOLOv1 算法中损失函数共有三部分:坐标预测损失、置信度预测损失和类别预测损失。这三个损失函数都使用了均方误差,计算方法如下:

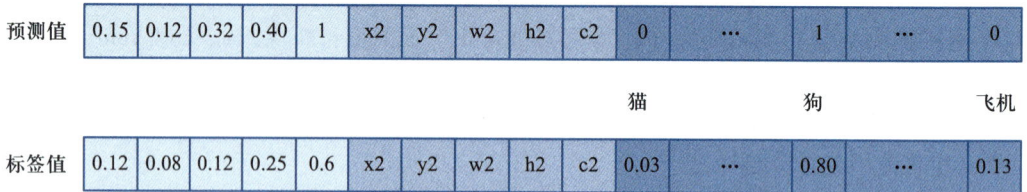

图 6.12 标签值与预测值

$$\lambda_{\text{coord}} \sum_{i=0}^{S^2} \sum_{j=0}^{B} l_{i,j}^{\text{obj}} [(x_i - \hat{x}_i)^2 + (y_i - \hat{y}_i)^2]$$
$$+ \lambda_{\text{coord}} \sum_{i=0}^{S^2} \sum_{j=0}^{B} l_{i,j}^{\text{obj}} [(\sqrt{w_i} - \sqrt{\hat{w}_i})^2 + (\sqrt{h_i} - \sqrt{\hat{h}_i})^2]$$
$$+ \sum_{i=0}^{S^2} \sum_{j=0}^{B} l_{i,j}^{\text{obj}} (C_i - \hat{C}_i)^2 + \lambda_{\text{noobj}} \sum_{i=0}^{S^2} \sum_{j=0}^{B} l_{i,j}^{\text{noobj}} (C_i - \hat{C}_i)^2$$
$$+ \sum_{i=0}^{S^2} l_{i,j}^{\text{obj}} \sum_{C \in \text{classes}} (p_i(c) - \hat{p}_i(c))^2 \tag{6.10}$$

其中，$S$ 是方格数，论文采用了 7 个；$B$ 是每个方格内检测框数量，论文采用了 2 个；$x_i$ 和 $y_i$ 是检测框中心坐标；$w_i$ 和 $h_i$ 是检测框的宽度和高度，式(6.10)中使用开根号，是为了增大小物体检测的该部分损失权重；$C_i$ 是检测框的置信度；$p_i$ 是类别概率；$l_{i,j}^{\text{obj}}$ 是标记检测框中心点是否落入当前方格，若落入，取值 1，反之，取值 0；$l_{i,j}^{\text{noobj}}$ 与 $l_{i,j}^{\text{obj}}$ 相反；$\lambda_{\text{coord}}$ 和 $\lambda_{\text{noobj}}$ 是损失项的权重，值越大，代表该部分损失越大。论文分别采用了 5 和 0.5。

YOLOv5 目前是 YOLO 系列算法中最先进的模型，有较小的内存占用，易于训练、部署和应用等优点。

YOLOv5 版本(5.0)由 4 个部分组成，即输入端、主干网络(backbone)、颈部(neck)和输出端。输入端包含了 Mosaic 数据增强、自适应锚框计算以及图像缩放；主干网络则包括 Focus 模块、CBL 模块和 SPP 模块；颈部则是一种 FPN+PAN 的特征融合技术。YOLOv5 基本构建模块包括由 Conv、Bn 批标准化、Leaky_relu 激活函数组成的 CBL 模块、Resunit 残差网络模块、由卷积层和多个 Resunint 模块拼接组成的 BottleneckCSP 模块以及使用最大池化方式进行多尺度融合的 SPP 模块，这些模块通过维度扩张的张量拼接以及维数不变的张量相加的方式进行融合[40]。

YOLOv5(6.0 版本)在上一版本的基础上对网络结构进行了微调，并集成了许多新功能。图 6.13 为新的 YOLOv5 网络结构，包括输入端、主干网络(backbone)、头部网络(head)和检测层(detect)。其中，使用具有 SiLU 激活功能的 CBS 结构来替换具有 Leakyrelu 激活功能的 CBL 结构，并且第一层用 CBS($k=6$, $s=2$, $p=2$)来替换 Focus 层，从而便于模型的初始化；为了降低模型的复杂性，使用 SPPF 代替 SPP 层以减少操作；为了提高速度，将主干网络的 C3 模块数从 9 个减少到 6 个，并将 SPPF 放在主干网络之后，在最后一个 C3 主干层中重新引入 shortcut；更新了超参数，增加了 mixup 和 copy-paste 的数据增强方式。

YOLOv5(6.0 版本)在 4 种基本尺寸的网络结构($s$、$m$、$l$ 和 $x$)之外,还引入了更小的模型 YOLOv5n 和 YOLOv5n6。这几种网络结构基本相同,故本节以 YOLOv5s 为例介绍 YOLOv5(6.0 版本)网络结构。

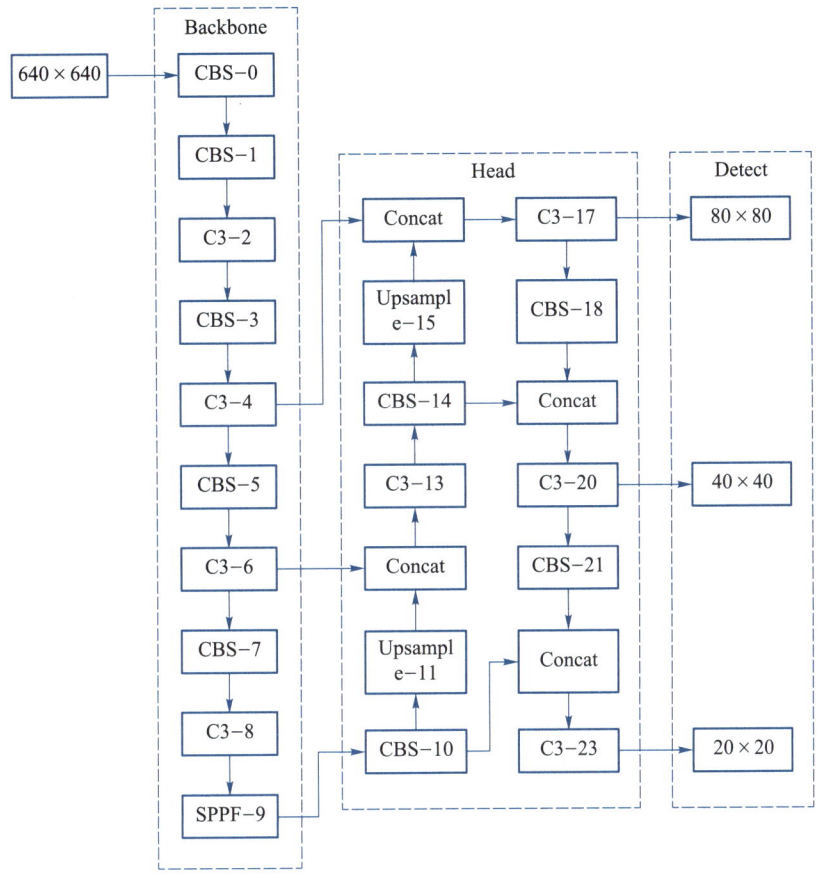

图 6.13　YOLOv5 网络结构

**1. 输入端**

(1) Mosaic 数据增强

小目标的不均匀分布导致训练后模型的平均精度低。Mosaic 数据增强方法通过剪切、排列、缩放等方式拼接数据集中随机选取的 4 幅图片。上述操作可以增加小目标的数量,丰富数据集。

(2) 自适应锚框计算

在 YOLO 算法中,为不同数据集计算预定义锚框。在网络训练中,以真实框(ground truth)位置和预设边框之间的偏移用于拟合。网络基于预定义的锚框输出边界框,然后将其与真实框进行比较以计算两者之间的差异,然后反向更新和迭代网络参数。这相当于在每次训练的过程中,预设边框先将目标大致"框定"在可能的位置,然后根据预定义锚框对其进行调整。

(3) 自适应图像缩放

数据集中的图像具有不同的长度和宽度,在网络训练中,处理这种情况的方法通常是将原始图像缩放到相同大小，然后用灰色和白色填充其余部分，然后将其发送到网络进行训练。然而，如果简单地降低缩放效果，则很有可能导致图片中的信息丢失。在自适应图像缩放方法中，首先计算与图像长度和宽度相对应的缩放比例，然后选择缩放因子较小的比例进行缩放；其次，计算缩放后图像的长度和宽度，以获得要填充的像素；最后，重设图像大小并填充空白区域。例如，如果原始尺寸为(800, 600)的图像缩放为(416, 416)，则计算出图像长度和宽度各自的收缩比分别为0.52和0.69；然后选择缩放因子较小的0.52，缩放后的图像尺寸为(416, 312)；最后，填充图像，图像的原始宽度312与缩放目标的416相差104，就得到了上下需要填充的灰白边的高度。

2. 主干网络

主干网络是在不同图像粒度上聚合并形成图像特征的网络模块。新版YOLOv5版本在Backbone中的改进包括，CBS取代了Focus模块，以便于模型的初始化；CBS取代CBL结构，SiLU激活函数取代了CBL中所有的Leakyrelu，满足零均值分布的输出条件，可以加快训练速度，其单侧饱和性可以使模型更好地收敛；C3取代了BottleneckCSP结构，并在残差输出之后取消了Conv模块，该结构分为两支，一支为修正单元，另一支为基本卷积模块，最后将两支进行concat操作得到输出；SPPF取代了SPP结构，将步长固定为5，进行了三次最大池化，每次池化后的输出将成为下一个池化的输入，从而减少操作。

3. 头部网络

头部网络在上采样与下采样过程中进行网络融合。自下而上的FPN通过上采样传输和合并低级语义特征信息，以传输强语义特征。自上而下的PAN通过向下采样将高级特征的形状、位置和其他细节与低级特征相结合，以传达强定位特征。两种特征金字塔可以对不同检测层进行参数聚合以获得预测的特征图。

4. 检测层

检测层采用CIOU_Loss损失函数和非极大值抑制(NMS)。损失函数的值代表模型的预测值和实际值之间的差异，通过最小化损失函数，模型达到收敛状态，并减小了模型预测值的误差。损失函数是评估模型训练效果的重要工具，损失函数越小，模型的学习效果越好。近年来，各种主流损失函数相继被提出，其中，IOU_Loss的缺点是尺度不敏感，只计算目标框和检测框的重叠面积；GIOU_Loss主要针对边界框不重合的问题；DIOU_Loss把边界框中心距离引入损失函数考量；CIOU_Loss则是在DIOU的基础上，加上了边界框的尺度信息，应用更广泛。在选择最优预测框时，NMS可以去掉多余的预测框，当2个框重合度很高时，是同一个目标的概率更大，取置信度(IOU)最高的框作为最终选择框，其中，置信度为候选框与实际真实框之间的交并比。

### 6.3.2 SSD

单发多框检测器(single shot multibox detector, SSD)，即SSD目标检测算

法，可以在不同尺度的特征图上进行预测，并提高检测不同尺度目标的准确性。与之前的两阶段目标检测算法相比，SSD 算法放弃了生成候选区域的耗时算法，使用卷积神经网络直接预测目标位置和类别，实现了端到端的训练和检测，因此将 SSD 算法列为单阶段目标检测算法范畴。

SSD 算法可以在各种预训练算法上进行训练，如 ResNet50、ResNet101、ResNet152、MobileNet、EfficientNet 和 VGG16。本节 SSD 原始实现使用 VGG-16 模型，SSD 模型架构如图 6.14 所示。

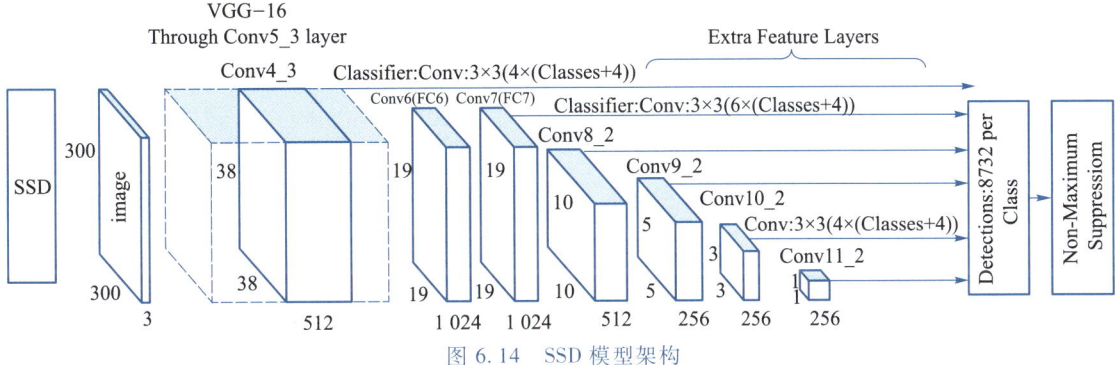

图 6.14　SSD 模型架构

在 SSD 算法中，VGG-16 模型被用作提取图像特征的基础网络，几乎没有变化，只是在顶层进行了一些优化：

① 将 pool5 的尺寸从 2×2(stride=2)修改为 3×3(stride=1)。

② 将 fc6 和 fc7 转换为卷积层，并进行了下采样。

③ 在 fc6 中使用了 Atrous 卷积。

④ 删除了 fc8 以及所有的 dropout。

Atrous 卷积包含控制元素之间的膨胀空间的一个 rate 参数。感受野得到改善，而可训练参数的数量保持不变。

在网络的顶层部分，添加了一堆卷积层来预测边界框。从每个卷积层预测边界框。这使 SSD 能够预测不同大小的目标。SSD 模型体系结构中较早的卷积层提取特征图中的预测边界框有助于小目标的网络预测，而体系结构中较晚的卷积层所提取特征图中的预测边界框则有助于大目标的网络预测。中间部分的卷积层提取特征图中的预测边界框，则有助于预测中型目标。

**1. 锚框**

锚框(anchor)用于帮助检测器预测默认边界框。与 YOLO 不同，在 SSD 中锚框的高度和宽度不是固定的，而是具有固定的纵横比。这可以避免不同特征图的锚框大小相同的问题，因为锚框的大小会随着特征图大小的改变而改变。这些纵横比用于根据锚框的特征图缩放锚框，对于 conv4_3、conv10_2 和 conv11_2，每个特征图位置仅关联了 4 个默认框。对于所有其他图层，有 6 个默认框。从卷积层提取出的特征图将被划分为网格，每个锚框将被平铺到特征图中的每个网格上。在每个特征图网格和每个默认框中，预测相对于锚框中心

的 $x$ 和 $y$ 偏移量、宽度和高度偏移量以及每个类别和背景的分数。因此，如果有 $k$ 个检测器（锚框）、$m \times n$ 个特征图和 $c$ 个类别进行分类，则预测每个网格和检测器的 4 个边界框参数和 $c+1$ 个类别得分。因此，预测特征图的 $kmn(c+1+4)$ 值。在多个特征图中允许不同的默认框形状可以有效地离散化可能的输出框形状的空间。

计算锚框尺寸的比例尺的方法如下：

$$w_k^a = s_k \sqrt{a_r} \tag{6.11}$$

$$s_k = s_{min} + \frac{s_{max} - s_{min}}{m-1}(k-1), \quad k \in [1, m] \tag{6.12}$$

$$w_k^a = \frac{s_k}{\sqrt{a_r}} \tag{6.13}$$

$$s_k' = \sqrt{a_k a_{k+1}} \tag{6.14}$$

模型预测的 4 个值不直接用于绘制目标周围边界框，而是用于预测边界框的残差值以及锚框大小的偏移量。这样做有助于稳定性训练和模型更好地收敛。

式（6.15）～式（6.18）中的 10 和 5 的值称为尺度方差（variance scale），这是不可学习的超参数：

$$w = 10 \cdot \log\left(\frac{w_{gt}}{w_a}\right) \tag{6.15}$$

$$h = 10 \cdot \log\left(\frac{h_{gt}}{h_a}\right) \tag{6.16}$$

$$x_c = 5 \cdot \frac{x_{c,gt} - x_{c,a}}{w_a} \tag{6.17}$$

$$y_c = 5 \cdot \frac{y_{x,gt} - y_{c,a}}{h_a} \tag{6.18}$$

SSD 模型最后输出如下：

① N 个类别和 1 个背景类别的置信度得分。

② 4 个边界框属性：到匹配的默认框中心的 $x$ 偏移量（$cx$）、到匹配的默认框中心的 $y$ 偏移量（$cy$）、边界框宽度的对数比例变换（$w$）和边界框高度的对数比例变换（$h$）。

③ 4 个默认框值：默认框距图像左侧的中心 $x$ 偏移、默认框距图像顶部的中心 $y$ 偏移、默认框的宽度和默认框的高度。

④ 4 个方差值：用于编码/解码边界框（Bounding-Box）的值。

**2. 匹配策略**

从图 6.14 中能够了解到，SSD 预测每个图像大约有 8 700 个框。然而通常情况下，一张图像中最多有 6 个检测目标或是更少的目标。因此，有必要考虑是否所有预测框都应在所有真实的边界框上受到惩罚。如果采用这种方法，每个检测器将被迫预测每个真实的边界框。检测器将尝试预测所有目标，最终预测将成为所有目标之间的一个框。

为了避免上述情况，有必要研究如何使所有检测器一起工作。要实现这一点，可以将每个真实边界框与某个预测框匹配。该预测框负责预测特定的真实边界框，并在反向传播期间将匹配的真实边界框的损失添加到该特定预测框。

这种将真实框与预测框匹配的策略称为匹配策略：首先将每个真实边界框与具有最高 IOU 的默认框匹配，将默认框与具有高于 IOU 阈值的任何真实框匹配可以将许多预测框与特定的真实框相关联。这种策略有助于检测器专注于预测特定大小的目标。

**3. 负样本采集**

由于框的数量很大，候选负样本集（negative boxes）的数量也很大。这将导致正样本和负样本之间的不平衡。负样本增加的损失将是巨大的，并且会覆盖掉正样本的损失。这将使模型训练变得非常困难且难以收敛。因此可以根据最高置信度对负样本进行排序，然后以 1∶3 的比例筛选正样本和负样本，这样可以实现更加快速和稳定的训练。

**4. 损失函数**

损失函数由两部分组成，即分类损失和回归损失，如下式所示：

$$L(x,c,l,g) = \frac{1}{N}(L_{\text{conf}}(x,c) + \alpha L_{\text{loc}}(x,l,g)) \tag{6.19}$$

分类损失用于类别预测。SSD 使用 softmax 来预测类概率。因此使用的分类损失是交叉熵损失。一些算法使用 sigmoid 而不是 softmax。然而，当存在重叠的类时，需要使用 sigmoid，因为 softmax 假设只有一个类可以分配给特定的对象：

$$L_{\text{conf}}(x,c) = -\sum_{i \in \text{Pos}}^{N} x_{ij}^p \log(\hat{c}_i^p) - \sum_{i \in \text{Neg}} \log(\hat{c}_i^0), \quad \hat{c}_i^p = \frac{\exp(c_i^p)}{\sum_p \exp(c_i^p)} \tag{6.20}$$

回归损失用于边界框坐标。使用对异常值不那么敏感的平滑 L1 损失。Huber 损失：

$$L_\delta(a) \begin{cases} \frac{1}{2}a^2, & \text{若 } |a| \leq \delta \\ \delta\left(|a| - \frac{1}{2}\delta\right), & \text{其他} \end{cases} \tag{6.21}$$

平滑 L1 损失：

$$L(a) \begin{cases} \frac{1}{2}a^2, & \text{若 } |a| \leq 1 \\ |a| - \frac{1}{2}, & \text{其他} \end{cases} \tag{6.22}$$

此外，SSD 还将这两种损失与比例因子(alpha)结合在一起。对于匹配成功的预测框，SSD 计算分类和回归损失。对于匹配失败的预测框，只计算分类损失，忽略回归损失。结果中也有一些预测框既不是背景也没有高 IOU。这种框被称为中性框(neutral boxes)。SSD 也会忽略这些框的损失。

## 6.4 应用案例：行人检测

### 6.4.1 场景描述

行人检测(pedestrian detection)是目标检测的研究热点之一。主要使用计算机视觉技术来检测图像或视频序列中是否有行人，并标记每个行人的确定位置。行人检测可以与行人跟踪、行人再识别等技术相结合，可以应用于许多场景，例如，自动驾驶和智能视频监控。此外，如果能够在各地监控视频中的行人检测研究上取得突破，不仅会在学术上作出贡献，也会解决许多实际的社会问题。一方面，针对许多传统问题，例如，使用行人检测方法来方便交通控制，减少安全事故的发生；例如，当儿童走失时，行人检测可以快速识别失踪人员的特征和轨迹，并减少此类悲剧的发生。另一方面，近年来的疫情防控问题始终出现在人们的生活中。在公共场所，可以通过行人检测及时统计人数，以帮助获取流调信息，避免大规模群体聚集。与目标检测中的其他任务相比，行人检测中的行人形状特征是多变的，这使得行人检测变得困难。目前，行人检测主要有以下技术难点：① 外观差异大。通常，行人检测使用矩形框来框定图像中行人的特定位置。然而，图像中行人的姿势和角度不同，行人穿着的衣服也不同以及行人携带的附件，如雨伞、围巾、袋子等，导致行人的外观不同。所有这些都将导致行人的外观出现很大的差异。② 尺度因素。因为行人在图像中的位置远近不同，这会导致身体大小不同，尺度也受到人体的身高、胖瘦的影响。③ 背景是混合的。图像中行人的背景可能与人体穿戴的衣服和携带的物体相似，这使得特征在检测过程中无法区分，从而导致较高的误检测率。④ 遮挡问题。在某些特定环境中，行人很容易被遮挡，这使得在提取行人特征时一些数据受损，同时也产生了很高的漏检率[41]。因此，无论从哪个方面来看，行人检测都是一个具有巨大的研究价值和社会价值的研究领域。

### 6.4.2 基于 Faster-RCNN 的行人检测

#### 1. 数据集准备

针对行人检测任务，使用自定义行人检测数据集，训练集中包括 1 200 张行人的图片，其中共有 1 200 个标注框，测试集中包括 200 张行人的图片，其中共有 200 个标注框。

训练集部分内容如图 6.15 和图 6.16 所示。

6.4 应用案例：行人检测

图 6.15　行人检测训练集图片示例 1

图 6.16　行人检测训练集图片示例 2

测试集部分内容如图 6.17 和图 6.18 所示。

图 6.17　行人检测测试集图片示例 1

图 6.18 行人检测测试集图片示例 2

(1) 数据集处理

对于自定义数据集,需要整理成与 MS COCO Annotation 格式相同的数据集来进行训练。首先设置自定义数据集存储位置以及处理后数据集的存储文件夹 coco,在 coco 目录下新建两个文件夹:images 和 annotations。将自定义数据集中的文件夹复制到 coco/images 目录下,运行如下脚本:

```python
importxml.etree.ElementTree as ET
import os
import json
coco =dict()
coco['images'] = []
coco['type'] = 'instances'
coco['annotations'] = []
coco['categories'] = []
category_set =dict()
image_set =set()
category_item_id = 0
image_id = 0
annotation_id = 0
def addCatItem(name):
    global category_item_id
    category_item =dict()
    category_item['supercategory'] = 'none'
    category_item_id += 1
    category_item['id'] = category_item_id
    category_item['name'] = name
```

## 6.4 应用案例：行人检测

```python
        coco['categories'].append(category_item)
        category_set[name] = category_item_id
        return category_item_id
    def addImgItem(file_name, size):
        global image_id
        if file_name is None:
            raise Exception('Could not find filename tag in xml file.')
        if size['width'] is None:
            raise Exception('Could not find width tag in xml file.')
        if size['height'] is None:
            raise Exception('Could not find height tag in xml file.')
        img_id = "%04d" % image_id
        image_id += 1
        image_item = dict()
        image_item['id'] = int(img_id)
        # image_item['id'] = image_id
        image_item['file_name'] = file_name
        image_item['width'] = size['width']
        image_item['height'] = size['height']
        coco['images'].append(image_item)
        image_set.add(file_name)
        return image_id
    def addAnnoItem(object_name, image_id, category_id, bbox):
        global annotation_id
        annotation_item = dict()
        annotation_item['segmentation'] = []
        seg = []
        # bbox[] is x, y, w, h
        # left_top
        seg.append(bbox[0])
        seg.append(bbox[1])
        # left_bottom
        seg.append(bbox[0])
        seg.append(bbox[1] + bbox[3])
        # right_bottom
        seg.append(bbox[0] + bbox[2])
        seg.append(bbox[1] + bbox[3])
        # right_top
        seg.append(bbox[0] + bbox[2])
        seg.append(bbox[1])
```

```python
            annotation_item['segmentation'].append(seg)
            annotation_item['area'] = bbox[2] * bbox[3]
            annotation_item['iscrowd'] = 0
            annotation_item['ignore'] = 0
            annotation_item['image_id'] = image_id
            annotation_item['bbox'] = bbox
            annotation_item['category_id'] = category_id
            annotation_id += 1
            annotation_item['id'] = annotation_id
            coco['annotations'].append(annotation_item)
def parseXmlFiles(xml_path):
    for f in os.listdir(xml_path):
        if not f.endswith('.xml'):
            continue
        bndbox = dict()
        size = dict()
        current_image_id = None
        current_category_id = None
        file_name = None
        size['width'] = None
        size['height'] = None
        size['depth'] = None
        xml_file = os.path.join(xml_path, f)
        #print(xml_file)
        tree = ET.parse(xml_file)
        root = tree.getroot()
        if root.tag != 'annotation':
            raise Exception('pascal voc xml root element should be annotation, rather than {}'.format(root.tag))
        #elem is <folder>, <filename>, <size>, <object>
        for elem in root:
            current_parent = elem.tag
            current_sub = None
            object_name = None
            if elem.tag == 'folder':
                continue
            if elem.tag == 'filename':
                file_name = elem.text
                if file_name in category_set:
                    raise Exception('file_name duplicated')
```

```python
            # add img item only after parse <size> tag
            elif current_image_id is None and file_name is not None and size['width'] is not None:
                if file_name not in image_set:
                    current_image_id = addImgItem(file_name, size)
                    # print('add image with {} and {}'.format(file_name, size))
                else:
                    raise Exception('duplicated image: {}'.format(file_name))
            # subelem is <width>, <height>, <depth>, <name>, <bndbox>
            for subelem in elem:
                bndbox['xmin'] = None
                bndbox['xmax'] = None
                bndbox['ymin'] = None
                bndbox['ymax'] = None
                current_sub = subelem.tag
                if current_parent == 'object' and subelem.tag == 'name':
                    object_name = subelem.text
                    if object_name not in category_set:
                        current_category_id = addCatItem(object_name)
                    else:
                        current_category_id = category_set[object_name]
                elif current_parent == 'size':
                    if size[subelem.tag] is not None:
                        raise Exception('xml structure broken at size tag.')
                    size[subelem.tag] = int(subelem.text)
                # option is <xmin>, <ymin>, <xmax>, <ymax>, when subelem is <bndbox>
                for option in subelem:
                    if current_sub == 'bndbox':
                        if bndbox[option.tag] is not None:
                            raise Exception('xml structure corrupted at bndbox tag.')
```

```
                        bndbox[option.tag] = int(option.text)
            # only after parse the <object> tag
            if bndbox['xmin'] is not None:
                if object_name is None:
                    raise Exception('xml structure broken at bndbox tag')
                if current_image_id is None:
                    raise Exception('xml structure broken at bndbox tag')
                if current_category_id is None:
                    raise Exception('xml structure broken at bndbox tag')
                bbox = []
                # x
                bbox.append(bndbox['xmin'])
                # y
                bbox.append(bndbox['ymin'])
                # w
                bbox.append(bndbox['xmax'] - bndbox['xmin'])
                # h
                bbox.append(bndbox['ymax'] - bndbox['ymin'])
                # print('add annotation with {}, {}, {}, {}'.format(object_name, current_image_id,
                #       current_category_id, bbox))
                addAnnoItem(object_name, current_image_id, current_category_id, bbox)
if __name__ == '__main__':
    #修改这里的两个地址,一个是xml文件的父目录;一个是生成的json文件的绝对路径
    xml_path = 'xxx/ Annotations/'
    json_file = 'xxx/coco/annotations/instances.json'
    parseXmlFiles(xml_path)
    json.dump(coco, open(json_file, 'w'))
```

在 coco/annotations 目录下生成 instances.json 文件。

```
train2017/0000001.jpg 0, 259, 401, 459, 7 35, 28, 324, 201, 20, 30, 59, 80, 2
```

其中第一列是图像的相对路径,其余为[xmin,ymin,xmax,ymax,class]格式的框和类信息。

```python
    def data_to_mindrecord_byte_image(config, dataset="coco", is_
training=True, prefix="fasterrcnn.mindrecord", file_num=8):
        """Create MindRecord file."""
        mindrecord_dir =config.mindrecord_dir
        mindrecord_path =os.path.join(mindrecord_dir, prefix)
        writer =FileWriter(mindrecord_path, file_num)
        if dataset == "coco":
            image_files, image_anno_dict = create_coco_label(is_
training, config=config)
        else:
            image_files, image_anno_dict = create_train_data_from_
txt(config.image_dir, config.anno_path)
        fasterrcnn_json = {
            "image": {"type": "bytes"},
            "annotation": {"type": "int32", "shape": [-1, 6]},
        }
        writer.add_schema(fasterrcnn_json, "fasterrcnn_json")
        for image_name in image_files:
            with open(image_name, 'rb') as f:
                img =f.read()
            annos =np.array(image_anno_dict[image_name], dtype=
np.int32)
            row = {"image": img, "annotation": annos}
    writer.write_raw_data([row])
    writer.commit()
```

（2）生成 Faster-RCNN 数据集

```python
    def create_fasterrcnn_dataset(config, mindrecord_file, batch_
size=2, device_num=1, rank_id=0, is_training=True,
                                  num_parallel_workers=8, python_mul-
tiprocessing=False):
        """Create FasterRcnn dataset with MindDataset."""
        cv2.setNumThreads(0)
        de.config.set_prefetch_size(8)
        ds=de.MindDataset(mindrecord_file, columns_list=["image",
"annotation"], num_shards=device_num, shard_id=rank_id,
                          num_parallel_workers =4, shuffle=is_
training)
        decode =ms.dataset.vision.Decode()
        ds = ds.map(input_columns=["image"], operations=decode)
```

```
        compose_map_func = (lambda image, annotation: preprocess_fn
(image, annotation, is_training, config=config))
        if is_training:
            ds =ds.map(input_columns=["image", "annotation"],
                        output_columns = ["image", "image_shape",
"box", "label", "valid_num"],
                        operations=compose_map_func, python_multi-
processing=python_multiprocessing,
                        num_parallel_workers=num_parallel_workers)
            ds =ds.batch(batch_size, drop_remainder=True)
        else:
            ds =ds.map(input_columns=["image", "annotation"],
                        output_columns = ["image", "image_shape",
"box", "label", "valid_num"],
                        operations=compose_map_func,
                        num_parallel_workers=num_parallel_workers)
            ds =ds.batch(batch_size, drop_remainder=True)
        return ds
```

**2. 模型定义**

Faster-RCNN 模型包含卷积层、RPN 层、ROI 池化层和分类回归层 4 个模块。

```
    def construct(self, img_data, img_metas, gt_bboxes, gt_labels, gt_valids):
        """
        construct the FasterRcnn Network.
        Args:
            img_data: input image data.
            img_metas: meta label of img.
            gt_bboxes (Tensor): get the value of bboxes.
            gt_labels (Tensor): get the value of labels.
            gt_valids (Tensor): get the valid part of bboxes.
        Returns:
            Tuple, tuple of output tensor
        """
        x =self.backbone(img_data)
        x = self.fpn_neck(x)
        rpn_loss, cls_score, bbox_pred, rpn_cls_loss, rpn_reg_
loss, _ = self.rpn_with_loss(x, mg_metas, self.anchor_list, gt_bbox-
es, self.gt_labels_stage1, gt_valids)
```

## 6.4 应用案例：行人检测

```
            if self.training:
                proposal, proposal_mask = self.proposal_generator
(cls_score, bbox_pred, self.anchor_list)
            else:
                proposal, proposal_mask = self.proposal_generator_
test(cls_score, bbox_pred, self.anchor_list)
            bboxes_tuple = ()
            deltas_tuple = ()
            labels_tuple = ()
            mask_tuple = ()
            if self.training:
                gt_labels = self.cast(gt_labels, ms.int32)
                gt_valids = self.cast(gt_valids, ms.int32)
                for i in range(self.train_batch_size):
                    gt_bboxes_i = self.squeeze(gt_bboxes[i: i + 1:
1, ::])
                    gt_labels_i = self.squeeze(gt_labels[i: i + 1:
1, ::])
                    gt_labels_i = self.cast(gt_labels_i, ms.uint8)
                    gt_valids_i = self.squeeze(gt_valids[i: i + 1:
1, ::])
                    gt_valids_i = self.cast(gt_valids_i, ms.bool_)
                    bboxes, deltas, labels, mask = self.bbox_assigner_
sampler_for_rcnn(gt_bboxes_i, gt_labels_i, proposal_mask[i], pro-
posal[i][::, 0: 4: 1], t_valids_i)
                    bboxes_tuple += (bboxes,)
                    deltas_tuple += (deltas,)
                    labels_tuple += (labels,)
                    mask_tuple += (mask,)
                bbox_targets = self.concat(deltas_tuple)
                rcnn_labels = self.concat(labels_tuple)
                bbox_targets = ops.stop_gradient(bbox_targets)
                rcnn_labels = ops.stop_gradient(rcnn_labels)
                rcnn_labels = self.cast(rcnn_labels, ms.int32)
            else:
                mask_tuple += proposal_mask
                bbox_targets = proposal_mask
                rcnn_labels = proposal_mask
                for p_i in proposal:
                    bboxes_tuple += (p_i[::, 0: 4: 1],)
```

```python
            if self.training:
                if self.train_batch_size > 1:
                    bboxes_all = self.concat(bboxes_tuple)
                else:
                    bboxes_all = bboxes_tuple[0]
                rois = self.concat_1((self.roi_align_index_tensor, bboxes_all))
            else:
                if self.test_batch_size > 1:
                    bboxes_all = self.concat(bboxes_tuple)
                else:
                    bboxes_all = bboxes_tuple[0]
                if self.device_type == "Ascend":
                    bboxes_all = self.cast(bboxes_all, ms.float16)
                rois = self.concat_1((self.roi_align_index_test_tensor, bboxes_all))
            rois = self.cast(rois, ms.float32)
            rois = ops.stop_gradient(rois)
            if self.training:
                roi_feats = self.roi_align(rois,
        self.cast(x[0], ms.float32),
        self.cast(x[1], ms.float32),
        self.cast(x[2], ms.float32),
        self.cast(x[3], ms.float32))
            else:
                roi_feats = self.roi_align_test(rois,
        self.cast(x[0], ms.float32),
        self.cast(x[1], ms.float32),
        self.cast(x[2], ms.float32),
        self.cast(x[3], ms.float32))
            roi_feats = self.cast(roi_feats, self.ms_type)
            rcnn_masks = self.concat(mask_tuple)
            rcnn_masks = ops.stop_gradient(rcnn_masks)
            rcnn_mask_squeeze = self.squeeze(self.cast(rcnn_masks, ms.bool_))
            rcnn_loss, rcnn_cls_loss, rcnn_reg_loss, _ = self.rcnn(roi_feats, bbox_targets, rcnn_labels, rcnn_mask_squeeze)
            output = ()
            if self.training:
                output += (rpn_loss, rcnn_loss, rpn_cls_loss, rpn_reg_loss, rcnn_cls_loss, rcnn_reg_loss)
```

```
        else:
            output = self.get_det_bboxes(rcnn_cls_loss, rcnn_reg_
loss, rcnn_masks, bboxes_all, img_metas)
        return output
```

**3. 参数选择**

针对 Ascend 环境,进行相应的参数选择。

```
batch_size: 2
loss_scale: 256
momentum: 0.91
weight_decay: 0.00001
epoch_size: 20
run_eval: False
interval: 1
save_checkpoint: True
save_checkpoint_epochs: 1
keep_checkpoint_max: 5
save_checkpoint_path:"./"
opt_type: "sgd"
finetune: False
num_parallel_workers: 8
python_multiprocessing: True
mindrecord_dir: " /disk2/dataset/COCO2017/MindRecord_COCO_TRAIN "
coco_root: " /disk2/dataset/COCO2017 "
train_data_type: " train2017 "
val_data_type: " val2017 "
instance_set: " annotations/instances_{}.json "
prefix: ""
```

**4. 模型训练**

在 MindSpore 中通过使用 MindSpore.train 中的 Model 作为模型训练的统一接口,针对模型参数及设置分别进行判断。

```
def train_fasterrcnn():
    """ train_fasterrcnn """
    print(f" \n[{rank}] - rank id of process")
    dataset_size, dataset = train_fasterrcnn_()
    print(f" \n[{rank}]", "===> Creating network...")
    net = Faster_Rcnn(config=config)
    net = net.set_train()
```

```python
        net = load_ckpt_to_network(net)
        device_type = "Ascend" if ms.get_context("device_target") == "Ascend" else "Others"
        print(f"\n[{rank}]", "===> Device type:", device_type, "\n")
        if device_type == "Ascend":
            net.to_float(ms.float16)
        # single card, original base_lr is for 8 cards
        if not config.run_distribute:
            config.base_lr = config.base_lr / 8
        print(f"\n[{rank}]", "===> Creating loss, lr and opt objects...")
        loss = LossNet()
        if config.lr_type.lower() not in ("dynamic", "multistep"):
            raise ValueError("Optimize type should be 'dynamic' or 'dynamic'")
        if config.lr_type.lower() == "dynamic":
            lr = Tensor(dynamic_lr(config, dataset_size), ms.float32)
        else:
            lr = Tensor(multistep_lr(config, dataset_size), ms.float32)
        if config.opt_type.lower() not in ("sgd", "adam"):
            raise ValueError("Optimize type should be 'SGD' or 'Adam'")
        if config.opt_type.lower() == "sgd":
            opt = SGD(params=net.trainable_params(), learning_rate=lr, momentum=config.momentum,
                    weight_decay=config.weight_decay)
        else:
            opt = Adam(params=net.trainable_params(), learning_rate=lr, weight_decay=config.weight_decay)
        net_with_loss = WithLossCell(net, loss)
        print(f"[{rank}]", "\tDone! \n")
        if config.device_target == "CPU":
            net = TrainOneStepCellCPU(net_with_loss, opt, sens=config.loss_scale)
        else:
            net = TrainOneStepCell(net_with_loss, opt, scale_sense=config.loss_scale)
        print(f"\n[{rank}]", "===> Creating callbacks...")
```

```python
        time_cb = TimeMonitor(data_size=dataset_size)
        loss_cb =LossCallBack(per_print_times=dataset_size, rank_id=rank, lr=lr.asnumpy())
        cb = [time_cb, loss_cb]
        if config.log_summary:
            summary_collector = SummaryCollector(summary_dir)
            cb.apprnd(summary_collector)
        print(f"[{rank}]", "\tDone!\n")
        print (f"\n[{rank}]", "====> Configurating checkpoint saving...")
        if config.save_checkpoint:
            ckptconfig =CheckpointConfig(save_checkpoint_steps=config.save_checkpoint_epochs * dataset_size,
                                        keep_checkpoint_max=config.keep_checkpoint_max)
            save_checkpoint_path =os.path.join(config.save_checkpoint_path, "ckpt_" + str(rank) + "/")
            ckpoint_cb =ModelCheckpoint(prefix='faster_rcnn', directory=save_checkpoint_path, config=ckptconfig)
            cb += [ckpoint_cb]
        print(f"[{rank}]", "\tDone!\n")
        if config.run_eval:
            from src.eval_callback import EvalCallBack
            from src.eval_utils import create_eval_mindrecord, apply_eval
            config.prefix = "FasterRcnn_eval.mindrecord"
            anno_json =os.path.join(config.coco_root, "annotations/instances_val2017.json")
            if hasattr(config, 'val_set'):
                anno_json =os.path.join(config.coco_root, config.val_set)
            config.mindrecord_dir = os.path.join(config.coco_root, "FASTERRCNN_MINDRECORD")
            mindrecord_path = os.path.join(config.mindrecord_dir, config.prefix)
            config.instance_set = "annotations/instances_val2017.json"
            if not os.path.exists(mindrecord_path):
                config.mindrecord_file = mindrecord_path
                create_eval_mindrecord(config)
            eval_net = Faster_Rcnn(config)
            eval_cb =EvalCallBack(config, eval_net, apply_eval,
```

```
dataset_size, mindrecord_path, anno_json, save_checkpoint_path)
        cb += [eval_cb]
    model = Model(net)
    model.train(config.epoch_size, dataset, callbacks=cb, data-
set_sink_mode=True)
```

训练结果:

```
   epoch: 1 step: 7393, rpn_loss: 0.12054, rcnn_loss: 0.40601, rpn_cls_
loss: 0.04025, rpn_reg_loss: 0.08032, rcnn_cls_loss: 0.25854, rcnn_
reg_loss: 0.14746, total_loss: 0.52655
   epoch: 2 step: 7393, rpn_loss: 0.06561, rcnn_loss: 0.50293, rpn_cls_
loss: 0.02587, rpn_reg_loss: 0.03967, rcnn_cls_loss: 0.35669, rcnn_
reg_loss: 0.14624, total_loss: 0.56854
   epoch: 3 step: 7393, rpn_loss: 0.06940, rcnn_loss: 0.49658, rpn_
cls_loss: 0.03769, rpn_reg_loss: 0.03165, rcnn_cls_loss: 0.36353,
rcnn_reg_loss: 0.13318, total_loss: 0.56598
   ...
   epoch: 10 step: 7393, rpn_loss: 0.03555, rcnn_loss: 0.32666, rpn_
cls_loss: 0.00697, rpn_reg_loss: 0.02859, rcnn_cls_loss: 0.16125,
rcnn_reg_loss: 0.16541, total_loss: 0.36221
   epoch: 11 step: 7393, rpn_loss: 0.19849, rcnn_loss: 0.47827, rpn_
cls_loss: 0.11639, rpn_reg_loss: 0.08209, rcnn_cls_loss: 0.29712,
rcnn_reg_loss: 0.18115, total_loss: 0.67676
   epoch: 12 step: 7393, rpn_loss: 0.00691, rcnn_loss: 0.10168, rpn_
cls_loss: 0.00529, rpn_reg_loss: 0.00162, rcnn_cls_loss: 0.05426,
rcnn_reg_loss: 0.04745, total_loss: 0.10859
```

5. 模型评估

使用 MindSpore.Model 作为模型评估的统一接口,使用模型评估方法 eval,将处理后的测试集数据传入 eval 方法,完成模型评估。

```
    def fasterrcnn_eval(dataset_path, ckpt_path, anno_path):
        """FasterRcnn evaluation."""
        if not os.path.isfile(ckpt_path):
            raise RuntimeError("CheckPoint file {} is not valid.".
format(ckpt_path))
        ds = create_fasterrcnn_dataset(config, dataset_path, batch_
size=config.test_batch_size, is_training=False)
        net = Faster_Rcnn(config)
        try:
            param_dict =ms.load_checkpoint(ckpt_path)
```

```python
        except RuntimeError as ex:
            ex = str(ex)
            print("Traceback: \n", ex, flush=True)
            if "reg_scores.weight" in ex:
                exit("[ERROR] The loss calculation of faster_rcnn has been updated. "
                     "If the training is on an old version, please set 'without_bg_loss' to False.")
        # in previous version of code there was a typo in layer name 'fpn_neck': it was 'fpn_ncek'
        # in order to make backward compatibility with checkpoints created with that typo
        # we need to manually check and rename that layer in param_dict
        for key, value in param_dict.items():
            if key.startswith('fpn_ncek'):
                new_key = key.replace('fpn_ncek', 'fpn_neck')
                param_dict[new_key] = param_dict.pop(key)
                print(f"param_dict fixed typo: {key} renamed to {new_key}")
        if config.device_target == "GPU":
            for key, value in param_dict.items():
                tensor = value.asnumpy().astype(np.float32)
                param_dict[key] = Parameter(tensor, key)
    ms.load_param_into_net(net, param_dict)
    net.set_train(False)
    device_type = "Ascend" if ms.get_context("device_target") == "Ascend" else "Others"
        if device_type == "Ascend":
            net.to_float(ms.float16)
    eval_iter = 0
    total = ds.get_dataset_size()
    outputs = []
    if config.dataset != "coco":
        dataset_coco = COCO()
        dataset_coco.dataset, dataset_coco.anns, dataset_coco.cats, dataset_coco.imgs = dict(), dict(), dict(), dict()
        dataset_coco.imgToAnns, dataset_coco.catToImgs = defaultdict(list), defaultdict(list)
        dataset_coco.dataset = parse_json_annos_from_txt(anno_path, config)
```

```python
            dataset_coco.createIndex()
        else:
            dataset_coco =COCO(anno_path)
        print("\n===============================\n")
        print("total images num: ", total)
        print("Processing, please wait a moment.")
        max_num = config.num_gts
        for data in ds.create_dict_iterator(num_epochs =1):
            eval_iter = eval_iter + 1
            img_data = data['image']
            img_metas = data['image_shape']
            gt_bboxes = data['box']
            gt_labels = data['label']
            gt_num = data['valid_num']
            start =time.time()
            # run net
            output =net(img_data, img_metas, gt_bboxes, gt_labels, gt_num)
            end =time.time()
            print("Iter {} cost time {}".format(eval_iter, end - start))
            # output
            all_bbox =output[0]
            all_label =output[1]
            all_mask =output[2]
            for j in range(config.test_batch_size):
                all_bbox_squee = np.squeeze(all_bbox.asnumpy()[j, :, :])
                all_label_squee =np.squeeze(all_label.asnumpy()[j, :, :])
                all_mask_squee = np.squeeze(all_mask.asnumpy()[j, :, :])
                all_bboxes_tmp_mask = all_bbox_squee[all_mask_squee, :]
                all_labels_tmp_mask = all_label_squee[all_mask_squee]
                if all_bboxes_tmp_mask.shape[0] > max_num:
                    inds =np.argsort(-all_bboxes_tmp_mask[:, -1])
                    inds = inds[: max_num]
                    all_bboxes_tmp_mask = all_bboxes_tmp_mask[inds]
```

```
                all_labels_tmp_mask = all_labels_tmp_mask[inds]
            outputs_tmp = bbox2result_1image(all_bboxes_tmp_
mask, all_labels_tmp_mask, config.num_classes)
            outputs.append(outputs_tmp)
    eval_types = ["bbox"]
    result_files = results2json(dataset_coco, outputs, "./re-
sults.pkl")
    coco_eval(config, result_files, eval_types, dataset_coco,
              single_result=False, plot_detect_result=True)
    print("\nEvaluation done!")
```

**6. 模型导出与推理**

使用 MindSpore 的 export 方法将神经网络模型导出为指定格式的文件，传入 net 参数作为网络结构，传入 inputs 作为网络输入，同时指定模型导出的名称及类型，完成模型导出。针对导出的 ONNX 模型，可使用 onnxruntime 作为模型的推理框架。

模型导出：

```
    def export_fasterrcnn():
        """ export_fasterrcnn """
    config.restore_bbox = True
        config.ori_h = None
        config.ori_w = None
        net = FasterRcnn_Infer(config=config)
        try:
            param_dict =ms.load_checkpoint(config.ckpt_file)
        except RuntimeError as ex:
            ex = str(ex)
            print("Traceback: \n", ex, flush=True)
            if "reg_scores.weight" in ex:
                exit("[ERROR] The loss calculation of faster_rcnn has
been updated. "
                     "If the training is on an old version, please set
'without_bg_loss'to False.")
        param_dict_new = {}
        for key, value in param_dict.items():
            key =key.replace("ncek", "neck")
            param_dict_new["network." + key] = value
        ms.load_param_into_net(net, param_dict_new)
        device_type = "Ascend" if ms.get_context("device_target") ==
"Ascend" else "Others"
```

```python
        if device_type == "Ascend":
            net.to_float(ms.float16)
        img = Tensor(np.zeros([config.test_batch_size, 3, config.img_height, config.img_width]), ms.float32)
        img_metas = Tensor(np.random.uniform(0.0, 1.0, size=[config.test_batch_size, 4]), ms.float32)
        if not config.restore_bbox:
            print("[WARNING] When parameter 'restore_bbox'set to False,"
                  "ascend310_infer of this project provided will not be available "
                  "and need to complete 310 infer function by yourself.")
    ms.export(net, img, file_name=config.file_name, file_format=config.file_format)
        else:
            ms.export(net, img, img_metas, file_name=config.file_name, file_format=config.file_format)
```

模型推理:

```python
@moxing_wrapper(pre_process=modelarts_pre_process)
def eval_fasterrcnn():
    """ eval_fasterrcnn """
    prefix = "FasterRcnn_eval.mindrecord"
    mindrecord_dir = config.mindrecord_dir
    mindrecord_file = os.path.join(mindrecord_dir, prefix)
    print("CHECKING MINDRECORD FILES ...")
    if not os.path.exists(mindrecord_file):
        if not os.path.isdir(mindrecord_dir):
            os.makedirs(mindrecord_dir)
        if config.dataset == "coco":
            if os.path.isdir(config.coco_root):
                print("Create Mindrecord. It may take some time.")
                data_to_mindrecord_byte_image(config, "coco",
                                              False, prefix, file_num=1)
                print("Create Mindrecord Done, at {}".format(mindrecord_dir))
            else:
                print("coco_root not exits.")
        else:
            if os.path.isdir(config.image_dir) and os.path.exists(config.anno_path):
```

## 6.4 应用案例：行人检测

```
                print("Create Mindrecord. It may take some time.")
                data_to_mindrecord_byte_image(config, "other", 
False, prefix, file_num=1)
                print("Create Mindrecord Done, at {}".format(mindrecord_dir))
            else:
        print("IMAGE_DIR or ANNO_PATH not exits.")
        print("CHECKING MINDRECORD FILES DONE!")
        print("Start Eval!")
        start_time = time.time()
        fasterrcnn_eval(mindrecord_file, config.checkpoint_path, config.anno_path)
        end_time = time.time()
        total_time = end_time - start_time
        print(" \nDone! \nTime taken: {:.2f} seconds".format(total_time))

        flags = [0] * 3
        config.eval_result_path = os.path.abspath("./eval_result")
        if os.path.exists(config.eval_result_path):
            result_files = os.listdir(config.eval_result_path)
            for file in result_files:
                if file == "statistics.csv":
                    with open(os.path.join(config.eval_result_path, 
"statistics.csv"), "r") as f:
                        res = f.readlines()
                    if len(res) > 1:
                        if "class_name" in res[3] and "tp_num" in res
[3] and len(res[4].strip().split(",")) > 1:
                            flags[0] = 1
                elif file in ("precision_ng_images", "recall_ng_images", "ok_images"):
                    imgs = os.listdir(os.path.join(config.eval_result_path, file))
                    if imgs:
                        flags[1] = 1
                elif file == "pr_curve_image":
                    imgs = os.listdir(os.path.join(config.eval_result_path, "pr_curve_image"))
                    if imgs:
                        flags[2] = 1
                else:
```

```
            pass
    if sum(flags) == 3:
        print("Successfully created 'eval_results'visualizations")
        exit(0)
    else:
        print("Failed to create 'eval_results'visualizations")
        exit(-1)
```

## 6.5 应用案例：油田安全生产

### 6.5.1 场景描述

安全一直是工业生产和建设中永恒的主题。根据大量数据统计，许多安全生产事故往往是人为因素造成的。其中，工作服和安全头盔在预防安全事故方面发挥着重要作用。统一颜色和标记的工作服不仅便于管理，还可以起到快速识别现场人员身份的作用，甚至在一定程度上可以防止外来人员的入侵；作为保护头部的设备，工作人员可以戴上安全帽，以避免高空坠物时头部受伤，或高空坠落时头部受伤。

目前，工业生产和建筑工地的安全行为检测通常使用摄像头收集视频数据，然后通过人工监督来判断人或物体的不安全行为和状态。然而，人工监管存在许多不足：首先，使用人工监管势必会增加大量人力成本；其次，如果人工监管的时间过长，会出现疲劳，容易导致误判，甚至监管疏忽和疏漏；最后，人工监管的过程会受到监控人员的情绪、状态、工作经历、性格和生活条件的影响，这使得对安全的判断具有高度主观性，使判断缺乏客观性。因此，迫切需要使用一种更智能的方式来设计和实施一种能够自动获取、分析和监测工业生产和建筑工地安全的技术。例如，在油田作业领域，经常出现油田工人在工作时不戴安全帽和不穿劳动防护服等着装不规范的问题，导致一些危险事件的发生。因此，标准化的安全着装检测对于促进企业智能化安全管理，保障人员生命财产安全具有至关重要的作用。

随着科学技术的进步和社会的发展，近年来，计算机视觉技术越来越多地应用于人们的生产和生活，尤其是在各个工程领域。这是因为计算机视觉技术对硬件的要求相对简单，不需要接触，但处理精度高，而且适应性强，因此得到了广泛的应用。特别是在视频监控领域，计算机视觉技术因其成本低、效率高而广受赞誉，可以根据不同监控系统的功能定制不同的图像处理算法。

同样，在油田生产经营领域，信息化、智能化数字油田建设正受到广泛关注和重视，其普及已成为发展趋势。目前，在新疆、大庆、长庆、延长、胜利等油田作业区，正在大力实施油田作业区视频采集和图像分析系统建设。然而，油田作业区通常监测范围广，监测点多且分散，很难通过人工监测来监测现场的安全状况。因此，要建设数字油田，油田作业区视频监控与图像分析系统的设计是必不可少的一部分,也是技术难点之一。针对这种情况,结合计算机视觉中的图像识别技术,从油田作业区的监控环境中提取图像,对工作人员的穿着进行识别和规范,对不规则的穿着行为进行及时预警,消除安全隐患,以确保工作人员的安全[42]。

### 6.5.2 基于 YOLOv5 的油田安全生产目标检测

#### 1. 数据集准备

针对油田安全生产目标检测任务,使用自定义的油田数据集,训练集中包括 1 200 张油田工人穿戴安全帽以及安全服的图片,其中共有 3 600 个标注框,测试集中包括 427 张油田工人穿戴安全帽以及安全服的图片,其中共有 1 281 个标注框。

训练集部分内容如图 6.19 所示。

图 6.19 油田训练集图片示例

测试集部分内容如图 6.20 所示。

图 6.20 油田测试集图片示例

(1) 数据集处理

对于自定义数据集，需要整理成与 MS COCO Annotation 格式相同的数据集来进行训练。首先设置自定义数据集存储位置以及处理后数据集的存储文件夹 coco，在 coco 目录下新建两个文件夹：images 和 annotations。将自定义数据集中的文件夹复制到 coco/images 目录下，运行如下脚本：

```python
import xml.etree.ElementTree as ET
import os
import json
coco = dict()
coco['images'] = []
coco['type'] = 'instances'
coco['annotations'] = []
coco['categories'] = []
category_set = dict()
image_set = set()
category_item_id = 0
image_id = 0
annotation_id = 0
def addCatItem(name):
    global category_item_id
    category_item = dict()
    category_item['supercategory'] = 'none'
    category_item_id += 1
    category_item['id'] = category_item_id
    category_item['name'] = name
    coco['categories'].append(category_item)
    category_set[name] = category_item_id
    return category_item_id
def addImgItem(file_name, size):
    global image_id
    if file_name is None:
        raise Exception('Could not find filename tag in xml file.')
    if size['width'] is None:
        raise Exception('Could not find width tag in xml file.')
    if size['height'] is None:
        raise Exception('Could not find height tag in xml file.')
    img_id = "%04d" % image_id
    image_id += 1
    image_item = dict()
```

```python
        image_item['id'] = int(img_id)
        # image_item['id'] = image_id
        image_item['file_name'] = file_name
        image_item['width'] = size['width']
        image_item['height'] = size['height']
        coco['images'].append(image_item)
        image_set.add(file_name)
        return image_id
def addAnnoItem(object_name, image_id, category_id, bbox):
        global annotation_id
        annotation_item =dict()
        annotation_item['segmentation'] = []
        seg = []
        # bbox[] is x, y, w, h
        # left_top
        seg.append(bbox[0])
        seg.append(bbox[1])
        # left_bottom
        seg.append(bbox[0])
        seg.append(bbox[1] + bbox[3])
        # right_bottom
        seg.append(bbox[0] + bbox[2])
        seg.append(bbox[1] + bbox[3])
        # right_top
        seg.append(bbox[0] + bbox[2])
        seg.append(bbox[1])
        annotation_item['segmentation'].append(seg)
        annotation_item['area'] =bbox[2] * bbox[3]
        annotation_item['iscrowd'] = 0
        annotation_item['ignore'] = 0
        annotation_item['image_id'] = image_id
        annotation_item['bbox'] = bbox
        annotation_item['category_id'] = category_id
        annotation_id += 1
        annotation_item['id'] = annotation_id
        coco['annotations'].append(annotation_item)
def parseXmlFiles(xml_path):
        for f in os.listdir(xml_path):
            if not f.endswith('.xml'):
                continue
```

```python
            bndbox = dict()
            size = dict()
            current_image_id = None
            current_category_id = None
            file_name = None
            size['width'] = None
            size['height'] = None
            size['depth'] = None
            xml_file = os.path.join(xml_path, f)
            # print(xml_file)
            tree = ET.parse(xml_file)
            root = tree.getroot()
            if root.tag != 'annotation':
                raise Exception('pascal voc xml root element should be annotation, rather than {}'.format(root.tag))
            # elem is <folder>, <filename>, <size>, <object>
            for elem in root:
                current_parent = elem.tag
                current_sub = None
                object_name = None
                if elem.tag == 'folder':
                    continue
                if elem.tag == 'filename':
                    file_name = elem.text
                    if file_name in category_set:
                        raise Exception('file_name duplicated')
                # add img item only after parse <size> tag
                elif current_image_id is None and file_name is not None and size['width'] is not None:
                    if file_name not in image_set:
                        current_image_id = addImgItem(file_name, size)
                        # print('add image with {} and {}'.format(file_name, size))
                    else:
                        raise Exception('duplicated image: {}'.format(file_name))
                # subelem is <width>, <height>, <depth>, <name>, <bndbox>
                for subelem in elem:
```

```python
                bndbox['xmin'] = None
                bndbox['xmax'] = None
                bndbox['ymin'] = None
                bndbox['ymax'] = None
            current_sub = subelem.tag
            if current_parent == 'object' and subelem.tag == 'name':
                object_name = subelem.text
                if object_name not in category_set:
                    current_category_id = addCatItem(object_name)
                else:
                    current_category_id = category_set[object_name]
            elif current_parent == 'size':
                if size[subelem.tag] is not None:
                    raise Exception('xml structure broken at size tag.')
                size[subelem.tag] = int(subelem.text)
            # option is <xmin>, <ymin>, <xmax>, <ymax>, when subelem is <bndbox>
            for option in subelem:
                if current_sub == 'bndbox':
                    if bndbox[option.tag] is not None:
                        raise Exception('xml structure corrupted at bndbox tag.')
                    bndbox[option.tag] = int(option.text)
            # only after parse the <object> tag
            if bndbox['xmin'] is not None:
                if object_name is None:
                    raise Exception('xml structure broken at bndbox tag')
                if current_image_id is None:
                    raise Exception('xml structure broken at bndbox tag')
                if current_category_id is None:
                    raise Exception('xml structure broken at bndbox tag')
                bbox = []
                # x
```

```
                        bbox.append(bndbox['xmin'])
                        # y
                        bbox.append(bndbox['ymin'])
                        # w
                        bbox.append(bndbox['xmax'] - bndbox['xmin'])
                        # h
                        bbox.append(bndbox['ymax'] - bndbox['ymin'])
                        # print('add annotation with {}, {}, {}, {}'.
format(object_name, current_image_id,
                        # current_category_id, bbox))
    addAnnoItem(object_name, current_image_id, current_category_
id, bbox)
    if __name__ == '__main__':
    # 修改这里的两个地址,一个是 xml 文件的父目录;一个是生成的 json 文件的
绝对路径
        xml_path = 'xxx/ Annotations/'
        json_file = 'xxx/coco/annotations/instances.json'
        parseXmlFiles(xml_path)
        json.dump(coco, open(json_file, 'w'))
```

在 coco/annotations 目录下生成 instances.json 文件。

```
    train2017/0000001.jpg 0, 259, 401, 459, 7 35, 28, 324, 201, 20,
30, 59, 80, 2
```

其中第一列是图像的相对路径,其余为[xmin,ymin,xmax,ymax,class]格式的框和类信息。

(2)生成 YOLO 数据集

```
    def _has_only_empty_bbox(anno):
        return all(any(o <= 1 for o in obj["bbox"][2:]) for obj in anno)
    def _count_visible_keypoints(anno):
        return sum(sum(1 for v in ann["keypoints"][2:: 3] if v > 0)
for ann in anno)
    def has_valid_annotation(anno):
        """Check annotation file."""
        # if it's empty, there isno annotation
        if not anno:
            return False
        # if all boxes have close to zero area, there is no annotation
        if _has_only_empty_bbox(anno):
```

```
            return False
    # keypoints task have a slight different criteria for consid-
ering
    # if an annotation is valid
    if "keypoints" not inanno[0]:
        return True
    # for keypoint detection tasks, only consider valid images those
    # containing at least min_keypoints_per_image
    if _count_visible_keypoints(anno) >= min_keypoints_per_im-
age:
        return True
    return False
class COCOYoloDataset:
    """YOLOV5 Dataset for COCO."""
    def __init__(self, root, ann_file, remove_images_without_an-
notations=True, filter_crowd_anno=True, is_training=True):
        self.coco = COCO(ann_file)
        self.root = root
        self.img_ids = list(sorted(self.coco.imgs.keys()))
        self.filter_crowd_anno = filter_crowd_anno
        self.is_training = is_training
        self.mosaic = True
        # filter images without any annotations
        if remove_images_without_annotations:
            img_ids = []
            for img_id in self.img_ids:
                ann_ids = self.coco.getAnnIds(imgIds=img_id, iscrowd=None)
                anno =self.coco.loadAnns(ann_ids)
                if has_valid_annotation(anno):
                    img_ids.append(img_id)
            self.img_ids = img_ids
        self.categories = {cat["id"]: cat["name"] for cat in self.coco.cats.values()}
        self.cat_ids_to_continuous_ids = {
            v: i for i, v in enumerate(self.coco.getCatIds())
        }
        self.continuous_ids_cat_ids = {
            v: k for k, v in self.cat_ids_to_continuous_ids.items()
```

```python
            }
            self.count = 0
    def _mosaic_preprocess(self, index, input_size):
        labels4 = []
        s = 384
        self.mosaic_border = [-s // 2, -s // 2]
        yc, xc = [int(random.uniform(-x, 2 * s + x)) for x in self.mosaic_border]
        indices = [index] + [random.randint(0, len(self.img_ids) - 1) for _ in range(3)]
        for i, img_ids_index in enumerate(indices):
        coco =self.coco
        img_id = self.img_ids[img_ids_index]
        img_path =coco.loadImgs(img_id)[0]["file_name"]
        img = Image.open(os.path.join(self.root, img_path)).convert("RGB")
        img =np.array(img)
        h, w =img.shape[:2]
        if i == 0:    # top left
                img4 =np.full((s * 2, s * 2, img.shape[2]), 128, dtype =np.uint8)
    # base image with 4 tiles
                x1a, y1a, x2a, y2a =max(xc - w, 0), max(yc - h, 0), xc, yc
    # xmin, ymin, xmax, ymax (large image)
                x1b, y1b, x2b, y2b = w - (x2a - x1a), h - (y2a - y1a), w, h
    # xmin, ymin, xmax, ymax (small image)
            elif i == 1:    # top right
                x1a, y1a, x2a, y2a = xc, max(yc - h, 0), min(xc + w, s * 2), yc
                x1b, y1b, x2b, y2b = 0, h - (y2a - y1a), min(w, x2a - x1a), h
            elif i == 2:    # bottom left
                x1a, y1a, x2a, y2a =max(xc - w, 0), yc, xc, min(s * 2, yc + h)
                x1b, y1b, x2b, y2b = w - (x2a - x1a), 0, w, min(y2a - y1a, h)
            elif i == 3:    # bottom right
                x1a, y1a, x2a, y2a = xc, yc, min(xc + w, s * 2), min(s * 2, yc + h)
```

```python
                    x1b, y1b, x2b, y2b = 0, 0, min(w, x2a - x1a), min
(y2a - y1a, h)
                    img4[y1a: y2a, x1a: x2a] = img[y1b: y2b, x1b: x2b]
# img4[ymin: ymax, xmin: xmax]
                    padw = x1a - x1b
                    padh = y1a - y1b
                    ann_ids = coco.getAnnIds(imgIds=img_id)
                    target = coco.loadAnns(ann_ids)
                    # filter crowd annotations
                    if self.filter_crowd_anno:
                        annos = [anno for anno in target if anno["iscrowd"] ==
0]
                    else:
                        annos = [anno for anno in target]
                    target = {}
                    boxes = [anno["bbox"] for anno in annos]
                    target["bboxes"] = boxes
                    classes = [anno["category_id"] for anno in annos]
                    classes = [self.cat_ids_to_continuous_ids[cl] for cl
in classes]
                    target["labels"] = classes
                    bboxes = target['bboxes']
                    labels = target['labels']
                    out_target = []
                    for bbox, label in zip(bboxes, labels):
                        tmp = []
                        # convert to [x_min y_min x_max y_max]
                        bbox = self._convetTopDown(bbox)
                        tmp.extend(bbox)
                        tmp.append(int(label))
                        # tmp [x_min y_min x_max y_max, label]
                        out_target.append(tmp)
    # 这里 out_target 是 label 的实际宽高,对应于图片中的实际度量
                    labels = out_target.copy()
                    labels = np.array(labels)
                    out_target = np.array(out_target)
                    labels[:, 0] = out_target[:, 0] + padw
                    labels[:, 1] = out_target[:, 1] + padh
                    labels[:, 2] = out_target[:, 2] + padw
                    labels[:, 3] = out_target[:, 3] + padh
                    labels4.append(labels)
```

```python
            if labels4:
                labels4 = np.concatenate(labels4, 0)
                np.clip(labels4[:, : 4], 0, 2 * s, out = labels4[:, :
4])  # use with random_perspective
            flag = np.array([1])
            return img4, labels4, input_size, flag
    def __getitem__(self, index):
        coco = self.coco
        img_id = self.img_ids[index]
        img_path = coco.loadImgs(img_id)[0]["file_name"]
        if not self.is_training:
            img = Image.open(os.path.join(self.root, img_path)).convert("RGB")
            return img, img_id
        input_size = [640, 640]
        if self.mosaic and random.random() < 0.5:
            return self._mosaic_preprocess(index, input_size)
        img = np.fromfile(os.path.join(self.root, img_path), dtype = 'int8')
        ann_ids = coco.getAnnIds(imgIds = img_id)
        target = coco.loadAnns(ann_ids)
        # filter crowd annotations
        if self.filter_crowd_anno:
            annos = [anno for anno in target if anno["iscrowd"] == 0]
        else:
            annos = [anno for anno in target]
        target = {}
        boxes = [anno["bbox"] for anno in annos]
        target["bboxes"] = boxes
        classes = [anno["category_id"] for anno in annos]
        classes = [self.cat_ids_to_continuous_ids[cl] for cl in classes]
        target["labels"] = classes
        bboxes = target['bboxes']
        labels = target['labels']
        out_target = []
        for bbox, label in zip(bboxes, labels):
            tmp = []
            # convert to [x_min y_min x_max y_max]
            bbox = self._convetTopDown(bbox)
            tmp.extend(bbox)
```

```python
                    tmp.append(int(label))
                    # tmp [x_min y_min x_max y_max, label]
                    out_target.append(tmp)
            flag =np.array([0])
            return img, out_target, input_size, flag
        def __len__(self):
            return len(self.img_ids)
        def _convetTopDown(self, bbox):
            x_min =bbox[0]
            y_min =bbox[1]
            w =bbox[2]
            h =bbox[3]
            return [x_min, y_min, x_min+w, y_min+h]
    class DistributedSampler:
        """Distributed sampler."""
        def __init__(self, dataset_size, num_replicas =None, rank =None, shuffle =True):
            if num_replicas is None:
            print("* * * * * * * * * * Setting world_size to 1 since it is not passed in * * * * * * * * * * * * * * * * * * ")
                num_replicas = 1
            if rank is None:
            print("* * * * * * * * * * Setting rank to 0 since it is not passed in * * * * * * * * * * * * * * * * * * ")
                rank = 0
            self.dataset_size = dataset_size
            self.num_replicas = num_replicas
            self.rank = rank
            self.epoch = 0
            self.num_samples = int(math.ceil(dataset_size * 1.0 / self.num_replicas))
            self.total_size = self.num_samples * self.num_replicas
            self.shuffle = shuffle
        def __iter__(self):
            # deterministically shuffle based on epoch
            if self.shuffle:
                indices = np.random.RandomState(seed =self.epoch).permutation(self.dataset_size)
                # np.array type. number from 0 to len(dataset_size)-1, used as
```

```python
                # index of dataset
                indices = indices.tolist()
                self.epoch += 1
                # change to list type
            else:
                indices = list(range(self.dataset_size))
            # add extra samples to make it evenly divisible
            indices += indices[:(self.total_size - len(indices))]
            assert len(indices) == self.total_size
            # subsample
            indices = indices[self.rank: self.total_size: self.num_replicas]
            assert len(indices) == self.num_samples
            return iter(indices)
        def __len__(self):
            return self.num_samples
    def preprocess_fn(image, box, input_size, device_num):
        """Preprocess data function."""
        config_anchors = anchor_scales
        anchors = np.array([list(x) for x in config_anchors])
        max_boxes = max_box
        num_classes1 = num_classes
        jitter1 = jitter
        hue1 = hue
        sat1 = saturation
        val1 = value
        image, anno = _data_aug(image, box, jitter=jitter1, hue=hue1, sat=sat1, val=val1,
                                image_input_size=input_size, max_boxes=max_boxes,
                                num_classes=num_classes1, anchors=anchors, device_num=device_num)
        return image, anno
    class MultiScaleTrans:
        """Multi scale transform."""
        def __init__(self, device_num):
            self.seed = 0
            self.size_list = []
            self.resize_rate = resize_rate
            self.dataset_size = dataset_size
```

```python
        self.size_dict = {}
        self.seed_num = int(1e6)
        self.seed_list = self.generate_seed_list(seed_num = self.seed_num)
        self.resize_count_num = int(np.ceil(self.dataset_size / self.resize_rate))
        self.device_num = device_num
        self.anchor_scales = anchor_scales
            self.num_classes = num_classes
            self.max_box = max_box
            self.label_smooth = label_smooth
            self.label_smooth_factor = label_smooth_factor
        def generate_seed_list(self, init_seed=1234, seed_num=int(1e6), seed_range=(1, 1000)):
            seed_list = []
            random.seed(init_seed)
            for _ in range(seed_num):
                seed =random.randint(seed_range[0], seed_range[1])
                seed_list.append(seed)
            return seed_list
        def __call__(self, img, anno, input_size, mosaic_flag):
            if mosaic_flag[0] == 0:
                img =vision.Decode(True)(img)
             img, anno = preprocess_fn(img, anno, input_size, self.device_num)
            return img, anno, np.array(img.shape[0: 2])
    def _is_iou_satisfied_constraint(min_iou, max_iou, box, crop_box):
        iou = bbox_iou(box, crop_box)
        return min_iou <=iou.min() and max_iou >= iou.max()
    def pil_image_reshape(interp):
        """Reshape pil image."""
        reshape_type = {
            0: Image.NEAREST,
            1: Image.BILINEAR,
            2: Image.BICUBIC,
            3: Image.NEAREST,
            4: Image.LANCZOS,
        }
        return reshape_type[interp]
```

```python
def color_distortion(img, hue, sat, val, device_num):
    """Color distortion."""
    hue = _rand(-hue, hue)
    sat = _rand(1, sat) if _rand() < .5 else 1 / _rand(1, sat)
    val = _rand(1, val) if _rand() < .5 else 1 / _rand(1, val)
    if device_num != 1:
        cv2.setNumThreads(1)
    x = cv2.cvtColor(img, cv2.COLOR_RGB2HSV_FULL)
    x = x / 255.
    x[..., 0] += hue
    x[..., 0][x[..., 0] > 1] -= 1
    x[..., 0][x[..., 0] < 0] += 1
    x[..., 1] *= sat
    x[..., 2] *= val
    x[x > 1] = 1
    x[x < 0] = 0
    x = x * 255.
    x = x.astype(np.uint8)
    image_data = cv2.cvtColor(x, cv2.COLOR_HSV2RGB_FULL)
    return image_data
def _preprocess_true_boxes(true_boxes, anchors, in_shape, num_classes, max_boxes, label_smooth,
                            label_smooth_factor=0.1, iou_threshold=0.213):
    """
    Introduction
    ------------
        preprocessing ground truth box
    Parameters
    ----------
        true_boxes: ground truth box shape as [boxes, 5], x_min, y_min, x_max, y_max, class_id
    """
    anchors = np.array(anchors)
    num_layers = anchors.shape[0] // 3
    anchor_mask = [[6, 7, 8], [3, 4, 5], [0, 1, 2]]
    true_boxes = np.array(true_boxes, dtype='float32')
    input_shape = np.array(in_shape, dtype='int32')
    boxes_xy = (true_boxes[..., 0: 2] + true_boxes[..., 2: 4]) // 2.
    # trans to box center point
```

```
            boxes_wh = true_boxes[..., 2: 4] - true_boxes[..., 0: 2]
            # input_shape is [h, w]
            true_boxes[..., 0: 2] = boxes_xy / input_shape[:: -1]
            true_boxes[..., 2: 4] = boxes_wh / input_shape[:: -1]
            # true_boxes = [xywh]
            grid_shapes = [input_shape // 32, input_shape // 16, input_shape // 8]
            # grid_shape [h, w]
            y_true = [np.zeros((grid_shapes[l][0], grid_shapes[l][1], len(anchor_mask[l]), 5 + num_classes), dtype = 'float32') for l in range(num_layers)]
            # y_true [gridy, gridx]
            anchors = np.expand_dims(anchors, 0)
            anchors_max = anchors / 2.
            anchors_min = -anchors_max
            valid_mask = boxes_wh[..., 0] > 0
            wh = boxes_wh[valid_mask]
            if wh.size ! = 0:
                wh = np.expand_dims(wh, -2)
                # wh shape[box_num, 1, 2]
                boxes_max = wh / 2.
                boxes_min = -boxes_max
                intersect_min = np.maximum(boxes_min, anchors_min)
                intersect_max = np.minimum(boxes_max, anchors_max)
                intersect_wh = np.maximum(intersect_max - intersect_min, 0.)
                intersect_area = intersect_wh[..., 0] * intersect_wh[..., 1]
                box_area = wh[..., 0] * wh[..., 1]
                anchor_area = anchors[..., 0] * anchors[..., 1]
                iou = intersect_area / (box_area + anchor_area - intersect_area)
                # topk iou
                topk = 4
                topk_flag = iou.argsort()
                topk_flag = topk_flag >= topk_flag.shape[1] - topk
                flag = topk_flag.nonzero()
                for index in range(len(flag[0])):
                    t = flag[0][index]
                    n = flag[1][index]
```

```python
                        if iou[t][n] < iou_threshold:
                            continue
                        for l in range(num_layers):
                            if n in anchor_mask[l]:
                                i = np.floor(true_boxes[t, 0] * grid_shapes[l][1]).astype('int32')   # grid_y
                                j = np.floor(true_boxes[t, 1] * grid_shapes[l][0]).astype('int32')   # grid_x
                                k = anchor_mask[l].index(n)
                                c = true_boxes[t, 4].astype('int32')
                                y_true[l][j, i, k, 0: 4] = true_boxes[t, 0: 4]
                                y_true[l][j, i, k, 4] = 1.
                                # lable-smooth
                                if label_smooth:
                                    sigma = label_smooth_factor/(num_classes-1)
                                    y_true[l][j, i, k, 5:] = sigma
                                    y_true[l][j, i, k, 5 + c] = 1 - label_smooth_factor
                                else:
                                    y_true[l][j, i, k, 5 + c] = 1.
            # best anchor for gt
            best_anchor = np.argmax(iou, axis=-1)
            for t, n in enumerate(best_anchor):
                for l in range(num_layers):
                    if n in anchor_mask[l]:
                        i = np.floor(true_boxes[t, 0] * grid_shapes[l][1]).astype('int32')   # grid_y
                        j = np.floor(true_boxes[t, 1] * grid_shapes[l][0]).astype('int32')   # grid_x
                        k = anchor_mask[l].index(n)
                        c = true_boxes[t, 4].astype('int32')
                        y_true[l][j, i, k, 0: 4] = true_boxes[t, 0: 4]
                        y_true[l][j, i, k, 4] = 1.
                        # lable-smooth
                        if label_smooth:
                            sigma = label_smooth_factor/(num_classes - 1)
                            y_true[l][j, i, k, 5:] = sigma
                            y_true[l][j, i, k, 5 + c] = 1 - label_smooth_factor
```

```python
            else:
                y_true[l][j, i, k, 5 + c] = 1.
    # pad_gt_boxes for avoiding dynamic shape
    pad_gt_box0 = np.zeros(shape=[max_boxes, 4], dtype=np.float32)
    pad_gt_box1 = np.zeros(shape=[max_boxes, 4], dtype=np.float32)
    pad_gt_box2 = np.zeros(shape=[max_boxes, 4], dtype=np.float32)
    mask0 = np.reshape(y_true[0][..., 4: 5], [-1])
    gt_box0 = np.reshape(y_true[0][..., 0: 4], [-1, 4])
    # gt_box [boxes, [x, y, w, h]]
    gt_box0 = gt_box0[mask0 == 1]
    # gt_box0: get all boxes which have object
    if gt_box0.shape[0] < max_boxes:
        pad_gt_box0[: gt_box0.shape[0]] = gt_box0
    else:
        pad_gt_box0 = gt_box0[: max_boxes]
    # gt_box0.shape[0]: total number of boxes in gt_box0
    # top N of pad_gt_box0 is real box, and after are pad by zero
    mask1 = np.reshape(y_true[1][..., 4: 5], [-1])
    gt_box1 = np.reshape(y_true[1][..., 0: 4], [-1, 4])
    gt_box1 = gt_box1[mask1 == 1]
    if gt_box1.shape[0] < max_boxes:
        pad_gt_box1[: gt_box1.shape[0]] = gt_box1
    else:
        pad_gt_box1 = gt_box1[: max_boxes]
    mask2 = np.reshape(y_true[2][..., 4: 5], [-1])
    gt_box2 = np.reshape(y_true[2][..., 0: 4], [-1, 4])
    gt_box2 = gt_box2[mask2 == 1]
    if gt_box2.shape[0] < max_boxes:
        pad_gt_box2[: gt_box2.shape[0]] = gt_box2
    else:
        pad_gt_box2 = gt_box2[: max_boxes]
    return y_true[0], y_true[1], y_true[2], pad_gt_box0, pad_gt_box1, pad_gt_box2
######################################
def _rand(a=0., b=1.):
    returnnp.random.rand() * (b - a) + a
def bbox_iou(bbox_a, bbox_b, offset=0):
```

```
            """Calculate Intersection-Over-Union(IOU) of two bounding
boxes.
            Parameters
            ----------
            bbox_a : numpy.ndarray
                An ndarray with shape :math: '(N, 4)'.
            bbox_b : numpy.ndarray
                An ndarray with shape :math: '(M, 4)'.
        offset : float or int, default is 0
                The "offset" is used to control the whether the width(or
height) is computed as
                (right - left + "offset").
                 Note that the offset must be 0 for normalized bboxes,
whose ranges are in "[0, 1]".
            Returns
            -------
        numpy.ndarray
                An ndarray with shape :math: '(N, M)' indicates IOU be-
tween each pairs of
                bounding boxes in 'bbox_a'and 'bbox_b'.
            """
            if bbox_a.shape[1] < 4 or bbox_b.shape[1] < 4:
                raise IndexError("Bounding boxes axis 1 must have at
least length 4")
            tl =np.maximum(bbox_a[:, None, :2], bbox_b[:, :2])
            br =np.minimum(bbox_a[:, None, 2:4], bbox_b[:, 2:4])
            area_i =np.prod(br - tl + offset, axis =2) * (tl < br).all(ax-
is =2)
            area_a =np.prod(bbox_a[:, 2:4] - bbox_a[:, :2] + offset, ax-
is =1)
            area_b =np.prod(bbox_b[:, 2:4] - bbox_b[:, :2] + offset, ax-
is =1)
            return area_i / (area_a[:, None] + area_b - area_i)
        def _choose_candidate_by_constraints(max_trial, input_w, input_
h, image_w, image_h, jitter, box, use_constraints):
            """Choose candidate by constraints."""
            if use_constraints:
                constraints = (
                    (0.1, None),
                    (0.3, None),
```

## 6.5 应用案例：油田安全生产

```
                (0.5, None),
                (0.7, None),
                (0.9, None),
                (None, 1),
            )
        else:
            constraints = ((None, None),)
        # add default candidate
        candidates = [(0, 0, input_w, input_h)]
        for constraint in constraints:
            min_iou, max_iou = constraint
            min_iou = -np.inf if min_iou is None else min_iou
            max_iou = np.inf if max_iou is None else max_iou
            for _ in range(max_trial):
                # box_data should have at least one box
                new_ar = float(input_w) / float(input_h) * _rand(1 - jitter, 1 + jitter) / _rand(1 - jitter, 1 + jitter)
                scale = _rand(0.5, 2)
                if new_ar < 1:
                    nh = int(scale * input_h)
                    nw = int(nh * new_ar)
                else:
                    nw = int(scale * input_w)
                    nh = int(nw / new_ar)
                dx = int(_rand(0, input_w - nw))
                dy = int(_rand(0, input_h - nh))
                if box.size > 0:
                    t_box = copy.deepcopy(box)
                    t_box[:, [0, 2]] = t_box[:, [0, 2]] * float(nw) / float(image_w) + dx
                    t_box[:, [1, 3]] = t_box[:, [1, 3]] * float(nh) / float(image_h) + dy
                    crop_box = np.array((0, 0, input_w, input_h))
                    if not _is_iou_satisfied_constraint(min_iou, max_iou, t_box, crop_box[np.newaxis]):
                        continue
                    else:
                        candidates.append((dx, dy, nw, nh))
                else:
                    raise Exception("!!! annotation box is less than 1")
```

```python
        return candidates
    def _correct_bbox_by_candidates(candidates, input_w, input_h, image_w,
                                    image_h, flip, box, box_data, allow_outside_center, max_boxes):
        """Calculate correct boxes."""
        while candidates:
            if len(candidates) > 1:
                # ignore default candidate which do not crop
                candidate = candidates.pop(np.random.randint(1, len(candidates)))
            else:
                candidate = candidates.pop(np.random.randint(0, len(candidates)))
            dx, dy, nw, nh = candidate
            t_box = copy.deepcopy(box)
            t_box[:, [0, 2]] = t_box[:, [0, 2]] * float(nw) / float(image_w) + dx
            t_box[:, [1, 3]] = t_box[:, [1, 3]] * float(nh) / float(image_h) + dy
            if flip:
                t_box[:, [0, 2]] = input_w - t_box[:, [2, 0]]
            if allow_outside_center:
                pass
            else:
                t_box = t_box[
                    np.logical_and((t_box[:, 0] + t_box[:, 2]) / 2. >= 0., (t_box[:, 1] + t_box[:, 3]) / 2. >= 0.)]
                t_box = t_box[np.logical_and((t_box[:, 0] + t_box[:, 2]) / 2. <= input_w,
                                             (t_box[:, 1] + t_box[:, 3]) / 2. <= input_h)]
            # recorrect x, y for casex, y < 0 reset to zero, after dx and dy, some box can smaller than zero
            t_box[:, 0: 2][t_box[:, 0: 2] < 0] = 0
            # recorrectw, h not higher than input size
            t_box[:, 2][t_box[:, 2] > input_w] = input_w
            t_box[:, 3][t_box[:, 3] > input_h] = input_h
            box_w = t_box[:, 2] - t_box[:, 0]
            box_h = t_box[:, 3] - t_box[:, 1]
```

```
            # discard invalid box: w or h smaller than 1 pixel
            t_box = t_box[np.logical_and(box_w > 1, box_h > 1)]
            if t_box.shape[0] > 0:
                # break if number of find t_box
                box_data[:len(t_box)] = t_box
                return box_data, candidate
        return np.zeros(shape = [max_boxes, 5], dtype = np.float64), (0, 0, nw, nh)
    def get_interp_method(interp, sizes = ()):
        if interp == 9:
            if sizes:
                assert len(sizes) == 4
                oh, ow, nh, nw = sizes
                if nh > oh and nw > ow:
                    return 2
                if nh < oh and nw < ow:
                    return 0
                return 1
            return 2
        if interp == 10:
            return random.randint(0, 4)
        if interp not in (0, 1, 2, 3, 4):
            raise ValueError('Unknown interp method % d'% interp)
        return interp
    def filp_pil_image(img):
        return img.transpose(Image.FLIP_LEFT_RIGHT)
    def convert_gray_to_color(img):
        if len(img.shape) == 2:
            img = np.expand_dims(img, axis = -1)
            img = np.concatenate([img, img, img], axis = -1)
        return img
    def _data_aug(image, box, jitter, hue, sat, val, image_input_size, max_boxes,
                  anchors, num_classes, max_trial = 10, device_num = 1):
        """Crop an image randomly with bounding box constraints.
        This data augmentation is used in training of
        Single Shot Multibox Detector [#]_. More details can be found in
        data augmentation section of the original paper.
```

```
                 .. [#] Wei Liu, Dragomir Anguelov, Dumitru Erhan, Christian
Szegedy,
            Scott Reed, Cheng-Yang Fu, Alexander C. Berg.
            SSD: Single Shot MultiBox Detector. ECCV 2016."""
    if not isinstance(image, Image.Image):
        image = Image.fromarray(image)
    image_w, image_h =image.size
    input_h, input_w = image_input_size
    np.random.shuffle(box)
    if len(box) > max_boxes:
        box = box[: max_boxes]
    flip = _rand() < .5
    box_data =np.zeros((max_boxes, 5))
     candidates = _choose_candidate_by_constraints(use_con-
straints=False, max_trial=max_trial, input_w=input_w,
                                                    input_h=input_h,
image_w=image_w, image_h=image_h,
                                                    jitter=jitter,
box=box)
      box_data, candidate = _correct_bbox_by_candidates
(candidates=candidates, input_w=input_w, input_h=input_h,
                                                    image_w=image_
w, image_h=image_h, flip=flip, box=box,
                                                    box_data=box_
data, allow_outside_center=True, max_boxes=max_boxes)
    dx, dy, nw, nh = candidate
    interp = get_interp_method(interp=10)
    image =image.resize((nw, nh), pil_image_reshape(interp))
    # place image, gray color as back graoud
    new_image =Image.new('RGB', (input_w, input_h), (128, 128, 128))
    new_image.paste(image, (dx, dy))
    image = new_image
    if flip:
        image = filp_pil_image(image)
    image =np.array(image)
    image = convert_gray_to_color(image)
    image_data = color_distortion(image, hue, sat, val, device_num)
    return image_data, box_data
########################################
```

```python
class PreprocessTrueBox:
    def __init__(self,):
        self.anchor_scales = anchor_scales
        self.num_classes = num_classes
        self.max_box = max_box
        self.label_smooth = label_smooth
        self.label_smooth_factor = label_smooth_factor
    def __call__(self, anno, input_shape):
        bbox_true_1, bbox_true_2, bbox_true_3, gt_box1, gt_box2, gt_box3 = \
            _preprocess_true_boxes(true_boxes=anno, anchors=self.anchor_scales, in_shape=input_shape,
                num_classes=self.num_classes, max_boxes=self.max_box,
                label_smooth=self.label_smooth, label_smooth_factor=self.label_smooth_factor)
        return anno, np.array(bbox_true_1), np.array(bbox_true_2), np.array(bbox_true_3), \
            np.array(gt_box1), np.array(gt_box2), np.array(gt_box3)
def create_yolo_dataset(image_dir, anno_path, batch_size, device_num, rank,
                config=None, is_training=True, shuffle=True):
    """Create dataset for YOLOV5."""
    cv2.setNumThreads(0)
    ds.config.set_enable_shared_mem(True)
    if is_training:
        filter_crowd = True
        remove_empty_anno = True
    else:
        filter_crowd = False
        remove_empty_anno = False
    yolo_dataset = COCOYoloDataset(root=image_dir, ann_file=anno_path, filter_crowd_anno=True, remove_images_without_annotations=True, is_training=True)
    distributed_sampler = DistributedSampler(len(yolo_dataset), device_num, rank, shuffle=shuffle)
    yolo_dataset.size = len(distributed_sampler)
    dataset_size = len(yolo_dataset)
    cores = multiprocessing.cpu_count()
```

```
            num_parallel_workers = int(cores / device_num)
            if is_training:
                multi_scale_trans = MultiScaleTrans(device_num)
                yolo_dataset.transforms = multi_scale_trans
                dataset_column_names = ["image", "annotation", "input_size", "mosaic_flag"]
                output_column_names = ["image", "annotation", "bbox1", "bbox2", "bbox3", "gt_box1", "gt_box2", "gt_box3"]
                map1_out_column_names = ["image", "annotation", "size"]
                map2_in_column_names = ["annotation", "size"]
                map2_out_column_names = ["annotation", "bbox1", "bbox2", "bbox3", "gt_box1", "gt_box2", "gt_box3"]
                dataset = ds.GeneratorDataset(yolo_dataset, column_names=dataset_column_names, sampler=distributed_sampler,
                    python_multiprocessing=True, num_parallel_workers=min(4, num_parallel_workers))
                dataset = dataset.map(operations=multi_scale_trans, input_columns=dataset_column_names,
                    output_columns=map1_out_column_names,
                    num_parallel_workers=min(12, num_parallel_workers), python_multiprocessing=True)
                dataset = dataset.map(operations=PreprocessTrueBox(), input_columns=map2_in_column_names,
                    output_columns=map2_out_column_names,
                    num_parallel_workers=min(4, num_parallel_workers), python_multiprocessing=False)
                dataset = dataset.project(output_column_names)
                dataset = dataset.batch(batch_size, num_parallel_workers=min(4, num_parallel_workers), drop_remainder=True)    return dataset
```

### 2. 模型定义

YOLOv5 包括输入端、主干网络（backbone）、头部网络（head）和检测层（detect）4 个模块。

```
    def autopad(k, p=None):    # kernel, padding
        # Pad to 'same'
        if p is None:
            p = k // 2 if isinstance(k, int) else [x // 2 for x in k]  # auto-pad
```

```python
        return p
class CBL(nn.Cell):
    def __init__(self, c1, c2, k=1, s=1, p=None, g=1, act=True, e=1.0):
        super(CBL, self).__init__()
        c1 = round(c1 * e)
        c2 = round(c2 * e)
        self.conv = nn.Conv2d(c1, c2, k, s, pad_mode='pad', padding=autopad(k, p), group=g, has_bias=False)
        self.bn = nn.BatchNorm2d(c2)
        self.act = nn.Sigmoid() if act is True else (act if isinstance(act, nn.Cell) else nn.Identity())
    def construct(self, x):
        return self.act(self.bn(self.conv(x)))
class Focus(nn.Cell):
    def __init__(self, c1, c2, k=3, s=1, p=1, g=1, act=True, e=1.0):
        super(Focus, self).__init__()
        c2 = round(c2 * e)
        self.conv = CBL(c1 * 4, c2, k, s, p, g, act)
    def construct(self, x):    # x(b, c, w, h) -> y(b, 4c, w/2, h/2)
        flatten_channel = ops.concat([x[..., 0::2, 0::2],
                                      x[..., 1::2, 0::2],
                                      x[..., 0::2, 1::2],
                                      x[..., 1::2, 1::2]],
                                     axis=1)
        return self.conv(flatten_channel)
class SPP(nn.Cell):
    def __init__(self, c1, c2, k=(5, 9, 13), e=1.0):
        super(SPP, self).__init__()
        c1 = round(c1 * e)
        c2 = round(c2 * e)
        c_ = c1 // 2
        self.cbl_before = CBL(c1, c_, 1, 1)
        self.max_pool = nn.CellList([nn.MaxPool2d(kernel_size=x, stride=1, pad_mode='same') for x in k])
        self.cbl_after = CBL(c_ * 4, c2, 1, 1)
    def construct(self, x):
        x = self.cbl_before(x)
        x_cat = ops.concat([x] + [m(x) for m in self.max_pool], 1)
        return self.cbl_after(x_cat)
```

```python
class ResUnit_n(nn.Cell):
    def __init__(self, c1, c2, n):
        super(ResUnit_n, self).__init__()
        self.shortcut = c1 == c2
        res_unit = nn.SequentialCell(
            CBL(c1, c1, k=1, s=1, p=0),
            CBL(c1, c2, k=3, s=1, p=1)
        )
        self.res_unit_n = nn.SequentialCell(*[res_unit for _ in range(n)])
    def construct(self, x):
        return x + self.res_unit_n(x) if self.shortcut else self.res_unit_n(x)
class CSP1_n(nn.Cell):
    def __init__(self, c1, c2, k=1, s=1, p=None, g=1, act=True, n=1, e=None):
        super(CSP1_n, self).__init__()
        c1 = round(c1 * e[1])
        c2 = round(c2 * e[1])
        n = round(n * e[0])
        c_ = c2 // 2
    self.up = nn.SequentialCell(
        CBL(c1, c_, k, s, autopad(k, p), g, act),
            ResUnit_n(c_, c_, n),
            # nn.Conv2d(c_, c_, 1, 1, 0, bias=False)
        )
        self.bottom = nn.Conv2d(c1, c_, 1, 1, pad_mode='pad', padding=0)
        self.tie = nn.SequentialCell(
            nn.BatchNorm2d(c_ * 2),
            nn.LeakyReLU(),
            nn.Conv2d(c_ * 2, c2, 1, 1, pad_mode='pad', padding=0, has_bias=False)
        )
    def construct(self, x):
        total = ops.concat([self.up(x), self.bottom(x)], axis=1)
        out = self.tie(total)
        return out
class CSPDarkNet(nn.Cell):
    def __init__(self, gd=0.33, gw=0.5):
```

```python
        super(CSPDarkNet, self).__init__()
        self.truck_big = nn.SequentialCell(
            Focus(3, 64, e=gw),
            CBL(64, 128, k=3, s=2, p=1, e=gw),
            CSP1_n(128, 128, n=3, e=[gd, gw]),
            CBL(128, 256, k=3, s=2, p=1, e=gw),
            CSP1_n(256, 256, n=9, e=[gd, gw]),
        )
        self.truck_middle = nn.SequentialCell(
            CBL(256, 512, k=3, s=2, p=1, e=gw),
            CSP1_n(512, 512, n=9, e=[gd, gw]),
        )
        self.truck_small = nn.SequentialCell(
            CBL(512, 1024, k=3, s=2, p=1, e=gw),
            SPP(1024, 1024, e=gw)
        )
    def construct(self, x):
        h_big = self.truck_big(x)     # torch.Size([2, 128, 76, 76])
        h_middle = self.truck_middle(h_big)
        h_small = self.truck_small(h_middle)
        return h_big, h_middle, h_small
def darknet53(gd, gw, pretrained, **kwargs):
    model = CSPDarkNet(gd, gw)
    if pretrained:
        if isinstance(pretrained, str):
            model.load_state_dict(ms.load_checkpoint(pretrained))
        else:
            raise Exception(f"darknet request a pretrained path. got[{pretrained}]")
    return model
def autopad(k, p=None):     # kernel, padding
    # Pad to 'same'
    if p is None:
        p = k // 2 if isinstance(k, int) else [x // 2 for x in k]   # auto-pad
    return p
class UpSample(nn.Cell):
    def __init__(self):
        super(UpSample, self).__init__()
    def construct(self, x):
        return ops.interpolate(x, None, None, (x.shape[2] * 2,
```

```python
        x.shape[3]* 2), "asymmetric", "bilinear")
    class CBL(nn.Cell):
        def __init__(self, c1, c2, k=1, s=1, p=None, g=1, act=True, e=1.0):
            super(CBL, self).__init__()
            c1 = round(c1 * e)
            c2 = round(c2 * e)
            self.conv = nn.Conv2d(c1, c2, k, s, pad_mode='pad', padding=autopad(k, p), group=g, has_bias=False)
            self.bn = nn.BatchNorm2d(c2)
            self.act = nn.SiLU() if act is True else (act if isinstance(act, nn.Cell) else nn.Identity())
        def construct(self, x):
            return self.act(self.bn(self.conv(x)))
    class ResUnit_n(nn.Cell):
        def __init__(self, c1, c2, n):
            super(ResUnit_n, self).__init__()
            self.shortcut = c1 == c2
            res_unit = nn.SequentialCell(
                CBL(c1, c1, k=1, s=1, p=0),
                CBL(c1, c2, k=3, s=1, p=1)
            )
            self.res_unit_n = nn.SequentialCell(*[res_unit for _ in range(n)])
        def construct(self, x):
            return x + self.res_unit_n(x) if self.shortcut else self.res_unit_n(x)
    class CSP1_n(nn.Cell):
        def __init__(self, c1, c2, k=1, s=1, p=None, g=1, act=True, n=1, e=None):
            super(CSP1_n, self).__init__()
            c1 = round(c1 * e[1])
            c2 = round(c2 * e[1])
            n = round(n * e[0])
            c_ = c2 // 2
            self.up = nn.SequentialCell(
                CBL(c1, c_, k, s, autopad(k, p), g, act),
                ResUnit_n(c_, c_, n),
                # nn.Conv2d(c_, c_, 1, 1, 0, bias=False)
                # 这里去掉了最新的yolov5结构,与网上的结构图稍微有些区别
            )
```

```python
        self.bottom = nn.Conv2d(c1, c_, 1, 1, pad_mode = 'pad', padding = 0)
        self.tie = nn.SequentialCell(
            nn.BatchNorm2d(c_ * 2),
            nn.LeakyReLU(),
    nn.Conv2d(c_ * 2, c2, 1, 1, pad_mode = 'pad', padding = 0, has_bias = False)
        )
    def construct(self, x):
        total = ops.concat([self.up(x), self.bottom(x)], axis = 1)
        out = self.tie(total)
        return out
class CSP2_n(nn.Cell):
    def __init__(self, c1, c2, e = 0.5, n = 1):
        super(CSP2_n, self).__init__()
        c_ = int(c1 * e)
        cbl_2 = nn.SequentialCell(
            CBL(c1, c_, 1, 1, 0),
            CBL(c_, c_, 1, 1, 0),
        )
        self.cbl_2n = nn.SequentialCell(* [cbl_2 for _ in range(n)])
        self.conv_up = nn.Conv2d(c_, c_, 1, 1, pad_mode = 'pad', padding = 0)
        self.conv_bottom = nn.Conv2d(c1, c_, 1, 1, pad_mode = 'pad', padding = 0)
        self.tie = nn.SequentialCell(
            nn.BatchNorm2d(c_ * 2),
            nn.LeakyReLU(),
            nn.Conv2d(c_ * 2, c2, 1, 1, pad_mode = 'pad', padding = 0)
        )
    def construct(self, x):
        up = self.conv_up(self.cbl_2n(x))
        total = ops.concat([up, self.conv_bottom(x)], axis = 1)
        out = self.tie(total)
        return out
class yolov5(nn.Cell):
    def __init__(self, nc = 80, gd = 0.33, gw = 0.5):
        super(yolov5, self).__init__()
        # --------------------Backbone--------------------
        self.backbone = darknet53(gd, gw, None)
        # --------------------Neck--------------------
```

```python
        self.neck_small = nn.SequentialCell(
            [ CSP1_n(1024, 1024, n=3, e=[gd, gw]),
                CBL(1024, 512, 1, 1, 0, e=gw)]
        )
        self.up_middle = nn.SequentialCell(
            [UpSample()]
        )
        self.out_set_middle =nn.SequentialCell(
            [CSP1_n(1024, 512, n=3, e=[gd, gw]),
                CBL(512, 256, 1, 1, 0, e=gw),]
        )
        self.up_big = nn.SequentialCell(
            [UpSample()]
        )
        self.out_set_tie_big =nn.SequentialCell(
            [CSP1_n(512, 256, n=3, e=[gd, gw])]
        )
        self.pan_middle =nn.SequentialCell(
            [CBL(256, 256, 3, 2, 1, e=gw)]
        )
        self.out_set_tie_middle =nn.SequentialCell(
            [CSP1_n(512, 512, n=3, e=[gd, gw])]
        )
        self.pan_small =nn.SequentialCell(
            [CBL(512, 512, 3, 2, 1, e=gw)]
        )
        self.out_set_tie_small =nn.SequentialCell(
            [ CSP1_n(1024, 1024, n=3, e=[gd, gw])]
        )
        # -------------------Prediction--------------------
        # prediction
        big_ =round(256 * gw)
        middle =round(512 * gw)
        small_ =round(1024 * gw)
        self.out_big =nn.SequentialCell(
            [ nn.Conv2d(big_, 3 * (5 + nc), 1, 1, pad_mode='pad',
padding=0)]
        )
        self.out_middle =nn.SequentialCell(
            [nn.Conv2d(middle, 3 * (5 + nc), 1, 1, pad_mode='pad',
padding=0)]
```

```python
            )
            self.out_small = nn.SequentialCell(
                [nn.Conv2d(small_, 3 * (5 + nc), 1, 1, pad_mode='pad', padding=0)]
            )
            self.detect_1 = DetectionBlock('l', is_training=True)
            self.detect_2 = DetectionBlock('m', is_training=True)
            self.detect_3 = DetectionBlock('s', is_training=True)
        def construct(self, x, input_shape):
            h_big, h_middle, h_small = self.backbone(x)
            neck_small = self.neck_small(h_small)
            # ------------------up sample 38*38------------------
            up_middle = self.up_middle(neck_small)
            middle_cat = ops.concat([up_middle, h_middle], axis=1)
            out_set_middle = self.out_set_middle(middle_cat)
            # ------------------up sample 76*76------------------
            up_big = self.up_big(out_set_middle)  # torch.Size([2, 128, 76, 76])
            big_cat = ops.concat([up_big, h_big], axis=1)
            out_set_tie_big = self.out_set_tie_big(big_cat)
            # ---------------PAN 36*36-----------------------
            neck_tie_middle = ops.concat([self.pan_middle(out_set_tie_big), out_set_middle], axis=1)
            up_middle = self.out_set_tie_middle(neck_tie_middle)
            # ------------------PAN 18*18---------------------
            neck_tie_small = ops.concat([self.pan_small(up_middle), neck_small], axis=1)
            out_set_small = self.out_set_tie_small(neck_tie_small)
            # ----------------prediction---------------------
            out_small = self.out_small(out_set_small)
            out_middle = self.out_middle(up_middle)
            out_big = self.out_big(out_set_tie_big)
            output_big = self.detect_1(ms.Tensor(out_big), input_shape)
            output_me = self.detect_2(ms.Tensor(out_middle), input_shape)
            output_small = self.detect_3(ms.Tensor(out_small), input_shape)
            return output_small, output_me, output_big
    class DetectionBlock(nn.Cell):
        def __init__(self, scale, is_training=True):
            super(DetectionBlock, self).__init__()
```

```python
        if scale == 's':
            idx = (0, 1, 2)
            self.scale_x_y = 1.2
            self.offset_x_y = 0.1
        elif scale == 'm':
            idx = (3, 4, 5)
            self.scale_x_y = 1.1
            self.offset_x_y = 0.05
        elif scale == 'l':
            idx = (6, 7, 8)
            self.scale_x_y = 1.05
            self.offset_x_y = 0.025
        else:
            raise KeyError("Invalid scale value for DetectionBlock")
        self.anchors = ms.Tensor([anchor_scales[i] for i in idx], ms.float32)
        self.num_anchors_per_scale = 3
        self.num_attrib = 4+1+num_classes
        self.lambda_coord = 1
        self.sigmoid = nn.Sigmoid()
        self.reshape = ops.Reshape()
        self.tile = ops.Tile()
        self.concat = ops.Concat(axis=-1) #
        self.pow = ops.Pow()
        self.transpose = ops.Transpose()
        self.exp = ops.Exp()
        self.conf_training = is_training
    def construct(self, x, input_shape):
        """construct method"""
        num_batch = x.shape[0]
        grid_size = x.shape[2: 4]
        prediction = self.reshape(x, (num_batch,
                                      self.num_anchors_per_scale,
                                      self.num_attrib,
                                      grid_size[0],
                                      grid_size[1]))
        # print(prediction.shape)
        prediction = self.transpose(prediction, (0, 3, 4, 1, 2))
        # print(prediction.shape)
        grid_x = ms.numpy.arange(grid_size[1])
        grid_y = ms.numpy.arange(grid_size[0])
```

```
        grid_x = self.tile(self.reshape(grid_x, (1, 1, -1, 1,
1)), (1, grid_size[0], 1, 1, 1))
        grid_y = self.tile(self.reshape(grid_y, (1, -1, 1, 1,
1)), (1, 1, grid_size[1], 1, 1))
        grid = self.concat((grid_x, grid_y))
        box_xy = prediction[:, :, :, :, :2]
        box_wh = prediction[:, :, :, :, 2:4]
        box_confidence = prediction[:, :, :, :, 4:5]
        box_probs = prediction[:, :, :, :, 5:]
        # print(box_xy.shape)
        box_xy = (self.scale_x_y * self.sigmoid(box_xy) -
self.offset_x_y + grid) / \
    ops.cast(ops.tuple_to_array((grid_size[1], grid_size[0])),
ms.float32)
    # print(self.anchors)
        # print(self.anchors.shape)
        self.anchors = ops.reshape(self.anchors, (1, 1, 1, 3, 2))
        # print(self.anchors)
        # print(self.anchors.shape)
        output = self.exp(box_wh) * self.anchors
        bow_wh = output / input_shape
        box_confidence = self.sigmoid(box_confidence)
        box_probs = self.sigmoid(box_probs)
        if self.conf_training:
            return prediction, box_xy, box_wh
        return self.concat((box_xy, box_wh, box_confidence, box_
probs))
```

**3. 参数选择**

针对 Ascend 环境，进行相应的参数选择。

```
config = {
    #            gd    gw
    'yolov5s': [0.33, 0.50],
    'yolov5m': [0.67, 0.75],
    'yolov5l': [1.00, 1.00],
    'yolov5x': [1.33, 1.25]
}
image_dir = '/home/ma-user/work/dat/train'
anno_path = '/home/ma-user/work/dat/annotations/instances.json'
min_keypoints_per_image = 10
```

```
resize_rate =10
anchor_scales =[[12, 16],
                [19, 36],
                [40, 28],
                [36, 75],
                [76, 55],
                [72, 146],
                [142, 110],
                [192, 243],
                [459, 401]]
num_classes =80
max_box =150
label_smooth =0
label_smooth_factor =0.1
hue =0.015
saturation =1.5
value =0.4
jitter = 0.3
dataset_size =48062
```

**4. 损失函数**

针对 YOLOv5 网络模型构造损失函数。

```
def xywh2x1y1x2y2(box_xywh):
    boxes_x1 = box_xywh[..., 0: 1] - box_xywh[..., 2: 3] / 2
    boxes_y1 = box_xywh[..., 1: 2] - box_xywh[..., 3: 4] / 2
    boxes_x2 = box_xywh[..., 0: 1] + box_xywh[..., 2: 3] / 2
    boxes_y2 = box_xywh[..., 1: 2] + box_xywh[..., 3: 4] / 2
    boxes_x1y1x2y2 =ops.Concat(-1)((boxes_x1, boxes_y1, boxes_x2, boxes_y2))
    return boxes_x1y1x2y2
class ConfidenceLoss(nn.Cell):
    """Loss for confidence."""
    def __init__(self):
        super(ConfidenceLoss, self).__init__()
        self.cross_entropy = ops.SigmoidCrossEntropyWithLogits()
        self.reduce_sum = ops.ReduceSum()
    def construct(self, object_mask, predict_confidence, ignore_mask):
        confidence_loss =self.cross_entropy(predict_confidence, object_mask)
```

## 6.5 应用案例：油田安全生产

```python
            confidence_loss = object_mask * confidence_loss + (1 - object_mask) * confidence_loss * ignore_mask
            confidence_loss = self.reduce_sum(confidence_loss, ())
            return confidence_loss
    class ClassLoss(nn.Cell):
        """Loss for classification."""
        def __init__(self):
            super(ClassLoss, self).__init__()
            self.cross_entropy = ops.SigmoidCrossEntropyWithLogits()
            self.reduce_sum = ops.ReduceSum()
        def construct(self, object_mask, predict_class, class_probs):
            class_loss = object_mask * self.cross_entropy(predict_class, class_probs)
            class_loss = self.reduce_sum(class_loss, ())
            return class_loss
    class GIou(nn.Cell):
        """Calculating giou"""
        def __init__(self):
            super(GIou, self).__init__()
            self.reshape = ops.Reshape()
            self.min = ops.Minimum()
            self.max = ops.Maximum()
            self.concat = ops.Concat(axis=1)
            self.mean = ops.ReduceMean()
            self.div = ops.RealDiv()
            self.eps = 0.000001
        def construct(self, box_p, box_gt):
            """construct method"""
            box_p_area = (box_p[..., 2: 3] - box_p[..., 0: 1]) * (box_p[..., 3: 4] - box_p[..., 1: 2])
            box_gt_area = (box_gt[..., 2: 3] - box_gt[..., 0: 1]) * (box_gt[..., 3: 4] - box_gt[..., 1: 2])
            x_1 = self.max(box_p[..., 0: 1], box_gt[..., 0: 1])
            x_2 = self.min(box_p[..., 2: 3], box_gt[..., 2: 3])
            y_1 = self.max(box_p[..., 1: 2], box_gt[..., 1: 2])
            y_2 = self.min(box_p[..., 3: 4], box_gt[..., 3: 4])
            intersection = (y_2 - y_1) * (x_2 - x_1)
            xc_1 = self.min(box_p[..., 0: 1], box_gt[..., 0: 1])
            xc_2 = self.max(box_p[..., 2: 3], box_gt[..., 2: 3])
            yc_1 = self.min(box_p[..., 1: 2], box_gt[..., 1: 2])
```

```python
            yc_2 = self.max(box_p[..., 3: 4], box_gt[..., 3: 4])
            c_area = (xc_2 - xc_1) * (yc_2 - yc_1)
            union = box_p_area + box_gt_area - intersection
            union = union + self.eps
            c_area = c_area + self.eps
            iou = self.div(ops.cast(intersection, ms.float32), ops.cast(union, ms.float32))
            res_mid0 = c_area - union
            res_mid1 = self.div(ops.cast(res_mid0, ms.float32), ops.cast(c_area, ms.float32))
            giou = iou - res_mid1
            giou = ops.clip_by_value(giou, -1.0, 1.0)
            return giou
    class Iou(nn.Cell):
        """Calculate the iou of boxes"""
        def __init__(self):
            super(Iou, self).__init__()
            self.min = ops.Minimum()
            self.max = ops.Maximum()
            self.squeeze = ops.Squeeze(-1)
        def construct(self, box1, box2):
            """
            box1: pred_box [batch, gx, gy, anchors, 1,     4] ->4: [x_center, y_center, w, h]
            box2: gt_box   [batch, 1,  1,  1,       maxbox, 4]
            convert to topLeft and rightDown
            """
            box1_xy = box1[:, :, :, :, :, : 2]
            box1_wh = box1[:, :, :, :, :, 2: 4]
            box1_mins = box1_xy - box1_wh / ops.scalar_to_tensor(2.0)    # topLeft
            box1_maxs = box1_xy + box1_wh / ops.scalar_to_tensor(2.0)    # rightDown
            box2_xy = box2[:, :, :, :, :, : 2]
            box2_wh = box2[:, :, :, :, :, 2: 4]
            box2_mins = box2_xy - box2_wh / ops.scalar_to_tensor(2.0)
            box2_maxs = box2_xy + box2_wh / ops.scalar_to_tensor(2.0)
            intersect_mins = self.max(box1_mins, box2_mins)
            intersect_maxs = self.min(box1_maxs, box2_maxs)
            intersect_wh = self.max(intersect_maxs - intersect_mins, ops.scalar_to_tensor(0.0))
```

```
            # self.squeeze: for effiecient slice
            intersect_area = self.squeeze(intersect_wh[:, :, :, :, :,
0: 1]) * \
   self.squeeze(intersect_wh[:, :, :, :, :, 1: 2])
            box1_area = self.squeeze(box1_wh[:, :, :, :, :, 0: 1]) * \
   self.squeeze(box1_wh[:, :, :, :, :, 1: 2])
            box2_area = self.squeeze(box2_wh[:, :, :, :, :, 0: 1]) * \
   self.squeeze(box2_wh[:, :, :, :, :, 1: 2])
            iou = intersect_area / (box1_area + box2_area - intersect_
area)
            # iou : [batch, gx, gy, anchors, maxboxes]
            return iou
   ignore_threshold = 0.7
   anchor_scales = [[12, 16],
                    [19, 36],
                    [40, 28],
                    [36, 75],
                    [76, 55],
                    [72, 146],
                    [142, 110],
                    [192, 243],
                    [459, 401]]
   class YoloLossBlock(nn.Cell):
       """
       Loss block cell of YOLOV5 network.
       """
       def __init__(self, scale, ):
           super(YoloLossBlock, self).__init__()
           if scale == 's':
               # anchor mask
               idx = (0, 1, 2)
           elif scale == 'm':
               idx = (3, 4, 5)
           elif scale == 'l':
               idx = (6, 7, 8)
           else:
               raise KeyError("Invalid scale value for Detection-
Block")
           self.anchors = ms.Tensor([anchor_scales[i] for i in
idx], ms.float32)
```

```python
        self.ignore_threshold = ms.Tensor(ignore_threshold, ms.float32)
        self.concat = ops.Concat(axis=-1)
        self.iou = Iou()
        self.reduce_max = ops.ReduceMax(keep_dims=False)
        self.confidence_loss = ConfidenceLoss()
        self.class_loss = ClassLoss()
        self.reduce_sum = ops.ReduceSum()
        self.select = ops.Select()
        self.equal = ops.Equal()
        self.reshape = ops.Reshape()
        self.expand_dims = ops.ExpandDims()
        self.ones_like = ops.OnesLike()
        self.log = ops.Log()
        self.tuple_to_array = ops.TupleToArray()
        self.g_iou = GIou()
    def construct(self, prediction, pred_xy, pred_wh, y_true, gt_box, input_shape):
        """
        prediction : origin output from yolo
        pred_xy: (sigmoid(xy)+grid)/grid_size
        pred_wh: (exp(wh)* anchors)/input_shape
        y_true : after normalize
        gt_box: [batch, maxboxes, xyhw] after normalize
        """
        object_mask = y_true[:, :, :, :, 4: 5]
        class_probs = y_true[:, :, :, :, 5:]
        true_boxes = y_true[:, :, :, :, : 4]
        grid_shape = prediction.shape[1: 3]
        grid_shape = ops.cast(self.tuple_to_array(grid_shape[::-1]), ms.float32)
        pred_boxes = self.concat((pred_xy, pred_wh))
        true_wh = y_true[:, :, :, :, 2: 4]
        true_wh = self.select(self.equal(true_wh, 0.0),
                self.ones_like(true_wh),
                true_wh)
        true_wh = self.log(true_wh / self.anchors * input_shape)
        # 2-w* h for large picture, use small scale, since small obj need more precise
        box_loss_scale = 2 - y_true[:, :, :, :, 2: 3] * y_true[:, :, :, :, 3: 4]
```

## 6.5 应用案例：油田安全生产

```
            gt_shape = gt_box.shape
            gt_box = self.reshape(gt_box, (gt_shape[0], 1, 1, 1, gt_shape[1], gt_shape[2]))
            # add one more dimension for broadcast
            iou = self.iou(self.expand_dims(pred_boxes, -2), gt_box)
            # gt_box is x, y, h, w after normalize
            # [batch, grid[0], grid[1], num_anchor, num_gt]
            best_iou = self.reduce_max(iou, -1)
            # [batch, grid[0], grid[1], num_anchor]
            # ignore_mask IOU too small
            ignore_mask = best_iou < self.ignore_threshold
            ignore_mask = ops.cast(ignore_mask, ms.float32)
            ignore_mask = self.expand_dims(ignore_mask, -1)
            # ignore_mask backpro will cause a lot maximunGrad and minimumGrad time consume.
            # so we turn off its gradient
            ignore_mask = ops.stop_gradient(ignore_mask)
            confidence_loss = self.confidence_loss(object_mask, prediction[:, :, :, :, 4: 5], ignore_mask)
            class_loss = self.class_loss(object_mask, prediction[:, :, :, :, 5:], class_probs)
            object_mask_me = self.reshape(object_mask, (-1, 1))
# [8, 72, 72, 3, 1]
            box_loss_scale_me = self.reshape(box_loss_scale, (-1, 1))
            pred_boxes_me = xywh2x1y1x2y2(pred_boxes)
            pred_boxes_me = self.reshape(pred_boxes_me, (-1, 4))
            true_boxes_me = xywh2x1y1x2y2(true_boxes)
            true_boxes_me = self.reshape(true_boxes_me, (-1, 4))
            c_iou = self.g_iou(pred_boxes_me, true_boxes_me)
            c_iou_loss = object_mask_me * box_loss_scale_me * (1 - c_iou)
            c_iou_loss_me = self.reduce_sum(c_iou_loss, ())
            loss = c_iou_loss_me * 4 + confidence_loss + class_loss
            batch_size = prediction.shape[0]
            return loss / batch_size
    class YoloWithLossCell(nn.Cell):
        """YOLOV5 loss."""
        def __init__(self, ):
            super(YoloWithLossCell, self).__init__()
            # self.yolo_network = network
            # self.config = default_config
            self.loss_big = YoloLossBlock('l')
```

```
            self.loss_me = YoloLossBlock('m')
            self.loss_small = YoloLossBlock('s')
            self.tenser_to_array = ops.TupleToArray()
        def construct(self, yolo_out, y_true_0, y_true_1, y_true_2,
gt_0, gt_1, gt_2, input_shape):
            # yolo_out =self.yolo_network(x, input_shape)
            loss_l = self.loss_big(* yolo_out[0], y_true_0, gt_
0, input_shape)
            loss_m = self.loss_me(* yolo_out[1], y_true_1, gt_1,
input_shape)
            loss_s = self.loss_small(* yolo_out[2], y_true_2, gt_2,
input_shape)
            return loss_l + loss_m + loss_s * 0.2
```

5. 模型训练

在 MindSpore 中通过使用 MindSpore.train 中的 Model 作为模型训练的统一接口，针对模型参数及设置分别进行判断。

```
net_size = config['yolov5x']
network = yolov5(nc=80, gd=net_size[0], gw=net_size[1])
# train_dataset = create_multilabel_dataset(num_data=160)
# 定义多标签损失函数
loss_fn =YoloWithLossCell()
# 定义优化器
optimizer= nn.Momentum(network.trainable_params(), learning_
rate=0.00001, momentum=0.5)
#, momentum=0.9
batch_size=32
max_epoch=300
log_interval=100
rank=1
group_size=1
learning_rate = 1e-2
# Define forward function
LOSS=8000
def forward _ fn (data, data2, data3, data4, data5, data6,
data7, input_shape):
     output = network(data, input_shape)
     return loss_fn(output, data2, data3, data4, data5, data6,
data7, input_shape)
   # Get gradient function
```

```python
        grad_fn = ms.value_and_grad(forward_fn, None, optimizer.parameters)
    # Define function of one-step training
    def train_step(data, data2, data3, data4, data5, data6, data7, input_shape):
        loss, grads = grad_fn(data, data2, data3, data4, data5, data6, data7, input_shape)
        global LOSS
        print('* * * * * * * * * * * * * * * * * * * *')
        print(LOSS)
        print(loss)
        if loss<LOSS:
            LOSS = loss
            optimizer(grads)
        return loss
    def train(model, data, data2, data3, data4, data5, data6, data7, input_shape):
        model.set_train()
        loss = train_step(data, data2, data3, data4, data5, data6, data7, input_shape)
        return loss
    if __name__ == '__main__':
        # ms.set_context(mode=ms.GRAPH_MODE, device_target="GPU", save_graphs=True, enable_dynamic_ops=True)
        ds = create_yolo_dataset(image_dir, anno_path, batch_size, 1, 0, config=None, is_training=True, shuffle=True)
        steps_per_epoch = ds.get_dataset_size()
        data_loader = ds.create_tuple_iterator(do_copy=False)
        optimizer = nn.SGD(network.trainable_params(), learning_rate=learning_rate)
        # optimizer=nn.Momentum(network.trainable_params(), learning_rate=learning_rate, momentum=0.9)
        size = ds.get_dataset_size()
        epochs = 3
        for t in range(epochs):
            print(f"Epoch {t+1}\n-------------------------------")
            for step_idx, data in enumerate(data_loader):
                output = data[0]
                input_perm = (0, 3, 1, 2)
                images = ops.transpose(output, input_perm)
                images = ms.Tensor(images, ms.float32)
```

```
            input_shape =images.shape[1: 3]
            input_shape =ms.Tensor(input_shape, ms.float32)
            loss =train(network, images, data[2], data[3], data
[4], data[5], data[6], data[7], input_shape)
            loss, current =loss.asnumpy(), step_idx
        print(f"loss: {loss: >7f}  [{current: >3d}/{size: >3d}]")
        print("Done!")
```

训练结果：

```
Epoch 1
-------------------------------
loss: 7.207683  [ 0/ 6]
loss: 7.086071  [ 1/ 6]
loss: 6.914877  [ 2/ 6]
loss: 6.796509  [ 3/ 6]
loss: 6.647818  [ 4/ 6]
loss: 6.415850  [ 5/ 6]
Epoch 2
-------------------------------
loss: 6.256549  [ 0/ 6]
loss: 6.030841  [ 1/ 6]
loss: 5.708977  [ 2/ 6]
loss: 5.502396  [ 3/ 6]
loss: 5.349463  [ 4/ 6]
loss: 5.141594  [ 5/ 6]
```

## 本章小结

本章介绍了目标检测的基础知识，包括单阶段目标检测和两阶段目标检测两部分。其中，两阶段检测方法是指第一阶段通常负责生成候选框，第二阶段则对这些候选框进行分类和定位。在两阶段检测方法中，本章介绍了两种主流模型：Region-CNN 和 Faster-RCNN。Region-CNN 模型首先对图像进行候选区域提取，然后对每个候选区域进行卷积神经网络的特征提取，并将提取的特征送入分类器和回归器中进行目标检测。而 Faster-RCNN 模型则通过引入 RPN 网络来生成候选框，然后将生成的候选框送入分类器和回归器中进行目标检测。

单阶段检测方法是指可以在一张图像上直接完成目标的检测和定位，而不需要在多个尺度上进行检测，这与两阶段检测方法有所不同。在单阶段检测方法中，本章介绍了两种主流模型的原理：YOLO 和 SSD。YOLO 模型将目标检测视为回归问题，并利用单个卷积神经网络实现了端到端的目标检测。而 SSD 模型则利用不同尺度的特征图来检测不同大小的目标，并使用多个卷积层和预测层来进行目标检测。

最后，本章分别对 Faster-RCNN 模型和 YOLOv5 模型在实际应用场景中进行了应用分析，表明了目标检测在实际场景中有着广泛的应用前景。

# 思考题 6

1. 目标检测中的任务是什么？
2. 目标检测中存在的六大难点与挑战是什么？
3. 目标检测任务中常用的指标是什么？
4. Faster-RCNN 为什么属于两阶段检测方法？简述其原理。
5. Faster-RCNN 如何解决正负样本不平衡的问题？
6. 请简要阐述 SSD 网络，并说明其优点及缺点。
7. 简要概述 Faster-RCNN 和 YOLO、SSD 之间的区别和联系。

## 参考文献

[1] Wang D, Devin C, Cai Q Z, et al. Deep object-centric policies for autonomous driving[C]. 2019 International Conference on Robotics and Automation (ICRA). IEEE, 2019: 8853-8859.

[2] Kumar P M, Gandhi U, Varatharajan R, et al. Intelligent face recognition and navigation system using neural learning for smart security in Internet of Things [J]. Cluster Computing, 2019, 22(4): 7733-7744.

[3] Rautaray S S, Agrawal A. Vision based hand gesture recognition for human computer interaction: a survey[J]. Artificial Intelligence Review, 2015, 43(1): 1-54.

[4] Ma Y F, Zhang H J. Contrast-based image attention analysis by using fuzzy growing[C]//Proceedings of the Eleventh ACM International Conference on Multimedia, 2003: 374-381.

[5] Harel J, Koch C, Perona P. Graph-based visual saliency[J]. Advances in Neural Information Processing Systems, 2006, 19.

[6] Hou X, Zhang L. Saliency detection: A spectral residual approach[C]//2007 IEEE Conference on Computer Vision and Pattern Recognition. IEEE, 2007: 1-8.

[7] Achanta R, Hemami S, Estrada F, et al. Frequency-tuned salient region detection[C]//IEEE Conference on Computer Vision and Pattern Recognition. IEEE, 2009: 1597-1604.

[8] Cheng M M, Mitra N J, Huang X, et al. Global contrast based salient region detection[J]. IEEE Transactions on Pattern Analysis and Machine Intelligence, 2014.

[9] 崔文昭. 基于全卷积神经网络的显著性目标检测研究[D]. 上海应用技术大学, 2022.

[10] Girshick R, Donahue J, Darrell T, et al. Rich feature hierarchies for accurate object detection and semantic segmentation[C]//2014 IEEE Conference on Computer Vision and Pattern Recognition. Columbus, OH, USA. IEEE, 2014: 580-587.

[11] He K, Zhang X, Ren S, Sun J. Spatial pyramid pooling in deep convolutional networks for visual recognition[J]. IEEE Transactions on Pattern Analysis and Machine Intelligence, 2015, 37(9): 1904-16.

[12] Girshick R. Fast R-CNN[C]. Proceedings of the IEEE International Conference on Computer Vision, Boston, 2015: 1440-1448.

[13] Ren S Q, He K M, Girshick R, et al. Faster R-CNN: Towards real-time object detection with region proposal networks[J]. IEEE Trans Pattern Anal Mach Intell, 2017, 39(6): 1137-1149.

［14］Dai J F, Li Y, He K M, et al. R-fcn：Object detection via region-based fully convolutional networks［C］. Advances in Neural Information Processing Systems, Barcelona, 2016：379-38.

［15］He K M, Gkioxari G, Dollár P, et al. Mask R-CNN［C］. Proceedings of the IEEE International Conference on Computer Vision, Venice, 2017：2961-2969.

［16］周薇. 基于卷积神经网络的行人检测方法研究［D］. 电子科技大学，2022.

［17］Chen P H, Lin C J, Schölkopf B. A tutorial on ν-support vector machines［J］. Applied Stochastic Models in Business and Industry, 2005, 21（2）：111-136.

［18］Jia Y. Caffe：Convolutional architecture for fast feature embedding［C］. Proceedings of the 22nd ACM international conference on Multimedia. 2014.

［19］Uijlings J, K van de Sande, Gevers T, Smeulders A. Selective search for object recognition［J］. IJCV, 2013：1, 2, 3, 4, 5, 9.

［20］Krizhevsky A, Sutskever I, Hinton G E. Imagenet classification with deep convolutional neural networks［J］. Advances Inneural Information Processing Systems, 2012, 25：1097-1105.

［21］Simonyan K, Zisserman A. Very deep convolutional networks for large-scale image recognition［J］. arXiv preprint arXiv：1409.1556, 2014.

［22］Redmon J, Divvala S, Girshick R, et al. You only look once：unified, real-time object detection［C］//2016 IEEE Conference on Computer Vision and Pattern Recognition. Las Vegas, NV, USA. IEEE, 2016：779-788.

［23］Redmon J, Farhadi A. YOLO9000：Better, faster, stronger［C］//Proceedings of the IEEE Conference on Computer Vision and Pattern Recognition, 2017：7263-7271.

［24］Krishna K, Murty M N. Genetic K-means algorithm［J］. IEEE Transactions on Systems, Man, and Cybernetics, Part B（Cybernetics）, 1999, 29（3）：433-439.

［25］Redmon J, Farhadi A. Yolov3：An incremental improvement［J］. arXiv preprint arXiv：1804.02767, 2018.

［26］Bochkovskiy A, Wang C Y, Liao H Y M. Yolov4：Optimal speed and accuracy of object detection［J］. arXiv preprint arXiv：2004.10934, 2020.

［27］Wang C Y, Liao H Y M, Wu Y H, et al. CSPNet：A new backbone that can enhance learning capability of CNN［C］//Proceedings of the IEEE/CVF conference on computer vision and pattern recognition workshops, 2020：390-391.

［28］Redmon J. Darknet：Open source neural networks in c［EB/OL］. http：//pjreddie.com/darknet/, 2013-2016.

[29] Misra D. Mish: Aself regularized non-monotonic activation function[J]. arXiv preprint arXiv: 1908.08681, 2019.

[30] Ghiasi G, Lin T Y, Le Q V. Dropblock: A regularization method for convolutional networks[J]. Advances in Neural Information Processing Systems, 2018, 31.

[31] He K, Zhang X, Ren S, et al. Spatial pyramid pooling in deep convolutional networks for visual recognition[J]. IEEE Transactions on Pattern Analysis and Machine Intelligence, 2015, 37(9): 1904-1916.

[32] Lin T Y, Dollár P, Girshick R, et al. Feature pyramid networks for object detection[C]//Proceedings of the IEEE Conference on Computer Vision and Pattern Recognition, 2017: 2117-2125.

[33] Liu S, Qi L, Qin H, et al. Path aggregation network for instance segmentation[C]//Proceedings of the IEEE Conference on Computer Vision and Pattern Recognition, 2018: 8759-8768.

[34] Liu W, Anguelov D, Erhan D, et al. SSD: Single shot multibox detector[C]//European Conference on Computer Vision. Springer, Cham, 2016: 21-37.

[35] Fu C Y, Liu W, Ranga A, et al. Dssd: Deconvolutional single shot detector[J]. arXiv preprint arXiv: 1701.06659, 2017.

[36] Li Z, Zhou F. FSSD: feature fusion single shot multibox detector[J]. arXiv preprint arXiv: 1712.00960, 2017.

[37] Law H, Deng J. Cornernet: Detecting objects as paired keypoints[C]//Proceedings of the European Conference on Computer Vision (ECCV). 2018: 734-750.

[38] Duan K, Bai S, Xie L, et al. Centernet: Keypoint triplets for object detection[C]//Proceedings of the IEEE/CVF International Conference on Computer Vision, 2019: 6569-6578.

[39] 宋晨. 基于注意力机制的单阶段目标检测技术研究[D]. 南京信息工程大学, 2022.

[40] 贾豆豆. 基于YOLOv5+DeepSort的小目标跟踪方法研究[D]. 中北大学, 2022.

[41] 宣勇. 基于深度神经网络的行人检测问题研究[D]. 安徽工程大学, 2022.

[42] 袁一丹. 基于图像识别的工作人员穿戴规范性检测技术研究[D]. 电子科技大学, 2019.

# 第 7 章 文本分类

**本章要点**

理解文本分类的处理步骤，了解独热编码、Word2Vec、GloVe 等词向量技术。理解 FastText、TextCNN 和 TextRCNN 等适用于文本分类的深度学习模型的网络架构。掌握基于 MindSpore 采用深度学习模型进行文本分类。

**本章导图**

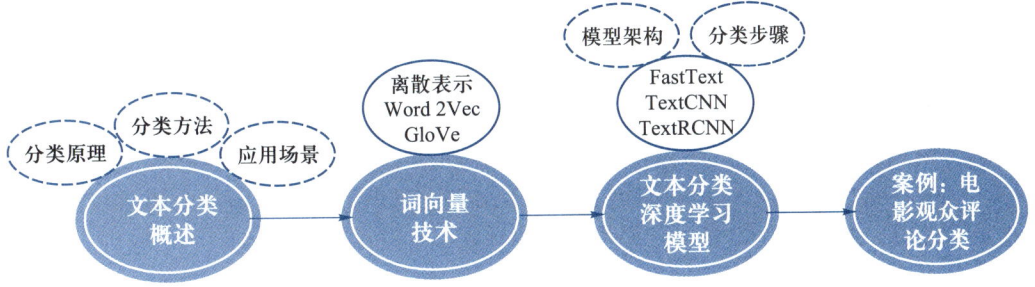

第 4 章介绍了图像分类技术如何将图像按视觉特点分为不同类别。本章将针对文本这类典型数据，介绍如何对文本进行词向量表示，如何用深度学习模型实现文本分类以及怎样应用 MindSpore 对公开数据集的文本实现分类。

## 7.1 概述

随着信息技术的发展，互联网数据及资源呈现海量特征。为了有效地管理和利用这些分布的海量信息，基于内容的信息检索和数据挖掘逐渐成为备受关注的领域。其中，文本分类技术是信息检索和文本挖掘的重要基础，也是许多自然语言理解应用程序中的基本任务。文本分类是指用计算机对文本集(或其他实体)按照一定的分类体系或标准进行自动分类标记。它根据一个已经被标注的训练文档集合，找到文本特征和文本类别之间的关系模型，然后利用这种学习得到的关系模型对新的文本进行类别判断。

文本分类是从大量文本中快速识别和过滤出符合特殊要求的信息，和其他分类没有本质的区别，核心方法为首先提取分类数据的特征，然后选择最优匹配进而分类。传统的文本分类器通常基于知识工程和专家系统的文本分类模式，依赖于许多人为设计的特征，例如字典、知识库和特殊的树核。随着信息爆炸式增长，人工标注数据变得耗时、质量低下，且受到标注人主观意识的影响。20世纪90年代逐渐成熟的基于机器学习的文本分类方法，更注重分类器的模型自动挖掘和生成及动态优化能力，将重复且枯燥的文本标注任务交由计算机进行处理，在分类效果和灵活性上都比之前传统的文本分类器有所突破，同时所标注的数据具有一致性、高质量等特点，成为相关领域研究和应用的经典范例。然而，机器学习方法在构建分类器之前通常需要繁杂的人工特征工程，这限制了其进一步发展。2012年之后，深度学习技术为机器学习建模提供了一种直接端到端的解决方案，可避免复杂的特征工程。Word2Vec和GolVe等词嵌入(word embedding)模型的提出，使深度学习算法成功应用到文本处理领域，随后出现了各种基于深度神经网络的文本分类方法。这些方法主要采用卷积神经网络、循环神经网络和注意力机制等深度学习技术，并且取得了比传统方法更为出色的性能。近年来，图卷积网络、区域嵌入和元学习等一些新的深度学习方法也被应用于文本分类领域。

### 7.1.1 文本分类技术原理

文本分类是一个有指导的学习过程，它根据一个已经标注的训练文本集合，找到文本特征和文本类别之间的关系模型，然后利用这种学习得到的关系模型对新的文本进行类别判断。可以形式化地对文本分类过程进行描述。假设有一组文本概念类 $C$ 和一组训练文本 $D$，文本概念类和文本库中的文本可能满足某一概念层次关系 $h$。客观上，存在着一个目标概念 $T$，有

$$T: = D \rightarrow C \tag{7.1}$$

这里，$T$ 把一个文本实例映射为某一个类。对 $D$ 中的一个文本 $d$，$T(d)$ 是已知的。通过有指导的对训练文本集的学习，可以找到一个近似于 $T$ 的模型 $H$：

$$H: = D \rightarrow C \tag{7.2}$$

对于一个新文本 $d_n$，$H(d_n)$ 表示对 $d_n$ 的分类结果。一个文本分类系统的建立就是寻找一个和 $T$ 最相似的 $H$。即给定一个评估函数 $f$，学习目标应使 $T$ 和 $H$ 满足：

$$\text{Min}\left(\sum_{i=1}^{|D|} f(T(d_i) - H(d_i))\right) \tag{7.3}$$

文本分类一般分为获取训练文本集合、建立文本表示模型、文本特征选择、选择分类器、性能评估共5个步骤。

(1) 获取训练文本集

训练文本集选择是否合适对文本分类器的性能有非常大的影响，所选择的训练文本集应该能够广泛地代表分类系统所要处理的客观存在的各个文本集合中的文本。一般而言，训练文本集应该是公认的经过人工分类的语料库。

由于计算机很难直接处理网络上存在的大量半结构化或结构化的文本数

## 7.1 概述

据,所以在文本分类之前需要对这些数据进行相应的预处理。文本的预处理包括文本分词、去除停用词(包括标点、数字和一些无意义的词)、词义消歧、统计等处理。中文与英文相比,在分类上关键的区别是在数据集的预处理阶段。对中文文本进行分类之前,首先要进行分词处理,而英文文本单词与单词之间则有空格进行分割,无须进行分词。近几年,中文文本的分词技术主要有三类:基于字符串匹配的分词方法、基于理解的分词方法和基于统计的分词方法。

(2)建立文本表示模型

建立文本表示模型即选用什么样的语言要素(或者文本特征)和用哪种数学形式组织这些语言要素来表征文本,这是文本分类中的一个重要技术问题。文本特征表示的目的是将文本转变成一种能够让计算机更容易处理的形式,同时减少信息的损失。目前的文本分类方法和系统大多以词或词组作为表征文本语义的语言要素,表示模型主要有布尔模型和矢量空间模型,常见的文本特征表示方法包括词袋模型(bag of words,BOW)、N元模型N-gram、独热编码(One-hot)、词频-逆文本频率(term frequency-inverse document frequency,TF-IDF)统计法、Word2Vec、GloVe。其中,BOW用词典大小的向量来表征文本,每个值代表该词在文中出现的次数,该方法忽略了文本中的词序。N-gram将相邻的文字和词组信息纳入到表征的词典中。独热编码将一个字或词表示为一个维度等同于语料库中词汇数量的稀疏向量。TF-IDF使用词频和逆文本频率来建模文本。Word2Vec使用局部上下文信息来获取词向量。GloVe采用局部上下文信息和全局统计特征。

(3)文本特征选择

语言是一个开放的系统,作为语言的一种书面物化或者电子化的文本也是开放的。文本的大小、结构、包含的语言要素和信息都是开放的,因此它的特征也是无限制的。文本分类系统应该选择尽可能少而准确且与文本主题概念密切相关的文本特征进行文本分类。但是由于文本数据中包含非常多的术语,维数可达到几万甚至几十万。这些数据中经常含有大量的对分类有副作用的噪声特征,假如在文本表示中使用这些特征会大大影响最终的分类效果,因此需要减少特征的维数,来提高分类的精度和文本数据的处理速度。特征选择是特征空间降维的重要方法,它从总的特征集中选择对文本分类贡献度较大的特征子集,过滤掉噪声和分类贡献低的特征进行独立的评估,这样特征会获得一个评估分值,然后对所有的特征按照其评估分值的大小进行排序,选取预定数目的最佳特征作为特征子集,其中阈值的选取要根据具体问题的实验来确定。特征选择在减少特征维数的同时还要保证不影响文本的主题信息,这样在提高分类精度的同时也会大大提高文本数据的处理效率。特征选择容易实现,且方法很多,目前常用的特征选择方法有文本频率、信息增益、互信息、期望交叉熵。

(4)选择分类方法

选择分类方法是为了建立从文本特征到文本类别的映射关系,这是文本分类的核心所在。文本分类模型分为浅层学习模型和深度学习模型。

浅层学习模型结构较为简单,依赖于人工获取的文本特征,虽然模型参数相对较少,但是在复杂任务中往往能够表现出较好的效果,具有很好的领域适应性。常见的浅层学习模型有朴素贝叶斯、支持向量机、K近邻、决策树、随机森林等。

深度学习模型结构相对复杂,不依赖于人工获取的文本特征,可以直接对文本内容进行学习、建模,但是深度学习模型对于数据的依赖性较高,且存在领域适应性不强的问题。常见的深层学习模型有卷积神经网络、循环神经网络、多层感知机、注意力机制、Transformer、图卷积神经网络、规则嵌入式神经网络等。

(5) 性能评估模型

性能评估模型用来评估文本分类方法和系统的分类结果。真正反映文本分类内在特征的性能评估模型可以作为改进和完善分类系统的目标函数。在文本分类中,究竟选用什么评价参数取决于具体的分类问题。单标注分类问题(一个被分类文本只属于一个类)和多标注分类问题(一个被分类文本可以属于多个类)所使用的评估参数是不一样的。目前使用比较多的分类性能评估指标有准确率、查全率、查准率、F-measure 等。

文本分类的整体流程如图 7.1 所示,其中,特征选择、分类训练和测试构成了一个循环。根据分类结果,调整特征选择和分类训练的参数,可以使得文本分类系统具备最佳的分类效果。

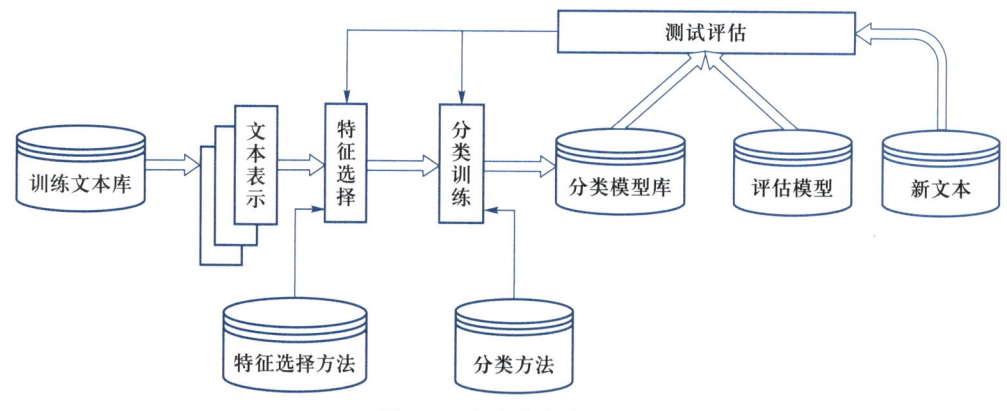

图 7.1 文本分类流程图

## 7.1.2 自动文本分类方法

自动文本分类方法大致分为三类:基于规则的方法、基于机器学习的方法(数据驱动)与混合方法。

基于规则的方法使用一组预定义的规则将文本分类为不同的类别,这些方法需要对领域有深入的了解,而且系统很难维护。

基于机器学习的方法利用预先标记的例子作为训练数据,学习文本片段与其标签之间的内在联系。因此，基于机器学习的方法可以检测数据中隐藏的模式，具有更高的可扩展性，并且可以应用于各种任务。大多数经典的基于机器学习的文本分类模型遵循流行的两步过程，第一步从文档(或任何其他文本单元)中提取一些手工制作的特征，第二步将这些特征输入分类器进行预测。一些流行的手工制作功能包括词袋模型及其扩展。常用的分类算法有朴素贝叶斯、支持向量机、隐马尔可夫模型、梯度提升树和随机森林。两步方法有几个局限性。例如，依赖手工制作的特性需要繁琐的特性工程和分析才能获得良好的性能。此外，特征设计对领域知识的依赖性强，使得该方法很难推广到新的任务中。最后，这些模型不能充分利用大量的训练数据，因为特征(或特征模板)是预先定义的。

自 2012 年以来，深度学习模型被应用于计算机视觉和自然语言处理领域的一系列任务，提高了最新水平。这些模型试图学习特征表示并以端到端的方式执行分类(或回归)。它们不仅能够发现数据中隐藏的模式，而且还可以从一个应用转移到另一个应用。毫不意外，这些模型正成为近年来各种文本分类任务的主流框架。

混合方法使用基于规则和机器学习方法的组合来进行预测。

### 7.1.3 文本分类的应用场景

文本分类在自然语言处理与理解、信息组织与管理、内容信息过滤等领域都有着广泛的应用，主要应用场景可分为以下几类。

① 情感分析：旨在分析人们在文本数据(如产品评论、电影评论、微博)中的观点。可以是二分类问题也可以是多分类问题，二元情感分析是将文本分为正类和负类，而多类情感分析则侧重于将数据分为细粒度的标签或多层次的强度。

② 新闻分类：新闻分类系统可以帮助用户实时获取感兴趣的信息。基于用户兴趣的新闻主题识别和相关新闻推荐是新闻分类的两个主要应用。

③ 主题分析：主题分析试图通过识别文本的主题从文本中自动获得意义。主题分类的目标是为每个文本分配一个或多个主题，以便于分析。

④ 问答系统：有两种类型的问答系统，即提取式和生成式。提取式问答可以看作是文本分类的一个特例。给定一个问题和一组候选答案，根据问题需要将每个候选答案正确分类。

⑤ 自然语言推理：也称为文本蕴含识别，预测一个文本的含义是否可以从另一个文本中推断出来。特别是，一个系统需要给每对文本单元分配一个标签，比如蕴涵、矛盾和中立。

⑥ 自动文摘：使用文本分类算法可以对文本进行自动生成摘要，将文本按照关键信息提取出来，为用户提供更简洁、更精确的信息。

例如，对于一个电商平台，下列场景可以用文本分类技术进行自动化、智能化的分析处理。

① 客服聊天情感分析：根据用户和客服聊天的内容进行情感分析，判断用户和客户的情感态度，其结果可以作为客服服务评估的维度之一。

② 商品正负面评价识别：自动识别用户对商品的评价是正面评价还是负面评价。

③ 客服/聊天自动回复：在电子商务场景中，自动识别用户反馈的问题的类别，如产品质量问题、快递问题、产品描述问题等，并基于问题类别自动回复内容。

④ 购买意愿识别：根据用户发表的信息判断是否有购买某商品的意愿。

⑤ 内容审核：检测评论是否为灌水评论，自动判断一段文本是否涉黄或涉及辱骂等。

## 7.2　词向量技术

原始的文本是无法被计算机识别的，为了将文本表达为计算机能够处理的形式，需要应用词向量技术。常见的文本向量表示方法有离散表示和神经网络模型，其中 Word2Vec 和 GloVe 这两种方法是当前使用最多、准确率最高的两种词向量方法。

### 7.2.1　离散表示

常见的离散表示有独热编码，独热编码是一种常见的词嵌入方法，它将每个字或词编码为一个索引，根据索引进行独热表示，最终将一个字或词表示为一个维度等同于语料库中词汇数量的稀疏向量。这种词嵌入方法的优点是比较简单直接，方便达到将词汇转换为向量的词嵌入目的，但是这种词嵌入方法有两个弊端：一是当语料库非常大时，向量长度会随着词汇表的增大而增大，并且这种词向量是非常稀疏的，因为只有一个维度是 1，其他维度都是 0；二是每个词向量之间的语义是相互独立的，有相同或相近语义的词在向量空间上的距离和语义相反的词之间是相同的，例如，单词"label"和"tag"具有相似的意思，但在独热表示下"label"与"tag"和"feature"的距离可能是相同的。

另一种常见的文本向量离散表示方法是 TF-IDF，TF-IDF 是一种统计学加权方法，常用于信息检索与数据挖掘中评估一个字或词对于一个语料库整体的重要程度，其核心思想是，如果一个词或短语在语料库中某一文本中出现的频率 TF 越大，并且在其他文本中出现的频率 IDF 越低，那么这个词或短语就更适合表示该文本，也被认为该词或短语具有明显的分类能力。TF-IDF 的计算方式如下：

$$\text{TF-IDF} = \text{TF} \times \text{IDF} = \frac{t}{n} \times \log\left(\frac{k}{m+1}\right) \quad (7.4)$$

其中，$t$ 表示某个词或短语在文本中出现的次数，$n$ 表示文本的总词数，$k$ 表示语料库中的文本总数，$m$ 表示包含该词或短语的文本总数，$m+1$ 是为了避免所有文本都不包含该词或短语时分母为 0。

### 7.2.2　Word2Vec

无论是独热方法还是 TF-IDF 方法，它们的优缺点都是很明显的，即优点是表示简单快速，并且容易理解，缺点是不能体现词语之间的相似程度或类比关系，并且无法体现词语间的位置关系，无法体现词语在上下文中的重要性，因此引入了分布式表示方法。最常见的分布式表示方法是 Word2Vec。

Word2Vec 是谷歌在 2013 年开源的一款用于获取词向量的工具包，是一种基于神经网络的分布式词嵌入方法，目的是对词语进行词嵌入，将其由文本表示为空间向量，供计算机识别自然语言并进行处理。Word2Vec 通过将一个独热编码的高维度空间表示映射到低维度的向量空间中，在语义不变的情况下实现了降维处理，并且语义相近的词向量经过映射处理后在向量空间中往往具有相近的距离，计算它们之间的距离即可判定它们的语义关系，这是文本离散表示方法不具备的能力。

Word2Vec 包括两种训练模型，即连续词袋模型（continuous bag-of-word model，CBOW）和跳格模型（skip-gram model），它们都是通过三层神经网络训练，第一层是输入层，第二层是隐藏层，第三层是输出层，其中隐藏层是结合了融合哈夫曼编码的层次 Softmax 分层函数算法得到词向量的。

连续词袋模型根据上下文来预测给定词，没有考虑词之间的顺序，结构如图 7.2 所示。给定一个中心词 $w_t$，连续词袋模型可以通过和该词 $w_t$ 相邻的邻域半径为 $k$ 的词 $w_{t-k}$，$w_{t-k+1}$，…，$w_{t+k-1}$，$w_{t+k}$ 来预测输出单词为该中心词 $w_t$ 的概率。

根据连续词袋模型的原理，我们可以将其求得指定词概率的过程用以下公式来表达：

$$P(w_t \mid F_{\text{sum}}(w_{t-k}, w_{t-k+1}, \cdots, w_{t+k-1}, w_{t+k})) \tag{7.5}$$

上式中的 $F_{\text{sum}}$ 是对给定词 $w_t$ 上下文窗口中相邻的词进行相加计算。连续词袋模型的输入层是经过 One-hot 编码处理的给定词 $w_t$ 的邻域半径为 $k$ 的词 $w_{t-k}$，$w_{t-k+1}$，…，$w_{t+k-1}$，$w_{t+k}$，隐藏层是矩阵变换，输出层是 Softmax 分类器。投影层为所有词共享；因此，所有词都被投影到相同的位置，它们的向量被平均。

跳格模型则是根据输入的某个单词输出对它上下文词向量的预测。在跳格模型中输入一个单词 $w_t$ 进行训练，输出预测和其相邻的邻域半径为 $k$ 的所有词 $w_{t-k}$，$w_{t-k+1}$，…，$w_{t+k-1}$，$w_{t+k}$ 的概率。跳格模型的结构如图 7.3 所示。

根据跳格模型的原理，我们可以将其求得指定词上下文词的过程用以下表达式来概括：

$$P((w_{t-k}, w_{t-k+1}, \cdots, w_{t+k-1}, w_{t+k}) \mid w_t) \tag{7.6}$$

跳格模型与连续词袋模型相反。目标词在输入层，上下文词汇在输出层。输入层是经过 One-hot 处理的给定词 $w_t$，隐藏层进行降维，通过矩阵乘法将输入层输入的稀疏 One-hot 向量降维成低维的稠密向量，输出层使用了 Softmax 对向量进行归一化，将输出映射成了一个概率分布。

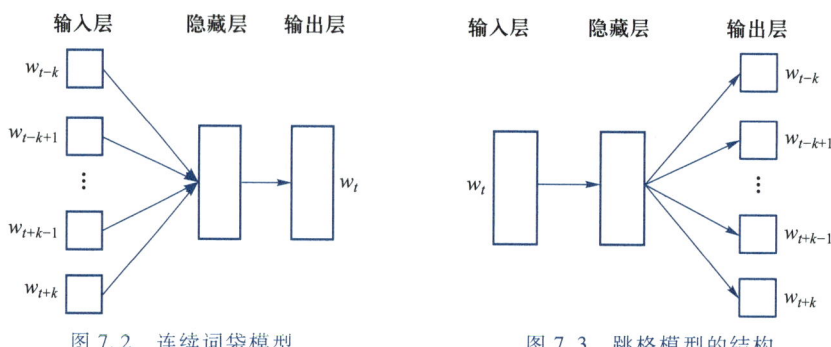

图 7.2　连续词袋模型　　　　　图 7.3　跳格模型的结构

### 7.2.3　GloVe

GloVe 的全称为 global vectors for word representation，由 Jeffrey Pennington 等人提出，它是一个基于全局词频统计的词表征工具，以向量空间表示法利用向量运算捕获细粒度的语义和句法规则。

用 $X$ 表示统计共现矩阵（co-occurrence matrix），$X_{ij}$ 表示单词 $j$ 在单词 $i$ 的上下文语境中出现的次数。使 $X_i = \sum_k X_{ik}$ 表示任意单词出现在词 $i$ 上下文中的次数。最后设 $P_{ij} = P(j|i) = X_{ij}/X_i$ 为词 $j$ 出现在词 $i$ 上下文中的条件概率。

假设单词 $i$、$j$ 都和单词 $k$ 相关或不相关，则 $\dfrac{P_{ik}}{P_{jk}}$ 的值接近 1。若 $k$ 和 $i$ 相关，$k$ 与 $j$ 不相关，则 $\dfrac{P_{ik}}{P_{jk}}$ 的值大于 1，反之 $\dfrac{P_{ik}}{P_{jk}}$ 的值接近 0。该论点揭示了词向量学习的适当起点应该是共现概率的比值，而不是概率本身。用词向量 $w_i$、$w_j$、$w_k$，通过 $F(w_i, w_j, w_k)$ 函数计算 $\text{ratio} = \dfrac{P_{ik}}{P_{jk}}$，也应该满足上述规律，才能说明词向量与共现矩阵具有一致性，因而构建函数 $F(w_i, w_j, w_k) = \dfrac{P_{ik}}{P_{jk}}$。

经过一系列的转化得到代价函数进行求解，而在原模式中对所有的共现时间进行了同等的权衡，故出现了共现关系不平衡问题。所以引入了一种加权函数 $f(x)$ 来解决问题。最终的损失函数为

$$L = \sum_{i,j=1}^{V} f(X_{ij})(w_i^{\mathrm{T}} \widetilde{w}_j + b_i + \widetilde{b}_j - \log X_{ij})^2 \tag{7.7}$$

GloVe 作为一种新的全局对数双线性回归模型，用于无监督地学习单词表示，在单词类比、单词相似性和命名实体识别任务方面优于其他模型。

## 7.3　常用模型

图 7.1 所示的文本分类流程中最核心的是分类方法，其中文本分类深度学习模型目前主要有以下几种。

① 基于前馈网络的模型：将文本视为词袋，对于每个单词，使用词嵌入模型（如 Word2Vec 或 Glove）学习向量表示，将嵌入的向量和或平均值作为文本的表示，将其通过一个或多个多层感知机传递，然后使用 logistic 回归、朴素贝叶斯或支持向量机等分类器对最终层的表示进行分类。典型代表有 DAN（deep average network）、FastText。

② 基于 RNN 的模型：将文本视为一个单词序列，旨在捕获单词相关性和文本结构。RNN 被训练成跨时间识别模式，该类模型在需要理解远程语义的自然语言理解任务中工作良好。典型代表有 Tree-LSTM、MT-LSTM（multi-timescale LSTM，多时间尺度 LSTM）、TopicRNN。

③ 基于 CNN 的模型：训练识别文本中的模式，如关键短语，以便分类。CNN 学习跨空间识别模式，该类模型在检测局部和位置不变模式非常重要的情况下工作良好。典型代表有 TextCNN、DCNN、字符级 CNN、VDCNN。

④ 胶囊网络：解决了 CNN 池化操作所带来的信息丢失问题，其中胶囊被用来表示一个句子或文档作为一个矢量。典型代表有常规的胶囊网络 Capsule-A、在 N-gram 卷积层使用三个带不同窗口大小滤波器的并行网络 Capsule-B。

⑤ 注意力机制：有效识别文本中的相关词汇，并已成为开发深度学习模型的有用工具。该类模型有两个显著的特点：一是反映文档层次结构的层次结构；二是在单词和句子层次上应用两个层次的注意机制，使其能够在构建文档表示时区别地关注更多和更少的重要内容。

⑥ 记忆增强网络：它将神经网络与外部记忆结合在一起，模型可以读取和写入。

⑦ Transformer：它允许比 RNN 更多的并行化，使得使用 GPU 集群高效，使得（预）训练非常大的语言模型成为可能。

⑧ 图神经网络：用于捕捉自然语言的内部图形结构，如句法和语义分析树。典型代表是 TextRank。

⑨ 孪生网络：设计用于文本匹配，是文本分类的一个特殊情况。

⑩ 混合模型：注意力机制、RNN、CNN 等结合起来，捕捉句子和文档的局部和全局特征。典型代表有 TextRCNN、C-LSTM（卷积 LSTM）、DSCNN、HDLTex、SAN。

⑪ 其他模型：使用自动编码器和对抗性训练的无监督学习以及强化学习。

接下来介绍三种被广泛使用的文本分类的深度学习方法——FastText、TextCNN 和 TextRCNN。

### 7.3.1 FastText

FastText 是 Facebook 公司在 2016 年开源的一个词向量与文本分类工具。典型应用场景是"带监督的文本分类问题"。提供简单而高效的文本分类和表征学习的方法，其结合了自然语言处理和机器学习中最成功的理念。该算法只有隐含层和输出层，模型简单，训练速度快，准确率较高。在普通的 CPU 上可以实

## 第 7 章 文本分类

现分钟级别的训练，比深度模型的训练要快几个数量级，同时，在多个标准的测试数据集上，FastText 在文本分类的准确率上，与现有的一些深度学习的方法效果相当或接近，因此在工业界应用范围很广。FastText 使用词袋模型以及 N-gram 模型表征语句，还使用子词(Subword)信息，并通过隐藏表征在类别间共享信息。另外其采用了一个 Softmax 层级(利用了类别不均衡分布的优势)来加速运算过程。

FastText 是一个快速文本分类算法，与基于神经网络的分类算法相比有以下优点：

① FastText 在保持高精度的情况下加快了训练速度和测试速度。

② FastText 不需要预训练好的词向量，会自己训练词向量。

③ FastText 有两个重要的优化：层次 Softmax 和 N-gram。

FastText 方法主要包含三部分，即模型架构、层次 Softmax 和 N-gram 特征。其主要被用于两个不同的任务：有效文本分类(有监督学习)和学习词向量表征(无监督学习)。本节主要通过模型架构、层次 Softmax 和 N-gram 三个部分来介绍 FastText 方法。

**1. 模型架构**

FastText 模型架构如图 7.4 所示。FastText 模型输入一个词的序列(一段文本或者一句话)，输出这个词序列属于不同类别的概率。序列中的词和词组组成特征向量，特征向量通过线性变换映射到中间层，中间层再映射到标签。

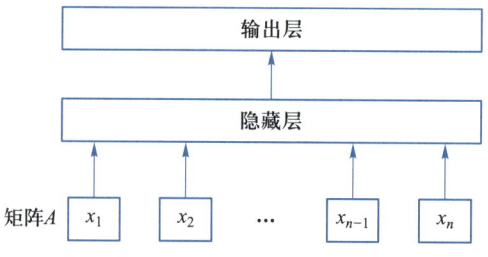

图 7.4 FastText 模型架构

这是一个单个隐含层的简单模型，第一个权重矩阵 $A$ 可以被视为某个句子的词查找表。$x_1, x_2, \cdots, x_{n-1}, x_n$ 表示一个文本中的 N-gram 向量，每个特征是词向量的平均值。将词表示平均成一个文本表示，文本表示是一个隐藏变量，然后将其送入一个线性分类器。该模型将一系列单词作为输入并产生一个预定义类的概率分布。使用 Softmax 函数 $f$ 来计算预定义类的概率分布，对于一组包含 $N$ 个文本的文本集，FastText 模型目标是使下式最小化：

$$\frac{1}{N}\sum_{n=1}^{N} y_n \ln(f(BAx_n)) \tag{7.8}$$

其中：$N$ 为样本个数；$x_n$ 为第 $n$ 个文本特征的标准化包(第 $n$ 个样本的归一化特征，每个特征是词向量的平均值)；$y_n$ 为第 $n$ 个样本对应的类别；$f$ 为损失函数 Softmax，$A$ 为权重矩阵(构建词，embedding)；$B$ 为权重矩阵(隐含层到输出层)。

该架构类似于 Mikolov 等人提出的连续词袋模型，其中中间的单词被标签取代。

FastText 的网络结构如图 7.5(a)所示，其中，$w_1$ 到 $w_n$ 表示文本中每个词的词向量表示。整个文本则可以用所有词的嵌入累加后的均值表示，即

$$h_{doc} = \frac{1}{n} \sum_{i=1}^{n} w_i \tag{7.9}$$

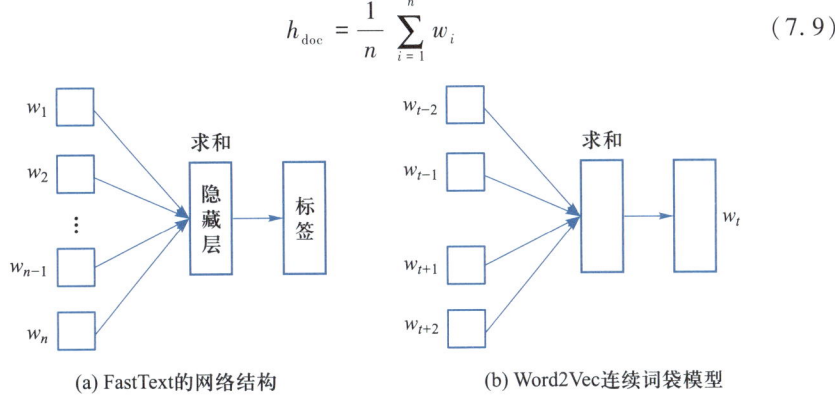

(a) FastText 的网络结构　　(b) Word2Vec 连续词袋模型

图 7.5　FastText 和 Word2Vec 连续词袋模型对比

最后从隐含层再经过一次的非线性变换得到输出层的标签。通过对比如图 7.5(b)所示的 Word2Vec 中的连续词袋模型(continuous bag of words, CBOW)模型，可以发现两个模型其实非常地相似。不同之处在于，FastText 模型最后预测的是文本的标签，而 CBOW 模型预测的是窗口中间的词 $w_t$，前者是有监督的学习，后者是无监督的学习。另外 CBOW 模型中输入层只包括当前窗口内除中心词的所有词的嵌入，而 FastText 模型的输入层则是文本全部词的嵌入。

和 Word2Vec 类似，FastText 本质上也可以看成是一个浅层的神经网络，因此其前向传播过程可描述如下：

$$h = \frac{1}{n} \sum_{i=1}^{n} w_i \tag{7.10}$$

即隐含层的输出是 $n$ 个上下文单词向量的加权平均。最后输出层的输入向量为

$$z = \text{sigmoid}(W_o h) \tag{7.11}$$

其中，$W_o$ 表示从隐含层到输出层的权重。因为模型最后要预测文本属于某个类别的概率，所以很自然的选择就是 Softmax 层了，于是损失函数可以定义为

$$\hat{y} = \text{softmax}(z) \tag{7.12}$$

$$CE(y, \hat{y}) = -\sum_{j} y_j \log(\hat{y}_j) \tag{7.13}$$

$$\text{loss} = \frac{1}{M} \sum_{i=1}^{m} CE(y_i, \hat{y}_j) \tag{7.14}$$

当类别数较少时，直接套用 Softmax 层并没有效率问题，但是当类别很多时，Softmax 层的计算就比较费时了。为了加快训练过程，FastText 同样也采用了和 Word2Vec 类似的方法。一种方法是使用层次 Softmax，当类别数为 $K$，词

嵌入大小为 $d$ 时，计算复杂度可以从 $O(Kd)$ 降到 $O(d\times\log(K))$。另一种方法是采用负采样，即每次从除当前标签外的其他标签中选择几个作为负样本，并计算出现负样本的概率加到损失函数中，用公式可表示为

$$\text{loss} = -\frac{1}{M} \sum_{i=1}^{m} \left( \log\sigma(u_o^\text{T} h_i) + \sum_{j \sim P(w)} [\log\sigma(-u_j^\text{T} h_i)] \right) \tag{7.15}$$

其中，$h_i$ 是第 $i$ 个样本的隐含层，$u_j$ 表示 $W_o$ 中第 $j$ 行向量。

**2. 层次 Softmax**

首先，回顾一下 Softmax 函数，它实际是一个归一化的指数函数，Softmax 用于多分类过程中，它将多个神经元的输出映射到 $(0,1)$ 区间内，可以看成概率来理解，从而来进行多分类。假设有一个数组 $V$，共有 $N$ 个元素，$e^i$ 表示 $V$ 中第 $i$ 个元素的分量，那么第 $i$ 个元素的 Softmax 值就是

$$S_i = \frac{e^i}{\sum_{j=1}^{N} e^j} \tag{7.16}$$

如图 7.6 所示，展示了 Softmax 函数对于输入向量 $[3,1,-3]$ 的归一化映射过程，其中 3 代表类别 1 的分量，1 代表类别 2 对应的分量，$-3$ 代表类别 3 对应的分量。经过图中的 Softmax 函数的作用后，将其转化为 $[0.88, 0.12, 0]$，它的意义是，输入样本被分到类别 1 的概率是 0.88，被分成类别 2 的概率是 0.12，然而被分成类别 3 的概率几乎为零，即将多个标量映射为一个概率分布，其输出的每一个值范围在 $(0,1)$。

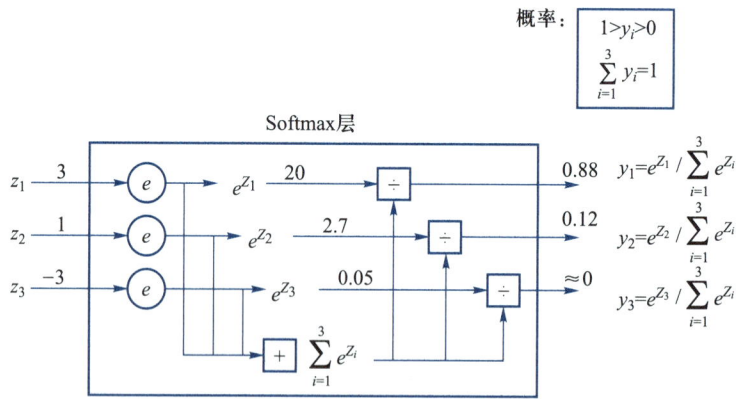

图 7.6 Softmax 原理示例图

可见，在标准的 Softmax 中，计算一个类别的 Softmax 概率时，需要对所有类别概率做归一化，在类别很大的情况下非常耗时。层次 Softmax 的目的是降低 Softmax 层的计算复杂度，思想是根据类别的频率构造哈夫曼树来代替标准 Softmax，通过分层 Softmax 可以将复杂度从 $N$ 降低到 $\log N$，图 7.7 给出层次 Softmax 示例。

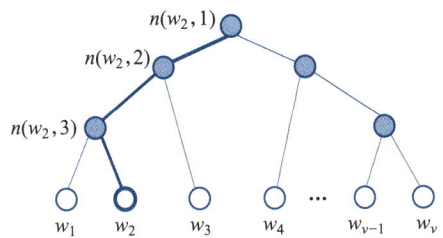

图 7.7 层次 Softmax 示例图

N-gram 是基于语言模型的算法，基本思想是将文本内容按照子节顺序进行大小为 $N$ 的窗口滑动操作，最终形成窗口为 $N$ 的字节片段序列。而在层次 Softmax 模型中，叶子节点的词没有直接输出的向量，而非叶子结点都有相应的输出。在模型的训练过程中，通过哈夫曼编码，构造了一棵庞大的哈夫曼树，同时会给非叶子节点赋予向量。我们要计算的是目标词 $w$ 的概率，这个概率的具体含义是指从根结点开始随机走，走到目标词 $w$ 的概率。因此在途中路过非叶子结点(包括根结点)时，需要分别知道往左走和往右走的概率。例如，到达非叶子结点 $n$ 时往左边走和往右边走的概率分别是

$$p(n, \text{left}) = \sigma(\theta_n^T \cdot h) \tag{7.17}$$

$$p(n, \text{right}) = 1 - \sigma(\theta_n^T \cdot h) = \sigma(-\theta_n^T \cdot h) \tag{7.18}$$

以图 7.7 中的 $w_2$ 为例：

$$p(w_2) = p(n(w_2, 1), \text{left}) \cdot p(n(w_2, 2), \text{left}) \cdot p(n(w_2, 3), \text{right})$$
$$= \sigma(\theta_{n(w_2,1)}^T \cdot h) \cdot \sigma(\theta_{n(w_2,2)}^T \cdot h) \cdot \sigma(-\theta_{n(w_2,3)}^T \cdot h) \tag{7.19}$$

到这里可以看出目标词为 $w$ 的概率可以表示为

$$p(w) = \prod_{j=1}^{L(w)-1} \sigma(\text{sign}(w, j) \cdot \theta_{n(w,j)}^T h) \tag{7.20}$$

其中：$\theta_{n(w,j)}$ 是非叶子结点 $n(w, j)$ 的向量表示(即输出向量)；$h$ 是隐藏层的输出值，从输入词的向量中计算得来；$\text{sign}(w, j)$ 是一个特殊函数定义，定义为

$$\text{sign}(w, j) = \begin{cases} 1, & \text{若 } n(w, j+1) \text{ 是 } n(w, j) \text{ 的左孩子} \\ -1, & \text{若 } n(w, j+1) \text{ 是 } n(w, j) \text{ 的右孩子} \end{cases} \tag{7.21}$$

此外，所有词的概率和为 1，即 $\sum_{j=1}^{n} p(w) = 1$。最终得到参数更新公式为

$$\theta_j^{(\text{new})} = \theta_j^{(\text{old})} - \eta(\sigma(\theta_j^T h) - t_j)h, \quad j = 1, 2, \cdots, L(w)-1 \tag{7.22}$$

**3. N-gram 特征**

需要额外注意的是，N-gram 可以根据粒度不同有不同的含义，有字粒度的

N-gram 和词粒度的 N-gram，图 7.8 和图 7.9 分别给出了字粒度和词粒度的例子。

> 这就是文本分类
> 相应的2-gram特征为：这就 就是 是文 文本 本分 分类
> 相应的3-gram特征为：这就是 就是文 是文本 文本分 本分类

图 7.8　字粒度的 N-gram

> 这 就是 文本 分类
> 相应的2-gram特征为：这/就是 就是/文本 文本/分类
> 相应的3-gram特征为：这/就是/文本 就是/文本/分类

图 7.9　词粒度的 N-gram

对于文本句子的 N-gram 来说，如上文所说可以是字粒度或者是词粒度，同时 N-gram 也可以在字符级别工作，例如，对单个单词"Chinese"来说，假设采用 3-gram 特征，那么"Chinese"可以表示成图 7.10 中 7 个 3-gram 特征，这 7 个特征都有各自的词向量，7 个特征的词向量和即为"Chinese"这个词，其中，"<"和">"是作为边界符号被添加的，来将一个单词的 N-grams 与单词本身区分开来。

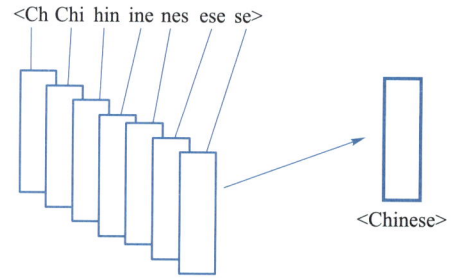

图 7.10　单词 N-gram 示例图

综上所述，使用 N-gram 有如下优点。

① 为罕见的单词生成更好的单词向量，对于上面的字符级别的 N-gram 来说，即使这个单词出现的次数很少，但是组成单词的字符和其他单词有共享的部分，因此这一点可以优化生成的单词向量。

② 在词汇单词中，即使单词没有出现在训练语料库中，仍然可以从字符级 N-gram 中构造单词的词向量。

③ N-gram 可以让模型学习到局部单词顺序的部分信息，如果不考虑 N-gram 则便是取每个单词，这样无法考虑到词序所包含的信息，即也可理解为上下文信息，因此通过 N-gram 的方式关联相邻的几个词，这样会让模型在训练时保持词序信息。

但正如上面提到的，随着语料库的增加，内存需求也会不断增加，严重影响模型构建速度，针对这个问题有以下几种解决方案：

## 7.3 常用模型

① 过滤掉出现次数少的单词。
② 使用 hash 存储。
③ 由采用字粒度变化为采用词粒度。

从模型架构以及其采用的两个优化模块来看，FastText 方法的核心思想就是，将整篇文本的词及 N-gram 向量叠加平均得到文本向量，然后使用文本向量做 Softmax 多分类。

### 7.3.2 TextCNN

目前有研究将卷积神经网络与循环神经网络应用于文本分类。在应用卷积神经网络进行文本分类时，输入的是以矩阵表示的句子或者文本，矩阵的每一行对应一个单词或者字符，也就是每行代表一个词向量，通常是 Word2Vec 或 GloVe 词向量，卷积核划过的矩阵是一样的（单词），卷积核的"宽度"就是输入矩阵的宽度（词向量维度），"高度"可能会变（句子长度），但一般是每次扫过 2~5 个单词，是整行整行地进行的。

在第 3 章介绍 CNN 时，通常会认为它属于计算机领域，是用于解决计算机视觉方向问题的模型，但是在 2014 年，Yoon Kim 针对 CNN 的输入层做了一些变形，提出了文本分类模型 TextCNN。TextCNN 模型采用卷积神经网络中的卷积操作对文本进行特征提取，可以有效地捕捉文本中的局部和整体特征，具有较好的泛化能力和效果。此外，TextCNN 模型还可以处理不同长度的文本，因为其卷积核大小可以自适应不同长度的输入。

与传统图像的 CNN 网络相比，TextCNN 在网络结构上没有任何变化，而且变得更加简单。总体上，TextCNN 只有一层卷积，一层 max-pooling，最后将输出外接 Softmax 来进行 $n$ 分类。与图像处理时的 CNN 网络相比，TextCNN 最大的不同便是输入数据的不同：图像是二维数据，图像的卷积核是从左到右、从上到下进行滑动来进行特征抽取的。自然语言是一维数据，虽然经过词嵌入生成了二维向量，但是对词向量做从左到右滑动来进行卷积没有意义。比如"今天"对应的向量$[0,0,0,0,1]$，按窗口大小为 1×2 从左到右滑动得到$[0,0]$、$[0,0]$、$[0,0]$、$[0,1]$这 4 个向量，对应的都是"今天"这个词汇，这种滑动没有帮助。

TextCNN 最大的优势是网络结构简单，但在模型网络结构如此简单的情况下，通过引入已经训练好的词向量依旧有很不错的效果，在多项数据集上超越 benchmark。网络结构简单导致参数数目少，计算量少，训练速度快。

TextCNN 的成功，不是网络结构的成功，而是通过引入已经训练好的词向量来在多个数据集上达到了超越 benchmark 的表现，进一步证明了构造更好的嵌入是提升自然语言处理各项任务的能力的关键。

**1. TextCNN 架构**

TextCNN 模型的主要架构包括卷积层和池化层，输入层是词嵌入层。卷积层用于提取局部特征，可以采用不同大小的卷积核，池化层则用于提取整体特征，常采用最大池化操作。最后，通过全连接层将卷积层(池化层)的输出映射到分类标签上。

一般来说，TextCNN 模型的输入是一个由词嵌入层得到的矩阵，每一行对应一个词的词向量表示，矩阵的列数表示词向量的维度，行数表示句子的长度。在进行卷积操作时，可以设置多个不同大小的卷积核，对输入矩阵进行卷积操作，得到多个卷积结果。然后，可以对每个卷积结果进行池化操作，例如最大池化，得到每个卷积核提取的最显著的特征。最后将所有池化结果拼接成一个向量，通过全连接层进行分类预测。

TextCNN 的基本思想是通过使用多个不同大小的卷积核(即不同窗口大小的滤波器)来捕获不同长度的 N-gram 特征。将这些 N-gram 特征通过池化层(通常是最大池化)进行汇聚，最后通过全连接层实现分类。例如，对于一个电影评论，一些重要的单词或短语可能只出现在整个评论的一部分中，而不是在整个评论中。通过使用不同大小的卷积核，TextCNN 可以同时捕获这些不同长度的特征，并将它们组合成更全面的文本表示。其模型架构如图 7.11 所示。模型的输入是一个文本序列，可以看成是由一系列单词组成的。输出是一个概率分布，最大的取值对应文章属于的类别。

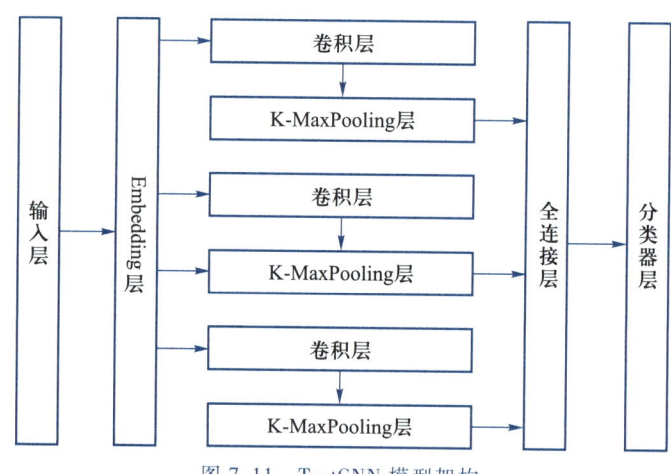

图 7.11  TextCNN 模型架构

TextCNN 模型分类过程如下。

① 输入层：将文本转换成词向量表示，每个词向量的维度为 $d$。

② 卷积层：使用多个不同大小的卷积核(即不同窗口大小的滤波器)来捕获不同长度的 N-gram 特征。假设使用大小为 $h$ 的卷积核，输入层的词向量经过卷积运算后得到的输出为

$$c_i = f(w \times x_{i,\cdots,i+h-1} + b) \tag{7.23}$$

其中，$x_{i,\cdots,i+h-1}$ 表示输入层从第 $i$ 个单词到第 $i+h-1$ 个单词组成的词向量序列，$w$ 表示卷积核权重，$b$ 表示偏置项，$f$ 表示激活函数(通常使用 ReLU 激活函数)。

③ 池化层：对于每个卷积核得到的特征图，使用最大池化操作提取其中最大值作为该卷积核的输出。假设卷积层得到的特征图的长度为 $m$，经过最大池化操作后得到的输出为

$$p_i = \max\{c: i, \cdots, i+m-1\} \tag{7.24}$$

④ 拼接层（全连接层之前）：将多个不同大小的卷积核得到的特征拼接起来，作为下一层的输入。假设使用 $k$ 个大小分别为 $h_1$，$h_2$，$\cdots$，$h_k$ 的卷积核，则连接层的输出为

$$p = [p_1, p_2, \cdots, p_k] \tag{7.25}$$

其中，$p_i$ 表示使用大小为 $h_i$ 的卷积核得到的特征。

⑤ 全连接层：将连接层的输出作为输入，使用全连接层进行分类，得到文本的分类结果。假设输出层有 $c$ 个类别，全连接层的输出为

$$y = \text{Softmax}(W \cdot p + b) \tag{7.26}$$

其中，$W$ 表示权重矩阵，$b$ 表示偏置项，Softmax 函数将输出转化为概率分布。文本被分为 $c$ 个类别中的某一个。

⑥ 最后在输出层输出分类结果。

简要地概括，TextCNN 模型的分类过程就是将文本表示为词向量，通过卷积操作提取文本的局部特征，通过池化操作提取每个卷积核的最大值，最后通过全连接层进行分类。上面提到，TextCNN 模型主要是由卷积层和池化层组成，下面将结合实例对训练过程给予讲解。如果了解过计算机视觉领域，应该比较清楚 CNN 处理图像的流程，大致就是卷积+激活函数+池化+全连接，其实 CNN 用于文本分类的流程与此相似。

第一步，将文本转化为二维矩阵的形式。上文中已经介绍过文本处理的详细过程，此处不再赘述。以中文语句"我喜欢运动"这句话为例，对于中文来说，先将连续的文本分词处理，得到由词构成的一维向量。再利用上文介绍的 Word2Vec 模型将词转化为词向量，由此，一维向量就转化成了二维矩阵，如图 7.12 所示。

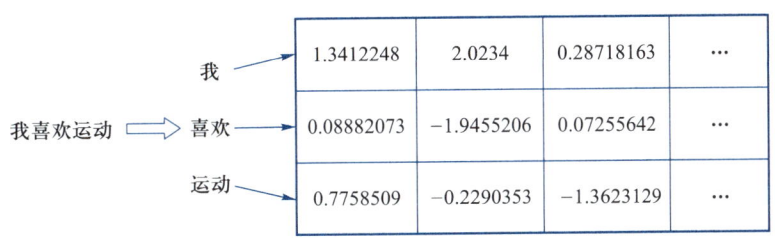

图 7.12 词向量转化为二维矩阵

第二步，对二维矩阵进行卷积操作。在图像处理中卷积核通常是正方形

的，但在 TextCNN 中，使用的卷积核是 3×D、4×D、5×D 这样的长方形卷积核，而且是对输入层同时使用这三种尺寸的卷积核，每种尺寸的卷积核有 100 个，总共 300 个卷积核，如图 7.13 所示。

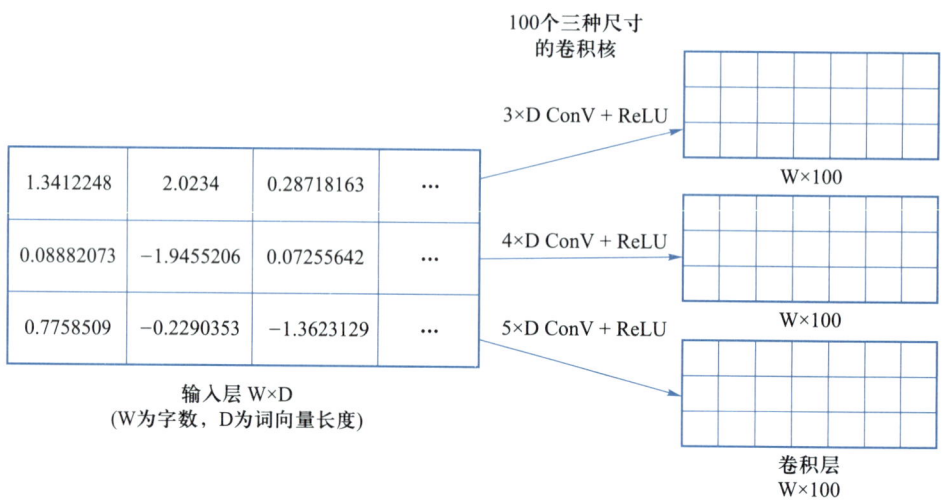

图 7.13　对二维矩阵进行卷积操作

第三步，对卷积层进行最大池化操作。在图像处理中的池化窗口是正方形的二维窗口，但在 TextCNN 中，池化操作是一维的，相当于对每列数据进行最大池化，如图 7.14 所示。

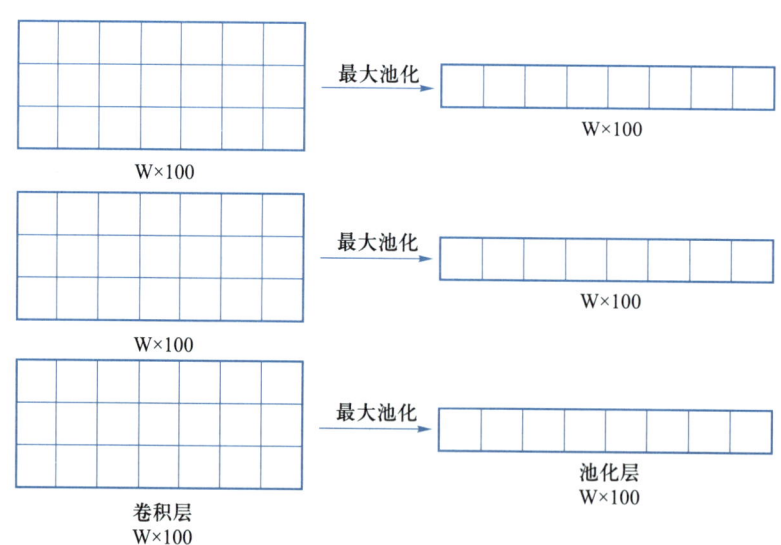

图 7.14　卷积层池化

第四步，拼接是将三个层的结构进行首尾相连，拼成一个层，然后进行全连接和 dropout 操作，产生输出层，最终可以使用 Softmax 计算各个分类标签的概率，如图 7.15 所示。

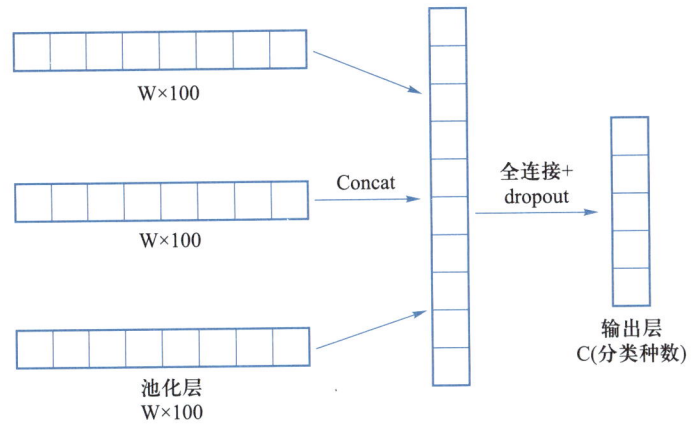

图 7.15 全连接操作

到此为止,整个 TextCNN 的结构就介绍完成了,整体结构非常简洁。如表 7.1 所示,该流程为 Word2Vec+TextCNN 模型结合的原理伪代码。

表 7.1 Word2Vec+TextCNN 模型原理

```
1. 模型搭建:
Embedding:词向量嵌入层,得到数据格式矩阵
N * Conv1D:多个卷积层,对矩阵进行卷积操作
N * MaxPooling1D:多个池化层,对卷积结果做最大池化
Concatenate:拼接层,将上述结果拼接在一起
Dense:全连接层,使用 softmax 函数进行分类
2. 数据预处理
Word2Vec:使用 Word2Vec 模型对文本数据进行词向量表示,获取每个单词的词向量
3. 模型训练
Model.compile:模型编译
Model.fit:模型训练
```

**2. TextCNN 的缺陷与优化**

TextCNN 模型在处理短文本分类问题时表现出色,但在处理长文本、语义不明确的文本等问题上存在一些限制和不足。TextCNN 模型的缺点主要有以下几个方面:

① 对于较长的文本,TextCNN 可能无法很好地捕捉上下文信息。由于 TextCNN 采用的是局部感知野的卷积操作,因此对于较长的文本,可能只能捕捉到部分局部的特征,无法全面地理解整个文本。

② TextCNN 模型的计算复杂度较高。由于 TextCNN 需要对整个文本进行卷积操作,并在每个卷积特征图上进行最大池化操作,因此在处理大量文本时,需要耗费大量的计算资源和时间。

③ 对于一些语义不明确的词汇,TextCNN 可能无法很好地捕捉其语义信息。由于 TextCNN 采用的是静态的词向量表示,对于一些具有多义性的词汇或专业术语等,可能无法很好地表达其语义信息。

④ TextCNN 可能存在过拟合问题。由于 TextCNN 需要学习大量的参数和卷积核，当数据集较小或者噪声较大时，可能会导致过拟合问题。

针对上述这些问题，可以从 TextCNN 自身及替代模型两方面加以改善。首先，对于 TextCNN 自身，可以从优化模型参数、调整模型结构、增加辅助手段等方面着手。主要可以从以下几个方面着手。

① 增加卷积核的数量和大小：可以增加卷积核的数量和大小来提高模型的表达能力，从而提高模型的分类精度。但是过多的卷积核数量和大小可能会导致过拟合，因此需要根据具体的任务和数据集来调整卷积核的数量和大小。

② 添加 Dropout 层：Dropout 层可以随机地丢弃一定比例的神经元，从而降低模型的复杂度和过拟合风险。

③ 增加词汇表的大小：增加词汇表的大小可以增加模型的表达能力，从而提高模型的分类精度。但是过大的词汇表可能会导致稀疏性问题和计算复杂度问题，因此需要根据具体的任务和数据集来调整词汇表的大小。

④ 使用多通道卷积：多通道卷积可以在不同的通道上进行卷积操作，从而捕捉不同层次的特征。例如，可以使用不同的词向量来表示同一个词，并分别作为不同的通道输入到卷积层中，从而提高模型的表达能力。

当然，对于模型自身优化所能达到的效果是有限的，针对 TextCNN 难以取得的效果，基于现实需求也产生了许多更加有效的新型模型，例如 TextRCNN、TextRNN 等。

### 7.3.3 TextRCNN

循环神经网络在对文本进行分类时，一般指定一个固定的输入文本长度，该长度可以是最长文本长度，此时其他所有文本都要进行填充以达到该长度，该长度也是训练集中所有文本长度的均值，而过长的文本需要截断。假设训练集中所有文本的长度统一为 $n$，首先需要对文本进行分词，并使用词嵌入得到每个词固定维度的向量表示。对于每一个输入文本，可以在循环神经网络的每一个时间步长上输入文本中一个单词的向量表示，计算当前时间步长上的隐藏状态，然后用于当前时间步骤的输出以及传递给下一个时间步长并和下一个单词的词向量一起作为循环神经网络单元输入，然后再计算下一个时间步长上循环神经网络的隐藏状态，以此重复，直到处理完输入文本中的每一个单词，由于输入文本的长度为 $n$，所以要经历 $n$ 个时间步长。循环神经网络能够有效表达上下文语义信息，捕获长序列依赖关系。但循环神经网络属于"有偏见的模型"，一个句子中越往后的词重要性越高，这有可能影响最后的分类结果，因为对句子分类影响最大的词可能处在句子任何位置，且由于模型参数较多导致运行效率较低，且并行化效果不理想。

针对卷积神经网络与循环神经网络在文本处理中的不足，一些研究尝试结合两种网络以期获得性能更好的神经网络模型。根据卷积层和循环层在网络架构中的先后关系，可以将这些模型分为两类，即先循环层后卷积层的神经网络模型和先卷积层后循环层的神经网络模型。

**1. TextRCNN 架构**

TextRCNN 是 2015 年中国科学院的来斯惟等人发表的一篇论文中提出的先循环层后卷积层文本分类神经网络模型。TextRCNN 主要由 RNN 和 CNN 两部分组成，RNN 不是传统意义上的循环神经网络，它是由正向 RNN、词嵌入向量、反向 RNN 等拼接起来的。CNN 也不是真正意义上的 CNN，其就是一个最大池化。因此整体结构就是 RNN+池化层。

TextRCNN 的基本思想是将每一个时刻的词向量以及它的上下文向量拼接起来，在向量的每一个位置的值都取所有时序上的最大值，得到最终的文本特征向量用于多标签文本分类输出。其模型架构如图 7.16 所示。模型的输入是一个文本 $D$，可以看成是由一系列单词组成的。输出是一个概率分布，最大的位置对应文章属于的类别 $K$。

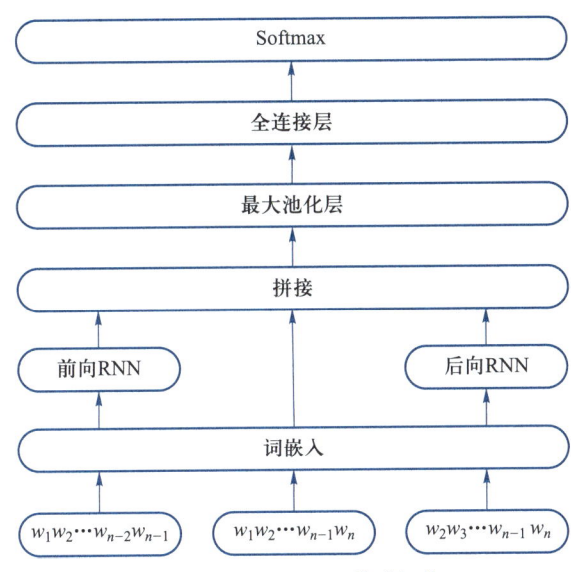

图 7.16 TextRCNN 模型架构

TextRCNN 模型分类过程如下：

① 输入层对输入向量进一步编码。

② 卷积层获得输入层编码后的向量，通过循环神经网络模型对向量进行前向和后向扫描，获取文本更多上下文信息，并结合上下文特征向量作为输出。

③ 拼接层将输入层输出向量与卷积层输出向量进行拼接形成新向量，使用函数进行激活。

④ 拼接层输出向量被送入最大池化层，最大池化层进一步提取其特征值，以获取文本中重要句子成分。

⑤ 全连接层对最大池化层输出结果进一步整合与提取后，通过 Softmax 函数获取分类结果的概率分布。

⑥ 最后在输出层输出分类结果。

TextRCNN 在词嵌入的基础上加上了上下文作为新的词嵌入表示。结合一个单词及其上下文信息来表达一个单词,这些内容有助于获得更精确的词义,在该模型中,使用双向循环神经网络(bidirectional recurrent neural network,双向 RNN)来捕捉上下文。

接下来通过具体的带有双向 RNN 的 CNN 网络来研究 TextRCNN 的分类原理。网络核心部分如图 7.17 所示。网络核心分为三个部分:第一部分是一个双向 RNN 结构,第二部分是最大池化层,第三部分是输出层。其中第一部分主要用来学习词表示,第二部分和第三部分用来学习文本表示。

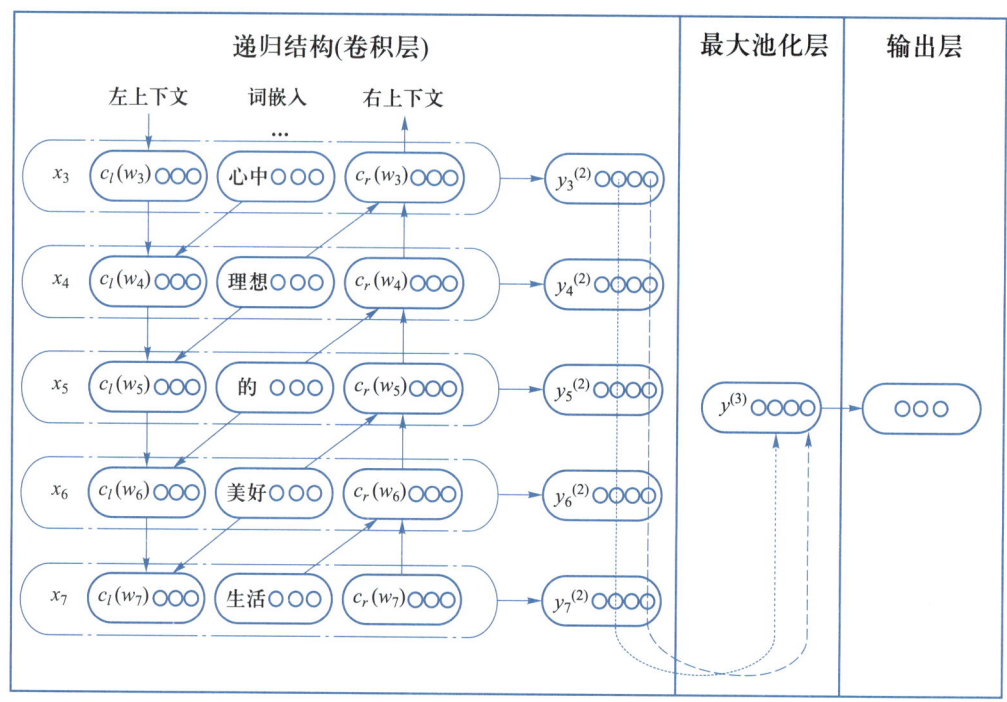

图 7.17  TextRCNN 网络核心部分

如图 7.17 所示,单词 $(w_1,w_2,\cdots,w_n)$ 是输入文本 $D$ 的序列。将 $c_l(w_i)$ 定义为单词 $w_i$ 的左上下文,$c_r(w_i)$ 作为词 $w_i$ 的右上下文,$c_l(w_i)$ 和 $c_r(w_i)$ 都是具有 $|c|$ 实值元素的密集向量。式(7.27)计算单词 $w_i$ 的左侧上下文 $c_l(w_i)$,其中,$e(w_{i-1})$ 是单词 $w_{i-1}$ 的单词嵌入,其具有 $|e|$ 实值元素的密集向量;$c_l(w_{i-1})$ 是前一个单词 $w_{i-1}$ 的左侧上下文,任何文本中第一个单词的左侧上下文使用相同的共享参数 $c_l(w_1)$;$W^{(l)}$ 是一个转换隐藏层(上下文)到下一个隐藏层的矩阵;$W^{(sl)}$ 是一个用于将当前单词的语义与下一个单词的左上下文相结合的矩阵;$f$ 是非线性激活函数。右侧上下文 $c_r(w_i)$ 以类似的方式计算,如式(7.28)所示,文本中最后一个单词的右侧上下文共享参数为 $c_r(w_n)$:

$$c_l(w_i)=f(W^{(l)}c_l(w_{i-1})+W^{(sl)}e(w_{i-1})) \qquad (7.27)$$

$$c_r(w_i)=f(W^{(r)}c_r(w_{i+1})+W^{(sr)}e(w_{i+1})) \qquad (7.28)$$

上述 TextRCNN 首先对词进行词向量编码，得到词嵌入，将得到的词嵌入与双向 RNN 相结合，即将式(7.27)与式(7.28)整合，得到式(7.29)新的向量，该向量提取了更多的上下文信息：

$$x_i = [c_l(w_i); \ e(w_i); \ c_r(w_i)] \tag{7.29}$$

在式(7.29)中，$x_i$ 是左侧上下文向量、单词嵌入和右侧上下文向量的串联，通过这种方式使用上下文信息，与仅使用固定窗口的传统神经模型相比，可以更好地消除单词的歧义。

循环结构可以在文本的正向扫描中获得所有 $c_l$，并且对文本进行向后扫描，时间复杂度为 $O(n)$。在获得单词 $w_i$ 的表示 $x_i$ 之后，将结果进行整合，使用 tanh 作为激活函数，将激活函数与线性变换一起作用于 $x_i$，得到文本特征信息，并将结果发送到下一层，如下式所示：

$$y_i^{(2)} = \tanh(W^{(2)} x_i + b^{(2)}) \tag{7.30}$$

式(7.30)中，$y_i^{(2)}$ 是一个潜在的语义向量，分析每个语义因素以确定是表示文本的最有用的因素。

由第一部分的词表示学习进入到第二部分文本表示学习。该模型中的卷积神经网络表示文本，从卷积神经网络的角度来看，前面提到的循环结构是卷积层，当计算所有单词的表示时，我们应用最大池化层。将词表示学习的输出进行最大池化操作，提取出输入数据最重要的文本特征，进而得到最重要的文本信息：

$$y^{(3)} = \max_{i=1}^{n}(y_i^{(2)}) \tag{7.31}$$

max 函数是一个逐元素的函数，$y^{(3)}$ 的第 $k$ 个元素是 $y_i^{(2)}$ 的第 $k$ 个元素中的最大元素。池化层将具有不同长度的文本转换为固定长度的向量，通过池化层，可以捕获整个文本中的信息。最大池化层试图在文本中找到最重要的潜在语义因素，池化层利用循环结构的输出作为输入，池化层的时间复杂度为 $O(n)$。整个模型是循环结构和最大池层的级联，因此，该模型的时间复杂度仍然是 $O(n)$。

该模型的最后一部分是输出层，与传统的神经网络类似，它被定义为

$$y^{(4)} = W^{(4)} y^{(3)} + b^{(4)} \tag{7.32}$$

最后将其输入到一个全连接分类器，使用 Softmax 函数多分类输出，它可以将输出数字转换为概率：

$$p_i = \frac{\exp(y_i^{(4)})}{\sum_{k=1}^{n} \exp(y_k^{(4)})} \tag{7.33}$$

上述原理综合说明如表 7.2 所示。

**表 7.2　TextRCNN 模型原理**

对文本数据进行向量编码，得到 $e(W)$

Left Context：$c_l(w_i) = f(W^{(l)} c_l(w_{i-1}) + W^{(sl)} e(w_{i-1}))$

Right Context：$c_r(w_i) = f(W^{(r)} c_r(w_{i+1}) + W^{(sr)} e(w_{i+1}))$

将上述结果拼接在一起：$x_i = [c_l(w_i); e(w_i); c_r(w_i)]$

输入到 tanh 激活函数中，得到 $y^{(2)}$：$y_i^{(2)} = \tanh(W^{(2)} x_i + b^{(2)})$

对 $y^{(2)}$ 进行池化，使用一维的 max-pooling，得到 $y^{(3)}$：$y^3 = \max\limits_{i=1}^{n} y_i^{(2)}$

在输出层，使用 Softmax：$y^{(4)} = W^{(4)} y^{(3)} + b^{(4)}$　　$p_i = \dfrac{\exp(y_i^{(4)})}{\sum\limits_{k=1}^{n} \exp(y_k^{(4)})}$

其中，$c_l(w_i)$ 是一个稠密向量，表示单词 $w_i$ 的左上文；$e(w_i)$ 表示单词 $w_i$ 的嵌入向量，即词嵌入；$W^{(l)}$ 是一个矩阵，用于将上一个单词的左上文 $c_l(w_{i-1})$ 传递到下一个单词的左上文 $c_l(w_i)$ 中；$W^{(sl)}$ 是一个矩阵，结合当前词 $e(w_{i-1})$ 的语义到下一个词的左上文中，$s$ 表示语义。右下文 $c_r(w_i)$ 的计算中的符号意义同理可知。

将所有待训练的参数定义为 $\theta$：

$$\theta = \{E, b^{(2)}, b^{(4)}, c_l(w_1), c_r(w_n), W^{(2)}, W^{(4)}, W^{(l)}, W^{(r)}, W^{(sl)}, W^{(sr)}\} \quad (7.34)$$

具体来说，参数是字嵌入 $E \in \mathbb{R}^{|e| \times |V|}$，偏置向量 $b^{(2)} \in \mathbb{R}^H$，$b^{(4)} \in \mathbb{R}^O$，初始内容 $c_l(w_1)$，$c_r(w_n) \in \mathbb{R}^{|c|}$ 和变换矩阵 $W^{(2)} \in \mathbb{R}^{H \times (|e|+2|c|)}$，$W^{(4)} \in \mathbb{R}^{O \times H}$，$W^{(l)}$，$W^{(r)} \in \mathbb{R}^{|c| \times |c|}$，$W^{(sl)}$，$W^{(sr)} \in \mathbb{R}^{|e| \times |c|}$，其中 $|V|$ 是词汇表中的单词数，$H$ 是隐藏层大小，$O$ 是文本类型的数量。

网络的训练目标是被用于关于 $\theta$ 的最大化似然对数，使用最大似然函数来评估模型的效果：

$$\theta \to \sum_{D \in \mathbb{D}} \log p(\text{class}_D | D, \theta) \quad (7.35)$$

其中，$\mathbb{D}$ 是训练文本集，$\text{class}_D$ 是文本 $D$ 的正确类。采用随机梯度下降来优化训练目标。在每一步中，随机选择样本 $(D, \text{class}_D)$ 进行渐变。

$$\theta \leftarrow \theta + \alpha \frac{\partial \log p(\text{class}_D | D, \theta)}{\partial \theta} \quad (7.36)$$

**2. 双向 RNN**

TextRCNN 最大的特点就是使用双向 RNN 网络替代了传统 CNN 网络中的卷积层，可以更有效地保留文本的上下文信息。双向 RNN，即可以从过去的时间点获取记忆，又可以从未来的时间点获取信息。将其应用到文本分类中可以有效地学习一个单词的左前文信息和右后文信息。至于网络单元到底是标准的 RNN 还是 GRU，或者是 LSTM 是没有关系的，都可以使用。

双向 RNN 的基本思想是提出每一个训练序列向前和向后分别是两个循环神经网络，而且这两个循环神经网络都连接着一个输出层。这个结构提供给输出层输入序列中每一个点的完整的过去和未来的上下文信息。图 7.18 展示的是一个沿着时间展开的双向循环神经网络。6个独特的权值在每一个时步被重复地利用,6个权值分别对应输入到前向和后向隐含层,隐含层到隐含层自己,前向和后向隐含层到输出层。值得注意的是,前向和后向隐含层之间没有信息流,这保证了展开图是非循环的。每一个输出都是综合考虑两个方向获得的结果再输出。

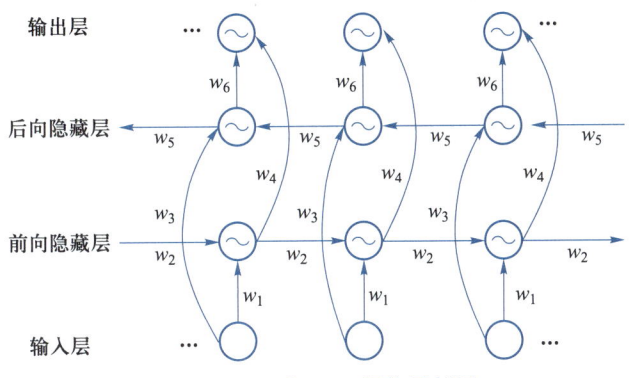

图 7.18　双向 RNN 网络示例图

具体来说,给定时间步 $t$ 的小批量输入 $X_t \in R^{n \times d}$(样本数为 $n$,输入个数为 $d$)和隐藏层激活函数 $\varphi$。在双向 RNN 的架构中,设该时间步正向隐藏状态为 $\vec{H}_t \in R^{n \times h}$(正向隐藏单元个数为 $h$),反向隐藏状态为 $\overleftarrow{H}_t \in R^{n \times h}$(反向隐藏单元个数为 $h$),可以分别计算正向隐藏状态和反向隐藏状态:

$$\vec{H}_t = \varphi(X_t W_{xh}^{(f)} + \vec{H}_{t-1} W_{hh}^{(f)} + b_h^{(f)}) \quad (7.37)$$
$$\overleftarrow{H}_t = \varphi(X_t W_{xh}^{(b)} + \overleftarrow{H}_{t+1} W_{hh}^{(b)} + b_h^{(b)})$$

其中,权重 $W_{xh}^{(f)} \in R^{d \times h}$、$W_{hh}^{(f)} \in R^{h \times h}$、$W_{xh}^{(b)} \in R^{d \times h}$、$W_{hh}^{(b)} \in R^{h \times h}$ 和偏差 $b_h^{(f)} \in R^{1 \times h}$、$b_h^{(b)} \in R^{1 \times h}$ 均为参数模型。之后连结两个方向的隐藏状态 $\vec{H}_t$ 和 $\overleftarrow{H}_t$ 来得到隐藏状态 $H_t \in R^{n \times 2h}$,并将其输入到输出层。输出层计算出 $O_t \in R^{n \times q}$(输出个数为 $q$):

$$O_t = H_t W_{hq} + b_q \quad (7.38)$$

其中,权重 $W_{hq} \in R^{2h \times q}$ 和偏差 $b_q \in R^{1 \times q}$ 为输出层的模型参数。事实上,不同方向上的隐藏单元个数也可以不同。

以上就是双向 RNN 的具体原理,在很多的自然语言处理问题中,对于大量有自然语言处理问题的文本,有 LSTM 单元的双向 RNN 模型是用得最多的。所以如果有自然语言处理问题,并且文本句子都是完整的,首先需要标定这些句子,一个有 LSTM 单元的双向 RNN 模型,有前向和反向过程是一个不错的首选。

## 7.4　应用案例:电影观众评论分类

为了验证本章介绍的 FastText 与 TextCNN 在文本分类方面的效果,我们选用 IMDB 电影观众评论数据集(Movie Review Data),使用 MindSpore 在昇腾 Ascend 处理器上进行验证。因为目前例如豆瓣、IMDB、Rotten Tomatoes 等许多网站提供了对电影的在线评论,并且观众可以通过打分机制来反映他们的整体评价,不需要为监督学习或评估目的手动标记数据,这为实验开展提供了很大便利。根据对电影的打分评价,可将观众的评价分为正面、负面和中性三个类别。对于观众对电影进行的文本描述评论,只关注区分正面情绪和负面情绪。

### 7.4.1 场景描述

电影观众评论数据集(Movie Review Data)是一个用于二元分类的电影评论数据集,共有 rt-polarity.pos 与 rt-polarity.neg 两个文件,这两个文件中的每一行是一条评论,对应一个片段(通常包含一个句子);所有片段都是小写的,这些片段被自动标记。

rt-polarity.pos 是一个有 5 331 条正面评论的文件,部分正面评论如下:

a thoughtful , provocative , insistently humanizing film .

the movie's ripe , enrapturing beauty will tempt those willing to probe its inscrutable mysteries .

a romantic comedy that operates by the rules of its own self-contained universe .

it will delight newcomers to the story and those who know it from bygone days .

it's obviously struck a responsive chord with many south koreans , and should work its magic in other parts of the world .

a startling and fresh examination of how the bike still remains an ambiguous icon in chinese society .

that rara avis : the intelligent romantic comedy with actual ideas on its mind .

it has a subtle way of getting under your skin and sticking with you long after it's over .

rt-polarity.neg 是一个有 5 331 条负面评论的文件,部分负面评论如下:

it's so laddish and juvenile , only teenage boys could possibly find it funny .

unfortunately the story and the actors are served with a hack script .

pc stability notwithstanding , the film suffers from a simplistic narrative and a pat , fairy-tale conclusion .

a portrait of alienation so perfect , it will certainly succeed in alienating most viewers .

dull and mechanical , kinda like a very goofy museum exhibit .

none of this is half as moving as the filmmakers seem to think .

a processed comedy chop suey .

full of the kind of obnoxious chitchat that only self-aware neurotics engage in .

### 7.4.2 基于 FastText 的电影评论分析

本次实验对文本预处理,分词后,对一个句子中的词做 N-gram 聚合,将

## 7.4 应用案例：电影观众评论分类

词转换成 token 再转换成嵌入向量，再将每个句子输入到 FastText 模型中。采用的 FastText 模型对每个词的对应位置使用均值做池化操作，得到与词向量相同维度的句向量，最后接一个全连接。在分类问题上，最后全连接会输出一个预测标签，与真实的标签计算交叉熵并迭代优化。

所实现的工程目录结构如下：

```
└── fasttext
    ├── utils
    │   ├── fasttext_dataset.py    // 构造适用于 FastText 的采样 Dataset
    │   ├── fasttext_model.py      // FastText 模型
    │   ├── load_data.py           // 加载数据所需要的方法
    │   ├── train.py               // 训练模型
    │   └── eval.py                // 测试评估
    ├── data
    │   ├── negdata.csv            // 负面评论数据集
    │   ├── posdata.csv            // 正面评论数据集
    │   └── test.csv               // 测试数据集
    ├── main.py                    // 进行训练和测试评估
    └── config.py                  // 参数配置文件
```

### 1. 参数选择

针对电影评论数据集，config.py 配置的参数如下：

```
max_length: 50                  # 文本的最长长度
batch_size: 64                  # 批处理大小
negative_data_path: ""          # 负面评论数据集路径
positive_data_path: ""          # 正面评论数据集路径
epoch: 30                       # 总训练周期
embedding_dim : 100             # 每个嵌入向量的大小
output_dim : 2                  # 输出的维度
test_data_path: ""              # 测试数据集路径
```

### 2. 数据集处理

本实验采用的 FastText 接受的数据集文件类型为 csv 格式，鉴于原始电影观众评论数据集是每行一条评论的组织形式，可方便地将每一行评论处理为 csv 文件的一行数据。

载入数据集的代码如下：

```
def get_text(pos_path , neg_path):
    # FastText 是有监督的构造预训练模型，因此训练数据既有语料，也有 label
    # 读取正面评价数据集
```

```python
with open(pos_path, 'r') as csvfile:
    posdata=[]
    reader=csv.reader(csvfile)
    for row in reader:
        row=row[0]
        row=row.replace(',', '')
        row=row.replace('!', '')
        posdata.append(row)
# 读取负面评价数据集
with open(neg_path, 'r') as csvfile:
    negdata=[]
    reader=csv.reader(csvfile)
    for row in reader:
        row=row[0]
        row=row.replace(',', '')
        row=row.replace('!', '')
        negdata.append(row)
sentence_list=posdata + negdata
# 构建评论对应标签列表，1表示正面评论，0表示负面评论
lab_pos=[1 for index in range(len(posdata))]
lab_neg=[0 for index in range(len(negdata))]
sentence_label=lab_pos + lab_neg
return sentence_list, sentence_label
```

声明了类 FastTextDataSet 对数据集进行预处理，其中方法包括根据语料构造词汇表的 reform_vocab，对数据集进行分词并根据词汇表生成 FastText 的训练数据的 generate_fast_text_data。

reform_vocab 方法的代码如下：

```python
# 根据语料构造 vocab
def reform_vocab(self, text_list):
    total_word_list=[]
    ngram_op=ds.text.Ngram(2, separator=" ")
    for _ in text_list:
# 将嵌套的列表拉平，例如[[xx, xx], [xx, xx]…])变为([xx, xx, xx…])
        _=_.split(" ")
        total_word_list +=_
        total_word_list +=list(ngram_op(_))   # 使用 N-gram 处理单词
    total_word_list=list(set(total_word_list))
    counter=Counter(total_word_list)            # 统计计数
```

```
        sorted_by_freq_tuples=sorted(counter.items(), key=lambda
x: x[1], reverse=True)
        # 构造成可接受的格式：[(单词, num), …]
        ordered_dict=OrderedDict(sorted_by_freq_tuples)
        # 开始构造 vocab
        text_vocab=ds.text.Vocab.from_dict(ordered_dict)
        vocab_transform=ds.text.Vocab.from_list(total_word_list,
special_tokens=["<UNK>", "<SEP>"])
        return total_word_list, vocab_transform
```

generate_fast_text_data 的代码如下：

```
    # 生成 FastText 的训练数据
    def generate_fast_text_data(self):
        fast_data=[]
        sentence_id_list=[]
        for sentence in self.text_list:
            all_sentence_words=[]
            ngram_op=ds.text.Ngram(2, separator=" ")
            sentence=sentence.split(" ")
            all_sentence_words+=sentence
            all_sentence_words+=list(ngram_op(sentence))
            fast_data.append(self.vocab_transform.tokens_to_ids
(all_sentence_words))
        return fast_data
```

**3. 模型定义**

定义网络结构的类 FastTextModel，注意需继承 mindspore.nn.Cell，共接收 vocab_size、embedding_dims 与 output_dim 三个参数，代码如下：

```
    class FastTextModel(nn.Cell):
        def __init__(self, vocab_size, embedding_dim, output_dim):
            super(FastTextModel, self).__init__()
            self.embedding=nn.Embedding(vocab_size=vocab_size, em-
bedding_size=embedding_dim)
            self.linear=nn.Dense(embedding_dim, output_dim)
```

construct 函数接收 text_token（源句子）一个参数，构造详细的网络结构代码如下：

```
    def construct(self, text_token):
        embedded=self.embedding(text_token)
        # shape：[batch_size, 单词长度, embedding_dim] 三维
```

```
        embedded=embedded[:, None,:,:]
        # torch 的 AvgPool2d 可以自动将三维的数据 NHW 填充 C=1 至四维 NCHW
        # MindSpore 不支持, 这一步是手动构造 C=1
        pool = nn.AvgPool2d(kernel_size=(embedded.shape[2], 1),
            stride=(embedded.shape[1], 1))
        pooled=pool(embedded).squeeze(1)
        # shape: [batch size, embedding_dim]
        out_put=self.linear(pooled)
        out_put=out_put[:,:].view(out_put.shape[0], out_put.shape
[2])  #降维
        return out_put
```

get_embedding 函数接收 token_list 一个参数，返回词向量列表：

```
    def get_embedding(self, token_list: list):
        return self.embedding(mindspore.Tensor(token_list).long())
```

**4. 模型训练**

使用定义的 FastTextModel 作为训练的神经网络，使用 CrossEntropyLoss 作为损失函数，使用 Adam 作为神经网络权重优化器。相关代码如下：

```
    def start_train(fasttext_data_set, model, epoch):
        params=model.get_parameters()
        optimizer=mindspore.nn.Adam(params=params)
        criterion=nn.CrossEntropyLoss()
        weights=model.trainable_params()
        # 正向计算 Loss
        def forword_fn(inputs, targets):
            logits=model(inputs)
            loss=criterion(logits, targets)
            return loss, logits
        # 梯度计算函数
        grad_fn=value_and_grad(forword_fn, grad_position=None,
weights=weights, has_aux=True)
        # 反向传播、梯度更新
        def train_step(inputs, targets):
            (loss, _), grads=grad_fn(inputs, targets)
            optimizer(grads)
            return loss
        for _epoch_i in range(epoch):
            loss_list=[]
```

## 7.4 应用案例：电影观众评论分类

```
        for text_token, text_label in fasttext_data_set:
            text_label = mindspore.Tensor(text_label, dtype =
mindspore.int32)
            loss=train_step(text_token, text_label)
            loss_list.append(loss)
        print("epoch: ", _epoch_i, "Loss: ", np.sum(loss_list))
    return model
```

**5. 模型评估**

使用 MindSpore 提供的 Accuracy 作为模型的评估方式，评估脚本代码如下：

```
    def start_test(model, test_sentences_list, test_sentence_
label, vocab_transform, target_length):
        ngram_op=ds.text.Ngram(2, separator=" ")
        result=[]
        for sentence in test_sentences_list:
            sentence=sentence.split(" ")
            all_sentence_words=[]
            all_sentence_words+=sentence
            all_sentence_words+=list(ngram_op(sentence))
            sentence_id_list = load_data.pad_or_cut(vocab_trans-
form.tokens_to_ids(all_sentence_words), target_length = target_
length)
            sentence_embedding=model.get_embedding(sentence_id_list)
            #==============FastText 分类==============
            text_tensor=mindspore.Tensor(sentence_id_list).long()
            text_tensor=text_tensor.unsqueeze(0)        # 整理输入
            result.append(model(text_tensor).numpy().tolist())
        # 计算准确率
        result=[x for [x] in result]
        metric=Accuracy('classification')
        metric.clear()
        metric.update(result,  test_sentence_label)
    return metric.eval()
```

### 7.4.3 基于 TextCNN 的电影评论分析

本次实验采用 TextCNN 对电影评论分析进行分类，TextCNN 网络架构共有 9 层，其中第 1 层为词嵌入层（Embedding），用于将词序列根据单词长度和词向量长度编码为词向量矩阵；第 2 层是卷积层（Conv2d+ReLU），做卷积和激活操作；第 3 层是池化层（MaxPooling），将特征向量做最大池化；第 4、5、6、7 层同第 2、3 层，但是卷积核的大小不同，三个卷积核大小分别为 3、4、5；第 8 层是拼接层（Concat），将三种卷积核的卷积结果拼接为一个；第 9 层是丢弃和全连接层（Dropout+Dense），按照给定比例丢弃一部分数据内容，以减少过拟合，本案例中取 0.4；将输出结果映射为一个一维 Tensor，该 Tensor 长度为需要分类的类别数，本案例中为 2，因此是一个二分类问题。

所实现的工程目录结构如下：

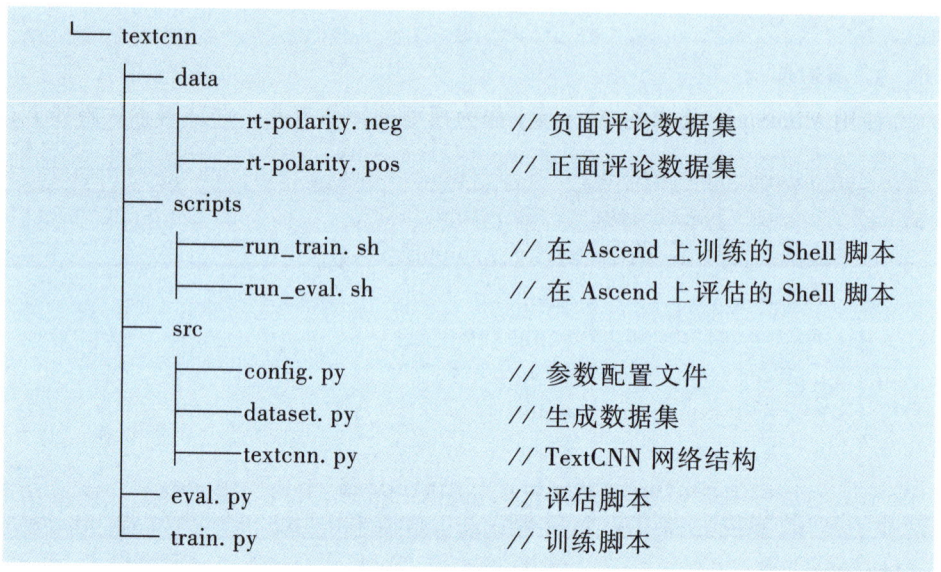

### 1. 参数选择

针对电影评论数据集，config.py 配置的主要参数如下：

```
pre_trained: False                                    # 设置不进行预处理数据集
batch_size: 32                                        # 批处理大小
epoch_size: 4                                         # 训练周期
weight_decay: 3e-5                                    # 权重衰减
data_path: './data/'                                  # 评论数据集路径
word_len: 51                                          # 单词最大长度
vec_length: 100                                       # 每个嵌入向量的大小
num_classes : 2                                       # 输出的维度
checkpoint_path: './ckpt/train_textcnn_5-4_1196.ckpt'
                                                      # 保存检查点的路径
keep_checkpoint_max: 1                                # 保存的最大检查点
```

### 2. 数据集处理

对数据集进行分割，形成训练集和测试集的相关代码如下：

```
def create_train_dataset(self, epoch_size, batch_size):
    dataset=ds.GeneratorDataset(
```

```
            source=Generator(input_list=self.train),
            column_names=["data", "label"],
            shuffle=False
        )
        dataset=dataset.batch(batch_size=batch_size, drop_remain-
der=True)
        dataset=dataset.repeat(epoch_size)
        return dataset
    def create_test_dataset(self, batch_size):
        dataset=ds.GeneratorDataset(
            source=Generator(input_list=self.test),
            column_names=["data", "label"],
            shuffle=False
        )
        dataset=dataset.batch(batch_size=batch_size, drop_remain-
der=True)
        return dataset
    def split_dataset(self, split):
        trunk_pos_size=math.ceil((1-split) * len(self.Pos))
        trunk_neg_size=math.ceil((1-split) * len(self.Neg))
        trunk_num=int(1 / (1-split))
        pos_temp=list()
        neg_temp=list()
        for index in range(trunk_num):
            pos_temp.append(self.Pos[index * trunk_pos_size:(index
+ 1) * trunk_pos_size])
            neg_temp.append(self.Neg[index * trunk_neg_size:(index
+ 1) * trunk_neg_size])
        self.test=pos_temp.pop(2) + neg_temp.pop(2)
        self.train=[i for item in pos_temp + neg_temp for i in item]
        random.shuffle(self.train)
```

数据集处理的目的是将原始的数据集转化为 MindSpore 能够接受的数据集，包括对原始数据集进行预处理、将数据集转化为 TextCNN 识别的词向量两个核心环节。

数据集预处理对分割后的训练集与测试集进行所有句子填充到同样长度、统一字符编码、去除无效字符等处理，相关代码如下：

```
    def read_data(self, filePath):
        with open(filePath, 'r') as f:
            for sentence in f.readlines():
```

```python
            sentence=sentence.replace('\n','') \
                .replace('"','') \
                .replace('\"','') \
                .replace('.','') \
                .replace(',','') \
                .replace('[','') \
                .replace(']','') \
                .replace('(','') \
                .replace(')','') \
                .replace(': ','') \
                .replace('--','') \
                .replace('-','') \
                .replace('\\','') \
                .replace('0','') \
                .replace('1','') \
                .replace('2','') \
                .replace('3','') \
                .replace('4','') \
                .replace('5','') \
                .replace('6','') \
                .replace('7','') \
                .replace('8','') \
                .replace('9','') \
                .replace('\'','') \
                .replace('=','') \
                .replace('$','') \
                .replace('/','') \
                .replace('*','') \
                .replace('; ','') \
                .replace('<b>','') \
                .replace('%','')
        sentence=sentence.split('')
        sentence=list(filter(lambda x: x, sentence))
        if sentence:
            self.word_num+=len(sentence)
            self.maxlen=self.maxlen if self.maxlen>=len\
                                        (sentence)
                                     else len(sentence)
            self.minlen=self.minlen if self.minlen<=len\
                                        (sentence)
                                     else len(sentence)
```

```
                if 'pos'in filePath:
                    self.Pos.append([sentence, self.feelMap['pos']])
                else:
                    self.Neg.append([sentence, self.feelMap['neg']])
```

将文本数据集转化为词向量数据的代码如下:

```
def text2vec(self, maxlen):
    # Vocab={word : index}
    self.Vocab=dict()
    # self.Vocab['None']
    for SentenceLabel in self.Pos + self.Neg:
        vector=[0] * maxlen
        for index, word in enumerate(SentenceLabel[0]):
            if index >=maxlen:
                break
            if word not in self.Vocab.keys():
                self.Vocab[word]=len(self.Vocab)
                vector[index]=len(self.Vocab)-1
            else:
                vector[index]=self.Vocab[word]
        SentenceLabel[0]=vector
    self.doConvert=True
```

**3. 模型定义**

定义网络结构的类 TextCNN 及相关工具方法，注意需继承 mindspore.nn.Cell，代码如下:

```
def _weight_variable(shape, factor=0.01):
    init_value=np.random.randn(*shape).astype(np.float32) * factor
    return Tensor(init_value)
def make_conv_layer(kernel_size):
    weight_shape=(96, 1, *kernel_size)
    weight=_weight_variable(weight_shape)
    return nn.Conv2d(in_channels=1, out_channels=96, kernel_size=kernel_size,
                     padding=1, pad_mode="pad", weight_init=weight, has_bias=True)
class TextCNN(nn.Cell):
    def __init__(self, vocab_len, word_len, num_classes, vec_length):
```

```
        super(TextCNN, self).__init__()
        self.vec_length=vec_length
        self.word_len=word_len
        self.num_classes=num_classes
        self.unsqueeze=P.ExpandDims()
        self.embedding = nn.Embedding (vocab_len, self.vec_
length, embedding_table='normal')
        self.slice=P.Slice()
        self.layer1=self.make_layer(kernel_height=3)
        self.layer2=self.make_layer(kernel_height=4)
        self.layer3=self.make_layer(kernel_height=5)
        self.concat=P.Concat(1)
        self.fc=nn.Dense(96*3, self.num_classes)
        self.drop=nn.Dropout(keep_prob=0.4)
        self.print=P.Print()
        self.reducemean=P.ReduceMax(keep_dims=False)
    def make_layer(self, kernel_height):
        return nn.SequentialCell([
            make_conv_layer((kernel_height, self.vec_length)),
            nn.ReLU(),
            nn.MaxPool2d(kernel_size=(self.word_len-kernel_
height+1, 1))])
```

construct 函数构造详细的网络结构代码如下：

```
    def construct(self, x):
        x=self.unsqueeze(x, 1)
        x=self.embedding(x)
        x1=self.layer1(x)
        x2=self.layer2(x)
        x3=self.layer3(x)
        x1=self.reducemean(x1, (2, 3))
        x2=self.reducemean(x2, (2, 3))
        x3=self.reducemean(x3, (2, 3))
        x=self.concat((x1, x2, x3))
        x=self.drop(x)
        x=self.fc(x)
        return x
```

**4. 模型训练**

使用定义的 TextCNN 作为训练的神经网络，使用 Softmax 作为损失函数，使用 Adam 作为神经网络权重优化器，使用 MindSpore 提供的 Accuracy 作为模

型的评估方式。训练脚本(train.py)如下:

```python
if __name__ == '__main__':
    parser = argparse.ArgumentParser(description='TextCNN')
    parser.add_argument('--device_target', type=str, default="Ascend", choices=['Ascend', 'GPU', 'CPU'],
        help='device where the code will be implemented (default: Ascend)')
    parser.add_argument('--device_id', type=int, default=0, help='device id of GPU or Ascend.')
    args_opt = parser.parse_args()
    # 设置上下文
    context.set_context(mode=context.GRAPH_MODE,
                        device_target=args_opt.device_target)
    context.set_context(device_id=args_opt.device_id)
    instance = MovieReview(root_dir=cfg.data_path, maxlen=cfg.word_len, split=0.9)
    dataset = instance.create_train_dataset(batch_size=cfg.batch_size, epoch_size=cfg.epoch_size)
    batch_num = dataset.get_dataset_size()
    learning_rate = []
    warm_up = [1e-3 / math.floor(cfg.epoch_size / 5) * (i + 1) for _
                in range(batch_num)
                for i in range(math.floor(cfg.epoch_size / 5))]
    shrink = [1e-3 / (16 * (i + 1)) for _ in range(batch_num) for i
                in range(math.floor(cfg.epoch_size * 3 / 5))]
    normal_run = [1e-3 for _ in range(batch_num) for i in range
                  (cfg.epoch_size-math.floor(cfg.epoch_size /
                  5)-math.floor(cfg.epoch_size * 2 / 5))]
    learning_rate = learning_rate + warm_up + normal_run + shrink
    net = TextCNN(vocab_len=instance.get_dict_len(), word_len=
                  cfg.word_len, num_classes=cfg.num_classes,
                  vec_length=cfg.vec_length)
    if cfg.pre_trained:
        param_dict = load_checkpoint(cfg.checkpoint_path)
        load_param_into_net(net, param_dict)
    opt = nn.Adam(filter(lambda x: x.requires_grad, net.get_parameters()), learning_rate=learning_rate,
                  weight_decay=cfg.weight_decay)
    loss = nn.SoftmaxCrossEntropyWithLogits(sparse=True)
```

```
        model=Model(net, loss_fn=loss, optimizer=opt, metrics=
{'acc': Accuracy()})
        config_ck=CheckpointConfig(save_checkpoint_steps=
        int(cfg.epoch_size * batch_num/2), keep_checkpoint_max=
cfg.keep_checkpoint_max)
        time_cb=TimeMonitor(data_size=batch_num)
        ckpt_save_dir="./ckpt"
        ckpoint_cb=ModelCheckpoint(prefix="train_textcnn", direc-
tory=ckpt_save_dir, config=config_ck)
        loss_cb=LossMonitor()
        model.train(cfg.epoch_size, dataset, callbacks=[time_cb,
ckpoint_cb, loss_cb])
        print("train success")
```

5. 模型评估

使用 MindSpore 提供的 Accuracy 作为模型的评估方式,评估脚本(eval.py)代码如下:

```
    if __name__=='__main__':
        device_target=cfg.device_target
        context.set_context(mode=context.GRAPH_MODE, device_
target=cfg.device_target)
        if device_target=="Ascend":
            context.set_context(device_id=cfg.device_id)
        instance=MovieReview(root_dir=cfg.data_path, maxlen=
cfg.word_len, split=0.9)
        dataset=instance.create_test_dataset(batch_size=
cfg.batch_size)
        loss=nn.SoftmaxCrossEntropyWithLogits(sparse=True)
        net=TextCNN(vocab_len=instance.get_dict_len(), word_len=
cfg.word_len, num_classes=cfg.num_classes, vec_length=cfg.vec_length)
        opt=nn.Adam(filter(lambda x: x.requires_grad, net.get_pa-
                        rameters()), learning_rate=0.001,
                        weight_decay=cfg.weight_decay)
        if args_opt.checkpoint_path is not None:
            param_dict=load_checkpoint(args_opt.checkpoint_path)
            print("load checkpoint from [{}].".format(args_
opt.checkpoint_path))
        else:
            param_dict=load_checkpoint(cfg.checkpoint_path)
```

```
        print("load checkpoint from [{}].".format(cfg.checkpoint_
path))
        load_param_into_net(net, param_dict)
        net.set_train(False)
        model = Model(net, loss_fn = loss, optimizer = opt, metrics =
{'acc': Accuracy()})
        acc = model.eval(dataset)
        print("accuracy: ", acc)
```

## 本章小结

文本分类与一般的分类问题在技术上没有本质区别，首先需要对文本进行预处理以得到高质量的训练文本集，采用文本特征表示方法将文本转化为计算机容易处理的词向量，再对文本特征进行选择来减少特征维数，然后选择能够实现从文本特征到文本类别的分类方法，最后构建性能评估模型来评估分类效果。

本章首先介绍了文本分类的技术原理与处理步骤，然后介绍了词袋模型、Word2Vec、GloVe 等文本特征表示方法如何将文本转化为词向量；目前已有大量的文本分类方法，本章选择了 FastText、TextCNN 与 TextRCNN 三种深度学习方法进行介绍，包括模型架构、模型原理。最后，本章提供了一个基于华为 MindSpore 的电影观众评论分类案例，采用与 FastText 与 TextCNN 两种方法进行分类，给出了模型参数选择、数据集预处理、模型定义、模型训练、模型评估的全过程讲解，希望为读者提供一个基于华为 MindSpore 进行文本分类应用的参考以及一些基础技术的支持。

## 思考题 7

1. 一个在线大型论坛系统的哪些具体场景用到文本分类技术进行自动化、智能化的分析处理？

2. 为什么 FastText 可以为语料库中未出现的单词产生词向量？

3. TextCNN 通常由以下几个部分组成：Embedding 层、CNN 层、全连接层等。简述这些不同层的含义及核心思想。

4. TextCNN 相对于传统的图像 CNN 网络有哪些主要区别？

5. 循环层在 TextRCNN 中的作用是什么？它如何捕捉文本中的上下文信息？另外，使用哪种循环层结构（如简单循环神经网络、长短期记忆网络等）可能更适合 TextRCNN？

6. 请采用 TestRCNN 对 7.4 节的电影观众评论数据集进行分类。

## 参考文献

[1] Minaee S, Kalchbrenner N, Cambria E, et al. Deep learning-based text classification: A comprehensive review[J]. ACM Computing Surveys, 2022(3): 54.

[2] Mikolov T, Chen K, Corrado G, Dean J. Efficient estimation of word representations in vector space [J]. arXiv preprint arXiv: 1301.3781, 2013.

[3] Pennington J, Socher R, Manning C. Glove: Global vectors for word representation [J]. in Proceedings of the 2014 Conference on Empirical Methods in Natural Language Processing (EMNLP), 2014: 1532-1543.

[4] Le Q, Mikolov T. Distributed representations of sentences and documents [J]. in International Conference on Machine Learning, 2014: 1188-1196.

[5] Iyyer M, Manjunatha V, Boyd-Graber J, Daumé III H. Deep unordered composition rivals syntactic methods for text classification [J]. in Proceedings of the 53rd Annual Meeting of the Association for Computational Linguistics and the 7th International Joint Conference on Natural Language Processing (Volume 1: Long Papers), 2015: 1681-1691.

[6] Joulin A, Grave E, Bojanowski P, Douze M, Jégou H, Mikolov T. Fasttext.zip: Compressing text classification models [J]. arXiv preprint arXiv: 1612.03651, 2016.

[7] Tai K S, Socher R, Manning C D. Improved semantic representations from tree-structured long short-term memory networks [J]. arXiv preprint arXiv: 1503.00075, 2015.

[8] Zhu X, Sobihani P, Guo H. Long short-term memory over recursive structures [J]. in International Conference on Machine Learning, 2015: 1604-1612.

[9] Cheng J, Dong L, Lapata M. Long short-term memory-networks for machine reading [J]. arXiv preprint arXiv: 1601.06733, 2016.

[10] Liu P, Qiu X, Chen X, Wu S, Huang X J. Multi-timescale long short-term memory neural network for modelling sentences and documents [J]. in Proceedings of the 2015 Conference on Empirical Methods in Natural Language Processing, 2015: 2326-2335.

[11] Kalchbrenner N, Grefenstette E, Blunsom P. A convolutional neural network for modelling sentences [J]. in 52nd Annual Meeting of the Association for Computational Linguistics, ACL 2014-Proceedings of the Conference, 2014.

[12] Kim Y. Convolutional neural networks for sentence classification [J]. in EMNLP 2014-2014 Conference on Empirical Methods in Natural Language Processing, Proceedings of the Conference, 2014.

[13] Mou L, Men R, Li G, Xu Y, Zhang L, Yan R, Jin Z. Natural language infer-

ence by tree-based convolution and heuristic matching [J]. arXiv preprint arXiv: 1512.08422, 2015.

[14] Sabour S, Frosst N, Hinton G E. Dynamic routing between capsules [J]. in Advances in Neural Information Processing Systems, 2017: 3856-3866.

[15] Yang M, Zhao W, Chen L, Qu Q, Zhao Z, Shen Y. Investigating the transferring capability of capsule networks for text classification [J]. Neural Networks, 2019, 118: 247-261.

[16] Sabour S, Frosst N, Hinton G E. Dynamic routing between capsules [J]. in Advances in Neural Information Processing Systems, 2017: 3856-3866.

[17] Yang Z, Yang D, Dyer C, He X, Smola A, Hovy E. Hierarchical attention networks for document classification [J]. in Proceedings of the 2016 Conference of the North American Chapter of the Association for Computational Linguistics: Human Language Technologies, 2016: 1480-1489.

[18] Shen T, Zhou T, Long G, Jiang J, Pan S, Zhang C. Disan: Directional self-attention network for rnn/cnn-free language understanding [J]. in Thirty-Second AAAI Conference on Artificial Intelligence, 2018.

[19] Munkhdalai T, Yu H. Neural semantic encoders [J]. in Proceedings of the Conference. Association for Computational Linguistics. Meeting, vol. 1. NIH Public Access, 2017: 397.

[20] Devlin J, Chang M W, Lee K, Toutanova K. Bert: Pre-training of deep bidirectional transformers for language understanding [J]. arXiv preprint arXiv: 1810.04805, 2018.

[21] Wu Z, Pan S, Chen F, Long G, Zhang C, Yu P S. A comprehensive survey on graph neural networks [J]. arXiv preprint arXiv: 1901.00596, 2019.

[22] Peng J, Li Y, He Y, Liu M, Bao L, Wang Y, Song, Yang Q. Large-scale hierarchical text classification with recursively regularized deep graph-cnn [J]. in Proceedings of the 2018 World Wide Web Conference. International World Wide Web Conferences Steering Committee, 2018: 1063-1072.

[23] Mueller J Thyagarajan A. Siamese recurrent architectures for learning sentence similarity [J]. in 30th AAAI Conference on Artificial Intelligence, AAAI 2016, 2016.

[24] Lai S, Xu L, Liu K, et al. Recurrent convolutional neural networks for text classification [C]// National Conference on Artificial Intelligence. AAAI Press, 2015.

[25] Zhou C, Sun C, Liu Z, Lau F. A c-lstm neural network for text classification [J]. arXiv preprint arXiv: 1511.08630, 2015.

[26] Zhang R, Lee H, Radev D. Dependency sensitive convolutional neural networks for modeling sentences and documents [J]. in 2016 Conference of the

North American Chapter of the Association for Computational Linguistics: Human Language Technologies, NAACL HLT 2016-Proceedings of the Conference, 2016.

[27] Chen G, Ye D, Cambria E, Chen J, Xing Z. Ensemble application of convolutional and recurrent neural networks for multi-label text categorization [J]. in IJCNN, 2017: 2377-2383.

[28] Kowsari K, Brown D E, Heidarysafa M, Meimandi K J, Gerber M S, Barnes L E. Hdltex: Hierarchical deep learning for text classification [J]. in 2017 16th IEEE International Conference on Machine Learning and Applications (ICMLA). IEEE, 2017: 364-371.

# 第 8 章 情感分析

**本章要点**

认识深度学习中情感分析的相关概念。理解情感分析中常用方法的基本思想以及可应用的领域，掌握情感分析中常用模型 LSTM 及 Transformer 的基本原理，理解模型在实际应用场景中的执行过程。

**本章导图**

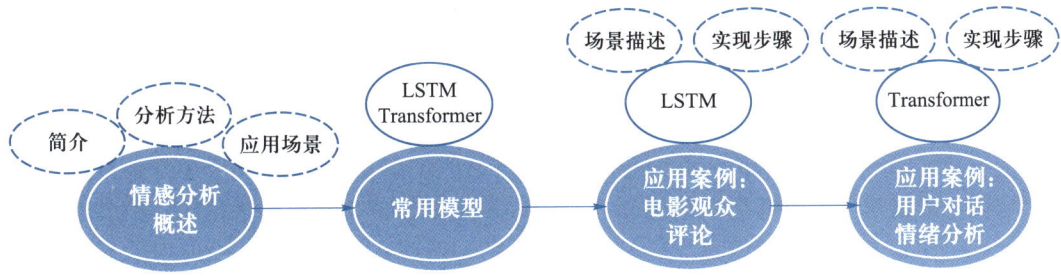

前面几章介绍了深度学习在其他领域的作用。本章将深度学习应用于情感分析领域的情感分析常用的深度学习模型架构，这些模型又是如何在实际应用场景中得到应用的。

## 8.1 概述

情感分析是属于自然语言处理（natural language processing，NLP）领域的一项技术，又称意见挖掘、倾向性分析等，是指基于单模态或多模态的数据（如文本、视觉、语音等模态信息）进行情感分类（通常是积极、消极或中立，或更复杂的情绪状态，比如"生气""悲伤""快乐"等）的分析过程。情感分析通过利用自然语言处理和机器学习等相关技术，对带有情感色彩的数据进行处理、分析，进而判别其情感倾向的过程。随着科技水平的发展与提高，博客、微博、Twitter、论坛等社交媒体、电商平台与各种新闻大门户网站已经成为人们日常获取信息、沟通交流的重要平台，越来越多的人更倾向于在这些平台上表达自己的观点、抒发自己的情绪，通过这些途径生产海量的带有主观情感意图的文本。分析这些数据，能获得人们对于某则新闻、某个事件或某件商品的态度和观点，这对于社会舆论和商业发展有着重大价值[1,2]。

### 8.1.1 情感分析简介

在自然语言理解方面，情感分析可以被视为语义分析的一个重要子领域，因为它的目标是识别人们谈论的话题以及他们对这些话题的情感。

情感分析研究分为三个研究方向：词级别情感分析，句子/文档级情感分析[3]，方面级情感分析[4]。其中，词级别和句子级别的分析分别关注的是词的情感正负向和整个句子的情感正负向。词级别情感分析，是通过构建情感词典为每个词赋予情感标签，如"高兴"对应的情感标签是"正面"。句子/文档级情感分析则研究如何给整个句子或文档打情感标签，如"今天午饭很好吃"对应的情感标签是"正面"。而方面级情感分析则是考虑了具体目标的情感分析，该目标可以是实体、某个实体的属性或实体加属性的组合。主要目的是识别文本中对某个对象的正负面评价，比如，"华为手机非常好"就是一个正面评价。这种分析主要有5个要素：实体、属性、观点、观点持有者和时间。实体，例如：产品、服务、组织、个人、事件、问题或主题，与属性结合在一起称为评价对象（target）。这种情感分析的目标就是从非结构化的文本评论中抽取出这5个要素。方面级情感分析可以分为三种：target-grounded aspect based sentiment analysis（TG-ABSA）、target no aspect based sentiment analysis（TN-ABSA）和target aspect based sentiment analysis（T-ABSA）。其中，TG-ABSA是在给定实体的情况下各个属性的情感分析；TN-ABSA是分析文本中出现的实体的情感正负向，不涉及属性的概念，只有实体；T-ABSA则是评价文本中出现的实体和属性组合的情感，评价对象是实体加属性的组合。方面级情感分析在国际学术竞赛中备受关注，特别是自2014年以来，国际语义评测大赛SemEval连续三年发布方面级情感分析任务[5]，对其进行了全面准确的定位和探究，并细分为多个子任务，如方面特征抽取和方面类别检测。此外，国内外多所高校的NLP团队也在积极研究方面级情感分析，如哈尔滨工业大学深圳人类语言技术组、北京大学语言计算与互联网挖掘研究组、苏州大学自然语言处理组、香港理工大学社会媒体挖掘组、美国康奈尔大学等。每年，这些团队都在世界顶尖会议和核心杂志上发表大量关于情感分析的论文。因此，方面级情感分析方法具有广阔的应用前景和研究价值，是一个值得深入研究的领域。

一般来说，情感分析的主要过程是通过一些方法分析给定的一段带有主观描述的文本中可能带有的情感倾向，主要任务包括情感信息提取、情感分类、情感倾向度计算、立场分析等，其中信息抽取的质量将直接影响后续的情感分类和意图挖掘。

**1. 情感信息提取**

情感信息抽取是情感分析的基础，主要包括情感词抽取、评价对象抽取、评价搭配抽取等。其中，情感词是指带有情感倾向性的单词或者短语，评价对象是评论文本中评价词所修饰的实体或者实体的属性，评价搭配抽取是在识别出评价对象后对评价对象和评价修饰短语进行匹配。

情感词抽取方面，一般可将情感词的极性分为正向、负向、无偏向等类型。在基于词典和规则的方法中，一般会基于已构建好的情感词典，结合用户预先定义的规则进行情感抽取；在基于机器学习的抽取方法中一般是利用机器学习中的序列标注模型进行情感词抽取。在基于深度学习的方法中一般在尽可能少的人工标注下利用深度神经网络将情感词实例抽取。

评价对象抽取旨在寻找评论文本中所讨论的对象是什么。

评价搭配抽取根据识别评论中的被评价对象，对被评价对象和评价修饰短语进行搭配。

**2. 情感分类**

情感分类又称情感倾向性分析，是指对给定的文本，识别其中主观性文本的倾向是肯定的还是否定的，或者说是正面的还是负面的，是情感分析领域研究最多的方面。通常网络文本存在大量的主观性文本和客观性文本。客观性文本是对事物的客观性描述，不带有感情色彩和情感倾向，主观性文本则是作者对各种事物的看法或想法，带有作者的喜好厌恶等情感倾向。情感分类的对象是带有情感倾向的主观性文本，客观文本的内容表达往往较为中立，不需要进行情感分析，为了降低噪声数据对情感分析的影响可以先对主客观文本进行区分。文本的主客观分类主要以情感词识别为主，利用不同的文本特征表示方法和分类器进行识别分类，对网络文本事先进行主客观分类，能够提高情感分类的速度和准确率。

**3. 情感倾向度计算**

情感倾向度是指主体对客体表达正面情感或负面情感时的强弱程度，不同的情感程度往往是通过不同的情感词或者情感语气等来体现，通常通过给每个情感词赋予不同的权值来体现。通过对情感倾向度的计算能更为准确地得到文本数据所表达出的情感程度的强弱，提高情感分析的准确性。

**4. 立场分析**

立场分析是文本情感分析的子领域，目的是识别针对某话题的立场态度。由于立场分析任务面临着比普通情感分析更多的挑战，因此单纯利用传统方法可能会有更多的局限。基于深度学习的方法能以自主的特征学习取代人工特征选择，并且采取深度学习进行集成的策略，比独立的深度学习分类模型更有优势。

### 8.1.2 情感分析方法

情感分析的过程可以理解为情感倾向性分类的过程，其研究形式和内容与分类任务基本一致。根据使用的分类方法，情感分析方法可以分为以下三种。

**1. 基于情感词典的情感分析方法**

基于情感词典的分析方法需要提前构建好情感词典，以达到更好的情感分类效果，它是最早的文本情感分析方法，来源于基于规则的文本分析。这种方法相对成熟，优点是不需要手动标注大规模的训练数据，并且没有大量参数，且产生误差时容易进行修正，其缺点是依赖于一个相对完整的情感词典，但情感词典的构建需要大量的人力物力，情感词典的全面性将会直接影响情感分析的结果。如图 8.1 所示是基于情感词典情感分析的流程，首先，是输入要分类的文本，然后在对数据进行预处理后，将具有不同词性的单词加载到情感词典中进行训练，接着计算情感极性。最后，根据情感极性判断获得情感分析结果。

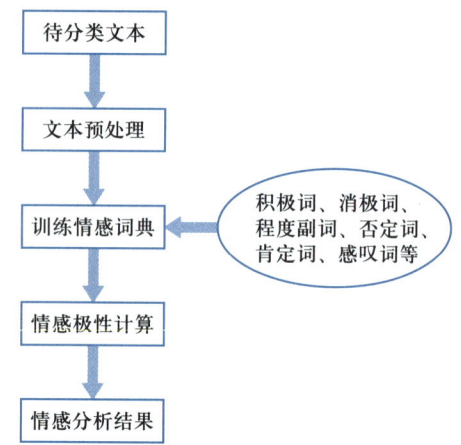

图 8.1　基于情感词典的情感分析方法流程

### 2. 基于机器学习的情感分析方法

基于机器学习的情感分析是一种通过给定数据集训练模型并最终得到预测结果的分析方法。它是一种流行的自然语言情感分析和处理的方法。与最初基于词典的情感分析方法相比，不需要花费大量的时间和资源构建情感词典，可以解决通过词典进行情感分类不够灵活的问题。

传统的机器学习可以从训练数据中自动分析和获得规律(模型)，并使用规律对测试数据进行预测从而得到对应的结果，这类机器学习可以被视为是浅层学习(shallow learning)[6]。而浅层学习的一个重要特征是不涉及特征学习，其特征主要靠人工经验或特征转换方法来提取。在 ABSA 任务中，机器学习大多是使用特征工程来获取情感信息[7]，并结合传统的机器学习算法模型来实现方面级情感分析。例如，使用情感词典和依赖信息等，再使用最大熵和支持向量机等传统分类器进行情感分类[8]。

基于机器学习的情感分析方法的一般流程如图 8.2 所示，首先，输入待分类的文本，选择数据预处理后的特征，然后将其交给情感分类模块进行分析，最后提取情感倾向。

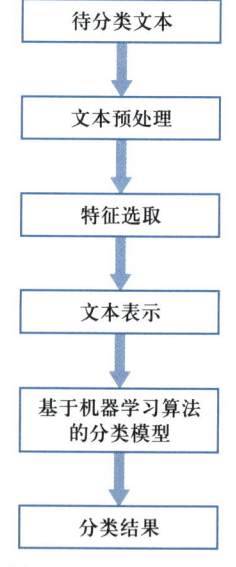

图 8.2　基于机器学习的情感分析方法流程

### 3. 基于深度学习的情感分析方法

从基于词典的情感分析方法到基于机器学习的情感分析方法已经取得了一些成果，但这些模型的泛化能力较弱。深度学习涵盖了机器学习领域，已成为当前热门的研究方向，它不仅提高了模型的泛化能力，而且降低了计算复杂度。深度学习使用多层表示的表征学习方法，其主要目的是从数据中自动学习有效的特征表示[9]。深度学习具有深度非线性网络结构，所以可以从高维到低维学习数据的特征。在自然语言处理领域，深度学习主要体现在能够学习数据样本的内在联系以及依赖关系，形成抽象和高层的表示形式，进而有效克服传统机器学习的约束。深度神经网络与机器学习最大的区别在于，它可以从底层特征中提取更多的隐藏信息，以获得有价值的特征，并且几乎没有维度爆炸现象。深度网络是一种具有较强特征表达和自主学习能力的网络，只要输入特定的训练数据并指定网络的输出目标，它就能自动调整网络参数的权重值，从而使网络的输出接近指定的目标。因此，深度学习被广泛应用于文本、图片、语音、视频等众多领域，并且在这些任务中取到了良好的效果。例如，Word2Vec[10]就是一种基于深度学习的文本处理技术。随着对深度学习研究的深入，越来越多的学者在自然语言处理领域研究情感分析。

### 8.1.3 情感分析应用

情感分析在很多领域都有很大的应用价值[11]。运用情感分析技术，可以在电影评论中反映出观众对电影的褒贬评价，也可以在产品评价中识别消费者对产品"价格""外观""性能"等属性的评价，还可以预测政治选举结果、经济金融股票黄金走势以及顾客购物习惯喜好等。对于个人来说，更细粒度和准确的评论文本可以让人们在浏览商品或阅读国家政策时，快速准确地找到所需要的信息，同时，人们能够从多个角度全方位地了解商品、政策或者事件。

**1. 商业领域**

对商家和企业而言，了解客户的偏好和情感，并对电子商务商品的正面和负面评论进行分类分析，将有助于商家推出新产品并改善服务。例如，在商业决策领域，可以通过挖掘用户评论的观点以获取用户的反馈信息，了解产品的优缺点，从而深入了解用户的真实需求，实现精准推销。

**2. 文化领域**

实现对影评和书评的分类，减少观影和阅读的盲目性。例如，对于电影或电视剧的评论进行分析，可以了解用户对影视作品的评价，在场景、演员、台词或背景音乐等各方面进行改进和提高，然后做出更加优秀的作品。

**3. 社会管理**

对于整个社会而言，大众舆论的导向至关重要，通过分析人民对于国家政策、社会事件的意愿和情感，可以更好地制定相关规定和政策，并快速高效地采取相应措施。例如，微博、微信等公众平台上对于不正当言论的识别、违规言论的屏蔽。

**4. 信息预测**

可进行态势预测，如美国总统竞选时，通过公开演讲以及大众言论预测谁呼声高。

**5. 情绪管理**

通过社交平台可以预测人的生活状态和情绪特点，例如，公司可以根据员工的状态合理安排工作计划。例如,在情感宣泄方面,如果能够从文字中知道用户的喜怒哀乐,那么计算机也可以充当一个情绪陪伴者和宣泄的窗口,或许能给心理疾病患者提供帮助。

## 8.2 常用模型

深度学习因其可以学习数据的深层特征这一特性而被广泛应用于情感分析。循环神经网络(recurrent neural network,RNN)由于其具有记忆性和参数共享特性,在学习序列的非线性特征方面具有一定的优势[12]。在情感分析任务中,结合注意力机制的循环神经网络 RNN 及其变体 LSTM 得到了广泛的应用。本节介绍的两个模型分别是基于 LSTM 和多头注意力机制构建的。

### 8.2.1 LSTM

长短期记忆网络[13](long short-term memory,LSTM)是一种为了解决 RNN 梯度弥散问题的神经网络模型。与传统的 RNN 比较,LSTM 的细胞单元具有记忆功能,可以选择性地保留较长时间跨度的信息,并且每个神经单元都采用门(遗忘门、进入门、细胞状态更新、输出门)的形式加以表达,这决定了对以往消息和即时信息的记忆与遗忘状况,并发挥出了长期记忆的作用。

**1. LSTM 的整体结构**

与原始的 RNN 的隐层(hidden state)相比,LSTM 增加了一个细胞状态(cell state),LSTM 神经细胞有三个输入:细胞状态 $C_{t-1}$、隐层状态 $h_{t-1}$、$t$ 时刻输入向量 $X_t$。LSTM 神经细胞有两个输出:细胞状态 $C_t$、隐层状态 $h_t$,其中 $h_t$ 还作为 $t$ 时刻的输出,如图 8.3 所示。

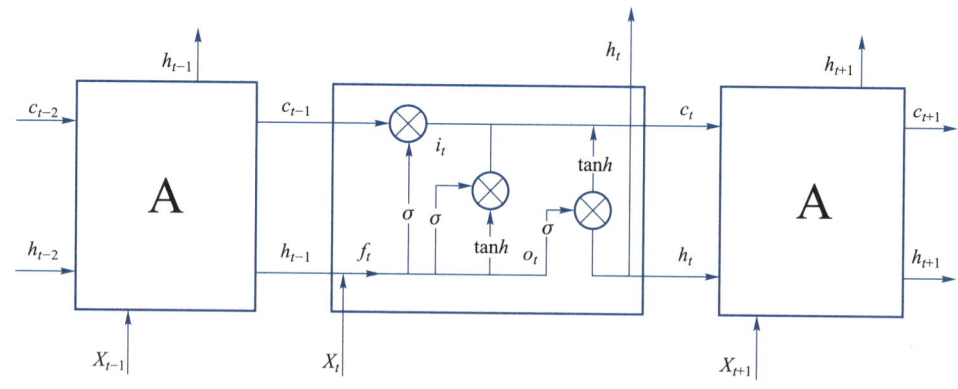

图 8.3 LSTM 模型

其中,细胞状态 $C_{t-1}$ 的信息一直在图 8.3 中上面那条线上传递,$t$ 时刻的隐层状态 $h_t$ 与输入 $X_t$ 会对 $C_t$ 进行适当修改,然后传到下一时刻;$C_{t-1}$ 会参与 $t$ 时刻输出 $h_t$ 的计算;隐层状态 $h_{t-1}$ 的信息通过 LSTM 的"门"结构,对细胞状态进行修改,并且参与输出的计算。

**2. LSTM 的门结构**

LSTM 模型中的三个门分别为遗忘门、输入门和输出门。细胞状态贯穿了 LSTM 模型的输入层和输出层,是该模型的关键,细胞状态中的信息流很稳定,几乎不改变,如图 8.4 所示。LSTM 模型通过三种门的开关处理细胞状态,让信息有效保存。

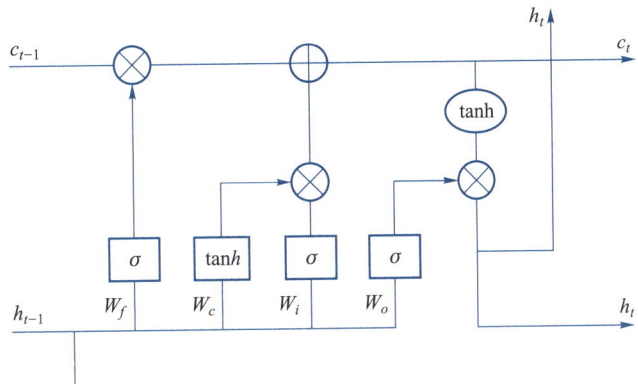

注:$\sigma$ 表示 sigmoid

图 8.4 LSTM 模型结构

(1) 遗忘门

遗忘门通过读取 $h_{t-1}$ 和 $X_t$,经由 $\sigma$(sigmoid),输入一个在 0 到 1 之间的数值给每个在记忆单元 $C_{t-1}$ 中的数字,1 表示完全保留,0 表示完全舍弃:

$$f_t = \sigma(W_f[h_{t-1}, x_t] + b_f) \tag{8.1}$$

(2) 输入门

输入门通过读取 $h_{t-1}$ 和 $x_t$,经由 sigmoid 和 tanh 两部分处理,从而确定将何种信息存放入记忆单元中。其中,sigmoid 部分输出 [0,1] 的数值,决定候选状态 $\widetilde{C}_t$ 有多少信息需要存储,tanh 部分会创建候选状态 $\widetilde{C}_t$。计算公式如下:

$$i_t = \sigma(W_i \cdot [h_{t-1}, x_t] + b_i) \tag{8.2}$$

$$\widetilde{C}_t = \tanh(W_C \cdot [h_{t-1}, x_t] + b_C) \tag{8.3}$$

随后通过将旧状态 $C_{t-1}$ 与 $f_t$ 相乘,遗忘掉由 $f_t$ 所确定的需要遗忘的信息,再加上 $i_t * \widetilde{C}_t$,由此得到新的记忆单元 $C_t$:

$$C_t = f_t^* C_{t-1} + i_t^* \widetilde{C}_t \tag{8.4}$$

(3) 输出门

输出门通过读取 $h_{t-1}$ 和 $x_t$,经由 sigmoid 和 tanh 两部分处理,从而确定将何种信息传递给外部状态 $h_t$。其中,sigmoid 部分确定记忆单元的何种信息可被输出,tanh 部分通过对细胞状态 $C_t$ 处理确定最终输出信息的部分:

$$o_t = \sigma(W_o \cdot [h_{t-1}, x_t] + b_o) \tag{8.5}$$

$$h_t = o_t \cdot \tanh(C_t) \tag{8.6}$$

### 8.2.2 Transformer

Transformer 模型[14]完全使用注意力机制[15]来取代 RNN。在 Transformer 模型的运行过程中,输入到编码器的数据通过一系列内置函数进行计算,然后输出到解码器,结果被逐一解码。

编码器部分由 6 个相同的子模块组合而成,每个模块都具有由多头自注意力机制(multi-headed attention)和前馈神经网络(feed forward neural network)组成的两层结构。残差网络(residual connection)和层归一化(layer normalization)用于每个双层结构中的每一个子层。引入残差网络[16]可以解决梯度消失和权重矩阵退化的问题,引入层归一化的目的也是为了减少不适当的梯度和模型退化,从而确保输入可以与其他层的输出平滑地进行整合,并帮助深层网络进行更好的训练。解码器的结构和编码器基本保持相同,同样采用 6 个完全相同的子模块叠加形成,仅在解码层开始处添加了额外的一层可掩盖的多头注意力层(masked multi-head attention)。Transformer 模型结构如图 8.5 所示。

**1. Transformer 模型结构**

与 seq2seq 模型[17]类似,Transformer 模型由两个部分组成:编码器(encoder)和解码器(decoder)。编码器和解码器都可以包含多个块(block),接下来,以编码器和解码器为 6 个块的情况为例进行介绍。

Transformer 的基本工作流程如下。

步骤 1:获取输入句子的每个单词的表示向量 $X$,$X$ 是通过添加单词信息和单词位置的嵌入而获得的。

步骤 2:将获得的单词表示向量矩阵传递到编码器中,经过 6 个编码器块(encoder block)之后,可以获得句子所有单词的编码信息矩阵 $C$。$X$(n×d)用于表示单词向量矩阵,$n$ 表示的是句子中具有的单词个数,$d$ 表示的是每个单词向量的维度(例如 $d=512$)。每一个编码器块输出的矩阵维度与输入完全一致。

步骤 3:将编码器输出的编码信息矩阵 $C$ 传送到解码器中,解码器会根据当前翻译过的单词 1~$i$ 依次翻译下一个单词 $i+1$。在使用的过程中,翻译到单词 $i+1$ 时编码器需要通过 mask(掩盖)操作来遮盖住 $i+1$ 之后的单词。

**2. Transformer 的输入**

Transformer 中单词的输入表示 x 是通过添加单词嵌入和位置嵌入相加获得的。有许多方法可以获得单词的嵌入,例如,可以通过 Word2Vec、Glove 和其他算法进行预训练获得,也可以在 Transformer 中进行训练得到。除了需要在 Transformer 中进行单词的嵌入,还需要使用位置嵌入来表示每个单词出现在该单词所在句子中的位置。因为 Transformer 不使用 RNN 的结构,而是使用全局信息,并且不能利用单词的顺序信息,而这部分信息对于 NLP 来说恰恰非常重要。因此,在 Transformer 中使用位置嵌入来保存单词在序列中的相对或绝对位

## 8.2 常用模型

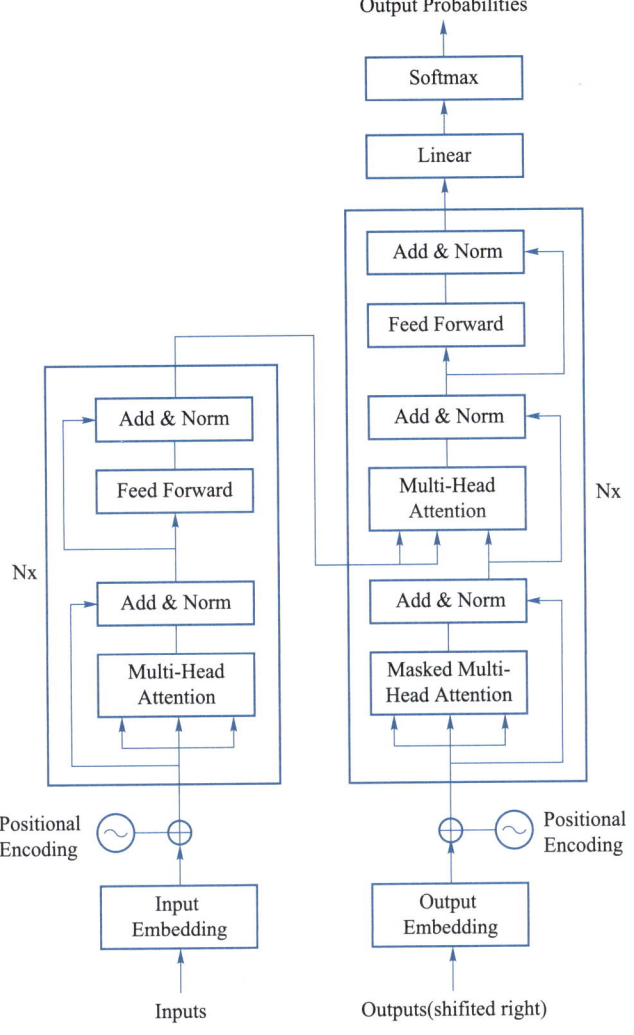

图 8.5 Transformer 模型结构

置很有必要。

位置嵌入由 $PE$ 进行表示，$PE$ 的维度与单词嵌入的维度相同。$PE$ 可以通过训练得到，也可以使用某种公式进行计算获得。在 Transformer 中获得 $PE$ 使用后一种方式，计算 $PE$ 的方法如下：

$$PE_{(pos,2i)} = \sin\left(\frac{pos}{10\ 000^{\frac{2i}{d}}}\right) \tag{8.7}$$

$$PE_{(pos,2i+1)} = \cos\left(\frac{pos}{10\ 000^{\frac{2i}{d}}}\right) \tag{8.8}$$

其中，pos 表示单词在句子中的位置，$d$ 表示 $PE$ 的维度（与词嵌入的维度一致），$2i$ 表示偶数维度，$2i+1$ 表示奇数维度。

使用这种公式计算 PE 有以下的优点：使 PE 能够适应比训练集中所有句子更长的句子，例如，训练集中最长的句子有 30 个单词，当出现一个长度为 31 的句子时，则使用公式计算的方法可以计算出第 31 位的位置嵌入。可以让模型更加简单地计算出相对位置，对于固定长度的间距 $k$，PE(pos+$k$) 可以使用 PE(pos) 计算获得。因为

$$\sin(A+B) = \sin(A)\cos(B) + \cos(A)\sin(B) \tag{8.9}$$

$$\cos(A+B) = \cos(A)\cos(B) - \sin(A)\sin(B) \tag{8.10}$$

通过相加单词的词嵌入和位置嵌入，就可以获得单词的表示向量 x，而 x 就可以作为 Transformer 的输入。

### 3. 自注意力机制(self-attention)

从 Transformer 的内部结构(图 8.5)可以看出，左侧为编码器块，右侧为解码器块(decoder block)。这两部分中都含有多头注意力层(multi-head Attention)，是由多个自注意力组成的，可以看到编码器块中仅包含一个多头注意力层，而解码器块包含两个多头注意力层(其中有一个多头注意力层用到了 Masked 操作)。多头注意力层之后还连接着一个 Add & Norm 层，其中，Add 表示残差连接(residual connection)，主要用于防止网络退化，Norm 表示层归一化，用于对每一层的激活值进行归一化。

其中，自注意力机制是 Transformer 模型的关键，首先详细介绍一下自注意力机制的内部逻辑，其结构如图 8.6 所示。

自注意力机制的结构在计算时需要用到矩阵 $Q$(查询)、$K$(键值)、$V$(值)。在实际中，自注意力机制接收的是输入(单词的表示向量 $x$ 组成的矩阵 $X$)或者上一个编码器块的输出。而 $Q$、$K$、$V$ 正是通过自注意力层的输入进行线性变换得到的。

自注意力机制的输入用矩阵 $X$ 表示，则可以使用线性变换矩阵 $W_Q$、$W_K$、$W_V$ 计算得到 $Q$、$K$、$V$。计算如图 8.7 所示，注意，$X$，$Q$，$K$，$V$ 的每一行都表示一个单词。

得到矩阵 $Q$、$K$、$V$ 之后就可以计算出自注意力的输出了，计算方法如下：

$$\text{Attention}(Q, K, V) = \text{softmax}\left(\frac{QK^T}{\sqrt{d_k}}\right)V \tag{8.11}$$

其中，$d_k$ 是 $Q$，$K$ 矩阵的列数，即向量维度。

式(8.11)中计算矩阵 $Q$ 和 $K$ 每一行向量的内积，为了防止内积过大，因此除以 $d_k$ 的平方根。$Q$ 乘以 $K$ 的转置后，得到的矩阵行列数都为 $n$，$n$ 为句子单词数，这个矩阵可以表示单词之间的 attention 强度。图 8.8 为 $Q$ 乘以 $K$ 的转置，$Q$ 中的每一行以及 $K^T$ 中的每一列表示的都是句子中的单词。

得到 $QK^T$ 之后，使用 Softmax 计算每一个单词对于其他单词的 attention 系数，式(8.11)中的 Softmax 是对矩阵的每一行进行 Softmax，即每一行的和都变为 1，Somftmax 变换过程如图 8.9 所示。

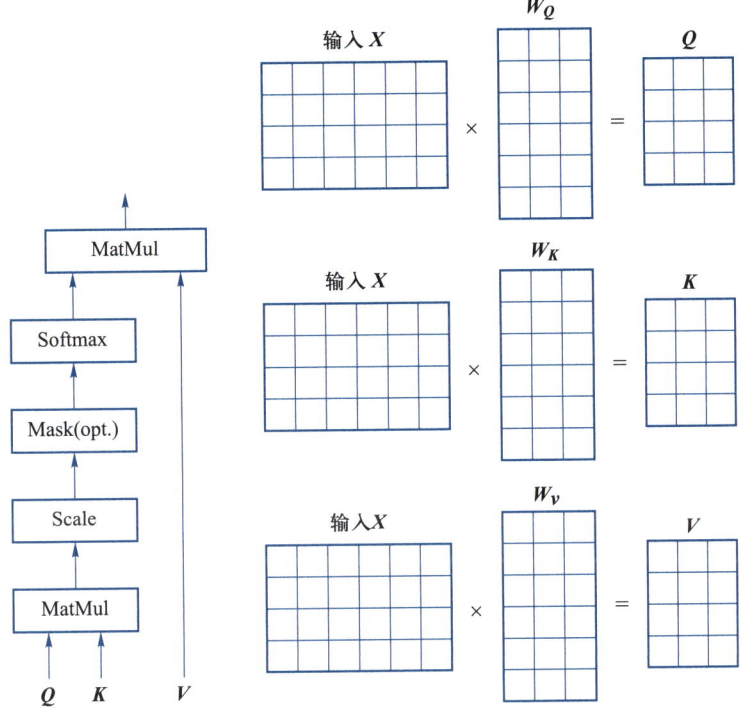

图 8.6　自注意力层结构　　　图 8.7　自注意力机制的线性变换

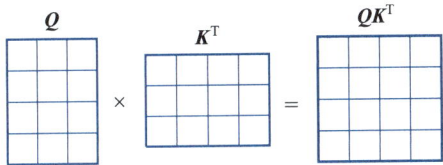

图 8.8　$Q$ 乘以 $K$ 的转置

图 8.9　Softmax 变换

对矩阵的每一行进行 Softmax，得到 Softmax 矩阵之后可以和 $V$ 相乘，得到最终的输出 $Z$，如图 8.10 所示。

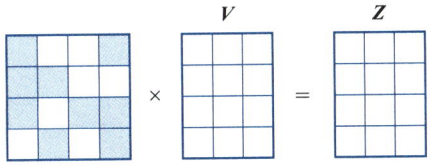

图 8.10　结果 $Z$ 输出

图 8.10 中 Softmax 矩阵的第 1 行表示句子中第一个单词与其他所有单词的 attention 系数，最终此单词的输出 $Z_1$ 由所有单词 $i$ 的值 $V_i$ 根据 attention 系数的比例加在一起得到，如图 8.11 所示。

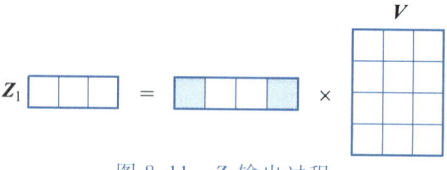

图 8.11 $Z_1$ 输出过程

#### 4. 多头注意力层

多头注意力层是由多个自注意力组合形成的，多头注意力层相对于自注意力层多定义了一个 $W_o$ 矩阵用于线性层，图 8.12 是多头注意力层结构图。

多头注意力层包含多个自注意力机制层，这么做的实质就是为了执行多次注意力机制（每次的参数是不同的），每一次注意力机制都会生成一个对应的注意力得分，最后对每个头生成的注意力值集成。通过此种结构可以实现类似于 CNN 的多通道，允许模型共同关注来自不同位置的不同表示子空间的信息，首先将输入 $X$ 分别传递到 $h$ 个不同的自注意力中，计算得到 $h$ 个输出矩阵 $Z$。图 8.13 是 $h=8$ 时的情况，此时经过每个单独的自注意力机制层会得到一个输出矩阵 $Z$，最终得到 8 个输出矩阵 $Z_1$ 到 $Z_8$，如图 8.13 所示。

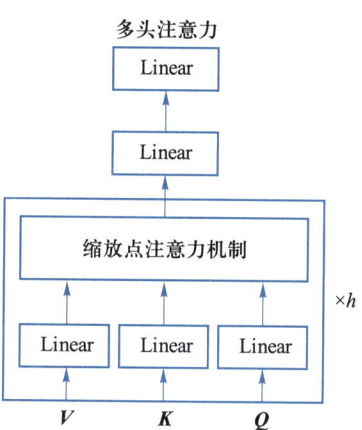

图 8.12 多头注意力层结构图

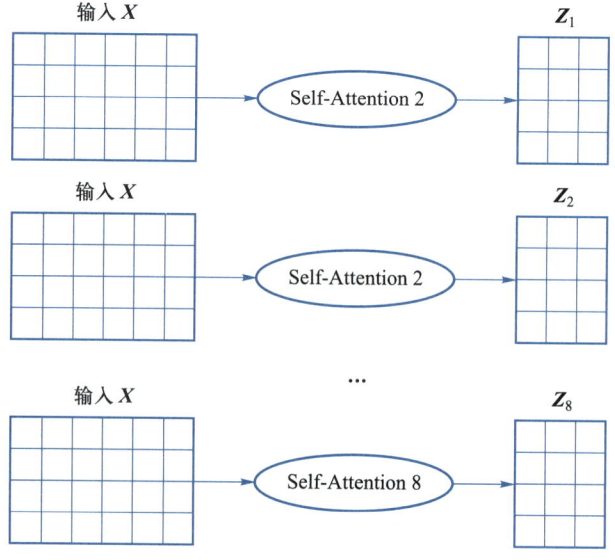

图 8.13 多层自注意力层输出

得到 8 个输出矩阵 $Z_1$ 到 $Z_8$ 之后，多头注意力层将它们拼接在一起（concat），然后传入一个线性层（linear），得到多头注意力层最终的输出 $Z$，如图 8.14 所示，与其输入的矩阵 $X$ 的维度是一样的。

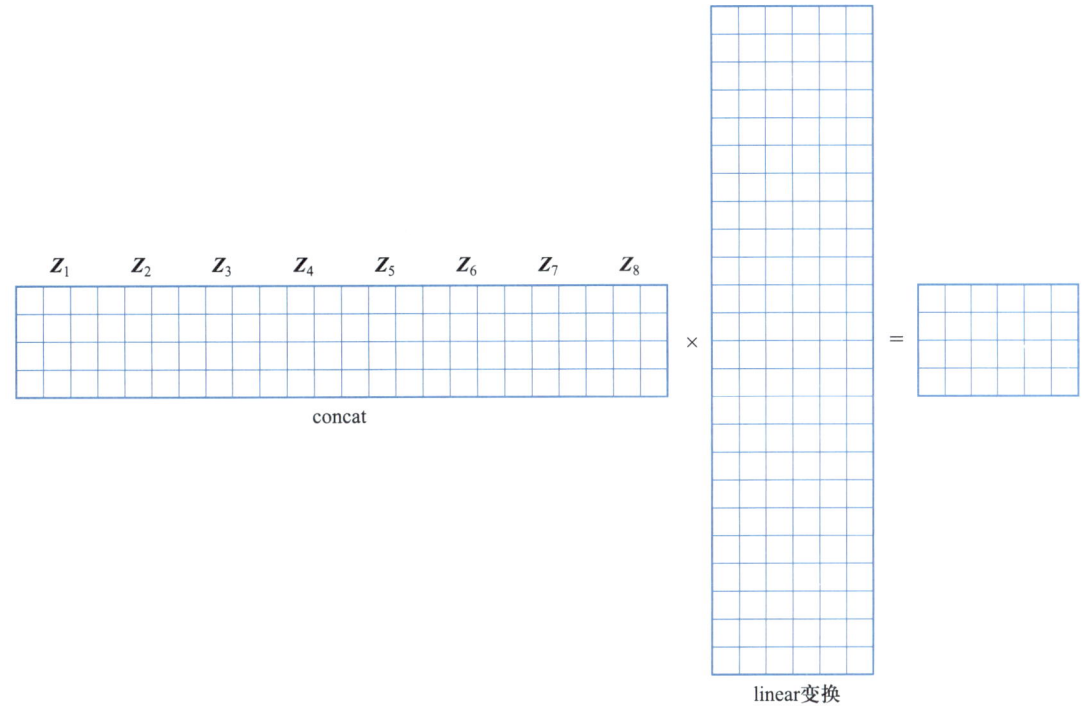

图 8.14　多头注意力层的输出

### 5. 编码器结构

图 8.15 中粗线边框部分是 Transformer 的编码器块结构，由多头注意力层、Add & Norm、Feed Forward 组成的。上述已经介绍了多头注意力层的计算过程，接下来介绍 Add & Norm 和 Feed Forward 部分。

Add & Norm 层由残差连接和层归一化两部分组成，其计算方法如下：

$$\text{layerNorm}(X+\text{MultiHeadAttention}) \tag{8.12}$$

$$\text{layerNorm}(X+\text{FeedForward}(X)) \tag{8.13}$$

其中，$X$ 表示多头注意力层或者 Feed Forward 的输入，MultiHeadAttention($X$) 和 FeedForward($X$) 表示输出（输出与输入 $X$ 维度是一样的，所以可以进行相加）。

Add 指 $X$+MultiHeadAttention($X$)，即一种残差连接，如图 8.16 所示，常用于解决多层网络训练的问题，可以让网络只关注当前差异的部分，在 ResNet 中经常用到。

Norm 指层归一化，通常用于 RNN 结构，层归一化会将每一层神经元的输入都转成均值方差都一样的，这样可以加快收敛。

Feed Forward 层比较简单，是一个两层的全连接层，第一层的激活函数为 ReLU，第二层不使用激活函数，计算方法如下：

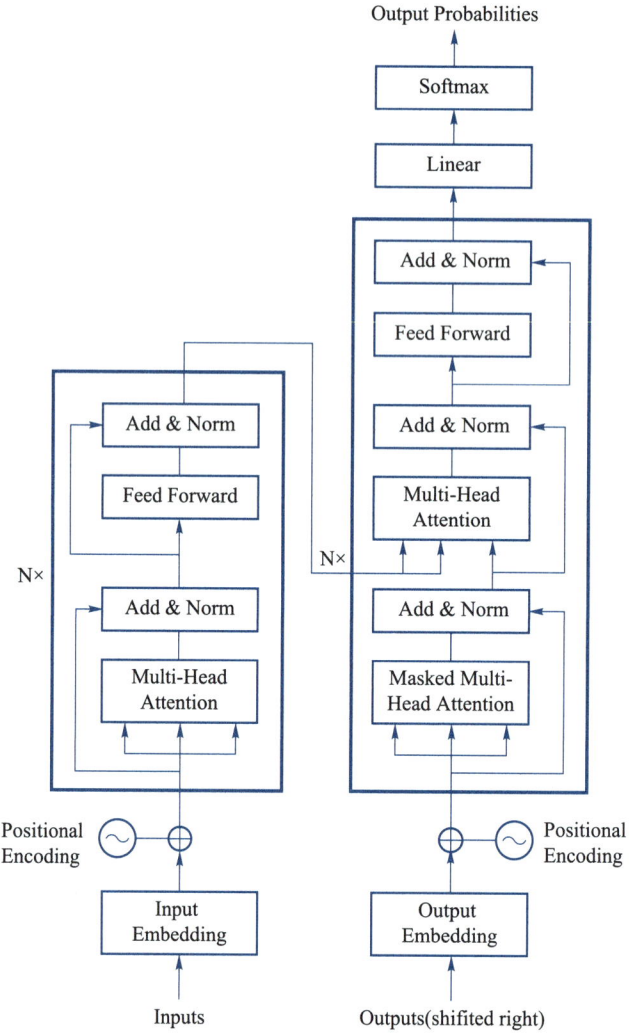

图 8.15 编码器块结构

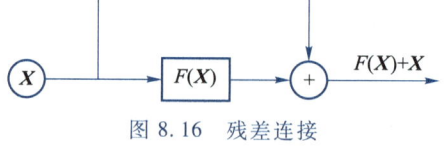

图 8.16 残差连接

$$\max(0, XW_1+b_1)W_2+b_2 \tag{8.14}$$

$X$ 是输入，Feed Forward 最终得到的输出矩阵的维度与 $X$ 一致。

通过上面描述的多头注意力层，Feed Forward、Add & Norm 就可以构造出一个编码器块，编码器块接收输入矩阵 $X(n\times d)$，并输出一个矩阵 $O(n\times d)$。通过多个编码器块叠加就可以组成编码器。

第一个编码器块的输入为句子单词的表示向量矩阵，后续编码器块的输入是前一个编码器块的输出，最后一个编码器块输出的矩阵就是编码信息矩阵 $C$，这一矩阵后续会用在解码器中。

**6. 解码器结构**

图 8.17 中的粗线边框部分为 Transformer 的解码器块结构，与上一部分介绍的编码器块相似，但存在一些区别。

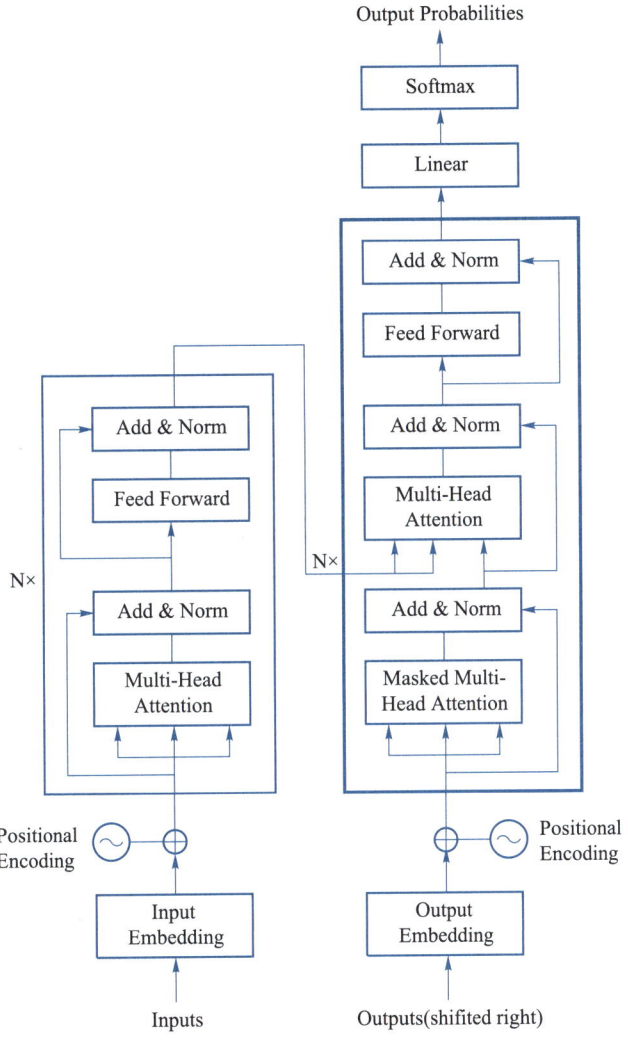

图 8.17　解码器块结构

包含两个多头注意力层。第一个多头注意力层采用了 Masked 操作。第二个多头注意力层的 $K$、$V$ 矩阵使用编码器的编码信息矩阵 $C$ 进行计算，而 $Q$ 使用上一个解码器块的输出计算。最后有一个 Softmax 层计算下一个翻译单词的概率。

解码器块的第一个多头注意力层采用了 Masked 操作，因为在翻译的过程中是顺序翻译的，即翻译完第 $i$ 个单词，才可以翻译第 $i+1$ 个单词。通过 Masked 操作可以防止第 $i$ 个单词知道 $i+1$ 个单词之后的信息。下面以"我有一只猫"翻译成"I have a cat"为例，了解一下 Masked 操作。

在解码器运行时，需要根据之前的翻译，求解当前最有可能的翻译，如图 8.18 所示。首先根据输入"<Begin>"预测出第一个单词为"I"，然后根据输入"<Begin> I"预测下一个单词"have"。

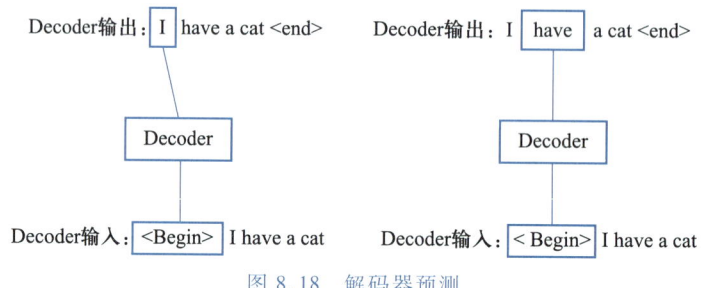

图 8.18　解码器预测

解码器可以在训练的过程中使用 Teacher Forcing 并且并行化训练，即将正确的单词序列(<Begin> I have a cat)和对应输出(I have a cat <end>)传递到解码器。那么在预测第 $i$ 个输出时，就要将第 $i+1$ 之后的单词掩盖住，值得注意的是，Masked 操作是在自注意力层的 Softmax 之前使用的，下面用 0、1、2、3、4、5 分别表示"<Begin> I have a cat <end>"。

第 1 步：解码器的输入矩阵和 Mask 矩阵如图 8.19 所示，输入矩阵包含"<Begin> I have a cat"(0、1、2、3、4)5 个单词的表示向量，Mask 是一个 5×5 的矩阵。在 Mask 可以发现单词 0 只能使用单词 0 的信息，而单词 1 可以使用单词 0、1 的信息，即只能使用之前的信息。

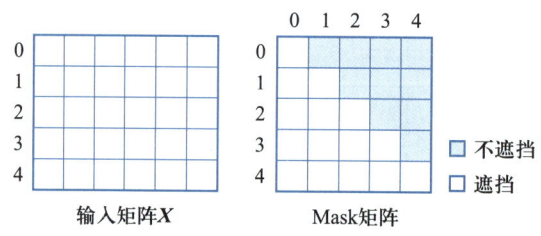

图 8.19　解码器的输入矩阵和 Mask 矩阵

第 2 步：接下来的操作和之前的自注意力层一样，通过输入矩阵 $X$ 计算得到 $Q$、$K$、$V$ 矩阵。然后计算 $Q$ 和 $K^T$ 的乘积 $QK^T$，如图 8.20 所示。

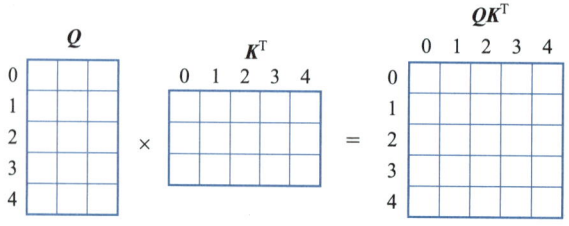

图 8.20　计算 $Q$ 和 $K^T$ 的乘积 $QK^T$

第3步：在得到 $QK^T$ 之后需要进行 Softmax，计算 attention score，在 Softmax 之前需要使用 Mask 矩阵遮挡住每一个单词之后的信息，遮挡操作如图 8.21 所示。

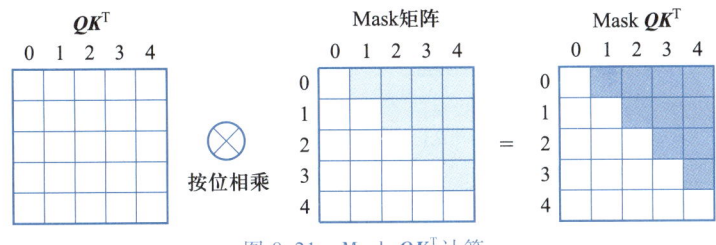

图 8.21　Mask $QK^T$ 计算

得到 Mask $QK^T$ 之后在 Mask $QK^T$ 上进行 Softmax，每一行的和都为 1。但是单词 0 在单词 1、2、3、4 上的 attention score 都为 0。

第4步：使用 Mask $QK^T$ 与矩阵 $V$ 相乘，得到输出 $Z$，如图 8.22 所示。则单词 1 的输出向量 $Z_1$ 是只包含单词 1 信息的。

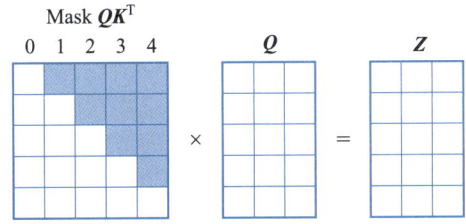

图 8.22　Mask $QK^T$ 与矩阵 $V$ 相乘

第5步：通过上述步骤就可以得到一个掩码自注意力机制（mask self-attention）的输出矩阵 $Z_i$，然后和编码器类似，通过多头注意力层拼接多个输出 $Z_i$ 然后计算得到第一个多头注意力层的输出 $Z$，$Z$ 与输入 $X$ 维度一样。

解码器块第二个多头注意力层变化不大，主要的区别在于其中自注意力层的 $K$、$V$ 矩阵不是使用上一个解码器块的输出计算的，而是使用编码器的编码信息矩阵 $C$ 计算的。

根据编码器的输出 $C$ 计算得到 $K$、$V$，根据上一个解码器块的输出 $Z$ 计算 $Q$（如果是第一个解码器块，则使用输入矩阵 $X$ 进行计算），后续的计算方法与之前描述的一致。

这样做的好处是在解码器运行时，每一位单词都可以利用到编码器所有单词的信息（这些信息无需 Mask）。

解码器块最后的部分是利用 Softmax 预测下一个单词，在之前的网络层可以得到一个最终的输出 $Z$，因为 Mask 的存在，使得单词 0 的输出 $Z_0$ 只包含单词 0 的信息，如图 8.23 所示。

Softmax 根据输出矩阵的每一行预测下一个单词，如图 8.24 所示。

这就是解码器块的定义，与编码器一样，解码器是由多个解码器块组合而成的。

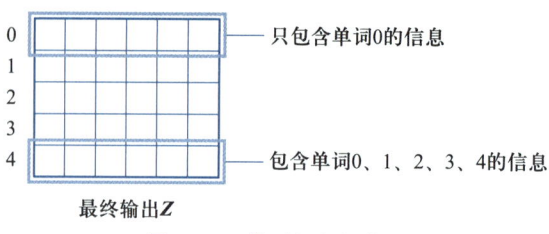

图 8.23  单词包含的信息

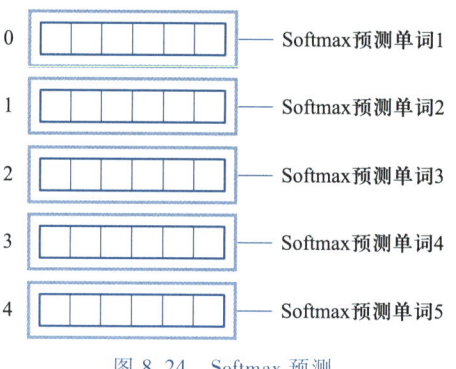

图 8.24  Softmax 预测

## 8.3  应用案例：电影观众评论

### 8.3.1  场景描述

在国际文化交流方面，电影是一个国家文化软实力的重要体现，也是最直接、最有利的传播途径。伴随着中国电影市场的扩容与发展，国产电影作为我国文化和思想观念的反映与延伸，在增强文化自信、文化输出方面都扮演着极其重要的角色。经过移动互联网技术的深度介入，现代电影产业如猫眼电影、淘票票等互联网+泛娱乐服务平台已形成线上购票、线下观影、线上评价反馈的模式。其评价内容充分反映了观影群体的态度观点，对票房走向、文化的进一步传播都起着决定性作用。为了更好地把握观众的情感倾向，了解观影需求，提出国产电影制作建议，对电影评论进行情感分析和深层次语义挖掘十分有必要。由于对电影作品的评价考量了众多因素，具有复杂性和多变性，因而在情感分析过程中模型的选择十分关键。以深度神经网络为代表的深度学习模型对句子噪声的容忍度较高，具有强大的信息判别和特征自学能力，在情感分类任务中具有较大的优势。

### 8.3.2  基于 LSTM 的电影评论分析

**1. 数据集准备**

针对电影评论情感分类任务，我们使用大型电影评论数据集 aclimdb，其中包括 25 000 条训练数据集，25 000 条测试数据集，训练数据集和测试数据集分别包括 12 500 条积极评论和 12 500 条消极评论。

aclimdb 中训练集部分积极评论内容如下：

The great and underrated Marion Davies shows her stuff in this late (1928) silent comedy that also showcases the wonderful William Haines. Davies plays a hick from Georgia who crashes Hollywood with help from Haines. They appear in cheap comedies until Marion is "discovered" and becomes a big dramatic star. A great lampoon on Hollywood and its pretentions. Davies & Haines are a wonderful team (too bad they never made a talkie together) and the guest shots from the likes of Charlie Chaplin, Douglas Fairbanks, William S. Hart, John Gilbert, Elinor Glynn, and Marion Davies (you have to see it) are a hoot. A must for any serious film buff or for anyone interested in the still-maligned Marion Davies!

aclimdb 中训练集部分消极评论内容如下：

Story of a man who has unnatural feelings for a pig. Starts out with a opening scene that is a terrific example of absurd comedy. A formal orchestra audience is turned into an insane, violent mob by the crazy chantings of it's singers. Unfortunately it stays absurd the WHOLE time with no general narrative eventually making it just too off putting. Even those from the era should be turned off. The cryptic dialogue would make Shakespeare seem easy to a third grader. On a technical level it's better than you might think with some good cinematography by future great Vilmos Zsigmond. Future stars Sally Kirkland and Frederic Forrest can be seen briefly.

aclimdb 中测试集部分积极评论内容如下：

I went and saw this movie last night after being coaxed to by a few friends of mine. I'll admit that I was reluctant to see it because from what I knew of Ashton Kutcher he was only able to do comedy. I was wrong. Kutcher played the character of Jake Fischer very well, and Kevin Costner played Ben Randall with such professionalism. The sign of a good movie is that it can toy with our emotions. This one did exactly that. The entire theater (which was sold out) was overcome by laughter during the first half of the movie, and were moved to tears during the second half. While exiting the theater I not only saw many women in tears, but many full grown men as well, trying desperately not to let anyone see them crying. This movie was great, and I suggest that you go see it before you judge.

aclimdb 中测试集部分消极评论内容如下：

Once again Mr. Costner has dragged out a movie for far longer than necessary. Aside from the terrific sea rescue sequences, of which there are very few I just did not care about any of the characters. Most of us have ghosts in the closet, and Costner's character are realized early on, and then forgotten until much later, by which time I did not care. The character we should really care about is a very cocky, overconfident Ashton Kutcher. The problem is he comes off as kid who thinks he's better than anyone else around him and shows no signs of a cluttered closet. His only obstacle appears to be winning over Costner. Finally when we are well past the half way point of this stinker, Costner tells us all about Kutcher's ghosts. We are told why Kutcher is driven to be the best with no prior inkling or foreshadowing. No magic here, it was all I could do to keep from turning it off an hour in.

（1）数据集加载

获取 aclimdb 电影评论数据集。

```
wget https://nlp.███.edu/data/glove.6B.zip
wget https://ai.███.edu/~amaas/data/sentiment/aclImdb_v1.tar.gz
```

（2）数据集处理

加载数据集，自定义可迭代对象，实现__getitem__方法来构造可迭代对象，并将其加载至 dataset 的 GeneratorDataset；定义 MindSpore 的 int32 变量类型并使用数据预处理函数 map 将 label 的数据类型进行转换；使用 split 方法将训练数据集进行拆分并使用 GeneratorDataset 的 batch 指定数据集的 batch 大小。

```python
class Iterable():
    def __init__(self, text_path, vocab):
        file=open(text_path, 'r', encoding='utf-8')
        self.text_with_tag=file.readlines()
        self.vocab=vocab
        file.close()

    def __getitem__(self, index):
        line=self.text_with_tag[index].strip().split()
        label=Tensor(float(line[0]), ms.float32)
        data=' '.join(i for i in line[1])
        data=text_transform(data, self.vocab)
        return data, label

    def __len__(self):
        return len(self.text_with_tag)

train_data=Iterable(train_path, vocab)
TRAIN_data=GeneratorDataset(source=train_data, column_names=["data", "label"])
type_cast_op=ds.transforms.TypeCast(ms.int32)
TRAIN_data=TRAIN_data.map(operations=[type_cast_op], input_columns=['label'])
```

```
TRAIN_data, valid_data=TRAIN_data.split([0.7, 0.3])
TRAIN_data=TRAIN_data.batch(batch_size, drop_remainder=True)
valid_data=valid_data.batch(batch_size, drop_remainder=True)
```

2. 模型定义

LSTM 模型包含嵌入层、编码器和解码器三个模块，编码器模块由 LSTM 层组成，解码器模块由全连接层组成。通过继承 Mindspore.nn.Cell 构建神经网络，使用 nn.Embedding 构建嵌入层，使用 nn.LSTM 构建编码层，使用 nn.Dense 构建解码层，并在方法 construct 中实现模型过程。

```
class LSTM(nn.Cell):
    def __init__(self, vocab, embedding_size, num_hiddens, num_layers, is_bidirectional):
        super(LSTM, self).__init__()
        self.embedding = nn.Embedding(len(vocab), embedding_size)
        self.encoder=nn.LSTM(input_size=embedding_size,
                             hidden_size=num_hiddens,
                             num_layers=num_layers,
                             bidirectional=is_bidirectional)
        self.decoder=nn.Dense(num_hiddens, out_channels=2)
        self.softmax=nn.Softmax(axis=1)

    def construct(self, inputs):
        embeddings=self.embedding(inputs.permute(1, 0))
        outputs, _=self.encoder(embeddings)
        encoding=outputs[-1]
        outs=self.decoder(encoding)
        return outs
```

3. 模型训练

使用 nn.SoftmaxCrossEntropyWithLogits 构建损失函数，使用 nn.Adam 构建优化器，定义正向函数 forward_fn，将正向函数和优化器传入 MindSpore.value_and_grad 获得微分函数 grad_fn，将数据及标签传入微分函数获取损失及梯度，并将梯度反向传播。

```
loss_fn=nn.SoftmaxCrossEntropyWithLogits(sparse=True)
def forward_fn(data, label):
    logits=network(data)
    loss=loss_fn(logits, label)
    return loss
```

```
optimizer=nn.Adam(network.trainable_params(), learning_rate=lr)
grad_fn=ms.value_and_grad(forward_fn, None, optimizer.parameters)

def train_step(data, label):
    loss, grads=grad_fn(data, label)
    optimizer(grads)
    return loss
```

## 8.4 应用案例：用户对话情绪分析

### 8.4.1 场景描述

随着近年来人工智能技术的快速发展和智能终端人机交互能力的提升，智能语音助手、智能客服、车载智能终端等智能人机交互系统已经在人们的生活中得到了广泛的应用。这些技术的发展为人类的生活带来了许多便捷化和智能化的改变，同时也极大地提高了人类工作生产的效率。情绪分析作为影响人机交互系统、语音用户体验的重要影响因素，已经越来越受到工业界和学术界的关注。使计算机能够理解人类的情绪是人工智能领域中的重要研究方向。

情感是一个人对于特定的话题、人或其他实体所具有的一种潜在态度。基于文本的情绪分析已广泛应用于产品意见分析、人机交互和认知科学等领域。随着目前网络技术和硬件设施的发展，对话视频通过电影、网络研讨会和视频聊天等在互联网平台上大量传播，这为对话情绪分析带来了机遇。

深度学习技术的最新发展使得情感智能取得了巨大的成功。最近研究者开始关注利用文本对话信息进行话语级别的情绪分析，将信息进行有效的结合对于该领域的发展至关重要。在日常对话中，我们可以很容易感知对方的情感，但是这对机器来说非常具有挑战性，它不仅需要利用模型来获取信息的特征，还需要理解这个话语所依赖的上下文语境。作为人工智能领域的一个新兴研究领域，用户对话信息研究在情绪分析、媒体描述、事件检测、多媒体信息检索等任务的应用，使得模型的准确性和泛化性都有了很大的提升。利用相互作用的线索往往提供了一个更完整的视角，从而可以提升情感预测的准确性和泛化性。对话情绪分析是通过某个话语段的对话信息（文本、视觉、语音）以及语境内容确定基本情感的一种方法。对话中说话者的情感状态之间存在着复杂的依赖关系，分析对话中的情感存在着更复杂的挑战。如何建立有效的模型来捕获不同交互信息，和寻找对话中判断该话语情感的有用语境信息是其中的两个主要挑战。

对话情绪分析在诸多领域有着广泛的应用。开发具有情感智能的机器一直是人工智能的长期目标。自动情绪分析赋予机器与人类进行自然、共情交流的能力，这是维持人机长期互动的必要条件。随着智能助手互动系统越来越多地融入

8.4 应用案例：用户对话情绪分析

到人类生活中，建立能够从对话中理解情感的共情机器的需求愈发明显。而从大量的对话中进行情感检测，还有益于如咨询、意见挖掘、经济预测等领域[18,19]。

### 8.4.2 基于 Transformer 的用户对话情绪分析

**1. 数据集准备**

针对用户对话情感分析任务，我们使用多模态情感数据集 MELD 中的文本数据，其中包括 1 430 段对话和 14 420 条话语，训练集中包括 1 038 段对话和 10 478 条话语，测试集中包括 279 段对话和 2 764 条话语，验证集中包括 113 段对话和 1 178 条话语。

MELD 中训练集部分内容如下。

对话：Rachel, do you have any muffins left?

标签：neutral

对话：Yeah, I forget which ones.

标签：neutral

MELD 中测试集部分内容如下。

对话：Ross, didn't you say that there was an elevator in here?

标签：neutral

对话：Uhh, yes I did but there isn't. Okay, here we go.

标签：negative

① 加载数据集，自定义可迭代对象，实现__getitem__方法来构造可迭代对象，并将其加载至 dataset 的 GeneratorDataset；定义 MindSpore 的 int32 变量类型并使用数据预处理函数 map 将 label 的数据类型进行转换；使用 split 方法将训练数据集进行拆分并使用 GeneratorDataset 的 batch 指定数据集的 batch 大小，设置丢弃被 batch_size 整除的剩余数据。

```
class Iterable():
    def __init__(self, text_path):
        file=open(text_path, 'r', encoding='utf-8')
        self.text=file.readlines()
        file.close()

    def __getitem__(self, index):
        line=self.text[index].strip().split()
        data=str(line[1])
        label=float(line[0])
        return data, label

    def __len__(self):
        return len(self.text)
```

```
dataset=Iterable(train_path)
dataset=GeneratorDataset(source=dataset, column_names=["da-
ta", "label"])
```

② 使用 text. Vocab. from_file 从文件中读取词汇表，使用 text. BertTokenizer 构建分词方法。

```
vocab=text.Vocab.from_file(vocab_path, ",", None, None, True)
tokenizer=text.BertTokenizer(vocab=vocab, suffix_indicator=
'##', max_bytes_per_token=max_length,
        unknown_token='[UNK]', lower_case=False, keep_
whitespace=False,
        normalization_form=NormalizeForm.NONE, preserve_un-
used_token=True,
        with_offsets=False)
```

③ 使用 dataset 的 map 对数据进行批量处理，传入 vocab 及 BertTokenizer，自定义 func 函数将 Token 进行补齐或截取。

```
dataset=dataset.map(operations=[tokenizer], input_columns=
["data"], output_columns=["token"])
dataset=dataset.map(lambda x: func(x), input_columns=["to-
ken"], output_columns=["token","attention_mask"])
dataset=dataset.map(operations=[vocab.tokens_to_ids], input_
columns=["token"],
output_columns=["input_ids"])

def func(token):
    attention_mask=np.array([1]*(len(token)+1)+[0]*(max_
length-len(token)-1)) if len(token) < max_length else np.array([1]*
(len(token)+1))
    token = np.concatenate((np.array([cls_]), token, np.array
([pad_]*(max_length-len(token)-1))))
    if len(token)<max_length-1 else np.concatenate((np.array([cls_]),
token[:max_length-1]))
    return token, attention_mask
```

④ 对数据集的数据类型进行批量转换，同时切分训练集及测试集。

```
type_cast_int32=ds.transforms.TypeCast(ms.int32)
type_cast_float16=ds.transforms.TypeCast(ms.float16)
dataset=dataset.map(operations=[type_cast_int32], input_col-
umns=['input_ids'])
```

## 8.4 应用案例：用户对话情绪分析

```
    dataset=dataset.map(operations=[type_cast_float16], input_
columns=['attention_mask'])
    dataset=dataset.map(operations=[type_cast_int32], input_col-
umns=['label'])
    train_data, valid_data=dataset.split([0.7, 0.3])
    train_data=train_data.batch(batch_size, drop_remainder=True)
```

**2. 模型定义**

BERT[20]的主干部分为Transformer的Encoder编码器，其中BERT_base包含12个编码器模块，使用Transformer的TransformerEncoderLayer定义部分代码：

```
class BERT(nn.Cell):
    def __init__(self):
        super(BERT, self).__init__()
        self.bert = TransformerEncoder(batch_size=batch_size,
num_layers=12, hidden_size=768, ffn_hidden_size=1024, seq_length
=128, num_heads=12)
        self.token_embedding=nn.Embedding(21128, 768, True)
        self.seg_embedding=nn.Embedding(512, 768, True)
        self.pos_embedding=nn.Embedding(2, 768, True)
        self.fc=nn.Dense(768, out_channels=2)
        self.softmax=nn.Softmax(axis=1)

    def construct(self, input_ids, attention_mask):
        t_embedding=self.token_embedding(input_ids)
        output, past=self.bert(t_embedding, attention_mask)
        output=self.fc(output[:, 0])
        out=out.softmax(dim=1)
        return out
```

**3. 模型训练**

使用nn.SoftmaxCrossEntropyWithLogits构建损失函数，使用nn.Adam构建优化器，定义正向函数forward_fn，将正向函数和优化器传入Mindspore.value_and_grad获得微分函数grad_fn，将数据及标签传入微分函数获取损失及梯度，并将梯度反向传播：

```
loss_fn=nn.SoftmaxCrossEntropyWithLogits(sparse=True)
def forward_fn(input_ids, attention_mask, label):
    logits=network(input_ids, attention_mask)
    loss=loss_fn(logits, label)
    return loss
optimizer=nn.Adam(network.trainable_params(), learning_rate=lr)
```

```
grad_fn=ms.value_and_grad(forward_fn, None, optimizer.parameters)
```

## 本章小结

情感分析是一种通过计算机自动识别和分类文本中蕴含的情感倾向的技术。它已经成为深度学习中自然语言处理领域的重要研究方向之一，广泛应用于舆情分析、产品评论分析、社交媒体分析等领域。本章介绍了情感分析的概念、方法、应用和常用模型。

情感分析的方法包括基于词典、基于机器学习和基于深度学习的方法等。其中，基于词典的方法是最早也是最简单的一种方法，它将一个情感词库作为输入，通过计算文本中情感词汇的数量和极性来计算文本的情感倾向。基于机器学习的方法则是通过训练一个分类器来对文本进行分类，其中常用的算法包括朴素贝叶斯、支持向量机等。而基于深度学习的方法则是近年来得到广泛关注的研究方向，常用的模型包括 LSTM、Transformer 等。LSTM 是一种经典的循环神经网络模型，它可以有效地处理长文本序列，并具有记忆功能，能够学习到文本中的上下文信息。Transformer 则是一种注意力机制的深度学习模型，它能够将输入的文本序列映射为一系列的向量表示，并能够捕捉文本序列中的全局依赖关系。

情感分析在商业、文化、社会管理、信息预测和情绪管理等领域都有着广泛的应用。商家和企业可以通过分析用户评论了解客户偏好和情感，推出新产品和改善服务；文化领域可以对影评和书评进行分类，提高影视作品和图书质量；社会管理可以通过分析大众舆论制定相关规定和政策；信息预测可以进行态势预测，例如美国总统竞选；情绪管理可以通过社交平台预测人的生活状态和情绪特点，并提供情绪宣泄的渠道。情感分析技术的广泛应用，不仅提高了工作效率和经济效益，还能够为个人提供更加精准的信息和情感陪伴。

## 思考题 8

1. 如何解决情感分析中的主观性和多样性问题？提示：可以采用情感强度计算、上下文分析、机器学习方法等来处理主观性和多样性。
2. 情感分析在社交媒体数据中的应用有哪些挑战？
3. 情感分析中的情感分类任务有哪些常用的算法和模型？
4. 情感分析如何应用于实际场景中的品牌管理和舆情监测？提示：情感分析可以帮助企业了解消费者对品牌的态度和情感倾向，及时发现和处理负面舆情，以提升品牌形象和改善公众关系。
5. 简述 LSTM 模型的结构。
6. 简述在情感分析任务中 Transformer 模型相较于 LSTM 模型的优点及不足之处。

# 参考文献

[1] 赵逸凡. 基于深度学习的方面级情感分析方法研究[D]. 长春工业大学，2022.

[2] 洪巍，李敏. 文本情感分析方法研究综述[J]. 计算机工程与科学，2018，41(04)：180-187.

[3] 陈泽，刘权，陈志刚. 文本情感分析[J]. 软件学报，2010(8)：15.

[4] 陈苹，冯林. 情感分析中的方面提取综述[J]. 计算机应用，2018，38(S2)：89-93+101.

[5] Pontiki M, Galanis D, Pavlopoulos J, et al. SemEval-2014 Task 4: Aspect Based Sentiment Analysis[Z]. 2014：27-35.

[6] 刘婧，姜文波，邵野. 基于机器学习的文本分类技术研究进展[J]. 电脑迷，2018，97(6)：34-34.

[7] Fernandez-Gavilanes M, Alvarez-Lopez T, Juncal-Martinez J, Costa-Montenegro E, Javier Gonzalez-Castano F. Unsupervised method for sentiment analysis in online texts[J]. Expert Systems with Applications, 2016, 58: 57-75.

[8] Wiebe J, Wilson T, Cardie C. Annotating expressions of opinions and emotions in language[J]. Lang Resour Evaluation, 2005, 39(2-3): 165-210.

[9] Yu Kai Jia Lei, Chen Yuqiang, Wei X. Deep learning: Yesterday, today, and tomorrow[J]. Journal of Computer Research and Development, 2013, 50(9): 1799.

[10] Mikolov T, Chen K, Corrado G, et al. Efficient estimation of word representations in vector space[J]. Computer Science, 2013.

[11] 殷国鹏. 消费者认为怎样的在线评论更有用？——社会性因素的影响效应[J]. 管理世界，2012，(12)：121-130.

[12] Toderici G, O'Malley S M, Hwang S J, et al. Recurrent Neural Network Regularization[J]. arXiv preprint arXiv: 1409.2309, 2014.

[13] Hochreiter S, Schmidhuber J. Long short-term memory[J]. Neural Computation, 1997, 9(8): 1735-1780.

[14] Vaswani A, Shazeer N, Parmar N, et al. Attention is all you need[J]. arXiv, 2017.

[15] Bahdanau D, Cho K, Bengio Y. Neural machine translation by jointly learning to align and translate[J]. Computer Science, 2015.

[16] He K, Zhang X, Ren S, et al. Deep residual learning for image recognition[C]. //Proceedings of the IEEE conference on computer vision and pattern recognition, 2016: 770-778.

[17] Ramachandran P, Liu P J, Le Q V. Unsupervised pretraining for sequence to

sequence learning[C].//Proceedings of the Conference on Empirical Methods in Natural Language Processing, 2017, 383-391.

[18] Pennington J, Socher R, Manning C. Glove: Global vectors for word representation[C].//Conference on Empirical Methods in Natural Language Processing, 2014.

[19] 陈凯. 对话场景下的多模态情绪分析研究[D]. 华中师范大学, 2022.

[20] Jacob Devlin, Ming-Wei Chang, Kenton Lee, Kristina Toutanova. Bert: Pre-training of deep bidirectional transformers for language understanding[J]. arXiv preprint ar Xiv: 1810.04805, 2018.

# 第 9 章 推荐系统

**本章要点**

了解推荐系统的基础知识以及在互联网中的作用和地位。认识在深度学习时代下推荐模型的发展情况和演变历史,在宏观上对推荐有一定的认识。了解一些常用的推荐模型。通过推荐模型的应用案例加深对推荐的认识。

**本章导图**

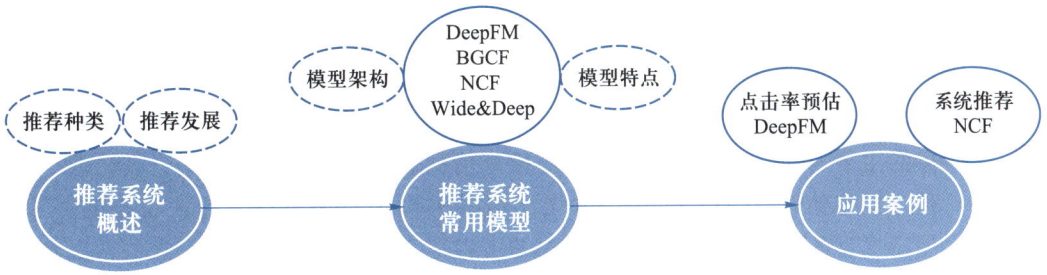

本章将介绍推荐系统的相关内容,了解并掌握常用的推荐模型,并结合应用案例加深对推荐系统的认识。

## 9.1 概述

近年来,网络应用尤其是移动应用的快速发展,使得人们能够方便地浏览大量的网络信息资源,如何为用户从海量的信息资源中推荐符合其需求的资源(如商品、电影、书籍等)成了目前研究者们关注的问题之一。推荐系统可以有效地对信息进行过滤和筛选,帮助用户以个性化的方式来检索符合其需求的信息资源,缓解信息过载(information overload)的问题。

### 9.1.1 推荐的发展

在互联网永不停歇的增长需求的驱动下,推荐系统的发展可谓一日千里,从 2010 年之前千篇一律的协同过滤(collaborative filtering,CF)、逻辑斯谛回归(logistic regression,LR),进化到因子分解机(factorization machine,FM)、因子分解梯度提升树(gradient boosting decision tree,GBDT),再到 2015 年之后深度学习推荐模型的百花齐放，各种模型架构层出不穷。推荐系统的主流模型经历了从单一模型到组合模型，从经典框架到深度学习的发展过程。

追溯推荐系统的起源，最早出现于20世纪90年代。概括来讲，推荐模型主要分为传统的推荐模型与基于深度学习的推荐模型。传统的推荐模型主要包括协同过滤、矩阵分解、逻辑斯谛回归(LR)、因子分解机(FM)、因子分解梯度提升树(GBDT)等。协同过滤方法是最经典也是目前应用最为广泛的推荐方法，在推荐系统的早期应用十分广泛。协同过滤最早可以追溯到1992年，Xerox的研究中心开发了一种基于协同过滤的邮件筛选系统，用来过滤用户不感兴趣的垃圾邮件。在互联网上对于协同过滤的应用最早源于电商巨头Amazon，2003年Amazon公司公开了自己的推荐系统模型并发表了学术论文，掀起了学术界与工业界对协同过滤的研究。尽管协同过滤简单高效，但是同时也遭遇到了严重的数据稀疏(一个用户交互过的项目仅仅占总项目数量的极少部分)和冷启动(新的用户和新的项目往往没有交互数据)问题。后来矩阵分解将协同过滤的交互矩阵转为用户矩阵与物品矩阵，引出了隐向量，按照内积大小排序进行推荐，相较于CF，泛化能力加强，对稀疏矩阵处理能力有所提高。因为用户或者物品的特征不是单一化的，相比较于矩阵分解，逻辑回归模型能够综合利用用户、物品、上下文等多种不同特征，生成比较全面的推荐。逻辑回归模型作为一个基础模型，曾经在相当一段时间内是推荐系统、计算广告业界的主要选择之一。但是逻辑回归模型仍会造成有效信息的损失，表达能力不强。后来随着研究的深入，FM与GBDT采用了特征交叉与特征组合的方式，使得模型的表达能力大大增强，揭开了特征工程模型化的篇章，这些方法都将在深度学习模型中继续应用。

2012年，AlexNet的提出，引爆了整个深度学习的学习浪潮，将深度学习的大幕正式拉开，其应用快速地从图像扩展到语言，再到自然语言处理领域，推荐系统的发展也紧随其后。相比于传统推荐算法，深度学习不但能捕捉到浅层的特征表示，更能学习到高阶交叉特征，增强模型的表达能力，更好地理解用户的需求，提升系统的泛化性能，解决一些传统模型无法解决的问题。深度学习的网络结构包括深度神经网络、卷积神经网络、循环神经网络、生成对抗网络(generative adversariel networks，GAN)、图神经网络(graph neural networks，GNN)等。在推荐系统的许多场景都有应用。基于深度学习的推荐算法主要围绕提升表征学习能力、深度协同过滤、充分利用特征三个层面。

基于表征学习的推荐算法重点在于通过深度神经网络学习到更好的用户与物品的表示，然后通过定义匹配函数来计算两者的匹配分数。匹配函数通常用用户与物品向量的内积或余弦距离来表示。学习到的用户与物品的表示在排序之外的其他环节也可以发挥作用。在欧氏空间数据的表征上，基于深度自编码器的方法效果很好，而处理非欧氏空间的数据时，通常使用图神经网络。AutoRec模型借鉴了自编码器的思路，对输入做重建，来建立用户和项目的表示，通过自编码器将用户向量或者项目向量投射到低维向量空间，然后再将其投射到正常空间，利用自编码器中目标值和输入值相近的特性，重建出用户对于未交互过的项目的打分。

随着深度学习的发展，传统的协同过滤算法又有了新的发展，He 提出了基于神经网络的协同过滤（NCF）框架，引入了 MLP（multilayer perceptron）去拟合用户和物品的非线性关系，提升了网络的拟合能力，使得模型具有更强的表达能力。此外，在处理一些非欧几里得结构的数据时，往往使用图神经网络要比传统的深度学习算法更有效，Wang 等人基于图卷积网络设计了 NGCF 模型，通过堆叠多层图神经网络来聚合高阶邻居信息，性能上取得了较大进步。

基于深度学习的推荐算法大部分是在研究如何更好地利用特征向量，包括高阶特征交互、注意力机制以及融合时间序列等。Deep Crossing 模型引入了残差网络的概念，它是一个真正把深度学习应用于推荐系统中的模型，完整地解决了特征工程、稀疏向量稠密化、多层神经网络进行优化目标拟合等问题。2016 年，Google 公司提出了在业界影响非常大的模型——Wide&Deep，该模型利用 Wide 部分的线性模型来学习样本的低阶特征，加强模型的记忆能力。Deep 部分通过学习低维特征向量来探索用户与项目之间的潜在关系，增强泛化性能。Wide&Deep 模型平衡了模型历史记忆与推理泛化能力，缺点在于仍然要人工设计交叉特征。此模型框架对基于特征的深度学习推荐算法的发展产生了重大影响，许多推荐算法都是在此框架上进行改进的，包括 Deep FM、NFM 和 AFM 模型。Deep FM 在 Wide&Deep 的 Wide 部分进行了改进，将 Wide 部分由 LR 模型替换成了 FM 模型来避免人工特征工程。NFM 用神经网络代替 FM 中的二阶隐向量交叉操作。AFM 引入了注意力机制，考虑到了不同特征对结果的影响不同。阿里巴巴公司提出的深度兴趣网络（DIN）同样运用了注意力机制，在 Embedding 层与 MLP 之间加入了注意力网络，有效地利用了用户兴趣多样性以及当前候选商品仅与用户一部分兴趣有关这一特点。深层兴趣演化网络（DIEN）在 DIN 模型的基础上融合了时间序列，考虑到了用户兴趣的发展变化，加入 AUGRU 序列模型对兴趣演化过程建模。

总之，推荐系统从没有停下它前进的步伐，深度学习技术赋予了推荐算法强大的非线性表示能力，使得基于深度学习的推荐算法取得了更好的推荐效果。但是推荐系统仍然有很多亟待解决的问题：推荐的可解释性、推荐系统的"信息茧房"问题、隐私性问题等。所以推荐系统还需要进一步发展和完善。不过在未来，推荐系统仍然具有非常广阔的前景。

后面我们将对一些非常经典的深度学习模型进行具体探讨。

### 9.1.2 推荐的种类

**1. 传统推荐**

（1）基于内容过滤的推荐技术

推荐系统最早被应用在电子商务网站，它通常根据用户的购买行为记录或购买评价来向用户推荐与其需求偏好相似的物品。

基于内容过滤的推荐(content-based，CB)技术的核心思想是，以用户历史的选择记录或偏好记录作为参考推荐，挖掘其他未知的记录中与参考推荐关联性高的项目作为推荐系统的内容。通过用户的显式反馈和隐式反馈获取用户在某段时间内的交互记录，然后学习这些记录中用户的偏好并将其标记为特征；接着计算用户偏好与待测推荐对象在内容上的相似度；最后将待测推荐对象与用户偏好的相似度进行排序，从而为用户选择出符合其兴趣偏好的推荐对象。计算相似度是一个关键部分，会直接影响推荐的策略。计算相似度的方式有多种，常用式(9.1)计算相似度：

$$u(p,c) = \text{score}(\text{userprofile}, \text{content}) \tag{9.1}$$

其中，$p$ 表示用户，$c$ 表示推荐内容，userprofile 表示 $p$ 偏好的内容，content 表示系统为用户推荐的内容。score 用来计算用户偏好和推荐内容的相似值，最终用效用函数 $u$ 来定义，根据 $u$ 的值来排序，数值越大排序越靠前。

score 有多种计算方式，通常使用向量夹角余弦的距离计算方式：

$$u(p,c) = \cos(\omega_p, \omega_c) = \frac{\sum_{i=1}^{k}\omega_{i,p}\omega_{i,c}}{\sqrt{\sum_{i=1}^{k}\omega_{i,p}^2}\sqrt{\sum_{i=1}^{k}\omega_{i,c}^2}} \tag{9.2}$$

其中，$\omega_p$ 表示 userprofile 的特征向量；$\omega_c$ 表示 content 的关键词向量权重。对计算所得的 $u$ 值进行排序，$u$ 值越大，说明推荐的对象越符合用户的喜好。

例如，为用户推荐电影时，系统会学习用户的历史观看记录并分析，然后找到这些电影的共性，预测出用户感兴趣的电影类型，然后从海量的电影清单中选择出与用户偏好相似的电影。用户偏好记录的特征标记和推荐内容是 CB 的关键，用户评价对基于内容的推荐系统影响较小。

（2）协同过滤推荐

协同过滤（collaborative filtering，CF）推荐算法的核心是通过分析评分矩阵（通常是用户对项目的评分）来得到用户、项目之间的依赖关系，并进一步预测新用户与项目之间的关联关系。CF 主要分为基于内存(memory-based)的推荐和基于模型(model-based)的推荐。CF 算法是最早被研究和讨论的推荐技术之一，它有效地推动了个性化推荐的发展。

（3）基于内存的推荐

基于内存的协同过滤推荐通过用户—项目(user-item)的评价矩阵寻找相似用户和相似项目之间的相似度，进而为新用户构建相似度矩阵，预测用户感兴趣的项目。通过寻找相似项目进行的推荐称为基于项目的推荐；通过寻找相似用户进行的推荐称为基于用户的推荐。

基于项目的协同过滤技术主要挖掘并分析的是不同推荐项目间隐藏的关系而不是用户之间的关系，项目间的相似性计算是该技术的关键，其推荐过程如图 9.1 所示。该过程可以理解为，若有 2 个不同用户 A、B，且他们都对物品 1、3 表示出较高的喜爱，那么我们可以认为物品 1、3 存在某种相似。当系统中出现了新用户 C 并选择了物品 1 时，那么系统便会自动将与物品 1 相似度高的物品 3 推荐给他。

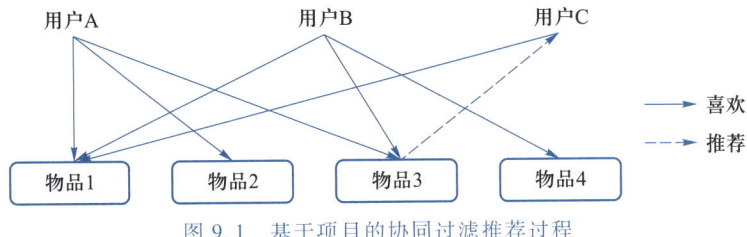

图 9.1　基于项目的协同过滤推荐过程

基于用户的推荐过程如图 9.2 所示。

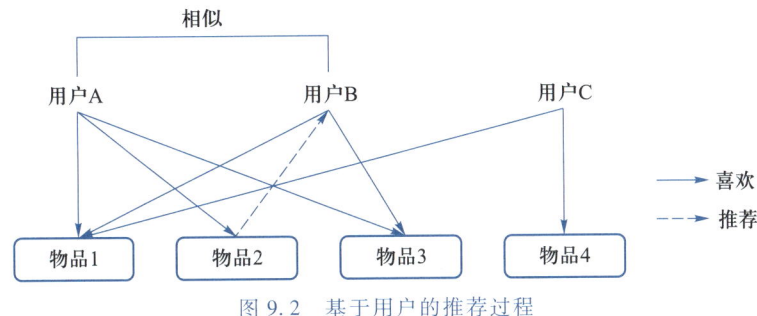

图 9.2　基于用户的推荐过程

（4）基于模型的推荐

基于模型的推荐算法是通过训练数学模型来预测用户对未交互项目的评分情况，通常包括概率矩阵分解（probabilistic matrix factorization，PMF）和奇异值分解（singular value decomposition，SVD）。PMF 和 SVD 的主要思路是先对用户与项目的历史交互数据记录建立适当的模型，然后产生符合用户需求的推荐列表，其中应用较为广泛的是基于矩阵分解的推荐。

PMF 模型一般认为用户和推荐项目的交互行为仅仅由几个潜在的影响其兴趣偏好的因素决定，将高阶评分矩阵 $R$ 分解为两个低维度的矩阵 $E$、$Q$，如式（9.3）所示：

$$R \approx E^{\mathrm{T}} Q \tag{9.3}$$

其中，$E = \{e_1, e_2, \cdots, e_n\}$，表示低维度用户特征矩阵，$e_i$ 表示用户 $i$ 的 $k$ 维特征向量；$Q = \{q_1, q_2, \cdots, q_m\}$ 代表低维度的推荐项目特征矩阵。

在实际推荐问题中，为了降低预测评分和实际评分之间的差值，得到更准确的推荐列表，一般将预测评分与实际评分之间误差的平方作为损失函数。

（5）混合推荐

基于内容的推荐技术在处理规模较大的信息内容时，常常因为耗时久而造成信息时效性降低；协同过滤技术在面对新项目时容易遇到冷启动问题；而混合推荐技术是保留不同推荐技术优点而避免其缺点的一种推荐方式，将不同的算法融入推荐系统中即混合推荐。目前的混合推荐主要分为前融合、后融合、中融合。

**2. 基于深度学习的推荐**

深度学习算法的强大之处在于能够像人类一样学习并处理复杂问题。面对规模庞大且复杂的数据，它能够从多个维度进行分析，并计算线性或非线性的特征序列。深度学习算法可以从海量数据中自动学习符合用户需求的特征，在图像识别、语音识别、自然语言处理等领域取得了显著效果。因此，越来越多的研究者尝试将深度学习应用于推荐系统，将深度学习技术与推荐技术有效结合并深入研究已经成为一个新的研究方向。深度学习技术不仅能够发现用户行为记录中隐藏的潜在特征表示，还能够捕获用户与用户、用户与项目、项目与项目之间的非线性关系和交互特征。这为系统的性能提高(如召回率、精度等)带来了更多机会，能够克服传统推荐技术中遇到的一些障碍，从而实现更精确的推荐。

（1）基于深度神经网络的推荐

深度神经网络是深度学习模型中的一种，也叫做多层神经网络或多层感知机。目前，在个性化推荐问题中引入深度神经网络技术的趋势越来越明显。

COVING 首次将深度神经网络模型融入视频推荐领域，并在 YouTube 视频网站进行了仿真实验，推荐流程如图 9.3 所示。

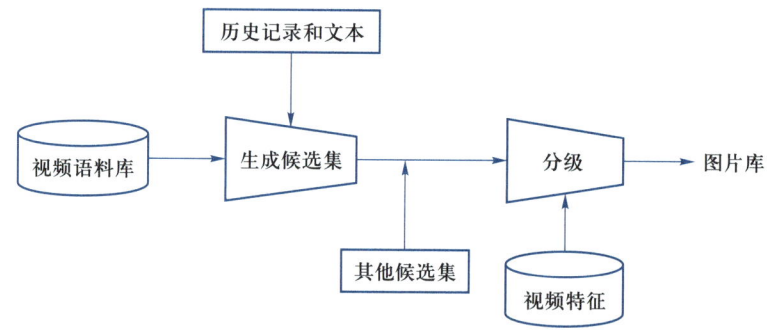

图 9.3 基于深度神经网络模型的视频推荐

YouTube 视频网站的特点是注册用户多、视频更新速度快、视频时长不一、数量多，传统的推荐算法很难为用户推荐符合其偏好的视频内容。图 9.3 的推荐过程分为候选集生成和视频排序两个阶段。候选集生成阶段可以视为一个视频筛选的过程，即根据用户的观看记录从已有的视频中选择和用户观看历史记录相似的视频集合作为下次推荐的候选视频。候选集生成阶段将视频推荐问题视为一个多分类问题，利用深度神经网络对用户和视频建模，通过预测函数 $P$ 来计算在 $C$ 情况下，用户 $U$ 在 $t$ 时刻观看视频类型 $i$ 的概率，$i$ 是所有视频集合 $V$ 中的某一类。分类预测公式如下：

$$P(\omega_t = i \mid U,\ C) = \frac{e^{v,\,u}}{\sum_{j \in V} e^{v,\,u}} \quad (9.4)$$

排序阶段则是从不同特征维度对视频进行分析，通过加权的逻辑回归输出层获得用户点击某类视频的概率预测。预测值与用户感兴趣的视频类型越相似,其得分就越高,最终选取得分最高的几十个视频作为推荐结果。

(2) 基于循环神经网络的推荐

循环神经网络包括双向循环神经网络和长短期记忆网络。在深度神经网络中,模型训练好之后在输入层给定一个 x,在输出层就能得到特定的 y,但只适用于前后输入完全没有关系的序列。在推荐方面,通常使用 LSTM 和门控循环单元处理推荐问题中的长序列信息。LSTM 和 GRU 属于 RNN 的改进版本,它们的关键是可以捕捉到序列比较长的 $n$ 元信息序列,最大优势是能够为前后有关联的序列信息建模,已经在新闻推荐、文字翻译、语音识别等领域得到了广泛的应用。

LSTM 模型可以学习较长序列信息之间的交互关系。该模型不断地被研究者们改进和优化。OKURA 认为传统的协同过滤技术无法为用户提供动态的个性化推荐,因此,将用户的行为记录抽象成有关联的数据序列,使用降噪自编码器(auto-encoder,AE)构建的深层网络来学习新闻文本的特征;RNN 用来训练输入序列(用户特征和浏览记录)。后来,日本雅虎(Yahoo)团队尝试将该文献中提到的推荐模型应用到手机端新闻主页中,整个推荐流程大致分为 5 步:① 将用户的历史浏览记录作为 RNN 的训练数据生成用户的偏好模型;② 利用一定的相似度计算规则计算出和用户偏好相符的新闻集合作为候选集;③ 利用模型中的排序算法对新闻候选集排序;④ 对重复的新闻内容进行去重;⑤ 在适当时插入广告(如果需要)。经过实验和评估发现,GRU 模型需要设置的参数少而且能够为用户推荐更准确的新闻信息。

(3) 卷积神经网络

卷积神经网络的最大特点是具有表征学习能力,目前已广泛应用在图像识别、自然语言处理、目标分类等不同领域的推荐系统中。

针对文本推荐,KIM 的研究认为用户对项目的评级矩阵如果过于稀疏,则会影响推荐质量,为此提出了一种混合推荐模型。该推荐模型基于上下文感知和卷积矩阵因式分解,将 CNN 集成在概率矩阵分解中,能有效捕获上下文信息,从而填补稀疏的用户评级矩阵,提高推荐的准确率。

当前研究针对的都是某一个特定的目标用户,但实际问题中的推荐场景往往更复杂,有时需要为特定的群组生成推荐列表,因此,未来的研究可尝试将 CNN 和社交关系、时间、文本等辅助信息相结合来进行群组推荐。

传统的推荐在提取评论文本信息方面有所欠缺,于是黄文明提出了一种基于注意力机制的深度协作神经网络(deep cooperative neural network based on attention、ACoNN)模型,其中注意力机制的作用是为文本矩阵的权重重新赋值,并行的 CNN 模型则充分挖掘用户和文本的信息以获取潜在的隐含特征。ACoNN 模型的推荐流程如图 9.4 所示。

相比其他的深度学习模型,该模型的优点是数据在训练阶段设置的参数比较少、模型的复杂度较低,充分利用了注意力机制能够捕捉权重较大信息的特点以及 CNN 模型对权值能够共享、对局部连接的优势,结合了注意力机制的 CNN 模

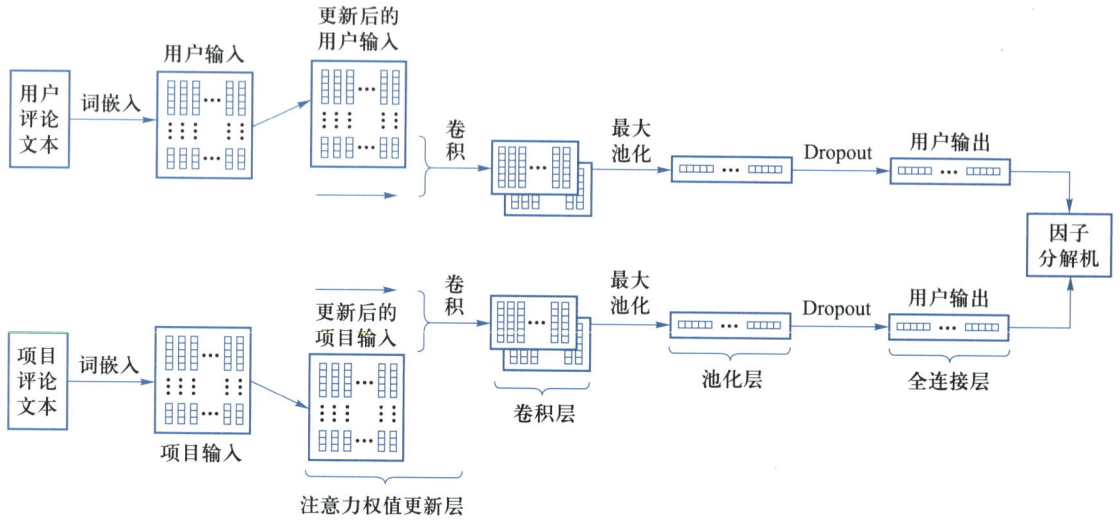

图 9.4 基于注意力机制的深度协作神经网络

型在提取特征时对重点特征的提取效率有了很大提升,因此,推荐项目的准确率也有了较大的改善;但是该模型无法对用户动态的偏好进行实时推荐。

黄文明的研究将注意力机制和 CNN 模型相融合,尽管提升了推荐的效果,但是当数据规模足够大时,数据稀疏性问题仍然会逐渐显露。跨领域推荐是解决数据稀疏问题的一个重要的方法,多个领域的辅助信息可以为目标领域的推荐服务,通过输入辅助信息,模型可以学习到目标用户的潜在隐含特征,从而提升推荐的效果,因此,在后续研究中可以考虑将 CNN 和注意力机制融合到跨领域推荐任务中。

(4) 基于图神经网络的推荐

图神经网络(graph neural network, GNN)借鉴 RNN 和 CNN 的思想,是一种重新定义和设计的用于处理非欧氏空间数据的深度学习算法。在实际的生活中,电子商务、推荐系统、动作识别等领域的数据抽象出来都是节点之间链接不固定的图谱,这些图谱不具备规则的空间结构,而 GNN 模型可以对该类数据进行高效的建模,精确地捕获到数据之间潜在的联系。Li 针对电子商务领域出现的问题,提出了一种分层二分图神经网络的模型。该模型首先将多个 GNN 模型进行叠加,并在多个交替模块上使用聚类算法,聚类算法能够有效捕获到分层模块中推荐项目和用户的信息,进而有效地捕捉到用户的潜在偏好,提高推荐的准确率;但该模型利用的是用户某段时间内静态的交互记录,这与用户变化的偏好情况相矛盾。因此,Zhang 建立了一种融合时间关注机制的图卷积推荐模型,图卷积神经层对用户在整个实际场景中的角色进行抽象,能大致反映出用户的短期偏好特征,Shi 提出了一种卷积 LSTM 模型(convolutional LSTM network, ConvLSTM)来增强模型的鲁棒性,为了捕获到用户动态的偏好变化情况,模型首先融合了侧重分层学习和神经元排序的神经网络结构,最终通过学习模型捕获到的局部用户偏好的时空信息产生推荐序列。

**(5) 基于 PMF 的图神经网络推荐**

传统的矩阵分解模型具有很好的灵活性和扩展性，但是仍然无法解决冷启动和数据稀疏的问题，于是，王英博提出了一种融合 PMF 和 GNN 的推荐模型。该模型首先将社交网络图和用户项目图这两个图内在联系起来，然后对图进行建模，捕获用户在社会空间中的潜在特征向量和项目空间上的潜在特征向量；接着，将捕获到的特征向量进行相互串联，充分地学习目标用户的特征向量，将捕获到的特征向量集成在 PMF 模型中，产生项目的评分和推荐列表。在真实的数据集 Epinions 和 Ciao 上的实验结果表示，该模型是有效的，其均方根误差和平均绝对误差均有降低。但该模型只是将社交网络图作为辅助信息融合到模型中，在实际生活中，用户和项目之间的交互信息还体现在其他方面，例如，推荐项目的丰富属性与用户偏好的依赖性。未来可以考虑多方面地融合辅助信息，提高推荐模型的准确率和新颖性。模型通过 GNN 的节点来学习用户对特定推荐项目的置信度加权参数，该加权参数代表节点用户与推荐项目之间相交互的可能性。引入置信度加权参数是为了帮助用户模拟高阶信息，使得每个用户可以收集邻域节点间的高阶信息。对于比较稀疏的用户—项目矩阵，可以通过随机游走的方式对矩阵进行填充，缓解数据稀疏和冷启动问题。但该推荐方式仅考虑了用户项目之间历史交互的置信度参数，并没有考虑推荐系统所收集到的数据对加权参数的影响。

**(6) 基于会话的图卷积神经网络推荐**

近年来，匿名用户推荐问题逐渐成为推荐领域的一个重要研究方向，采用 GNN 模型解决该类问题已经取得了不错的进展；但是，GNN 无法精确地捕获到用户会话间潜在的依赖信息。Lin 提出了一种基于会话的图卷积神经网络(group-constrained convolutional recurrent neural network，GCRNN)模型。该模型利用多层的图卷积模型能精确地捕获到用户会话图信息，利用递归神经网络层则能进一步捕获会话间的时序图来获得用户偏好的变化情况，而且递归神经网络层还能精确地捕获到会话之间的交互信息。因此，GCRNN 模型能精确地捕获到会话间丰富的潜在隐含信息，从而提升推荐的准确性；然而，GCRNN 模型并不能为用户产生动态的推荐列表，降低了模型的实效性，因此在今后的研究中可以考虑将用户的点击项作为辅助信息融合到模型中以产生更有效的推荐列表。

用户的兴趣是动态变化的，为了给用户产生实时推荐列表，曹万平提出了一种基于会话的图卷积递归神经网络模型。预测推荐项目的过程可分为三步。

对会话序列构建会话图，$I=\{i, is, is, \cdots, is\}$ 代表会话列表，$s=[i1, i2, i3, \cdots, in]$ 代表按照时间戳进行排序的用户会话列表，$i$ 代表用户在 $t$ 时刻在会话 $s$ 中的点击项，为用户的每个会话列表构建有向图 $Gs=(Ss, Es)$，用户点击项 $i$ 作为会话图的节点，$i$ 作为会话图的边，在用户会话列表 $s$ 中，将节点向量作为 RNN 模型的输入，目的是节点向量能够被更新。接着，有向图 $Gs=(Ss, Es)$ 被输入到嵌入层后，$i$ 被映射到 $G$ 中，为了处理节点和会话图的收敛问题，曹万平对 $Gs=(Ss, Es)$ 进行了卷积操作，如下式所示：

$$h_\theta \times g = U h_\theta U^T g \tag{9.5}$$

其中：$h_\theta = \text{diag}_\theta$ 代表的是进行卷积操作时的滤波器；$g$ 代表的是会话图；$U$ 代表的是特征向量矩阵；$A$ 代表的是邻接矩阵（若节点之间存在边，则 $A_{ij}=1$，否则为 0）。在建立图卷积模型时，获得会话图中的结构信息，利用多项式获取 $K$ 阶近似，$K$ 的阶数代表着有向图 $G=(S, E)$ 中每个节点在传播时的作用范围。

为了处理获取过程中遇到的梯度问题，选用 GRU 模型来获取节点向量，最终输出的 $h$ 的计算方法如下：

$$z_i = \sigma(W_z + U_z h_{i-1}) \tag{9.6}$$

$$r_i = \sigma(W_z + U_r h_{i-1}) \tag{9.7}$$

$$\widetilde{h_i} = \left(\frac{\pi}{2} - \theta\right) \tanh(W_h + U_r(r \odot s_{i-1})) \tag{9.8}$$

$$h_i = (1 - z_i) \odot s_{i-1} + z_i \odot \widetilde{h_i} \tag{9.9}$$

其中，$W_z$、$W_h$ 和 $U_z$、$U_r$、$U_h$ 为训练模型过程中得到的参数；$\sigma$ 代表 sigmoid 函数；$\odot$ 是代表乘法的运算符；$z_i$ 和 $s_i$ 是 GRU 网络中的重置门与更新门，经过 GRU 编码，每个会话就被编码成一个个的嵌入序列 $H = \{h_1, h_2, h_3, \cdots, h_i\}$，将嵌入向量经过线性变换得到嵌入向量 $h$。

计算每个会话中点击项的得分如下：

$$\bar{z} = h_s^T h_i \tag{9.10}$$

其中，$h_s$、$h_i$ 分别代表点击项和会话的嵌入向量。接着计算会话被点击的概率，这一步是通过 Softmax 层来完成的：

$$\bar{y} = \text{Softmax}(\bar{z}) \tag{9.11}$$

预测出的 $y$ 的值越大，则代表下一次被点击的可能性越大，那么通过对得到的 $y$ 排序，将 $y$ 值大的会话依次推荐给用户。

近年来基于会话的匿名推荐更多关注的是用户的点击序列，但对于一个完整的推荐过程来说，其他信息（如推荐项目的种类和名称等）往往被忽略。为了解决上述问题，文献中提出了一种基于会话的多粒度图神经网络推荐模型。该研究认为种类是推荐项目的一个重要特征属性，对推荐项目有聚合的作用，因此通过 GNN 获取推荐项目和用户的种类嵌入信息；接着通过注意力机制捕获用户对项目分配的权重；最后使用 RNN 获得会话时序信息并对用户进行推荐，以提高推荐的泛化能力。但该模型并没有研究会话点击序列长度对推荐效果的影响，另外用户的长短期兴趣信息也可以尝试作为补充信息，从而进一步研究它对推荐的影响。

GNN 对非欧几里得数据有其强大的提取和表示能力，这是 GNN 模型的优势之一。在现有的研究中，基于 GNN 的推荐还存在以下问题：

① 本节中介绍的模型的输入都是单一的数据类型，然而在现实生活中，数据的形式有文本、音频、图片等，如何对异构数据进行统一的输入是目前 GNN 推荐面临的问题。

② 目前文献中所用到的 GNN 模型都是图的节点不为空的情况，然而在现实生活中，会存在节点对象没有存放任何数据的情况，目前相关算法难以处理该类情况。

## 9.2 常用模型

### 9.2.1 DeepFM

#### 1. DeepFM 概述

DeepFM 是由华为诺亚方舟实验室在 2017 年提出的模型。DeepFM 是在 Wide&Deep 结构的基础上，使用 FM 取代 Wide 部分的 LR，这样可以避免人工构造复杂的特征工程。

在不同的推荐场景中，低阶组合特征或者高阶组合特征可能都会对最终的 CTR 预估产生影响。因子分解机(factorization machines，FM)通过对每一维特征的隐变量内积来提取特征。理论上 FM 可以对二阶及更高阶的特征组合进行建模，实际上由于计算复杂度的原因，一般只用到二阶特征组合。其实可以理解为 FM=LR+低阶特征的两两组合。本节介绍的模型 DeepFM，结合了推荐系统中因子分解机和新神经网络架构中的深度特征学习。

#### 2. 模型架构

正如名称所示，DeepFM 是 Deep 与 FM 结合的产物，也是 Wide&Deep 的改进版，只是将其中的 LR 替换成了 FM，提升了模型 Wide 侧提取信息的能力。

DeepFM 由两部分组成。FM 部分是一个因子分解机，用于学习推荐的特征交互；深度学习部分是一个前馈神经网络，用于学习高阶特征交互。FM 和深度学习部分拥有相同的输入原样特征向量，让 DeepFM 能从输入原样特征中同时学习低阶和高阶特征交互。

DeepFM 算法有效地结合了因子分解机与神经网络在特征学习中的优点，同时提取了低阶组合特征与高阶组合特征，因此越来越被广泛使用。

在 DeepFM 中，FM 算法负责提取一阶特征以及由一阶特征两两组合而成的二阶特征；而 DNN 算法则负责对输入的一阶特征进行全连接等操作，形成高阶特征的提取。这种结合使得 DeepFM 能够充分利用两者的优势，对特征进行更全面和深入的学习，从而在推荐系统等领域取得良好的效果。

DeepFM 具有以下特点：

① 结合了广度和深度模型的优点，联合训练 FM 模型和 DNN 模型，同时学习低阶特征组合和高阶特征组合。

② 端到端模型，无需特征工程。

③ DeepFM 共享相同的输入和 embedding vector，训练更高效。

④ 评估模型时，用到了一个新的指标"Gini Normalization"。

模型的架构如图 9.5 所示。

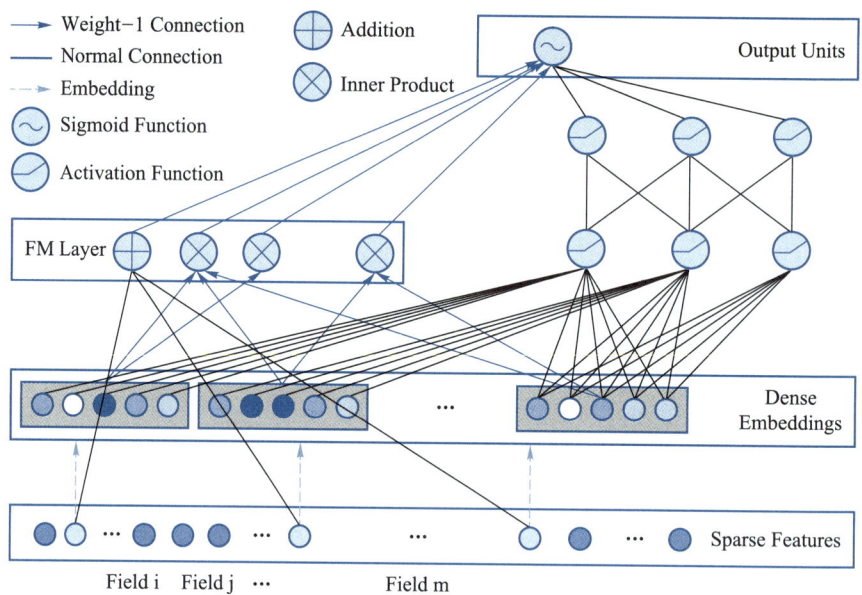

图 9.5 DeepFM 模型架构

其中,DeepFM 的输入可由连续型变量和类别型变量共同组成,且类别型变量需要进行 one-hot 编码。而正由于 one-hot 编码,导致了输入特征变得高维且稀疏。

应对的措施是,针对高维稀疏的输入特征,采用 Word2Vec 的词嵌入(WordEmbedding)思想,把高维稀疏的向量映射到相对低维且向量元素都不为零的空间向量中。

由上面网络结构图可以看到,DeepFM 包括 FM 和 DNN 两部分,所以模型最终的输出也由这两部分组成:

$$\hat{y} = \text{sigmoid}(y\text{FM} + y\text{DNN}) \tag{9.12}$$

下面,把结构图进行拆分。首先是 FM 部分的结构,如图 9.6 所示。

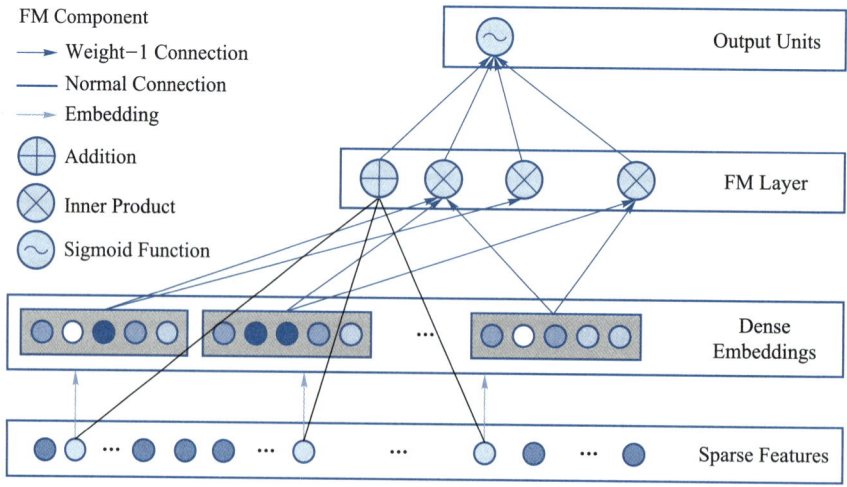

图 9.6 FM 部分的结构

FM 部分的输出如下：

$$y = w_o + \sum_{i=1}^{n} w_i x_i + \sum_{i=1}^{n-1} \sum_{j=i+1}^{n} w_{ij} x_i x_j \qquad (9.13)$$

这里需要注意三点：这里的 $w_{ij}$，也就是 $<vi, vj>$，可以理解为 DeepFM 结构中计算 embedding vector 的权矩阵（网上很多文章把 $vi$ 认为是 embedding vector，但仔细分析代码，就会发现这种观点是不正确的）。

由于输入特征 one-hot 编码，所以 embedding vector 也就是输入层到 Dense Embeddings 层的权重。

Dense Embeddings 层的神经元个数是由 embedding vector 和 field_size 共同确定，再直白一点就是，神经元的个数为 embedding vector * field_size。

然后是 DNN 部分的结构，如图 9.7 所示。

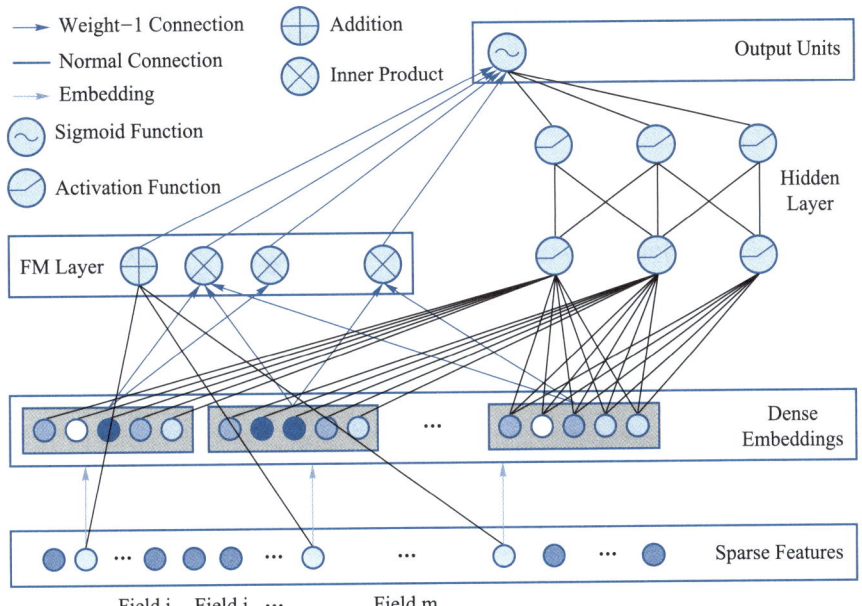

图 9.7 DNN 部分的结构

这里 DNN 的作用是构造高维特征，且有一个特点：DNN 的输入也是 embedding vector。所谓的权值共享指的就是这里。

关于 DNN 网络中的输入 $a$ 处理方式采用前向传播，如图 9.8 所示。

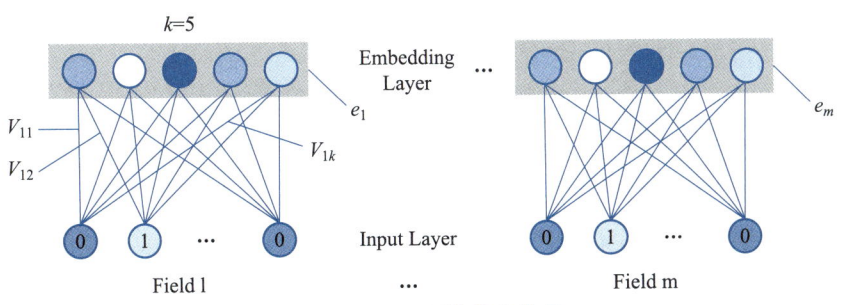

图 9.8 DNN 网络前向传播

这里假设 $a(0) = (e1, e2, \cdots, em)$ 表示 embedding 层的输出，那么 $a(0)$ 作为下一层 DNN 隐藏层的输入，其前馈过程如下：

$$a^{(l+1)} = \sigma(W^{(l)} a^{(l)} + b^{(l)}) \tag{9.14}$$

### 9.2.2 BGCF

**1. 贝叶斯图协同过滤**

贝叶斯图协同过滤（BGCF）是 Sun J、Guo W、Zhang D 等人于 2020 年提出的。通过结合用户与物品交互图中的不确定性，显示了 Amazon 推荐数据集的优异性能。使用 MindSpore 中的 Amazon-Beauty 数据集对 BGCF 进行训练。更重要的是，这是 BGCF 的第一个开源版本。

**2. 模型架构**

BGCF 包含两个主要模块，如图 9.9 所示。首先是抽样，它生成基于节点复制的样本图。另一个为聚合节点的邻居采样，节点包含平均聚合器和注意力聚合器。

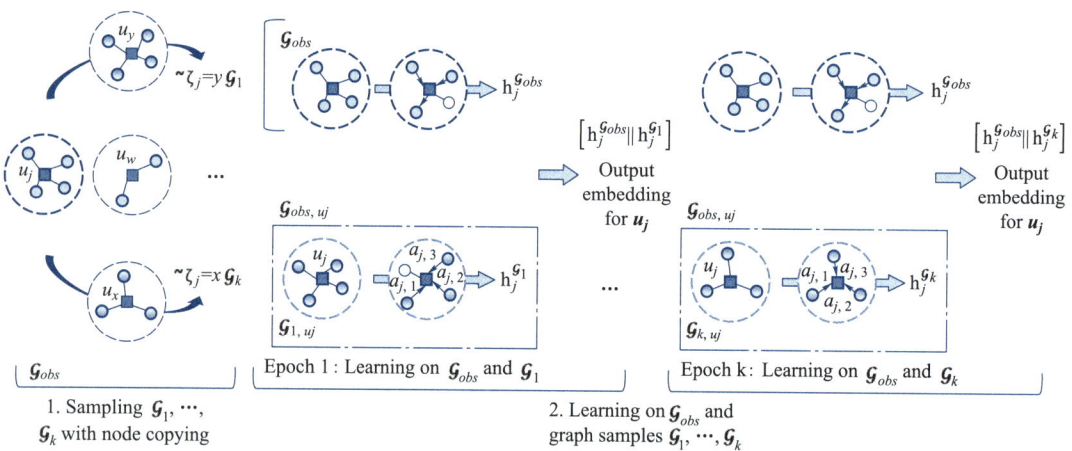

图 9.9 BGCF 模型架构

交互图上每条边都是真实的用户-物品交互记录，生成的采样图的边是"伪造"的。因此，借鉴图注意网络（graph attention network，GAT）的注意力策略，节点不同边赋予不同的权重。同时原交互图和采样图使用平均聚合来学习节点表示。最终节点的表示是原图和采样图节点表示的结合。生成的用户和物品表示利用下式实现对于推荐过程的建模：

$$\hat{x}_{uij}(\theta, G_{obs}) \approx \frac{1}{N_G} \sum_{l=1}^{N_G} [h_{u,Gl} h_{i,Gl} - h_{u,Gl} h_{j,Gl}] \tag{9.15}$$

其中，$Gl$ 来源于 $p(G \mid G_{obs})$ 的建模生成。BGCF 利用 node-copying 的方法生成新的交互图 $Gl$，利用生成的采样交互图拟合真实交互图 $G$。

### 9.2.3 NCF

**1. 模型简介**

NCF 是一个用于协同过滤推荐的通用框架，它可以表达和推广矩阵分解（MF），其中使用神经网络架构对用户—项目交互进行建模。与传统模型不同，NCF 不依赖于具有用户和物品潜在特征内积的矩阵分解。它用一个可以从数据中学习任意函数的多层感知机取代了内积操作。

**2. 模型架构**

NCF 的两个实例是广义矩阵分解（GMF）和多层感知机（MLP）。GMF 应用线性核对潜在特征交互进行建模，MLP 使用非线性核从数据中学习交互函数。NeuMF 是 GMF 和 MLP 的融合模型，用于更好地模拟复杂的用户—项目交互，并统一 MF 线性和 MLP 非线性的优势，对用户—项目潜在结构进行建模。NeuMF 允许 GMF 和 MLP 学习单独的嵌入，并通过连接它们的最后一个隐藏层来组合这两个模型。

不管是 GMF 还是 MLP，都是遵循 NCF 的基本架构，NCF 模型架构如图 9.10 所示。

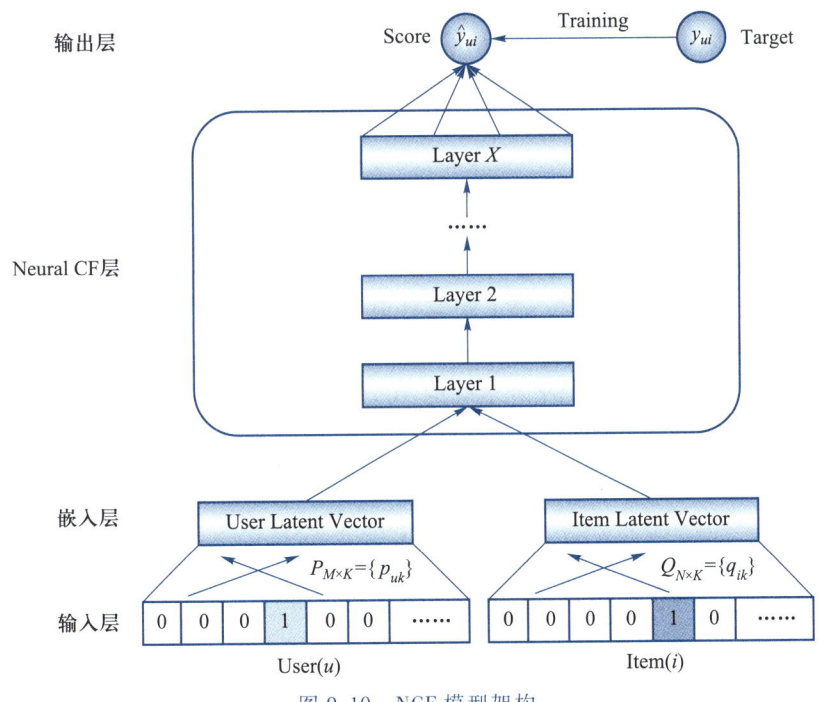

图 9.10  NCF 模型架构

首先，用户（项目）的输入向量先通过一个全连接层转为嵌入向量，获得的嵌入向量可以表示用户（项目）在上下文的潜在表征。

然后，用户嵌入和项目嵌入被馈送到多层神经网络中，我们称之为神经协同过滤层，将潜在向量映射到预测分数。神经协同过滤层的每一层都可以定制,以发现用户—项目交互的某些潜在结构。最后一个隐藏层 $X$ 的尺寸决定了模型的能力。最后的输出层是预测得分 $\hat{y}_{ui}$。然后通过最小化 $y_{ui}$ 与 $\hat{y}_{ui}$ 进行模型的训练。

我们构建的 NCF 的预测模型为

$$\hat{y}_{ui} = f(\boldsymbol{P}^T v_u^U, \boldsymbol{Q}^T v_i^I \mid \boldsymbol{P}, \boldsymbol{Q}, \Theta_f) \tag{9.16}$$

其中,$\boldsymbol{P} \in \boldsymbol{R}^{M \times K}$,$\boldsymbol{Q} \in \boldsymbol{R}^{N \times K}$,表示用户和项目的潜在因素矩阵,$\Theta_f$ 代表 $f$ 函数的模型参数,函数 $f$ 被定义为多层神经网络,它可以表示为

$$f(\boldsymbol{P}^T v_u^U, \boldsymbol{Q}^T v_i^I) = \phi_{\text{out}}(\phi_x(\cdots\phi_2(\phi_1(\boldsymbol{P}^T v_u^U, \boldsymbol{Q}^T v_i^I))\cdots)) \tag{9.17}$$

$\phi_{\text{out}}$ 和 $\phi_x$ 分别表示输出层和第 $x$ 个神经协作过滤层的映射函数,总共有 $x$ 个神经 CF 层。

目标损失函数为

$$L = -\sum_{(u,i) \in y \cup y^-} y_{ui} \log \hat{y}_{ui} + (1 - y_{ui}) \log(1 - \hat{y}_{ui}) \tag{9.18}$$

(1)广义矩阵分解(GMF)

GMF 的输入层与嵌入层与 NCF 保持一致,不同之处在于神经协同过滤层,在进入神经协同过滤层之前,首先将用户与项目的嵌入向量进行逐元素点乘,然后直接送入输出层,输出层包括特征转换与非线性激活,最后得到 $\hat{y}_{ui}$。

具体公式如下:

$$\phi_1(p_u, q_i) = p_u \odot q_i \tag{9.19}$$

$$\hat{y}_{ui} = a_{\text{out}}(h^T(p_u \odot q_i)) \tag{9.20}$$

其中,$a_{\text{out}}$ 表示输出层的激活函数,$h$ 表示权重向量,如果 $a_{\text{out}}$ 为恒等式且 $h$ 权重全为 1,显然这就是 MF 模型。

总之,在 NCF 的框架下,MF 很容易地被泛化和推广。本节中在 NCF 下实现一个更一般化的 MF,它使用 Sigmoid 函数作为激活函数,通过不断优化目标函数来学习 $h$ 的参数,我们把一般化的 MF 称为 GMF。

(2)多层感知机(MLP)

简单地对向量的连接不足以说明用户和项目之间的潜在特征,这对协同过滤建模来说是不够的。为了解决这个问题,我们提出在向量连接上增加隐藏层,使用标准的 MLP(多层感知机)学习用户和项目潜在特征之间的相互作用。在这个意义上,我们可以赋予模型高水平的灵活性和非线性建模能力,而不是 GMF(广义矩阵分解)那样的简单使用逐元素相乘的内积来描述用户和项目之间的潜在交互特征。

具体地讲,我们把 MLP 的模型定义为

$$z_1 = \phi_1(p_u, q_i) = \begin{bmatrix} p_u \\ q_i \end{bmatrix} \tag{9.21}$$

$$\phi_2(z_1) = a_2(\boldsymbol{W}_2^T z_1 + \boldsymbol{b}_2) \tag{9.22}$$

……

$$\phi_L(z_{L-1}) = a_L(W_L^T z_{L-1} + b_L) \qquad (9.23)$$

$$\hat{y}_{ui} = \sigma(h^T \phi_L(z_L - 1)) \qquad (9.24)$$

$W_x$、$b_x$ 和 $a_x$ 代表了权重矩阵、偏置向量、激活函数，这里的激活函数采用 ReLU，因为它更适合稀疏的数据而且不容易使模型过拟合。实验结果表明，ReLU 的表现略好于双曲正切函数 tanh 和 sigmoid。网络结构的设计采用一种常见的塔式模型，其中，底层是最宽的，并且每个相继的层具有更少的神经元数量。通过在更高层使用少量的隐藏单元，它们可以从数据中学习到更多的抽象特征。

（3）结合 GMF 和 MLP

NeuMF 模型是 GMF 和 MLP 的结合。GMF 应用了一个线性内核来模拟潜在的特征交互；MLP 使用非线性内核从数据中学习交互函数。为了更好地发挥融合模型的性能，我们允许 GMF 和 MLP 分别学习独立的嵌入，并结合两种模型通过连接它们最后的隐藏层输出。模型的整体架构如图 9.11 所示。

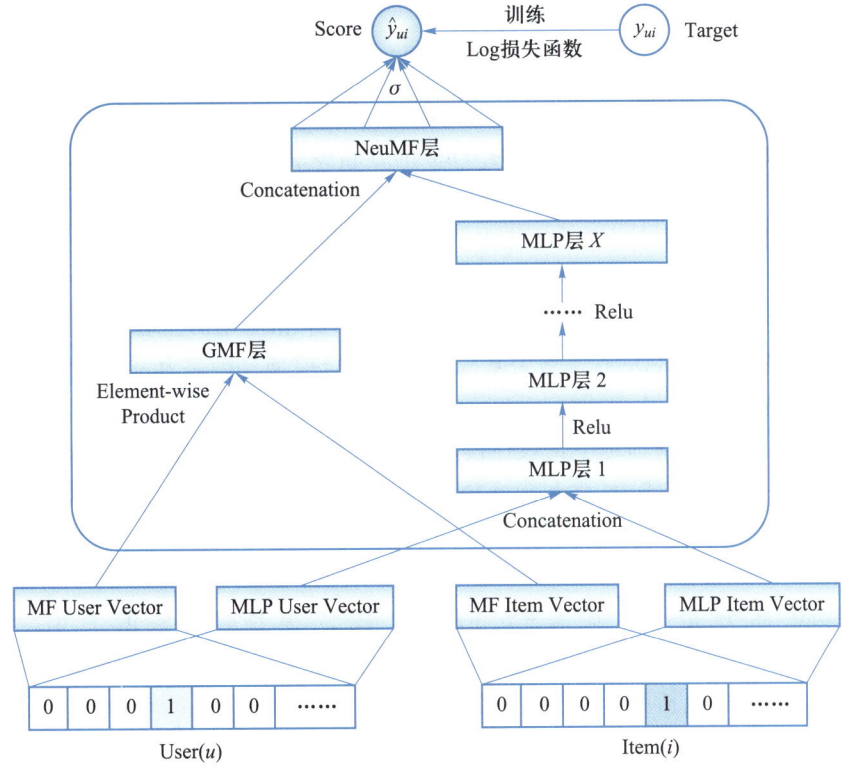

图 9.11 NeuMF 模型架构

公式如下：

$$\phi^{GMF} = p_u^G \odot q_i^G \qquad (9.25)$$

$$\phi^{MLP} = a_L\left(W_L^T\left(a_{L-1}\left(\cdots a_2\left(W_2^T \begin{bmatrix} p_u^M \\ q_i^M \end{bmatrix} + b_2\right)\cdots\right)\right) + b_L\right) \qquad (9.26)$$

$$\hat{y}_{ui} = \sigma\left(h^T \begin{bmatrix} \Phi^{GMF} \\ \Phi^{MLP} \end{bmatrix}\right) \tag{9.27}$$

$p_u^G$ 和 $p_u^M$ 是 GMF 与 MLP 的用户嵌入，同理 $q_i^G$ 和 $q_i^M$ 是项目的嵌入，我们沿用前文中 GMF、MLP 模型中的方法得到 $\phi^{GMF}$ 和 $\phi^{MLP}$，最后经过 NeuMF 层，得到 $\hat{y}_{ui}$。

由于 NeuMF 目标函数的非凸性，基于梯度的优化方法只能找到局部最优解。所以我们采用预训练的方式，首先用随机初始化训练 GMF 和 MLP，直到模型收敛。然后，使用它们的模型参数作为 NeuMF 参数的相应部分的初始化。唯一的调整是在输出层，在最后再调整两者的比例，这里使用

$$h \leftarrow \begin{bmatrix} \alpha h^{GMF} \\ (1-\alpha) h^{MLP} \end{bmatrix} \tag{9.28}$$

其中，$\alpha$ 是超参数，用来权衡两个训练模型之间的权重，NeuMF 的细节不再赘述，具体细节可以参考论文。

### 9.2.4 Wide&Deep

**1. 模型简介**

Wide&Deep 是谷歌公司于 2016 年提出，并且自提出以来就在业界发挥着巨大影响力的模型。它是由单层的 Wide 部分和多层的 Deep 部分组成的混合模型。其中，Wide 部分的主要作用是让模型具有较强的"记忆能力"；Deep 部分的主要作用是让模型具有"泛化能力"，正是这样的结构特点，使模型兼具了逻辑回归和深度神经网络的优点：能够快速处理并记忆大量历史行为特征，并且具有强大的表达能力。不仅在当时迅速成为业界争相应用的主流模型，而且衍生出了大量以 Wide&Deep 模型为基础结构的混合模型，影响力一直延续至今。

**2. 模型架构**

Wide&Deep 模型训练了宽线性模型和深度学习神经网络，结合了推荐系统的简单模型的"记忆能力"强和深度神经网络的"泛化能力"强的优点。

Wide&Deep 模型结构如图 9.12 所示。

（1）Wide 部分

Wide 部分是 $y = w^T x + b$ 的广义线性模型。$y$ 是预测值，$x = [x1, x2, \cdots, xd]$ 是一个 $d$ 维特征向量，$w = [w1, w2, \cdots, wd]$ 为模型参数，$b$ 为偏差。特征集包括原始输入特征和转换后的特征，最重要的转换之一是交叉乘积转换，定义为

$$\phi_k(x) = \prod_{i=1}^{d} x_i^{c_{ki}} \quad c_{ki} \in \{0, 1\} \tag{9.29}$$

$c_{ki}$ 是一个布尔变量，如果第 $i$ 个特征是第 $k$ 个变换的一部分，则为 1，反之为 0。对于二值特征，当一个组合特征的原特征都为 0 时才会为 0（例如，"性别=女"且"语言=英语"时，AND（性别=女，语言=英语）= 1，其他情况均为 0）。这捕获了二元特征之间的相互作用，并为广义线性模型增加了非线性。

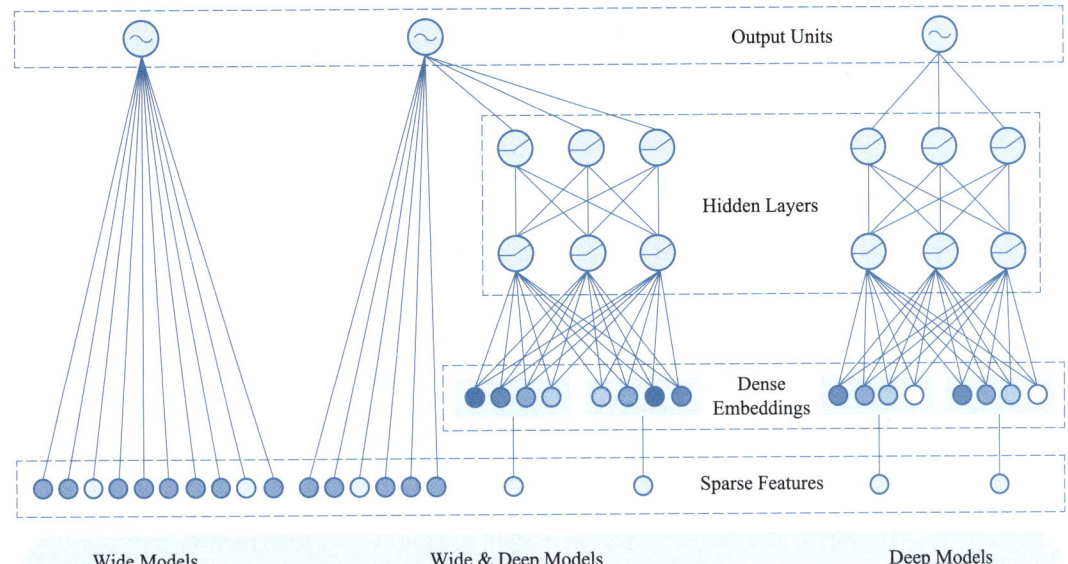

图 9.12 Wide&Deep 模型架构

Wide 部分的作用是让模型具有较强的"记忆能力"。"记忆能力"可以被理解为模型直接学习并利用历史数据中物品或者特征的"共现频率"的能力。一般来说，协同过滤、逻辑回归等简单模型有较强的"记忆能力"。由于这类模型的结构简单，原始数据往往可以直接影响推荐结果，产生类似于"如果点击过 A，就推荐 B"这类规则式的推荐，这就相当于模型直接记住了历史数据的分布特点，并利用这些记忆进行推荐。

（2）Deep 部分

Deep 部分是前馈神经网络。对于类别型特征，原始输入是特征字符串（例如，"语言＝英语"）。这些稀疏的高维类别特征会先转换成低维稠密的实数向量，通常被称为嵌入向量。嵌入向量的维度通常在 $O(10)$ 到 $O(100)$ 的数量级。随机初始化嵌入向量，然后在模型训练中最小化最终损失函数。这些低维稠密向量馈送到前向传递中的神经网络的隐藏层中。具体来说，每个隐藏层执行以下计算：

$$a(i+1) = f(W^{(l)} a^{(l)} + b^{(l)}) \tag{9.30}$$

其中，$l$ 是层数，$f$ 是激活函数，通常使用 ReLU 函数。$a^{(l)}$、$b^{(l)}$ 和 $W^{(l)}$ 是第 $l$ 层的激活、偏置和模型权重。

Deep 部分的主要作用是让模型具有"泛化能力"。"泛化能力"可以被理解为模型传递特征的相关性以及发掘稀疏甚至从未出现过的稀有特征与最终标签相关性的能力。深度神经网络通过特征的多次自动组合，可以深度发掘数据中潜在的模式，即使是非常稀疏的特征向量输入，也能得到较稳定平滑的推荐概率，这就是简单模型所缺乏的"泛化能力"。

（3）Wide 部分和 Deep 部分的结合

Wide 部分和 Deep 部分使用其输出对数几率的加权和作为预测，然后将其输入到联合训练的一个共同的 logisticloss 函数。注意到这里的联合训练和集成学习是有区别的。集成学习中，每个模型是独立训练的，而且它们的预测是在推理时合并而不是在训练时合并。相比之下，联合训练在训练时同时考虑 Wide 和 Deep 模型以及加权和来优化所有参数。这对模型大小也有影响：对于集成学习而言，由于训练是独立的，因此每个模型的大小通常会更大，例如，更多特征和交叉特征来实现一个集成模型合理的精确度。相比之下，在联合训练中，Wide 部分只需要通过少量的跨产品特征变换来补充深度模型的不足，而且不是全量的模型。

Wide 和 Deep 模型的联合训练是通过使用小批量随机优化（min-batch）同时将输出的梯度反向传播到模型的 Wide 和 Deep 部分来完成的。在实验中，我们使用带 L1 正则的 FTRL 算法作为 Wide 部分的优化器，AdaGrad 作为 Deep 部分的优化器。

组合模型如图 9.12 所示，对于逻辑回归问题，模型的预测如下：

$$P(Y=1 \mid x) = \sigma(w_{\text{Wide}}^{\text{T}}[x \cdot \phi(x)] + w_{\text{Deep}}^{\text{T}} a^{(l_f)} + b) \quad (9.31)$$

其中，$Y$ 是二值分类标签，$\sigma(\cdot)$ 是 sigmoid 函数，$\phi(x)$ 是原始特征 $x$ 的交叉乘积转换，$b$ 是偏置项，$w_{\text{Wide}}^{\text{T}}$ 是 Wide 模型的权重向量，$w_{\text{Deep}}^{\text{T}}$ 是用于最终激活函数 $a^{(l_f)}$ 的权重。

Wide&Deep 模型把单输入层的 Wide 部分与由 Embedding 层和多个隐藏层组成的 Deep 部分连接起来，一起输入最终的输出层。单层的 Wide 部分善于处理大量稀疏的 ID 类特征；Deep 部分利用神经网络表达能力强的特点，进行深层的特征交叉，挖掘藏在特征背后的数据模式。最终，利用逻辑回归模型，输出层将 Wide 部分和 Deep 部分组合起来，形成统一的模型。

## 9.3 应用案例：点击率预估

### 9.3.1 场景描述

要想在推荐系统中实现最大点击率，学习用户行为背后复杂的特性交互十分重要。虽然已在这一领域取得很大进展，但高阶交互和低阶交互的方法差异明显，亟需专业的特征工程。本节将展示高阶和低阶交互的端到端学习模型的推导。本节介绍的模型 DeepFM，结合了推荐系统中因子分解机和神经网络架构中的深度特征学习。

### 9.3.2 基于 DeepFM 的点击率预估

**1. 数据集**

使用 Criteo Kaggle Display Advertising Challenge Dataset。

**2. 硬件（Ascend 或 GPU）**

使用 Ascend 或 GPU 处理器准备硬件环境。

**3. 框架**

使用 MindSpore。

**4. 快速入门**

通过官方网站安装 MindSpore 后,可以按照如下步骤进行训练和评估。

数据集预处理:

```
# 下载数据集
# 请参考[Criteo Kaggle Display Advertising Challenge Dataset]获得下载链接并赋值给'DATA_LINK'
mkdir -p data/origin_data && cd data/origin_data
wget DATA_LINK
tar -zxvf dac.tar.gz
# 数据集预处理脚本执行
python -m src.preprocess_data --data_path=./data/ --dense_dim=13 --slot_dim=26 --threshold=100 --train_line_count=45840617 --skip_id_convert=0
```

Ascend 处理器环境运行:

```
# 运行训练示例(具体代码见"6. 部分代码")
python train.py \
    --dataset_path='dataset/train'\
    --ckpt_path='./checkpoint'\
    --eval_file_name='auc.log'\
    --loss_file_name='loss.log'\
    --device_target=Ascend \
    --do_eval=True > ms_log/output.log 2>&1 &

# 运行分布式训练示例
bash scripts/run_distribute_train.sh 8 /dataset_path /rank_table_8p.json

# 运行评估示例
python eval.py \
    --dataset_path='dataset/test'\
    --checkpoint_path='./checkpoint/deepfm.ckpt'\
    --device_target=Ascend > ms_log/eval_output.log 2>&1 &
OR
bash scripts/run_eval.sh 0 Ascend /dataset_path /checkpoint_path/deepfm.ckpt
```

在分布式训练中,JSON 格式的 HCCL 配置文件需要提前创建。

在 GPU 上运行：

```
# 运行训练示例
python train.py \
  --dataset_path='dataset/train'\
  --ckpt_path='./checkpoint'\
  --eval_file_name='auc.log'\
  --loss_file_name='loss.log'\
  --device_target=GPU \
  --do_eval=True > ms_log/output.log 2>&1 &

# 运行分布式训练示例
bash scripts/run_distribute_train_gpu.sh 8 /dataset_path

# 运行评估示例
python eval.py \
  --dataset_path='dataset/test'\
  --checkpoint_path='./checkpoint/deepfm.ckpt'\
  --device_target=GPU > ms_log/eval_output.log 2>&1 &
OR
bash scripts/run_eval.sh 0 GPU /dataset_path /checkpoint_path/deepfm.ckpt
```

在 ModelArts 进行训练（如果你想在 modelarts 上运行，可以参考以下文档 modelarts）：

```
# 运行训练示例
# 在 ModelArts 上使用 8 卡训练
config.yaml

# Builtin Configurations(DO NOT CHANGE THESE CONFIGURATIONS unless you know exactly what you are doing)
enable_modelarts: False
data_url: ""
train_url: ""
checkpoint_url: ""
data_path: "/cache/data"
output_path: "/cache/train"
load_path: "/cache/checkpoint_path"
device_target: Ascend
enable_profiling: False
```

```
# ================================================================
# """data config"""
data_vocab_size: 184965
train_num_of_parts: 21
test_num_of_parts: 3
batch_size: 16000
data_field_size: 39
data_format: 1

# """model config"""
data_emb_dim: 80
deep_layer_args: [[1024, 512, 256, 128], "relu"]
init_args: [-0.01, 0.01]
weight_bias_init: ['normal', 'normal']
keep_prob: 0.9
convert_dtype: True

# """train config"""
l2_coef: 0.00008 # 8e-5
learning_rate: 0.0005 # 5e-4
epsilon: 0.00000005 # 5e-8
loss_scale: 1024.0
train_epochs: 5
save_checkpoint: True
ckpt_file_name_prefix: "deepfm"
save_checkpoint_steps: 1
keep_checkpoint_max: 50
eval_callback: True
loss_callback: True

# train.py 'CTR Prediction'
dataset_path: "/cache/data"
ckpt_path: "/cache/train"
eval_file_name: "./auc.log"
loss_file_name: "./loss.log"
do_eval: 'True'

# eval.py 'CTR Prediction'
checkpoint_path: "/cache/train/deepfm-5_2582.ckpt"
```

```yaml
# export.py "deepfm export"
device_id: 0
ckpt_file: "/cache/train/deepfm-5_2582.ckpt"
file_name: "deepfm"
file_format: "MINDIR"

# 'preprocess.'
result_path: './preprocess_Result'

# 'postprocess'
# result_path: "./result_Files"
label_path: ""

# src/preprocess_data.py "Recommendation dataset"
# data_path: "./recommendation_dataset/"
dense_dim: 13
slot_dim: 26
threshold: 100
train_line_count: 45840617
skip_id_convert: 0

---
# Config description for each option
enable_modelarts: 'Whether training on modelarts, default: False'
data_url: 'Dataset url for obs'
train_url: 'Training output url for obs'
data_path: 'Dataset path for local'
output_path: 'Training output path for local'

device_target: "device target, support Ascend, GPU and CPU."
dataset_path: 'Dataset path'
batch_size: "batch size"
ckpt_path: 'Checkpoint path'
eval_file_name: 'Auc log file path. Default: "./auc.log"'
loss_file_name: 'Loss log file path. Default: "./loss.log"'
do_eval: 'Do evaluation or not, only support "True" or "False". Default: "True"'
checkpoint_path: 'Checkpoint file path'
device_id: "Device id"
ckpt_file: "Checkpoint file path."
```

```
    file_name: "output file name."
    file_format: "file format"
    result_path: 'Result path'
    # result_path: "./result_Files" # 'result path'
    label_path: 'label path'

    dense_dim: 'The number of your continues fields'
    slot_dim: 'The number of your sparse fields, it can also be called
catelogy features.'
    threshold: 'Word frequency below this will be regarded as OOV. It
aims to reduce the vocab size'
    train_line_count: 'The number of examples in your dataset'
    skip_id_convert: 'Skip the id convert, regarding the original id
as the final id.'
    ---
    device_target: ['Ascend', 'GPU', 'CPU']
    file_format: ["AIR", "ONNX", "MINDIR"]
    freeze_layer: ["", "none", "backbone"]
    skip_id_convert: [0, 1]

    # (1) 执行 a 或者 b
    #     a. 在 default_config.yaml 文件中设置 "enable_modelarts=True"
    #        在 default_config.yaml 文件中设置 "distribute=True"
    #        在 default_config.yaml 文件中设置 "dataset_path='/cache/
data'"
    #        在 default_config.yaml 文件中设置 "train_epochs: 5"
    #        (可选)在 default_config.yaml 文件中设置 "checkpoint_url=
's3://dir_to_your_pretrained/'"
    #        在 default_config.yaml 文件中设置其他参数
    #     b. 在网页上设置"enable_modelarts=True"
    #        在网页上设置"distribute=True"
    #        在网页上设置"dataset_path=/cache/data"
    #        在网页上设置"train_epochs: 5"
    #        (可选)在网页上设置"checkpoint_url='s3://dir_to_your_pre-
trained/'"
    #        在网页上设置其他参数
    # (2) 准备模型代码
    # (3) 如果选择微调你的模型,请上传你的预训练模型到 S3 桶上
    # (4) 执行 a 或者 b(推荐选择 a)
    #     a. 第一,将该数据集压缩为一个".zip"文件
```

```
#         第二，上传你的压缩数据集到 S3 桶上（你也可以上传未压缩的数据集，
但那可能会很慢）
#         b. 上传原始数据集到 S3 桶上
#         （数据集转换发生在训练过程中，需要花费较多的时间。每次训练时都会
重新进行转换）
# (5) 在网页上设置你的代码路径为 "/path/deepfm"
# (6) 在网页上设置启动文件为 "train.py"
# (7) 在网页上设置"训练数据集"、"训练输出文件路径"、"作业日志路径"等
# (8) 创建训练作业
#
# 在 ModelArts 上使用单卡训练
# (1) 执行 a 或者 b
#     a. 在 default_config.yaml 文件中设置 "enable_modelarts=True"
#        在 default_config.yaml 文件中设置 "dataset_path='/cache/data'"
#        在 default_config.yaml 文件中设置 "train_epochs: 5"
#        (可选) 在 default_config.yaml 文件中设置 "checkpoint_url='s3://dir_to_your_pretrained/'"
#        在 default_config.yaml 文件中设置其他参数
#     b. 在网页上设置 "enable_modelarts=True"
#        在网页上设置 "dataset_path='/cache/data'"
#        在网页上设置 "train_epochs: 5"
#        (可选) 在网页上设置 "checkpoint_url='s3://dir_to_your_pretrained/'"
#        在网页上设置其他参数
# (2) 准备模型代码
# (3) 如果选择微调你的模型，上传你的预训练模型到 S3 桶上
# (4) 执行 a 或者 b (推荐选择 a)
#     a. 第一，将该数据集压缩为一个 ".zip" 文件
#        第二，上传你的压缩数据集到 S3 桶上（你也可以上传未压缩的数据集，
但那可能会很慢）
#     b. 上传原始数据集到 S3 桶上
#        （数据集转换发生在训练过程中，需要花费较多的时间。每次训练时都会
重新进行转换）
# (5) 在网页上设置你的代码路径为 "/path/deepfm"
# (6) 在网页上设置启动文件为 "train.py"
# (7) 在网页上设置"训练数据集"、"训练输出文件路径"、"作业日志路径"等
# (8) 创建训练作业
#
# 在 ModelArts 上使用单卡验证
# (1) 执行 a 或者 b
```

```
#     a. 在default_config.yaml文件中设置"enable_modelarts=True"
#        在default_config.yaml文件中设置"checkpoint_url='s3: //
dir_to_your_trained_model/'"
#        在default_config.yaml文件中设置"checkpoint='./deepfm/
deepfm_trained.ckpt'"
#        在default_config.yaml文件中设置"dataset_path='/cache/
data'"
#        在default_config.yaml文件中设置其他参数
#     b. 在网页上设置"enable_modelarts=True"
#        在网页上设置"checkpoint_url='s3: //dir_to_your_trained_
model/'"
#        在网页上设置"checkpoint='./deepfm/deepfm_trained.ckpt'"
#        在网页上设置"dataset_path='/cache/data'"
#        在网页上设置其他参数
# (2) 准备模型代码
# (3) 上传你训练好的模型到S3桶上
# (4) 执行a或者b (推荐选择a)
#     a. 第一,将该数据集压缩为一个".zip"文件
#        第二,上传你的压缩数据集到S3桶上 (你也可以上传未压缩的数据集,
但那可能会很慢)
#     b. 上传原始数据集到S3桶上
#        (数据集转换发生在训练过程中,需要花费较多的时间。每次训练时都会
重新进行转换)
# (5) 在网页上设置你的代码路径为"/path/deepfm"
# (6) 在网页上设置启动文件为"train.py"
# (7) 在网页上设置"训练数据集""训练输出文件路径""作业日志路径"等
# (8) 创建训练作业
在ModelArts进行导出 (如果你想在modelarts上运行,可以参考以下文档
modelarts):
# 运行评估示例
# (1) 执行a或者b
#     a. 在base_config.yaml文件中设置"enable_modelarts=True"
#        在base_config.yaml文件中设置"file_name='deepfm'"
#        在base_config.yaml文件中设置"file_format='MINDIR'"
#        在base_config.yaml文件中设置"checkpoint_url='/The path
of checkpoint in S3/'"
#        在base_config.yaml文件中设置"ckpt_file='/cache/check-
point_path/model.ckpt'"
#        在base_config.yaml文件中设置其他参数
#     b. 在网页上设置"enable_modelarts=True"
#        在网页上设置"file_name='deepfm'"
```

```
#       在网页上设置 "file_format='MINDIR'"
#       在网页上设置 "checkpoint_url='/The path of checkpoint in S3/'"
#       在网页上设置 "ckpt_file='/cache/checkpoint_path/model.ckpt'"
#       在网页上设置其他参数
# (2) 上传你的预训练模型到 S3 桶上
# (3) 在网页上设置你的代码路径为 "/path/deepfm"
# (4) 在网页上设置启动文件为 "export.py"
# (5) 在网页上设置"训练数据集"、"训练输出文件路径"、"作业日志路径"等
# (6) 创建训练作业
```

脚本说明如下。

脚本和样例代码：

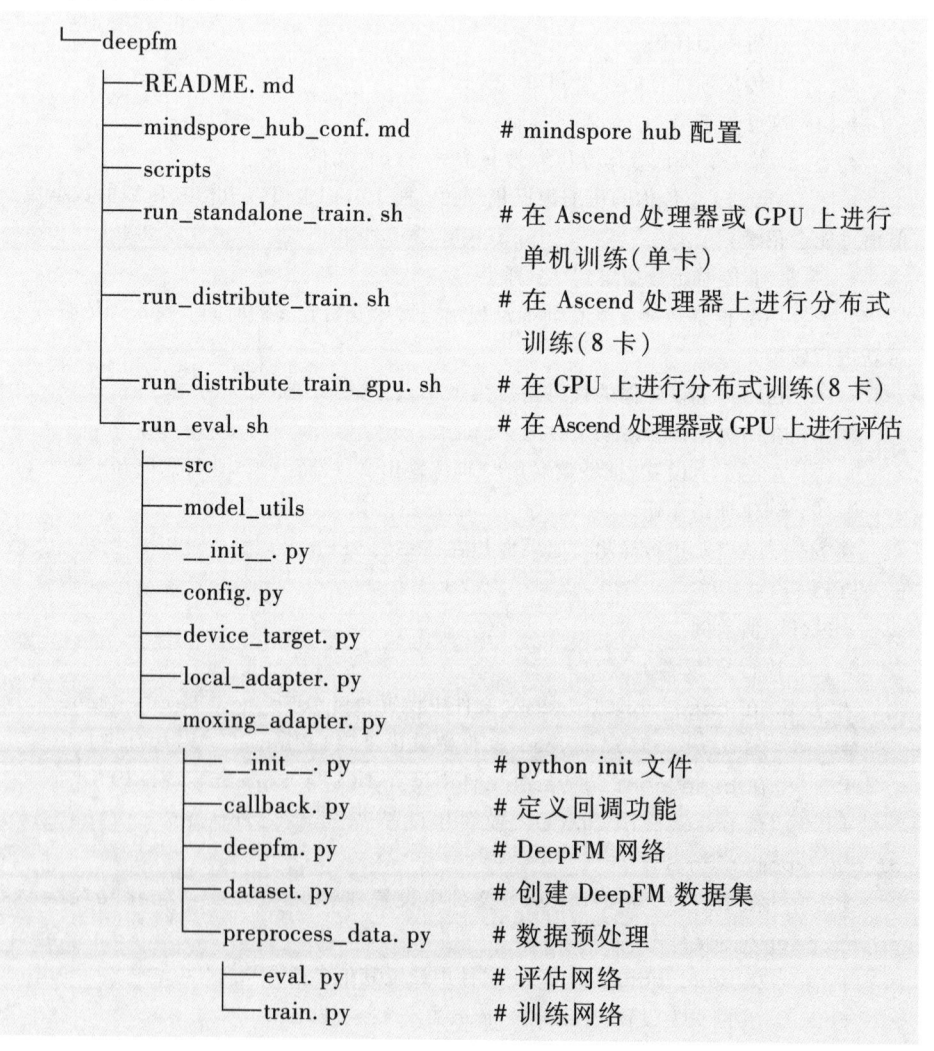

## 9.3 应用案例：点击率预估

脚本参数：
在 config.py 中可以同时配置训练参数和评估参数。
训练参数：

```
└─optional arguments：
    ├─h，--help                              show this help message and exit
    ├─dataset_path DATASET_PATH              Dataset path
    ├─ckpt_path CKPT_PATH                    Checkpoint path
    ├─eval_file_name EVAL_FILE_NAME
                                             Auc log file path. Default："./auc.log"
    ├─loss_file_name LOSS_FILE_NAME
                                             Loss log file path. Default："./loss.log"
    ├─do_eval DO_EVAL                        Do evaluation or not. Default：True
    └─device_target DEVICE_TARGET            Ascend or GPU. Default：Ascend
```

评估参数：

```
└─optional arguments：
    ├─h，--help                              show this help message and exit
    ├─checkpoint_path CHECKPOINT_PATH        Checkpoint file path
    ├─dataset_path DATASET_PATH              Dataset path
    └─device_target DEVICE_TARGET            Ascend or GPU. Default：Ascend
```

训练过程：
在 Ascend 处理器上运行（粘贴 train.py 核心代码）。

```
python train.py \
  --dataset_path='dataset/train'\
  --ckpt_path='./checkpoint'\
  --eval_file_name='auc.log'\
  --loss_file_name='loss.log'\
  --device_target=Ascend \
  --do_eval=True > ms_log/output.log 2>&1 &
```

上述 Python 命令将在后台运行，你可以通过 ms_log/output.log 文件查看结果。
训练结束后，你可在默认文件夹 ./checkpoint 中找到检查点文件。损失值保存在 loss.log 文件中。

2020-05-27 15：26：29 epoch：1 step：41257, loss is 0.498953253030777
2020-05-27 15：32：32 epoch：2 step：41257, loss is 0.45545706152915955
...

模型检查点将会存储在当前路径。
GPU 上运行。

评估过程如下。

评估：

在 Ascend 处理器上运行时评估数据集。

在运行以下命令之前，请检查用于评估的检查点路径。

```
python eval.py \
  --dataset_path='dataset/test'\
  --checkpoint_path='./checkpoint/deepfm.ckpt'\
  --device_target=Ascend > ms_log/eval_output.log 2>&1 &
OR
bash scripts/run_eval.sh 0 Ascend /dataset_path /checkpoint_path/deepfm.ckpt
```

上述 Python 命令将在后台运行，请在 eval_output.log 路径下查看结果。准确率保存在 auc.log 文件中。

{'result'：{'AUC'：0.8057789065281104，'eval_time'：35.64779996871948}}

GPU 在评估数据集时待运行。

推理过程：

导出 MindIR。

```
python export.py --ckpt_file [CKPT_PATH] --file_name [FILE_NAME] --file_format [FILE_FORMAT]
```

参数 ckpt_file 为必填项，FILE_FORMAT 必须在["AIR","MINDIR"]中选择。

在 Ascend310 执行推理：

在执行推理前，mindir 文件必须通过 export.py 脚本导出。以下展示了使用 minir 模型执行推理的示例。

# Ascend310 推理：

bash run_infer_310.sh [MINDIR_PATH] [DATASET_PATH] [NEED_PREPROCESS] [DEVICE_ID]

① NEED_PREPROCESS 表示数据是否需要预处理，取值范围为'y'或者'n'。

② DEVICE_ID 可选，默认值为 0。

结果：

推理结果保存在脚本执行的当前路径，你可以在 acc.log 中看到以下精度计算结果。

auc：0.8057789065281104

### 5. 模型描述

性能：

评估性能如表 9.1 所示。

表9.1 评估性能

| 参数 | Ascend | GPU |
| --- | --- | --- |
| 模型版本 | DeepFM | 待运行 |
| 资源 | Ascend 910；CPU 2.60 GHz，192核；内存755 GB；系统 Euler 2.8 | 待运行 |
| 上传日期 | 2021-07-05 | 待运行 |
| MindSpore 版本 | 1.3.0 | 待运行 |
| 数据集 | [5] | 待运行 |
| 训练参数 | epoch = 15，batch_size = 16000，lr = 1e-5 | 待运行 |
| 优化器 | Adam | 待运行 |
| 损失函数 | Sigmoid Cross Entropy With Logits | 待运行 |
| 输出 | 准确率 | 待运行 |
| 损失 | 0.45 | 待运行 |
| 速度 | 单卡：21毫秒/步 | 待运行 |
| 总时长 | 单卡：90分钟 | 待运行 |
| 参数(M) | 16.5 | 待运行 |
| 微调检查点 | 190M（.ckpt 文件） | 待运行 |
| 脚本 | DeepFM 脚本 | 待运行 |

推理性能如表9.2所示。

表9.2 推理性能

| 参数 | Ascend | GPU |
| --- | --- | --- |
| 模型版本 | DeepFM | 待运行 |
| 资源 | Ascend 910；系统 Euler 2.8 | 待运行 |
| 上传日期 | 2021-07-05 | 待运行 |
| MindSpore 版本 | 1.3.0 | 待运行 |
| 数据集 | [5] | 待运行 |
| batch_size | 1000 | 待运行 |
| 输出 | 准确率 | 待运行 |
| 准确率 | 单卡：80.55% | 待运行 |
| 推理模型 | 190M（.ckpt 文件） | 待运行 |

随机情况说明：

在 train.py 中训练之前设置随机种子。

**6. 部分代码**

preprocess_data.py：

```python
# Copyright 2021 Huawei Technologies Co., Ltd
#
# Licensed under the Apache License, Version 2.0 (the "License");
# you may not use this file except in compliance with the License.
# You may obtain a copy of the License at
#
# http://www.apache.org/licenses/LICENSE-2.0
#
# Unless required by applicable law or agreed to in writing, software
# distributed under the License is distributed on an "AS IS" BASIS,
# WITHOUT WARRANTIES OR CONDITIONS OF ANY KIND, either express or implied.
# See the License for the specific language governing permissions and
# limitations under the License.
#===============================================================
"""Download raw data and preprocessed data."""
import mindspore as ms
import mindspore.nn as nn

import mindspore.dataset as ds
import time, json, datetime
from tqdm import tqdm

import numpy as np
import pandas as pd
from sklearn.metrics import log_loss, roc_auc_score
from sklearn.model_selection import train_test_split
from sklearn.preprocessing import LabelEncoder

pd.set_option('display.max_rows', 500)
pd.set_option('display.max_columns', 500)
data=pd.read_csv("data/criteo_sample_50w.csv")

dense_features=[f for f in data.columns.tolist() if f[0]=="I"]
sparse_features=[f for f in data.columns.tolist() if f[0]=="C"]

data[sparse_features]=data[sparse_features].fillna('-10086',)
data[dense_features]=data[dense_features].fillna(0,)
target=['label']
```

```
## 类别特征 labelencoder
for feat in tqdm(sparse_features):
    lbe=LabelEncoder()
    data[feat]=lbe.fit_transform(data[feat])

## 数值特征标准化
for feat in tqdm(dense_features):
    mean=data[feat].mean()
    std=data[feat].std()
    data[feat]=(data[feat]-mean) / (std + 1e-12)


print(data.head())
```

deepfm

```
# Copyright 2020 Huawei Technologies Co., Ltd
#
# Licensed under the Apache License, Version 2.0 (the "License");
# you may not use this file except in compliance with the License.
# You may obtain a copy of the License at
#
# http://www.apache.org/licenses/LICENSE-2.0
#
# Unless required by applicable law or agreed to in writing, software
# distributed under the License is distributed on an "AS IS" BASIS,
# WITHOUT WARRANTIES OR CONDITIONS OF ANY KIND, either express or implied.
# See the License for the specific language governing permissions and
# limitations under the License.
#===============================================================

import mindspore as ms
import mindspore.nn as nn

import mindspore.dataset as ds
import time, json, datetime
from tqdm import tqdm
```

```python
import numpy as np
import pandas as pd
from sklearn.metrics import log_loss, roc_auc_score
from sklearn.model_selection import train_test_split
from sklearn.preprocessing import LabelEncoder
np_type = np.float32
ms_type = mstype.float32


class DeepFM(nn.Cell):
    def __init__(self, cate_fea_nuniqs, nume_fea_size=0, emb_size=8,
                 hid_dims=[256, 128], num_classes=1, dropout=[0.2, 0.2]):
        """
        cate_fea_nuniqs: 类别特征的唯一值个数列表, 也就是每个类别特征的 vocab_size 所组成的列表
        nume_fea_size: 数值特征的个数, 该模型会考虑到输入全为类别型, 即没有数值特征的情况
        """
        super().__init__()
        self.cate_fea_size = len(cate_fea_nuniqs)
        self.nume_fea_size = nume_fea_size

        """FM 部分"""
        # 一阶
        if self.nume_fea_size != 0:
            self.fm_1st_order_dense = nn.Dense(self.nume_fea_size, 1)
                                                                       # 数值特征的一阶表示
        self.fm_1st_order_sparse_emb = nn.CellList([
            nn.Embedding(voc_size, 1) for voc_size in cate_fea_nuniqs])
                                                                       # 类别特征的一阶表示

        # 二阶
        self.fm_2nd_order_sparse_emb = nn.CellList([nn.Embedding(voc_size, emb_size) for voc_size in cate_fea_nuniqs])
                                                                       # 类别特征的二阶表示

        """DNN 部分"""
```

## 9.3 应用案例:点击率预估

```python
        self.all_dims=[self.cate_fea_size * emb_size] + hid_dims
        self.dense_linear=nn.Dense(self.nume_fea_size, self.cate_fea_size * emb_size)
                                    # 数值特征的维度变换到与 FM 输出维度一致
        self.relu=nn.ReLU()
        # for DNN
        for i in range(1, len(self.all_dims)):
            setattr(self, 'linear_'+str(i), nn.Dense(self.all_dims[i-1], self.all_dims[i]))
            setattr(self, 'batchNorm_'+ str(i), nn.BatchNorm1d(self.all_dims[i]))
            setattr(self, 'activation_'+ str(i), nn.ReLU())
            setattr(self, 'dropout_'+str(i), nn.Dropout(dropout[i-1]))
        # for output
        self.dnn_linear=nn.Dense(hid_dims[-1], num_classes)
        self.sigmoid=nn.Sigmoid()

    def forward(self, X_sparse, X_dense=None):
        """
        X_sparse: 类别型特征输入          [bs, cate_fea_size]
        X_dense: 数值型特征输入(可能没有)  [bs, dense_fea_size]
        """

        """FM 一阶部分"""
        fm_1st_sparse_res=[emb(X_sparse[:, i].unsqueeze(1)).view(-1, 1)
            for i, emb in enumerate(self.fm_1st_order_sparse_emb)]
        fm_1st_sparse_res=torch.cat(fm_1st_sparse_res, dim=1)
                                            # [bs, cate_fea_size]
        fm_1st_sparse_res=torch.sum(fm_1st_sparse_res, 1, keepdim=True)
                                            # [bs, 1]

        if X_dense is not None:
            fm_1st_dense_res=self.fm_1st_order_dense(X_dense)
            fm_1st_part=fm_1st_sparse_res + fm_1st_dense_res
        else:
            fm_1st_part=fm_1st_sparse_res  # [bs, 1]
```

```python
        """FM 二阶部分"""
        fm_2nd_order_res=[emb(X_sparse[:, i].unsqueeze(1)) for i, emb in enumerate(self.fm_2nd_order_sparse_emb)]
        fm_2nd_concat_1d=torch.cat(fm_2nd_order_res, dim=1)
            #[bs, n, emb_size] n 为类别型特征个数(cate_fea_size)

        sum_embed=torch.sum(fm_2nd_concat_1d, 1)       #[bs, emb_size]
        square_sum_embed=sum_embed * sum_embed         #[bs, emb_size]
        square_embed=fm_2nd_concat_1d * fm_2nd_concat_1d   #[bs, n, emb_size]
        sum_square_embed=torch.sum(square_embed, 1)    #[bs, emb_size]
        sub=square_sum_embed-sum_square_embed
        sub=sub * 0.5  #[bs, emb_size]

        fm_2nd_part=torch.sum(sub, 1, keepdim=True)    #[bs, 1]

        """DNN 部分"""
        dnn_out=torch.flatten(fm_2nd_concat_1d, 1)     #[bs, n * emb_size]

        if X_dense is not None:
            dense_out=self.relu(self.dense_linear(X_dense))   #[bs, n * emb_size]
            dnn_out=dnn_out + dense_out  #[bs, n * emb_size]

        for i in range(1, len(self.all_dims)):
            dnn_out=getattr(self, 'linear_'+str(i))(dnn_out)
            dnn_out=getattr(self, 'batchNorm_'+str(i))(dnn_out)
            dnn_out=getattr(self, 'activation_'+str(i))(dnn_out)
            dnn_out=getattr(self, 'dropout_'+str(i))(dnn_out)

        dnn_out=self.dnn_linear(dnn_out)  #[bs, 1]
        out=fm_1st_part + fm_2nd_part + dnn_out  #[bs, 1]
        out=self.sigmoid(out)
        return out
```

eval.py：

```python
# Copyright 2020 Huawei Technologies Co., Ltd
#
# Licensed under the Apache License, Version 2.0 (the "License");
# you may not use this file except in compliance with the License.
# You may obtain a copy of the License at
#
# http://www.apache.org/licenses/LICENSE-2.0
#
# Unless required by applicable law or agreed to in writing, software
# distributed under the License is distributed on an "AS IS" BASIS,
# WITHOUT WARRANTIES OR CONDITIONS OF ANY KIND, either express or implied.
# See the License for the specific language governing permissions and
# limitations under the License.
#================================================================
"""train_criteo."""
import os
import sys
import time

from mindspore import context
from mindspore.train.model import Model
from mindspore.train.serialization import load_checkpoint, load_param_into_net

from src.deepfm import ModelBuilder, AUCMetric
from src.dataset import create_dataset, DataType

from src.model_utils.config import config
from src.model_utils.moxing_adapter import moxing_wrapper
from src.model_utils.device_adapter import get_device_id


sys.path.append(  (os.path.dirname  (os.path.dirname(os.path.abspath(__file__)))))
device_id=get_device_id() # int(os.getenv('DEVICE_ID', '0'))
context.set_context(mode=context.GRAPH_MODE, device_target=config.device_target, device_id=device_id)
```

```python
np_type = np.float32
ms_type = mstype.float32

class AUCMetric(Metric):
    """
    Metric method
    """
    def __init__(self):
        super(AUCMetric, self).__init__()
        self.pred_probs = []
        self.true_labels = []

    def clear(self):
        """Clear the internal evaluation result."""
        self.pred_probs = []
        self.true_labels = []

    def update(self, *inputs):
        batch_predict = inputs[1].asnumpy()
        batch_label = inputs[2].asnumpy()
        self.pred_probs.extend(batch_predict.flatten().tolist())
        self.true_labels.extend(batch_label.flatten().tolist())

    def eval(self):
        if len(self.true_labels) != len(self.pred_probs):
            raise RuntimeError('true_labels.size() is not equal to pred_probs.size()')
        auc = roc_auc_score(self.true_labels, self.pred_probs)
        return auc


def add_write(file_path, print_str):
    with open(file_path, 'a+', encoding='utf-8') as file_out:
        file_out.write(print_str + '\n')


def modelarts_process():
    pass
```

```python
@moxing_wrapper(pre_process=modelarts_process)
def eval_deepfm():
    """ eval_deepfm """
    ds_eval=create_dataset(config.dataset_path, train_mode=False,
                epochs=1, batch_size=config.batch_size,
                data_type=DataType(config.data_format))
    if config.convert_dtype:
        config.convert_dtype=config.device_target!="CPU"
    model_builder=ModelBuilder(config, config)
    train_net, eval_net=model_builder.get_train_eval_net()
    train_net.set_train()
    eval_net.set_train(False)
    auc_metric=AUCMetric()
    model=Model(train_net, eval_network=eval_net, metrics={"auc": auc_metric})
    param_dict=load_checkpoint(config.checkpoint_path)
    load_param_into_net(eval_net, param_dict)

    start=time.time()
    res=model.eval(ds_eval)
    eval_time=time.time()-start
    time_str = time.strftime("%Y-%m-%d %H:%M:%S", time.localtime())
    out_str = f'{time_str} AUC: {list(res.values())[0]}, eval time: {eval_time}s.'
    print(out_str)
    add_write('./auc.log', str(out_str))

if __name__=='__main__':
    eval_deepfm()
```

## 9.4 应用案例：推荐系统

### 9.4.1 场景描述

推荐系统在前文中已经做了详细介绍，简单来说，推荐系统就是预测用户在未来某一时刻将要与哪些物品发生交互。而推荐模型所做的事情，就是根据用户的历史记录（交互信息、收藏、喜欢、评分等）来学习用户与物品之间的关系，并预测出用户可能喜欢的物品。

下一节，我们将以 NCF 为例，利用 MindSpore 深度学习框架来实现 NCF 模型。

### 9.4.2 基于 NCF 的推荐系统

#### 1. 模型描述

NCF 是一个用于协同过滤推荐的通用框架，它可以表达和推广矩阵分解（MF），其中使用神经网络架构对用户—项目交互进行建模。与传统模型不同，NCF 不依赖于具有用户和物品潜在特征内积的矩阵分解(MF)。它用一个可以从数据中学习任意函数的多层感知机取代了内积操作。

#### 2. 模型架构

NCF 的两个实例是广义矩阵分解（GMF）和多层感知机（MLP）。GMF 应用线性核对潜在特征交互进行建模，MLP 使用非线性核从数据中学习交互函数。NeuMF 是 GMF 和 MLP 的融合模型，用于更好地模拟复杂的用户—项目交互，并统一 MF 线性和 MLP 非线性的优势，对用户—项目潜在结构进行建模。NeuMF 允许 GMF 和 MLP 学习单独的嵌入，并通过连接它们的最后一个隐藏层来组合这两个模型。

#### 3. 数据集

MovieLens 数据集用于模型训练和评估。具体来说，我们使用数据集 ml-1m（MovieLens 100 万）。

ml-1m 数据集来自 2000 年注册 MovieLens 的 6 040 名用户对大约 3 706 部电影的 1 000 209 个匿名评级。所有评级都包含在文件"ratings.dat"中，没有标题行，格式如下：

UserID：:MovieID：:Rating：:Timestamp

UserID：用户 ID 的范围介于 1 和 6 040 之间。

MovieID：MovieID 的范围在 1 到 3 952 之间。

Rating：评分为五星级（满分为五星）。

#### 4. 环境要求

硬件(Ascend/GPU/CPU)均可以实现。本实验是在使用 MindSpore 的 CPU 环境下进行。

框架：MindSpore。

#### 5. 快速开始

通过官方网站安装 MindSpore 后，可以按照以下方式开始训练和评估：

```
# 运行数据处理脚本
# 进入项目目录/NCF/src/main.py
cd /NCF/src/main.py
# 运行 main.py 文件
python -u main.py --batch_size=256 --lr=0.001 --factor_num=32
```

NCF 在项目的文档架构如下：

## 9.4 应用案例：推荐系统

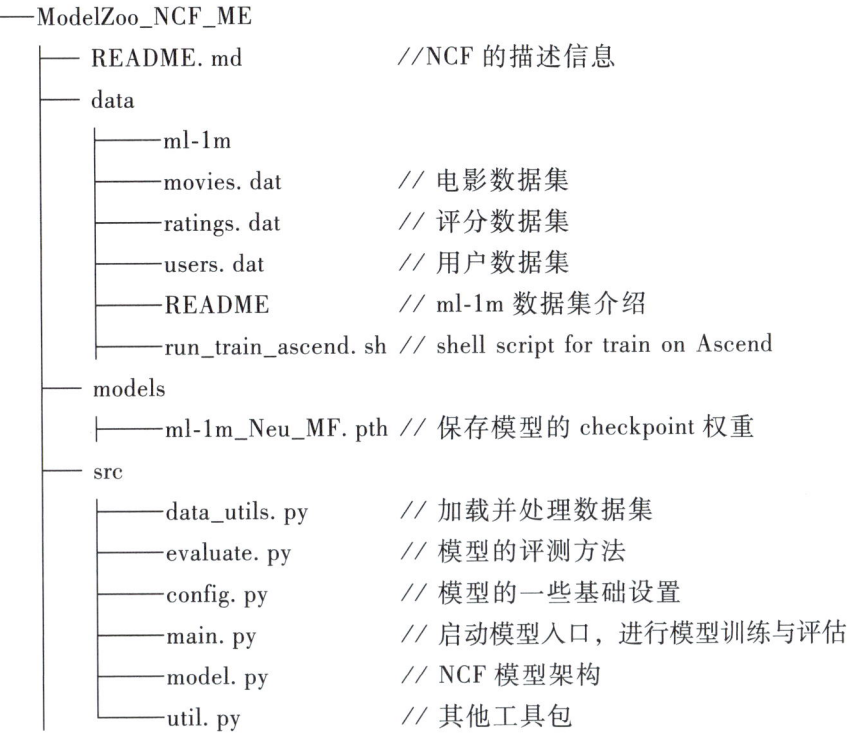

部分代码如 main.py、model.py、evaluate.py 在"7. 部分代码"中展示。

脚本参数：

数据集的加载路径在 config.py 中设置，模型的参数在 main.py 中设置。

NCF 的配置，ml-1m 数据集如下。

'--MAIN_PATH'：项目总路径。

'--DATA_PATH'：数据集加载路径。

'--MODEL_PATH'：保存模型路径。

'--dataset'：预处理的数据集名称。默认是 ml-1m。

'--seed'：随机种子设置。

'--dropout'：dropout 网络丢失比例。

'--lr'：学习率的大小。

'--batch_size'：batch 的大小。

'--factor_num'：模型中的预测因子数。

'--num_neg'：与正实例配对的负实例数。

'--layers'：MLP 隐藏层的大小。

'--num_factors'：MF 模型的嵌入大小。

'--epochs'：模型训练轮数。

'--top_k'：top-K 评测值。

'--out'：是否保存模型。

模型检查点将保存在当前目录中。

6. 训练与评估过程

在 CPU 上运行时对 ml-1m 数据集的训练与评估：

```
nohup python -u main.py --batch_size=256 --lr=0.001 --factor_num=32 >result.log 2>&1 &
```

上面的 Python 命令将在后台运行，你可以通过文件 result.log 查看结果。训练后，当 out 设置为 True 时，你将在 models 目录下获得检查点文件。

测试数据集的损失值与准确性如下：

```
...
epoch=4, loss=61.23229735297147
The time elapse of epoch 003 is: 00: 11: 10
HR: 0.097 NDCG: 0.042
epoch=5, loss=58.62022350396539
The time elapse of epoch 004 is: 00: 11: 22
HR: 0.099 NDCG: 0.043
...
```

7. 部分代码

main.py：

```
parser=argparse.ArgumentParser()
parser.add_argument("--seed", type=int, default=42, help="Seed")
parser.add_argument("--lr", type=float, default=0.001, help="learning rate")
parser.add_argument("--dropout", type=float, default=0.2, help="dropout rate")
parser.add_argument("--batch_size", type=int, default=256, help="batch size for training")
parser.add_argument("--epochs", type=int, default=30, help="training epoches")
parser.add_argument("--top_k", type=int, default=10, help="compute metrics@ top_k")
parser.add_argument("--factor_num", type=int, default=32, help="predictive factors numbers in the model")
parser.add_argument("--layers", nargs='+', default=[64, 32, 16, 8],
        help="MLP layers. Note that the first layer is the concatenation of user and item embeddings. So layers[0]/2 is the embedding size.")
```

## 9.4 应用案例：推荐系统

```
    parser.add_argument("--num_ng", type=int, default=4, help=
"Number of negative samples for training set")
    parser.add_argument("--num_ng_test", type=int, default=100,
help="Number of negative samples for test set")
    parser.add_argument("--out", default=True, help="save model
or not")

    # set device and parameters
    args=parser.parse_args()
    # device=torch.device("cuda:0" if torch.cuda.is_available()
else "cpu")
    # mindspore.set_context(device_target='Ascend', device_id=0)
# NPU 版本
    writer=SummaryWriter()

    # seed for Reproducibility
    util.seed_everything(args.seed)

    # load data
    ml_1m=pd.read_csv(
        config.DATA_PATH,
        sep="::",
        names=['user_id', 'item_id', 'rating', 'timestamp'],
        engine='python')

    # set the num_users, items
    num_users=ml_1m['user_id'].nunique()+1 # 6041
    num_items=ml_1m['item_id'].nunique()+1 # 3707

    # construct the train and test datasets
    data=data_utils.NCF_Data(args, ml_1m)
    train_loader=data.get_train_instance()
    test_loader=data.get_test_instance()

    # set model and loss, optimizer
    model=model.NeuMF(args, num_users, num_items)

    loss_function=nn.BCELoss()           # 定义损失函数
    optimizer=nn.Adam(model.trainable_params(), learning_rate=
args.lr)
```

```python
                                        # 优化器
def forward_fn(user, item, label):
    logits=model(user, item)            # 计算预测得分 Tensor(256,)
    loss=loss_function(logits, label)
    return loss, logits

grad_fn = mindspore.value_and_grad(forward_fn, None, model.trainable_params(), has_aux=True)    # 计算梯度


# train, evaluation
best_hr=0


total_batch=train_loader.get_dataset_size()
# 当 dataset 设置 batch_size 后，get_dataset_size()=total_batch,
  否则为训练样本总数
for epoch in range(1, args.epochs + 1):
    model.set_train()                   # Enable dropout (if have)
    start_time=time.time()
    loss_list=[]
    reb_num=0
    for (user, item, label) in train_loader:
        reb_num=reb_num +1
        user=mindspore.Tensor(user)
                                        # 因为是 CPU 所以不需要放在 device 上
        item=mindspore.Tensor(item)  # Int64
        label=mindspore.Tensor(label, dtype=mindspore.float32)

        (loss, _), grads=grad_fn(user, item, label)
        optimizer(grads)
        loss_list.append(np.sum(loss.asnumpy()))
    loss=np.sum(loss_list)/total_batch
    writer.add_scalar('loss/Train_loss', loss, epoch)
    print(f"epoch={epoch+1}, loss={loss}")

    # 模型评估
    model.set_train(False)
    HR, NDCG = evaluate.metrics(model, test_loader, args.top_k, device=0)
    writer.add_scalar('Perfomance/HR@10', HR, epoch)
```

```python
        writer.add_scalar('Perfomance/NDCG@10', NDCG, epoch)

        elapsed_time = time.time() - start_time
        print("The time elapse of epoch {:03d}".format(epoch) +
              "is: " + time.strftime("%H: %M: %S", time.gmtime
              (elapsed_time)))
        print("HR: {:.3f}\tNDCG: {:.3f}".format(np.mean(HR),
np.mean(NDCG)))

        if HR > best_hr:
            best_hr, best_ndcg, best_epoch = HR, NDCG, epoch
            if args.out:  # 保存模型
                if not os.path.exists(config.MODEL_PATH):
                    os.mkdir(config.MODEL_PATH)
                mindspore.save_checkpoint(model,
                    '{}{}.pth'.format(config.MODEL_PATH, config.MODEL))

    writer.close()
    # 输出最好结果
    print("End. Best epoch {:03d}: HR = {:.3f}, NDCG = {:.3f}".format
        (best_epoch, best_hr, best_ndcg))
```

model.py：

```python
class NeuMF(nn.Cell):
    def __init__(self, args, num_users, num_items):
        super(NeuMF, self).__init__()
        self.num_users = num_users
        self.num_items = num_items
        self.factor_num_mf = args.factor_num
        self.factor_num_mlp = int(args.layers[0]/2)
        self.layers = args.layers
        self.dropout = args.dropout

        embedding_user_mlp_weight = initializer(Normal(sigma=0.01,
mean=0), shape=[self.num_users, self.factor_num_mlp])
        embedding_item_mlp_weight = initializer(Normal(sigma=0.01,
mean=0), shape=[self.num_items, self.factor_num_mlp])
        embedding_user_mf_weight = initializer(Normal(sigma=0.01,
mean=0), shape=[self.num_users, self.factor_num_mf])
```

```python
            embedding_item_mf_weight = initializer(Normal(sigma=0.01,
mean=0), shape=[self.num_items, self.factor_num_mf])

        self.embedding_user_mlp = nn.Embedding(self.num_users,
self.factor_num_mlp, embedding_table=embedding_user_mlp_weight)
        self.embedding_item_mlp = nn.Embedding(self.num_items, self.
factor_num_mlp, embedding_table=embedding_item_mlp_weight)
        self.embedding_user_mf = nn.Embedding(self.num_users,
self.factor_num_mlp, embedding_table=embedding_user_mf_weight)
        self.embedding_item_mf = nn.Embedding(self.num_items,
self.factor_num_mlp, embedding_table=embedding_item_mf_weight)

        self.fc_layers = nn.CellList()
        for idx, (in_size, out_size) in enumerate(zip(args.layers
[:-1], args.layers[1:])):
            self.fc_layers.append(mindspore.nn.Dense(in_size, out_
size))
            self.fc_layers.append(nn.ReLU())

        self.affine_output = nn.Dense(in_channels=args.layers[-1] +
self.factor_num_mf, out_channels=1)
        self.logistic = nn.Sigmoid()
        self.init_weight()

    def init_weight(self):
        for m in self.fc_layers:
            if isinstance(m, nn.Dense):
                mindspore.common.initializer.XavierUniform(m.weight)
    # API 映射
        mindspore.common.initializer.XavierUniform(self.affine_
output.weight)

        # for m in self.Cells():
        for _, cell in self.cells_and_names():
            if isinstance(cell, nn.Dense) and cell.bias is not None:
                cell.bias.set_data(mindspore.common.initializer. ini-
tializer("zeros", cell.bias.shape, cell.bias.dtype))
                # cell.bias.data.zero_()

    def construct(self, user_indices, item_indices):
```

```python
        # user_indices=Tensor(256,)
        user_embedding_mlp=self.embedding_user_mlp(user_indices)
        item_embedding_mlp=self.embedding_item_mlp(item_indices)

        user_embedding_mf=self.embedding_user_mf(user_indices)
        item_embedding_mf=self.embedding_item_mf(item_indices)

        mlp_vector=mindspore.ops.concat((user_embedding_mlp, item_embedding_mlp), -1)   # the concat latent vector
        mf_vector=mindspore.ops.mul(user_embedding_mf, item_embedding_mf)

        for idx, _ in enumerate(range(len(self.fc_layers))):
          mlp_vector=self.fc_layers[idx](mlp_vector)

        vector=mindspore.ops.concat((mlp_vector, mf_vector), -1)
        logits=self.affine_output(vector)
        rating=self.logistic(logits)   # (256, 1)
        return rating.squeeze()
```

evaluate.py 中 metrics 函数:

```python
    def metrics(model, test_loader, top_k, device):
        HR, NDCG=[],[]

        topk=mindspore.ops.TopK(sorted=True)
        for user, item, label in test_loader:
            user=mindspore.Tensor(user)
            item=mindspore.Tensor(item)

            predictions=model(user, item)
            _, indices=topk(predictions, top_k)
            recommends = mindspore.Tensor.take(item, indices).asnumpy().tolist()
            # recommends=mindspore.Tensor.take(item, indices).cpu().numpy().tolist()
            # recommends = torch.take(item, indices).cpu().numpy().tolist()

            ng_item=item[0].asnumpy().item() # leave one-out evaluation has only one item per user
```

```
            HR.append(hit(ng_item, recommends))
            NDCG.append(ndcg(ng_item, recommends))

    return np.mean(HR), np.mean(NDCG)
```

## 本章小结

本章主要介绍了推荐的发展以及推荐的种类,然后介绍了几个推荐的常用模型,如 DeepFM、BGCF、NCF 等。随后,本章提供了两个常用模型(DeepFM、NCF)的应用案例以及代码实现。

DeepFM 是一种深度学习模型,结合了因子分解机和神经网络的思想,用于解决推荐系统和点击率预测等问题。深度因子分解机结合了两种不同的模型架构,以更好地捕捉特征之间的复杂交互关系。它包含两个部分:一阶线性模型和二阶交叉特征模型。深度因子分解机通过联合训练一阶线性模型和二阶交叉特征模型,可以同时考虑特征的线性和非线性关系,从而更好地捕捉特征之间的复杂交互。这对于推荐系统等需要挖掘用户兴趣和行为模式的任务非常有用。总结起来,DeepFM 是一种结合了因子分解机和神经网络的深度学习模型,用于处理推荐系统和点击率预测等任务,可以更好地捕捉特征之间的复杂交互关系。

NCF 是一种基于神经网络的协同过滤推荐模型,用于解决推荐系统中的个性化推荐问题。NCF 模型采用了神经网络的思想,通过学习用户和物品的嵌入向量,将用户和物品映射到一个连续的低维空间中。它将用户和物品的嵌入向量通过神经网络的多层全连接层进行组合和交互,最后输出一个表示用户对物品喜好程度的预测值。总结来说,NCF 是一种基于神经网络的协同过滤推荐模型,通过学习用户和物品的嵌入向量,并使用多层感知机网络进行交互建模,从而实现个性化推荐。

## 思考题 9

1. 通过本章的学习你认识了什么是推荐,你可以分清搜索和推荐两者之间的区别吗?相比于搜索,推荐又有什么优势?

2. 推荐系统的任务是什么?能否简单描述推荐系统是如何做到把信息推荐给用户的?

3. 请对推荐系统的数据稀疏和冷启动问题做简单的解释,这两个问题产生的原因是什么?

4. 在深度学习的大背景下,推荐系统得以快速发展,你认为什么起到了关键作用?请分开阐述。

5. DeepFM 模型在处理大规模推荐系统时可能面临哪些挑战?有什么方法

可以应对这些挑战？

6. DeepFM 模型中的一阶线性模型和二阶交叉特征模型各自有什么作用？为什么需要同时使用它们？能否只使用其中一部分？

7. NCF 模型如何解决传统协同过滤方法中的稀疏性和冷启动问题？请详细描述 NCF 模型在处理这些问题时的关键技术和方法。

## 参考文献

[1] 黄勃,严非凡,张昊,李佩佩,王晨明,张佳豪,方志军. 推荐系统研究进展与应用[J]. 武汉大学学报(理学版),2021,67(06):503-516. DOI:10.14188/j.1671-8836.2021.1001.

[2] He X,Liao L,Zhang H,et al. Neural collaborative filtering[C].//Proceedings of the 26th International Conference on World Wide Web,2017:173-182.

[3] Cheng H T,Koc L,Harmsen J,et al. Wide & deep learning for recommender systems[C].//Proceedings of the 1st Workshop on Deep Learning for Recommender Systems. 2016:7-10.

[4] 王喆. 深度学习推荐系统[M]. 北京:电子工业出版社,2020.

[5] Deshpande M,Karypisg. Item-basedtop-N recommendation algorithms[J]. ACM Transactions on Information Systems,2004,22(1):143-177.

[6] Koren Y. Factorization meets the neighborhood:a multifaceted collaborative filtering model[C].//Proceedings of the 14th ACMSIGKDD International Conference on Knowledge Discovery and Data Mining. New York:ACM,2008:426-434.

[7] Ma W M,Shi J F,Zhao R D. Normalizing item-based collaborative filter using context-aware scaled baseline predictor[J]. Mathematical Problems in Engineering,2017,2017:No. 6562371.

[8] Salakhutdinovr,Mnih A. Probabilistic matrix factorization[C].//Proceedingsofthe 20th International Conference on Neural Information Processing Systems. Red Hook,NY:Curran Associates Inc.,2007:1257-1264.

[9] Zhang L,Luo T,Zhang F,et al. A recommendation model based on deep neural network[J]. IEEE Access,2018,6:9454-9463.

[10] Rumelhart D E,Hinton G E,Williams R J. Learning representations by back-propagating errors[J]. Nature,1986,323(6088):533-536.

[11] Okura S,Tagami Y,Ono S,et al. Embedding-based news recommendation for millions of users[C].//Proceedings of the 23rd ACM SIGKDD International Conference on Knowledge Discovery and Data Mining. New York:ACM,2017:1933-1942.

[12] Sutskever I,Vinyals O,Leq V. Sequence to sequence learning with neural networks[C].//Proceedings of the 27th International Conference on Neural Information Processing Systems. Cambridge:MIT Press,2014:3104-3112.

[13] Coving Ton P,Adams J,Sargin E. Deep neural networks for YouTube recommendations[C].//Proceedings of the 10th ACM Conference on Recommender

Systems. New York: ACM, 2016: 191-198.

[14] Huang G, Liu Z, Maaten L van der, et al. Densely connected convolutional networks[C].//Proceedings of the 2017 IEEE Conference on Computer Vision and Pattern Recognition. Piscataway: IEEE, 2017: 4700-4708.

[15] Oord A van den, Dieleman S, Schrauwen B. Deep content-based music recommendation[C].//Proceedings of the 26th International Conference on Neural Information Processing Systems. Red Hook, NY: Curran Associates Inc., 2013: 2643-2651.

[16] Geng X, Zhang H W, Bian J W, et al. Learning image and user features for recommendation in social networks[C].//Proceedings of the 2015 IEEE International Conference on Computer Vision. Piscataway: IEEE, 2015: 4274-4282.

[17] Kim D, Park C, Ohj, et al. Convolutional matrix factorization for document context-aware recommendation[C].//Proceedings of the 10th ACM Conference on Recommender Systems. New York: ACM, 2016: 233-240.

[18] 黄文明,卫万成,张健,等.基于注意力机制与评论文本深度模型的推荐方法[J].计算机工程,2019,45(9):176-182.

[19] Zhang Q, Wang J W, Huang H R, et al. Hashtag recommendation for multimodal microblog using co-attention network[C].//Proceedings of the 26th International Joint Conference on Artificial Intelligence. California: ijcai.org, 2017: 3420-3426.

[20] Li Z, Shen X, Jiao Y H, et al. Hierarchical bipartite graph neural networks: towards large-scale e-commerce applications[C].//Proceedings of the IEEE 36th International Conference on Data Engineering. Piscataway: IEEE, 2020: 1677-1688.

[21] Zhang M G, Yang Z Y. GACO for Rec: session-based graph convolutional neural networks recommendation model[J]. IEEE Access, 2019, 7: 114077-114085.

[22] Shi X J, Chen Z R, Wang H, et al. Convolutional LSTM network: A machine learning approach for precipitation nowcasting[C].//Proceedings of the 28th International Conference on Neural Information Processing Systems. Cambridge: MIT Press, 2015: 802-810.

[23] 王英博,孙永荻.基于GNN的矩阵分解推荐算法[J].计算机工程与应用,2021,57(19):129-134.

[24] Lin S D, Runger G C. GCRNN: Group-constrained convolutional recurrent neural network[J]. IEEE Transactions on Neural Networks and Learning Systems, 2018, 29(10): 4709-4718.

[25] 曹万平,周刚,陈黎,等.基于会话的图卷积递归神经网络推荐模型[J].四川大学学报(自然科学版),2021,58(2):66-72.

[26] Funk S. Funk-SVD[EB/OL]. (2006-12-11)[2020-11-01]. http://sifter.org/simon/journal/20061211.html.

[27] Sun J, Guo W, Zhang D, et al. A framework for recommending accurate and diverse items using bayesian graph convolutional neural networks[C].//Proceedings of the 26th ACM SIGKDD International Conference on Knowledge Discovery & Data Mining, 2020: 2030-2039.

[28] Guo H F, Tang R M, Ye Y M, Li Z G, He X Q. DeepFM: A factorization-machine based neural network for CTR prediction[J]. 2017. DOI: 10.24963/ijcai.2017/239.

**郑重声明**

高等教育出版社依法对本书享有专有出版权。任何未经许可的复制、销售行为均违反《中华人民共和国著作权法》,其行为人将承担相应的民事责任和行政责任;构成犯罪的,将被依法追究刑事责任。为了维护市场秩序,保护读者的合法权益,避免读者误用盗版书造成不良后果,我社将配合行政执法部门和司法机关对违法犯罪的单位和个人进行严厉打击。社会各界人士如发现上述侵权行为,希望及时举报,我社将奖励举报有功人员。

反盗版举报电话　（010）58581999　58582371
反盗版举报邮箱　dd@hep.com.cn
通信地址　北京市西城区德外大街4号
　　　　　高等教育出版社知识产权与法律事务部
邮政编码　100120

**防伪查询说明**

用户购书后刮开封底防伪涂层,使用手机微信等软件扫描二维码,会跳转至防伪查询网页,获得所购图书详细信息。

防伪客服电话　（010）58582300